Frédéric Soulié.

LE COMTE DE TOULOUSE.

Première Partie.

I.

RETOUR DE LA TERRE-SAINTE.

— N'est-ce pas une belle nuit pour voyager, dis-moi, maître Goldery ? Vois comme la lune dessine sur le ciel bleu les crêtes de notre montagne et les bouquets de buis qui la couronnent avec leurs formes bizarres.

— Ma foi, messire, je trouverais la lune adorable et je ferais vœu de pendre un anneau d'or à chacune de ses cornes, si elle me dessinait aussi parfaitement le toit d'une bonne hôtellerie et le bouquet de houx qui pend à sa grande porte avec sa forme charmante.

— Eh ! mon garçon, prends patience, tu verras bientôt les créneaux d'un vaste château, et, je te le jure, tout formidable qu'il est, il renferme autre chose que des lances et des arbalètes. Depuis dix ans que je l'ai quitté, il faut que Gaillac ou Limoux n'ait pas produit une bouteille de vin si nous n'en trouvons en abondance dans les caves de mon père ; il faut que le bon vieillard ne puisse plus lancer une flèche ou qu'il n'ait plus un homme capable de manier un arc, s'il ne se trouve pas au croc du charnier un bon quartier de daim, sinon un jambon d'ours et peut-être même quelque grasse et succulente bartavelle.

— Depuis cinq heures que nous sommes débarqués sur la grève de Saint-Laurent et qu'il vous a plu de partir sur-le-champ pour votre château, en laissant dans le vaisseau qui nous a conduits en ce pays vos chevaux, votre suite, votre Manfride et vos provisions ; depuis cinq heures, dis-je, vous me mettez tellement l'eau à la bouche avec ces belles promesses que je n'ai plus de salive. Par la très sainte Vierge Marie des Sept-Douleurs, je vous en supplie, messire, laissez-moi m'arrêter en la première hôtellerie qui se dessinera, comme vous dites, sur notre route, pour m'y réconforter d'une pinte de vin, fût-il épais et âcre comme celui des ermites du mont Liban, qui sont bien les plus mauvais ivrognes de la Terre-Sainte.

— Tu parles toujours comme un misérable Romain que tu es, et tu t'imagines que dans notre belle Provence il y a à chaque pas des hôtelleries pour vendre au voyageur le pain et l'asile que l'hospitalité commande de leur donner.

— L'hospitalité donne, et l'hôtelier vend ; c'est pourquoi je crois aux hôteliers et non point à l'hospitalité.

— Dis que tu ne crois à rien, si ce n'est à ton ventre.

— Hélas ! messire, si cela continue, je ne pourrai même plus y croire, car il me semble qu'il se fond et s'en va comme les neiges au printemps, et je crains bien que votre château ne soit fondu de même par quelque beau soleil, et que nous ne trouvions à sa place un rocher nu comme les filles arabes de l'Hedjaz. C'est que, voyez-vous, messire, vous autres chevaliers provençaux, vous êtes braves et loyaux, vous haïssez mortellement la vanterie et le mensonge, mais vous êtes sujets à une terrible maladie...

— Et laquelle, maître Goldery ?

— La vision, messire.

— Qu'appelles-tu la vision ?

— Hélas ! ce n'est rien qu'une simple illusion de l'esprit. Vous souvient-il que lorsque vous me prîtes à votre service, après la mort du digne Galéas de Capoue, mon maître, était le premier homme du monde pour faire cuire un quartier de chevreau dans du vin de Chio, avec du poivre, de la lavande, des œufs de canard et un brin de cannelle...

— Or çà, maître Goldery, ne vas-tu pas me faire un récit des talens de Galéas, et de la manière de cuire un quartier de chevreau ! Voyons, que voulais-tu dire de la cruelle maladie des chevaliers provençaux ?

— Voici, voici, messire : vous souvient-il que lorsque vous me prîtes à votre service, après la mort de Galéas... Pauvre chevalier de Galéas ! il eut fait un plat de roi avec une semelle de soulier...

— Encore !...

— Pardon, mille fois pardon ; mais on ne perd pas aisément le souvenir d'un si bon maître. Quelle conversation instructive que la sienne ! jamais il ne m'a fait l'honneur de me faire marcher près de lui pendant une longue traite, que je n'aie rapporté de son entretien quelque bonne recette pour faire cuire toutes sortes de viandes. Mais je vois que ce discours vous fâche ; je reviens, et peut-être ai-je tort, car vous serez peut-être encore plus fâché que vous ne l'êtes quand j'aurai dit ce que vous désirez savoir sur la maladie des chevaliers provençaux.

— Bah ! quand je te ferais couper un bout d'oreille pour cela ou que je te ferais donner la bastonnade pendant le temps que dure un *Pater*, tu ne serais pas homme à t'en effrayer et tu achèterais bien plus cher le plaisir de dire une insolence.

— Pourquoi pas, mon maître? ce n'est pas toujours marché de dupe, car une vérité fait quelquefois plus mal à l'oreille qui l'entend que le ciseau à l'oreille de celui qui l'a dite ; et la bastonnade mesurée au *Pater* ne m'a paru longue qu'un jour où vous étiez ivre comme les moines d'Édesse et que vous bégayiez trois ou quatre fois de suite chaque syllabe ; mais ici le *Pater* serait court, car je doute qu'il existe dans ce maudit pays une pinte de vin pour l'allonger.

— Prends garde que je ne l'allonge d'une cruche entière de Malvoisie.

— Par le Christ ! s'écria Goldery avec transport, si vous voulez frapper et moi boire, je vous permets de réciter tout l'Évangile sur mes épaules. Mais ceci est encore de la vision provençale.

— Ah ! enfin ! dit le chevalier. Eh bien ! qu'entends-tu par la vision provençale?

— Or, puisqu'il faut y venir, vous rappelez-vous le jour où vous me prîtes à votre service?

— Oui... Oui.

— Vous rappelez-vous qu'il faisait une horrible chaleur et que toute l'armée des croisés était dévorée d'une soif que je ne saurais comparer qu'à celle...

— Ne compare pas, Goldery, et tâche de répondre tout droit et sans promener ton récit par tous les souvenirs que tu rencontres, sinon je te remettrai en chemin. Je vois là-bas une branche de houx qu'on peut abattre aisément d'un coup d'épée et dépouiller facilement de ses feuilles piquantes ; cela ferait un excellent bâton.

— Peste ! je vois bien qu'il y a beaucoup de houx dans votre pays, messire. Le houx est un joli petit arbre ; mais j'aimerais mieux être battu avec un cep de vigne que de battre avec une branche de houx.

— Finiras-tu? dit le chevalier.

— Soit. Nous étions sortis depuis trois jours de la ville de Damiette, et nous avions tous une soif horrible. Nous marchions sur un sable fin qui nous pénétrait le gosier et le desséchait comme une tranche de porc oubliée sur le gril. Tout-à-coup quelques pèlerins s'écrièrent qu'ils voyaient un lac à l'horizon, et tout le monde avait regardé, tout le monde vit ce lac. Il paraissait à trois milles tout au plus, et chacun y marcha rapidement ; moi-même je donnai un coup d'éperon à mon cheval. Un coup d'éperon à un bon cheval pour aller à un lac ! que l'âme du chevalier Galéas me le pardonne, mais je ne courais à cette eau que pour échapper au danger de ne plus boire de vin, car véritablement je mourais d'une vraie soif. Je courus donc, vous courûtes aussi, toute l'armée courut, et tant que le jour dura, cavaliers et fantassins, petits et grands, jeunes et vieux, coururent ; mais, tant que le jour dura, le lac semblait fuir devant nous, et, la nuit venue, les habitants du pays nous racontèrent que c'était une illusion commune à tous ceux qui traversaient leurs affreux déserts, et qu'il n'y avait pas plus de lac que dans le creux de nos mains, quoique dans ce moment le creux de ma main m'eût paru un vrai lac si j'avais pu y verser un quart de pinte de vin, ce qui m'est très facile par un procédé que je tiens du chevalier Galéas et qui consiste à rassembler les doigts et à les courber en tenant le pouce le long de la paume.

— Goldery, nous sommes en face de la branche de houx...

— Eh bien ! messire, quand nous l'aurons passée, je finirai en quatre mots.

Les deux cavaliers continuèrent à gravir le sentier où ils étaient engagés, et celui qui était le maître, armé comme un chevalier et qui en avait tout l'aspect, reprit :

— Et maintenant, qu'est-ce que la maladie des chevaliers provençaux ?

— C'est, ne vous en déplaise, la même que celle dont nous fûmes pris aux environs de Damiette : ils s'imaginent tous qu'ils ont dans leur pays de bons châteaux, avec de bon vin dans les caves et de bonne venaison au charnier ; il les voient, il les racontent, il les dépeignent, il diraient volontiers le nombre de pierres dont ils sont bâtis, depuis les souterrains jusqu'au sommet de la plus haute tour. Sur leur foi, on s'engage à leur service, on traverse la mer, on aborde sur une grève déserte, on prend, au milieu de la nuit, des sentiers à se rompre le cou ; on va, cinq heures durant, dans un pays horrible ; on s'expose à mourir de soif ; puis, quand vient le jour, le château est avec le lac du désert, il est dans le pays d'illusion et de chimère.

— Fais-tu bien, Goldery, que si tu parlais sérieusement, tu mériterais que je te rompisse les bras pour ton impertinente supposition !

— Supposition, dites-vous, mon maître : fasse le ciel que ce ne soit pas le château qui soit la supposition !

— Tu te joues de mon indulgence, Goldery, mais je te pardonne. Tu n'as pas comme moi, pour soutenir la fatigue de la route, une joie céleste dans l'âme ; tu ne sens pas le bonheur qu'il y a à revoir la patrie après dix ans d'exil.

— Messire, la patrie de l'homme, c'est la vie ; et s'il nous faut encore continuer ce voyage seulement une heure, je sens que j'en serai exilé pour l'éternité. Sur mon âme, je meurs de soif.

— Réjouis-toi donc, reprit le chevalier, car nous voilà arrivés. Au détour de ce sentier, nous verrons le château de Saissac, le nid de vautour, comme l'appellent les serfs. J'étais bien assuré que je n'avais pas besoin de guide pour retrouver, même durant la nuit, la demeure de mes pères. Tiens, c'est là, à ce ruisseau qui roule à quelques pas devant nous, que commence la terre des sires de Saissac ; encore une heure de marche, et nous nous assiérons à la table de mon vieux père ; je verrai ma sœur Guillelmine, qui avait à peine huit ans quand je suis parti. J'ai su, par le récit des chevaliers qui nous ont rejoints en Terre-Sainte, qu'elle était devenue belle comme l'avait été ma pauvre mère. Allons, Goldery, courage ; et si ta soif est si pressante, descends de cheval et désaltère-toi à ce ruisseau, dont l'eau est limpide comme un diamant.

— Boire de l'eau quand il y a du vin à une heure de marche ! non pas, messire ; je ne gaspil ne pas ma soif si sottement ; ce serait un trait d'écolier. Passe pour nos chevaux ; cela leur redonnera un peu d'ardeur, car ils sont tout haletans de la montée.

— Fais rafraîchir ton roussin si tu veux, mais mon cheval me portera jusqu'au château sans boire.

— Ah ! ah ! vous autres Provençaux, vous savez donc le proverbe romain?

— Quel proverbe, maître Goldery?

— Le proverbe qui dit : « Celui qui accointe sa femme en plein jour et qui fait boire son cheval en chemin fait de celui-ci une rosse et de l'autre une catin. » Quant à moi, qui n'ai femme ni cheval que ceux des autres, je me soucie peu de ce qui arrive. Ho hé ! veux-tu boire ou non, cheval de l'enfer?

— Or çà, viendras-tu, bavard? dit le chevalier, qui avait dépassé le ruisseau.

— La peste soit de votre eau pure comme le diamant ! Si votre vin est de même source, nous serons deux à renifler, car voilà mon roussin qui se recule du ruisseau en tremblant de tous ses membres et qui refuse d'avancer maintenant.

— Reste donc là si tu veux ; je vais continuer ma route si tu ne viens à l'instant.

— Merci de moi ! seigneur, venez à mon aide ; le cheval têtu ne veut pas bouger. Il y a un charme à tout ceci ; c'est quelque sorcellerie de ce damné pays d'hérétiques ; me laisserez-vous ici en compagnie de quelque démon? Par le château de votre père, ne m'abandonnez pas !

Le chevalier retourna sur ses pas, repassa le ruisseau, et prenant la bride du roussin, il le tira après lui : mais comme, à ce moment, il avait laissé tomber les rênes de son propre cheval, celui-ci baissa la tête pour boire et recula vivement en pointant les oreilles ; puis il battit la terre du pied en poussant un long hennissement.

— Qu'est ceci? dit le chevalier ; cette eau renferme-t-elle quelque maléfice? Voici mon cheval qui hennit comme un jour de bataille à l'odeur du sang.

— Et c'est du sang en effet! s'écria Goldery, qui, après avoir sauté en bas de son cheval, avait trempé ses mains dans l'eau en faisant plusieurs signes de croix.

— Il y a ici sortilége ou malheur, dit le chevalier ; et pressant vivement son cheval, il lui fit franchir le ruisseau et partir au galop, malgré les cris de Goldery, qui parvint cependant à faire passer l'eau à son roussin en le tirant par la bride. Le bouffon se remit en selle, désespérant de rattraper son maître ; mais au bout de quelques minutes il le retrouva immobile à l'angle du chemin d'où il devait, d'après son dire, découvrir les tours de son château. Goldery, le voyant ainsi arrêté, s'imagina qu'il était en contemplation et cria du plus loin qu'il put se faire entendre :

— Est-ce bien lui? n'y manque-t-il rien? a-t-il bien ses trois rangs de murailles, ses quinze tours? et le tumet, comme vous appelez la tour principale, monte-t-il si haut dans le ciel qu'il vibre pendant l'orage comme un arbrisseau sous le zéphyr?

Mais le chevalier ne répondit pas : il regardait autour de lui comme un homme perdu ; il se frottait les yeux et il disait à voix basse:

— Rien... rien !

En effet, quand Goldery s'approcha, il vit une gorge qui s'épanouissait en entonnoir et ouvrait sur une espèce de plaine qui occupait le haut de la montagne. Au milieu de cette plaine s'élevait un pic isolé, sur le plateau duquel un château eût été admirablement placé ; mais il n'y avait point de château. A la clarté de la lune, on voyait saillir la crête déchirée du rocher, mais on n'apercevait nulle part une ligne droite et régulière annonçant une construction faite par la main des hommes. Goldery, à cet aspect, n'ayant d'autre moyen de témoigner sa colère et son désappointement qu'une méchante plaisanterie, s'écria en ôtant son bonnet :

— Château de mes pères, je te salue trois fois !

— Que dis-tu? s'écria le chevalier ; vois-tu le château? c'est donc un charme qui fascine mes yeux? Tu le vois, n'est-ce pas?

— Je le vois comme vous l'avez vu toute votre vie, en imagination.

— Misérable ! s'écria le chevalier d'un ton qui eut dû exiler la plaisanterie de l'entretien, tais-toi ! — Puis il reprit : — Il faut que je me sois égaré, et cependant il est impossible que deux sites se ressemblent à ce point. Voilà bien la fontaine de la Roque, voici le chemin qui tourne à gauche : avançons, c'est une illusion de la nuit.

— Ah! s'écria Goldery, que rien ne pouvait corriger, que n'avons-nous ici notre beau chien Libo, qui reconnaîtrait dans le tissu d'une écharpe un fil qui eût passé par nos mains. Peut-être qu'en quêtant bien, la queue en l'air et le nez en terre, il retrouverait quelques traces de votre château.

Mais le chevalier mit son cheval au galop, et Goldery, son bouffon, le suivit à grand'peine. Le chevalier était un homme de trente ans. Il était vêtu de ses armes légères et était en outre enveloppé d'un manteau écarlate sur lequel on lui avait cousu une croix blanche ; il portait un casque sans visière. Ses traits étaient beaux, mais, pour ainsi dire, trop accentués. Sous un front vaste et protubérant s'enfonçaient de grands yeux noirs que voilaient de longues paupières brunes ; son nez droit et fier semblait descendre trop hardiment sur les sombres moustaches qui couronnaient sa bouche armée de dents éclatantes. Tout l'ensemble de son visage eût révélé quelque chose de puissant et de hardi, si une pâleur remarquable n'eût jeté un sentiment de langueur sur ses traits et si la nonchalance de ses mouvemens n'eût annoncé un esprit fatigué qui ne prend plus d'intérêt à ce qu'il fait. Voilà ce qu'on eût pu remarquer durant la première partie du voyage d'Albert de Saissac à travers les chemins détournés qui le conduisirent de la plage Saint-Laurent, où il était débarqué à quelques lieues de Beziers, jusqu'aux montagnes où était situé le château de son père, dans le comté de Carcassonne. Mais dès qu'il eut traversé la fontaine de la Roque et qu'il put croire qu'il y avait à son retour un obstacle ou un danger, sa physionomie reprit un caractère d'ardeur et de résolution et se tendit comme la corde d'un arc qui eût flotté d'abord le long du bois et à laquelle la main d'un soldat eût fait reprendre sa nerveuse élasticité.

Goldery était un Romain qu'Albert avait trouvé dans la Terre-Sainte. Les uns disaient que c'était un cuisinier qui, ayant suivi son maitre Galéas en Palestine, était devenu son meilleur ami, car si une amitié a quelque raison d'être profonde et durable, ce doit être surtout celle d'un gourmand et d'un cuisinier ; d'autres prétendaient que c'était un ancien moine que ses vœux d'abstinence avaient chassé du couvent et qui s'était fait archer de ce chevalier Galéas ; mais bien qu'il arrivât souvent à Goldery de faire la cuisine lui-même et souvent aussi de se battre vaillamment à la suite de son maitre, la faveur inaccoutumée dont il jouissait, et qui consistait à s'asseoir à la table du chevalier et à partager toujours sa chambre et quelquefois son lit, quand il ne s'en trouvait qu'un où ils se reposaient ; cette faveur, jointe à la liberté extrême de ses discours, l'avait plus particulièrement fait considérer comme un bouffon chéri et privilégié.

Nos lecteurs ne s'étonneront pas de cette intimité, lorsque nous leur rappellerons qu'Urbain III chérissait tellement son bouffon qu'il l'admettait dans ses conseils les plus secrets et qu'il l'avait fait diacre pour qu'il pût lui servir la messe lorsqu'il officiait dans son église de Saint-Pierre ; tandis que le comte Eustache de Blois, le plus chaste des croisés partis pour Jérusalem, laissait coucher le sien sur ses pieds, en travers du lit où il dormait ou ne dormait pas avec sa femme.

Après huit ans d'absence et de combats, Albert avait entendu parler de la croisade contre les hérétiques albigeois, et ne doutant pas que son père et le seigneur de son père, le vicomte de Beziers, ne fussent des premiers à se liguer pour l'extermination de cette race impure, il s'était embarqué à Damiette ; mais, surpris par l'orage, il fut jeté sur la côte de Chypre. Amauri Ier y régnait alors. Amauri était le fils de Gui de Lusignan, dernier roi de Jérusalem, car nous ne comptons pas parmi ces rois catholiques de la ville de Dieu ceux qui ont gardé ce titre lorsque Jérusalem était déjà retournée au pouvoir des Sarrasins. Gui, vaincu par Saladin à la bataille de Tibériade, avait été demander asile à son seigneur, Richard, roi d'Angleterre. Celui-ci, se rendant en Terre-Sainte, avait été forcé d'aborder à Chypre. Il avait trouvé que cette île, soumise autrefois aux empereurs grecs, leur avait été enlevée par un homme du pays, nommé Isaac Comnène. Cet Isaac, au lieu d'offrir à Richard l'hospitalité qu'il devait à un naufragé et à un chrétien, tenta de s'emparer de lui. Le Cœur-de-Lion l'attaqua à la tête de ses chevaliers, le prit et donna à Gui de Lusignan le trône de l'usurpateur. Gui mourut bientôt après, et Amauri lui succéda. Celui-ci recueillit de cet héritage non-seulement le royaume de Chypre, mais encore la haine de son père contre les Français, ou plutôt contre tous ceux qui relevaient directement ou indirectement de Philippe-Auguste, dont il avait renoncé la suzeraineté. En effet, Richard relevait pour Philippe comme comte de Poitiers, et les sires de Lusignan, étant vassaux immédiats des comtes de Poitiers, étaient, à ce titre, vassaux médiats du roi de France. Il arriva que lorsque Philippe eut quitté la Terre-Sainte après avoir juré sur les Évangiles de ne rien entreprendre contre Richard pendant son absence, il arriva, disons-nous, que son premier soin fut de rompre les sermens qu'il avait faits, et qu'il attaqua traîtreusement l'Anjou, le Poitou et l'Aquitaine. Alors Gui s'associa à la colère de Richard, et, ne pouvant aller défendre les terres de son suzerain sur ces terres mêmes, il servit ses intérêts en portant préjudice à tout homme qui, de près ou de loin, dépendait du roi de France. Amauri garda cette haine, et lorsque Albert de Saissac aborda à Chypre, son premier soin fut de s'emparer de lui et de le jeter dans une prison. La suite de cette histoire apprendra comment il en fut délivré et par quel dévoûment il recouvra toutes les richesses qui lui avaient été enlevées par Amauri.

Ainsi Albert ignorait presque entièrement les événemens de la guerre des Albigeois. Arrivé sur les rives de la Provence, il avait été pris d'un violent désir de revoir sa demeure, et il était parti sur l'heure avec le seul Goldery. Six ou sept lieues à faire durant la nuit, dans un pays qu'il connaissait parfaitement, ne lui avaient pas semblé un obstacle, et il était arrivé, comme nous l'avons dit, aux environs de son château en écoutant patiemment les plaintes altérées du bouffon.

Cependant il galopait rapidement, l'œil fixé sur ce pic jadis si magnifiquement couronné de murailles et de tours. Arrivé à la distance où la voix du cor pouvait arriver jusqu'à ce château qui ne paraissait plus à ses yeux, il s'arrêta, et ayant laissé à Goldery le temps de le rejoindre, il lui ordonna de sonner un appel. Goldery prit son cor, et, ayant soufflé avec force, il ne sortit aucun son de l'instrument. Albert se signa et ne put s'empêcher de dire :

— C'est une infernale sorcellerie !

— Non, dit le bouffon, c'est une excellente plaisanterie : j'envoie l'ombre d'un son à l'ombre de votre château. On ne saurait être plus sensé.

Albert arracha le cor des mains de Goldery et sonna trois coups longs et soutenus, puis il fixa ses yeux sur le pic, comme si cet appel devait faire surgir le château des entrailles de la montagne. Quelque chose se dressa à l'extrémité du pic, et ils virent se dessiner sur le fond bleu du ciel la forme colossale d'un homme enveloppé dans un manteau ; puis elle disparut lentement et sembla rentrer en terre.

— Plus de doute ! s'écria Albert, ce n'est pas une vision ; le sang de ce ruisseau et cet homme apparu au bruit de mon cor ! je le vois, les hérétiques ont surpris et détruit le château de Saissac ; c'est quelqu'un d'entre eux qui vient de se montrer, ou peut-être l'ombre de l'une de leurs victimes, peut-être celle de mon père ! Allons ! que je sache ce qui est arrivé. Oh ! si mon château est détruit, si mon père est mort ! Goldery, il nous faudra tirer encore l'épée, reprendre le casque et verser le sang ! oh ! je te le jure, la vengeance sera terrible !

— O misère ! misère ! répondit le bouffon, qui, au ton douloureux et terrible dont son maître avait prononcé ces paroles, comprit qu'il fallait qu'il parlât aussi sérieusement qu'il le pourrait : — tirer l'épée au lieu du tranchelard, prendre le casque au lieu du chaperon, verser le sang au lieu du vin, c'est un métier auquel je croyais avoir renoncé pour toujours ; mais vous parlez de vengeance, vengeance donc ! mon maître, c'est un plaisir qui enivre et réjouit ; seulement vous ne l'entendez pas honnêtement. Vous avez tué Afar de Cordone parce qu'un de ses archers avait pris votre bannière pour but de ses flèches, et vous n'avez que tué Geric de Savoie, qui vous a pris votre bohémienne Zamora, que vous aimiez si passionnément.

— Et qu'eusses-tu fait, Goldery ?

— Moi ? Oh ! pardieu ! j'aurais simplement bâtonné l'archer, mais j'aurais coupé le corps de Geric membre à membre, je lui aurais arraché les ongles et les cheveux un à un, j'aurais rendu à son corps les maux de mon âme ; mais, vous autres, vous traitez un traître comme un ennemi : c'est générosité, ce n'est pas vengeance.

En parlant ainsi ils arrivèrent au pied du pic. Là, ils reconnurent que les craintes d'Albert étaient justes : les décombres qui avaient roulé du sommet embarrassaient le chemin ; les pierres taillées, les poutres, les débris de portes gisaient çà et là. A cet endroit commençait un sentier si raide que les chevaux ne pouvaient le gravir. Albert ordonna à Goldery de les garder tandis qu'il monterait lui-même au château ; mais Goldery avait plus peur de se trouver seul que de se trouver en face de cent ennemis, il insista pour suivre son maître. Ils attachèrent donc leurs chevaux à un arbre et montèrent ensemble.

Quand ils eurent atteint le plateau, une vaste scène de désolation s'offrit à leurs regards : ce n'étaient que murs renversés. A voir l'épaisseur des fondemens et leur étendue, il semble qu'il eût fallu de longues années pour démolir ce château, et cependant des cadavres étendus çà et là et dont le visage annonçait une mort récente, des monceaux de cendres qui fumaient encore, semblaient dire que la destruction avait passé à peine la veille sur cette forteresse ; le bourg, accroupi au pied du château, laissait aussi fumer ses toits incendiés. Albert allait de tous côtés, Goldery le suivait ; l'un gardait un silence farouche, l'autre poussait de piteux soupirs à l'aspect des tonneaux brisés et des cruches fracassées ; il ne put retenir une exclamation de colère en voyant sortir d'un brasier un immense jambon de porc qu'on y avait jeté, car la rage des vainqueurs avait été poussée si loin qu'ils avaient détruit ce qu'ils n'avaient pu emporter ou dévorer.

— Les monstres ! s'écria Goldery.

— Goldery, lui dit son maître, qui ne l'avait pas entendu, tu as vu cette ombre qui s'est montrée au son de notre cor ? C'était un être vivant, n'est-ce pas ?

— Probablement, dit Goldery en tournant la tête de tous côtés avec effroi. Pourquoi me faites-vous cette question ?

— C'est que, dit Albert, je doute si je veille, c'est que je ne puis croire que tout ce que je vois soit réel ; mais il n'y a donc personne ici ?

— Et s'il y avait quelqu'un, qu'en ferions-nous ?

— Ce que j'en ferais ? dit Albert d'une voix éclatante et en tirant son épée ; puis il s'arrêta et ajouta d'une voix étouffée : — Mais tu as raison, tuer, ce n'est rien, c'est faire mourir qui est quelque chose, faire mourir et ne pas tuer, faire mourir de faim, de soif, faire mourir longtemps, toujours.

Comme il prononçait ces paroles avec exaltation, une grande figure parut à l'angle de la tour ruinée ; Albert et Goldery s'y élancèrent et la virent s'enfoncer en terre comme la première fois. Ils s'élancèrent de ce côté et arrivèrent au sommet d'un petit escalier tournant qui descendait dans un souterrain. Ils hésitèrent d'abord à s'y engager ; mais ayant entendu qu'on en avait fermé la porte avec précaution, et qu'on semblait l'appuyer de grosses pierres pour la défendre, ils jugèrent qu'ils étaient sans doute plus à craindre pour ceux du souterrain que ceux du souterrain ne devaient l'être pour eux ; ils descendirent : la porte ne résista pas longtemps, et ils entrèrent dans une espèce de caveau mal éclairé par une lampe fumeuse.

Le premier aspect qui se dessina en bloc à leurs regards, à la clarté épaisse de la lampe, fut un homme enveloppé d'un manteau, debout et l'épée à la main, à côté d'un grabat sur lequel était couchée une femme nue. Le premier mouvement de Goldery fut d'attaquer cet homme ; Albert le retint et demanda qui était là : on ne lui répondit pas. Il renouvela sa question : une sorte de sifflement guttural se fit entendre. Albert s'avança, cet homme brandit son épée ; puis, la laissant tomber, il présenta sa poitrine nue en étendant sa main sur la femme qui paraissait dormir sur le grabat. Cette pantomime se passait dans une clarté si douteuse qu'il était impossible à Albert de préciser rien de tous ses mouvemens. Il décrocha la lampe de l'anneau de fer qui la portait et s'avança vers le lit ; aussitôt le vieillard, dépouillant le manteau qui le couvrait, le jeta sur le corps de cette femme immobile, et parut lui-même tout nu aux regards d'Albert. Ce manteau, en cachant le corps, laissa la figure découverte : cette figure était morte, ce corps était un cadavre. Albert reporta sa lampe sur l'homme nu, qui, l'œil fixé sur la croix de son manteau, s'était baissé pour ramasser son épée : Albert l'éclaira à la face. Monstruosité et dégoût ! le nez avait été coupé, la lèvre supérieure coupée, les oreilles coupées, la langue arrachée ; toutes ces cicatrices, saignantes, gonflées, bleues ! Albert recula dans un premier mouvement d'horreur insurmontable. Un mouvement violent agita cette figure mutilée ; était-ce rire furieux, prière, désespoir ? Il n'y avait plus rien dans ce visage qu'une hideuse convulsion ; c'était impossible, à comprendre, impossible à voir. Albert, épouvanté de dégoût, ne put s'empêcher de crier à cette plaie vivante :

— Parlez ! parlez !

La langue manquait ; le malheureux se tordit en montrant sa bouche sanglante dépouillée de lèvres, dépouillée de langue. On avait tué dans cet homme les deux grands organes de l'âme : la parole, sa plus nette émission ; le sourire, ce geste sublime du visage, sa plus touchante mimique. Albert détourna les yeux et les arrêta sur Goldery, qui était lui-même immobile d'horreur. Tous deux se regardèrent pour voir un visage.

Albert releva les yeux sur ce vieux guerrier, car les cheveux blancs qui flottaient sur son cou maigre et décharné disaient que c'était un vieillard, et ce front chauve, où le casque les avait usés, annonçait que c'était un guerrier.

— Qui vous a mis dans cet état? dit Albert d'une voix qui, malgré lui, tremblait dans son gosier. Ce sont les hérétiques ?

Le vieillard secoua lentement la tête.

— Ce sont des brigands ?... des routiers ?... des mainades ?

A chaque mot une nouvelle négation.

— Qui donc ?

Le vieillard étendit son bras maigre sur l'épaule d'Albert et posa son doigt sur la croix de son manteau.

— Les croisés ? s'écria Albert avec indignation.

La tête muette dit : — Oui.

— Les croisés ! répéta Albert.

Un gloussement sourd et informe sortit de cette bouche mutilée : c'était l'expression impossible d'une exécration terrible. Ce gloussement continua jusqu'à devenir un cri, puis un hurlement : accusations, plaintes, malédictions, vengeances, murmurées, criées, hurlées. L'âme est puissante et forte, mon Dieu ! elle échappe aux mutilations du corps, elle perce dans toute vie ; tant qu'il reste à l'homme un doigt à remuer, elle parle ; elle parle sans regard, elle parle sans parole, à ce point qu'Albert comprit si bien tout ce que ce vieillard n'avait pu dire qu'il lui répondit :

— Oh ! certes ! vengeance ! vengeance !

Cependant le vieillard se laissa tomber assis sur une pierre, où il cacha sa tête dans ses mains et dans ses genoux pour pleurer : on n'avait pas pu lui couper les larmes. Albert s'approcha lentement de Goldery, lui parlant du regard, le questionnant, lui disant dans ce muet appel :

— Qu'est-ce cela ?... que faire ?... que décider ?

Mais la figure de Goldery était sérieuse et occupée d'une pensée qui sans doute l'absorbait, car il ne répondit pas aux regards de son maître, et tout-à-coup levant le bras et désignant le vieillard du doigt, il dit à Albert :

— Si c'était votre père ?

— Mon père ! s'écria le chevalier d'une voix éclatante et en jetant soudainement les yeux sur le vieillard.

Celui-ci s'était levé à ce cri ; ses yeux ouverts brillaient d'un éclat singulier ; il s'approcha d'Albert, et, à son tour, lui porta la clarté de la lampe de son visage. C'était une épouvantable chose que cette mutuelle inspection : le vieillard, cherchant un fils sous ces traits qui ne pouvaient dissimuler l'horreur de l'âme, sous ce manteau où reluisait la croix de ses meurtriers, et ce fils dont le visage tronqué quelques traits de ce grand et vénérable vieillard qu'il appelait son père et qui, au moment de son départ pour la terre de Dieu, avait posé ses mains et ses lèvres sur son front en lui disant :

— Sois brave.

Dans un mouvement convulsif, ses mains se portèrent encore au front d'Albert, et le vieillard, l'attirant à lui, voulut presser contre le sien ce visage qu'il avait reconnu. Le fils recula devant cet épouvantable embrassement. Le malheureux, repoussé, chercha une parole ; il voulut crier quelque chose : « Albert ! » peut-être ; peut-être aussi : « Mon fils ! mon enfant ! » Il ne put pas. C'était un cri rauque, douloureux, sauvage, incessamment répété, épouvantable, déchirant. Albert écoutait, regardait ; tout frissonnait en lui, l'âme et le corps. Ces deux êtres ne savaient plus par où arriver l'un à l'autre ; Albert aussi était muet du mutisme atroce de son père. Enfin Goldery s'approcha.

— Dites-lui que vous vous appelez Albert de Saissac.

Et un cri plus profond partit de la gorge du vieillard, et sa tête se baissa vivement en signe d'affirmation, et ses mains tremblaient au-dessus du front du chevalier, qu'il semblait bénir, et sa tête, se baissant toujours dans un mouvement convulsif, répondait autant qu'il pouvait répondre :

— Oui... oui... oui... oui .. je le reconnais, c'est mon fils.

Et alors Albert dit d'une voix sourde :

— Mon père !

Le vieillard ouvrit ses bras, le fils s'y jeta, tous deux pleurèrent pendant longtemps et s'entendirent ainsi. Goldery ne pleurait pas, il les regardait, et sa main passée dans ses cheveux, ses doigts qui labouraient convulsivement son crâne, semblait y exciter une idée atroce à se montrer plus nette, plus perceptible qu'elle ne lui apparaissait.

Après une telle reconnaissance, quel flux de paroles, quelle foule de questions à faire pour le malheureux Albert ! mais à qui les adresser ? Il s'était détaché des bras de son père et le considérait : horrible spectacle. — Où sont vos bourreaux ? — Où sont nos amis ? — Que faire ? — Où aller combattre ? — Où aller assassiner ? — Dites un nom. — Désignez une place. — Parlez donc, que j'épuise le sang des monstres et déchire leurs entrailles de mes dents !

Tout cela était à dire et à demander ; mais toute parole mourait en face de ce père sans parole, de ce visage sans trait ; une seule idée perça malgré lui le silence convulsif d'Albert :

— Ma sœur ! où est ma sœur ?

La main du père s'étendit sur le cadavre.

— Ils l'ont égorgée ! cria le frère.

Le père secoua la tête, et, arrachant le manteau, il montra sa fille nue et sans blessures.

— Elle est morte d'épouvante ?

Il secoua la tête encore.

— De désespoir ?

— Ni de désespoir, dit la tête.

— Regardez comme elle est belle ! dit Goldery.

Albert leva les yeux sur son père ; le regard fit la question ; la tête répondit : — Oui.

Et alors commença la plus effroyable pantomime, la plus sublime, la plus éloquente ; et le vieillard se jeta comme un furieux au coin du souterrain et montra un anneau et des chaînes plus fortes que lui fort même que le désespoir d'un père ; puis il montra ses yeux, le vieillard, ses yeux à lui, qui avaient vu et voyaient encore ; puis des pots cassés, du vin répandu sur la terre ; puis il chancelait comme un homme ivre en s'approchant de la paille où gisait sa fille ; et là, d'un geste impossible à dire, il montrait ce cadavre, et passant alors ses mains au devant des yeux de son fils, qu'il n'avaient pas vu, il comptait sur ses doigts combien de crimes, combien d'outrages ; tout cela mêlé de cris, de pleurs, de pas insensés ; et tout cela voulait dire clair comme le jour, qu'on dit venir d'un Dieu juste :

— Ils m'avaient lié à cet anneau par des chaînes, et ici, sous mes yeux, devant moi, entends-tu ? devant moi, ces hommes ivres, gorgés de vin, se levaient de l'orgie, et allaient au lit de la victime, impatiens l'un de l'autre, nombreux, plus nombreux que le vieillard n'avait eu de doigts pour les compter, et quelque chose qui échappe au discours voulut dire qu'au dernier elle était déjà morte.

Le vieillard était tombé à genoux à côté de sa fille. Albert eût voulu dire un mot pour le consoler, il ne le trouva pas. Eût-il osé dire : « Je le vengerai, je tuerai les misérables ! » Pâles sermens, misérables promesses, paroles lâches et futiles. Nulle langue humaine n'est à la hauteur de certaines passions, nulle langue n'a le mot de certains désespoirs et de leur vengeance. Albert montra tout ce qu'il méditait dans un mot :

— Et ce sont des croisés !

Le vieillard se releva et montra à son fils la croix qu'il portait sur son épaule. Albert sourit tristement, car cette croix n'était pas celle que la chrétienneté avait arborée contre ses propres enfans ; cependant il détacha le manteau, le jeta par terre, le foula aux pieds et frappa la croix du talon à plusieurs reprises. Le vieux Saissac parut être satisfait. Goldery ramassa le manteau et le plia soigneusement : il y avait une autre pensée que celle d'un valet dans cet acte d'attention. Un silence fatal s'établit dans le souterrain.

II.

L'ŒIL SANGLANT.

Ce silence fut bientôt troublé par un bruit de pas : deux hommes entrèrent ; l'attitude du vieux Saissac, à leur aspect, témoigna que c'étaient des amis, et ceux-ci comprirent également que les deux guerriers qui occupaient le souterrain étaient des leurs. Les nouveau-venus portaient à leurs mains des instrumens qui annonçaient qu'ils avaient déjà visité cette retraite de malheur, pourquoi ils en étaient sortis et pourquoi ils y rentraient ; l'un d'eux portait une bêche et une pioche ; l'autre avait un paquet de vêtemens. Le plus jeune des nouveaux arrivés s'approcha d'Albert et lui dit :

— Permettez-moi de vous demander qui vous êtes.

— Je l'ai dit au sire de Saissac ; et, bien que ce soit au milieu des ruines de son château, personne n'a le droit de m'y demander mon nom lorsque son seigneur en est instruit ; mais ne puis-je savoir qui vous êtes vous-même ?

— Sire chevalier, répondit le jeune homme, par le temps qui court, un nom, quel qu'il soit, est presque toujours un danger et n'est pas souvent un bouclier ; gardez le secret du vôtre ; quant à moi, je n'en ai plus : de deux êtres qui ont prononcé mon nom avec amitié, l'un est mort et l'autre a eu la langue arrachée. Ce nom, en tant qu'il pourrait s'appliquer avec tendresse à un être vivant, est enseveli dans le cercueil du vicomte de Beziers et dans le silence du sire de Saissac, et s'il est prononcé encore dans quelques malédictions, il ne l'est plus au moins que comme un vain son. Je suis mort sous ce nom qui vous eût dit toute une touchante et terrible histoire ; mais celui que vous voyez devant vous, cet homme qui vous parle, répond toujours, soit ami ou ennemi qui l'appelle, cet homme répond au nom de l'Œil sanglant.

Albert remarqua à ce moment le visage de celui qui lui parlait : ses yeux flamboyans étaient enchâssés dans une auréole d'un rouge livide ; il était pâle, jeune ; ses cheveux tombaient épars et négligés sur ses épaules ; sa parole était lente et solennelle, ses traits immobiles. Albert examina aussi son compagnon : c'était une physionomie ordinaire, mais elle avait aussi son trait de malheur : cet homme avait un œil crevé. Albert s'étonna, Goldery lui dit :

— Il n'y a donc pas un homme entier dans ce pays ?

— Jeune homme, dit Albert en s'adressant à l'Œil sanglant, il faut que vous m'instruisiez de l'état de la Provence ; vous avez parlé du cercueil du vicomte de Beziers ; ce jeune et brave enfant est donc mort ?

L'Œil sanglant parut étonné.

— Vous me demandez, dit-il, ce dont le monde a retenti. D'où venez vous donc ?

— De la prison.

— Par où donc êtes-vous venu ?

— Par la mer et par la nuit.

— Eh bien ! sire chevalier, le soleil se lèvera dans quelques heures, et il vous éclairera la Provence. Sa destinée est écrite sur sa surface comme le malheur sur les visages ; elle a ses rides de malheur, ses mutilations sanglantes, ses clartés éteintes.

— Oh ! parlez-moi ! parlez-moi ! s'écria Albert ; il ne faut pas perdre un jour pour la vengeance. J'en sais assez pour la désirer, pas assez pour l'accomplir.

— Vous parlez de vengeance, dit l'Œil sanglant, et vous en parlez avec un visage qui ne s'est flétri ni dans les pleurs, ni dans l'insomnie ; avec des armes que n'ont entamées ni la hache, ni l'épée, ni la rouille ; avec un corps que n'a brisé ni la faim ni la torture. Qu'avez-vous souffert pour la souhaiter ?

— Mon nom te dira tout ce que j'ai souffert plus peut-être que je ne le sais moi-même : je m'appelle Albert de Saissac.

Le jeune homme le regarda fixement et se tut pendant quelques minutes ; puis il dit d'un air triste :

— Ainsi vous êtes Albert de Saissac, le fils de ce vieillard mutilé, le frère de cette fille morte ; vous êtes le fils et le frère légitime de ces deux infortunés ; vous êtes donc leur vengeur légitime. Eh bien ! soit, je vous dirai tout ce qu'il faut que vous sachiez.

— Tu me diras aussi qui tu es ?

Le vieux Saissac fit un signe d'affirmation.

— Non, dit le jeune homme en prenant tristement la main du vieillard vous savez bien tout ce que j'ai d'amour est enfermé dans un tombeau ; je ne veux plus d'un nom qui ne partirait plus du cœur et n'y arriverait plus.

— Aimais-tu ma sœur ? dit Albert, et devais-tu te nommer mon frère ?

L'Œil sanglant tressaillit ; le vieillard sembla l'exciter à accepter ce nom.

— Non, reprit encore l'Œil sanglant ; je n'ai connu votre sœur que telle que vous l'avez retrouvée, morte, et heureuse d'être morte. Ne m'appelez point votre frère ; un homme m'a donné une fois ce titre en sa vie ; je ne le porterai vis-à-vis de nul autre. Il ne faut pas, voyez-vous, je le puisse croire qu'il existe au monde quelqu'un, de plus qu'une femme et un enfant, à qui je dois quelque chose de moi.

Puis se tournant vers Saissac, il ajouta :

— Voici votre fils ; c'est son devoir de vous venger ; il le fera. Permettez-moi de lui remettre le fardeau que je m'étais imposé ; alors je serai libre pour le service auquel je me suis voué. Songez que cela est juste ; vous avez un fils, c'est beaucoup ; celle qui m'attend est veuve, et son fils orphelin. Il faut partager les vengeances ; toutes les infortunes n'en ont pas.

Le vieillard baissa la tête.

— Et maintenant, dit l'Œil sanglant, rendons ce corps à la terre.

— Dans ce souterrain ? dit Albert ; dans une terre non bénite ?

— Sire chevalier, dit le jeune homme, là où la vie n'a plus d'asile, le tombeau n'a plus de sanctuaire. La croix ne protége plus ni les cimetières ni les églises ; elle couvre à l'épaule l'incendie, le meurtre et la dévastation. Nous prierons et nous pleurerons, c'est une bénédiction qui manque encore à bien des tombeaux, quand il arrive que les tombeaux ne manquent pas aux cadavres.

L'homme à l'œil crevé, qui s'appelait Arregui, et son compagnon se mirent à creuser une fosse ; le vieillard prit dans le paquet une large toile de lin et enveloppa sa fille ; on la descendit dans la fosse, et on la recouvrit de terre. Chacun s'agenouilla et pria, excepté l'Œil sanglant, qui demeura debout sans prier. Albert, dont la pensée, revenue de son premier étonnement, commençait à mesurer tout cet épouvantable changement qu'une heure avait porté dans ses destinées, Albert était resté à genoux sur cette tombe dont les autres s'étaient déjà relevés. Il se voyait échappé à sa prison de Chypre, ivre de sa liberté et de son avenir, abordant à cette terre de la patrie, la Provence, et courant à cette patrie de la famille du château de son père, où il rapportait un nom illustre, une gloire pure, des richesses immenses et un amour. Dégoûté des ambitions du monde depuis qu'il avait vu tourner autour de lui ces misérables passions d'avarice et d'orgueil qui s'armaient du nom du Christ pour élargir le sol où elles voulaient combattre ; épuisé d'affections brûlantes dans cette brûlante Syrie où il avait semé ses jours aux combats, les nuits aux voluptés ; cœur noble que la vie avait déçu et qui, comme un aigle qui ne trouve plus d'air pour son aile à une certaine distance de la terre, s'était rabattu au repos du château et à la reconnaissance amoureuse et paisible pour une femme qui l'avait sauvé, dans quel abîme était-il tombé !

parmi quels rudes sentiers il lui fallait reprendre sa course ! que de pénibles torrens à traverser ! que de rochers à gravir ! Il y pensait, et peut-être était-il triste d'avoir tant à faire, sans cependant reculer devant ce qui lui était un devoir. La voix de l'Œil sanglant l'interrompit :

— Sire chevalier, lui dit-il, nous sommes encore plus dépouillés que vous ne pensez ; les vainqueurs ne nous laissent pas un si long temps à donner aux larmes : la tombe est fermée, la prière est dite ; il faut nous remettre debout et en marche. Voici des vêtemens pour votre père, de la nourriture pour tous. Hâtons-nous ; je vous dirai ensuite ce qui vous reste à apprendre de l'état de la Provence.

— Je vous écoute, dit Albert.

— Mon maître, ajouta Goldery, si on parle mal, on écoute très bien la bouche pleine ; prenez votre part de ce repas, qui sait si nous en trouverons un pareil d'ici longtemps ?

Albert regarda Goldery d'un air irrité.

— Cet homme a raison, dit l'Œil sanglant. On voit bien que vous êtes nouveau au malheur, sire chevalier ; cela vous semble une profanation de goûter à ce repas près de cette tombe. Si pour vous la vie c'est la vengeance, il faut penser à la vie, et la vie, sire chevalier, n'a plus seulement pour ennemis la lance et l'épée, elle a aussi la faim et la soif. Celui qui à cette heure refuse un aliment est comme le soldat qui ne ramasserait pas une épée perdue.

— Très bien, dit Goldery. On peut dire que le pain et l'eau sont les armes intérieures du corps ; mais il faut les comparer aux armes de fer brut, tandis que les faisans savoureux et les vins de Chypre sont, pour ainsi dire, les armes magnifiques et ciselées d'or et d'argent. Aux armes donc ! et puis vienne l'ennemi, il nous trouvera cuirassés *suprà, infrà, dextrá, sinistrá, antè, post,* comme Tullius Cicero, c'est-à-dire dessus, dessous, à droite, à gauche, par devant et par derrière.

— Faites donc, dit Albert.

Tout le monde s'assit par terre, excepté lui ; il admira comment ces hommes prenaient leur repas avec une apparente tranquillité, tandis que lui, oppressé par ses émotions, n'eût éprouvé que dégoût à l'odeur d'un aliment ; il s'assit dans un coin en attendant qu'ils eussent fini, cherchant quelle vengeance il pourrait tirer de ceux qui avaient si épouvantablement passé sur sa famille. Pendant ce temps, Goldery, non moins bavard que gourmand, mettait à profit les bouchées où il y avait passage pour la parole.

— Or, apprenez-moi, camarade, dit-il à Arregui, qui diable vous a crevé l'œil si proprement : ce n'est assurément ni un coup de masse ni un coup de hache ; il faut que ce soit une flèche mourante ou une épée bien discrète pour ne pas vous avoir traversé le cerveau lorsqu'elle était en si bon chemin ?

— Ce n'est ni une épée ni une flèche, dit Arregui, c'est la lame d'un poignard rougie au feu.

— Est-ce parce que vous avez regardé la croix d'un mauvais œil, ou regardé d'un œil indiscret sous le voile de quelque belle fille, qu'un honnête chrétien ou un mari jaloux vous a traité ainsi ? Depuis qu'ils ont fait la guerre aux Sarrasins, il y a des chevaliers qui se sont accommodés de leurs manières de garder les femmes, ce qui me paraît tout-à-fait contraire à l'amour du prochain, recommandé par les saints Évangiles.

— Dieu vous garde le sourire aux lèvres, dit gravement Arregui. Nous étions deux cents chevaliers dans le château de Cabaret, nous en sortîmes pour attaquer les croisés qui investissaient Minerve, et nous leur avions brûlé leurs machines de siège, lorsqu'à notre retour nous fûmes surpris par Simon de Montfort. Il avait avec lui Aimery de Narbonne, le comte de Comminges et Baudoin de Toulouse, et venait d'attaquer et de vaincre Gérard de Pépieux. En effet, celui-ci, après lui avoir fait hommage, s'était tourné contre lui, et, ayant pris dix de ses hommes, les avait fait pendre aux arbres de la route. Simon nous attaqua à son tour ; cent des nôtres périrent heureusement : le reste, et j'étais du nombre, fut fait prisonnier. Quand on nous eut dépouillé de nos armes, on nous mit sur une seule ligne devant la tente du légat ; un bourreau s'approcha, et, sur l'ordre de Simon de Montfort et en sa présence, il creva les deux yeux à ces cent nobles chevaliers ; quand on fut arrivé à moi, Simon cria au bourreau : — Il faut un conducteur à ce bétail ; laissez un œil à celui-ci pour qu'il reconduise le troupeau à son capitaine.

— Ainsi fut fait, et nous quittâmes le camp des croisés, attachés à la suite les uns des autres comme les mulets qu'on envoie à la foire, moi en tête, et traînant après moi ces cent nobles guerriers mutilés.

— Et que devinrent tous ces bons chevaliers ? s'écria Albert ; que sont devenus Minerve et Cabaret ?

— Tous ces chevaliers, dit Arregui, sont, les uns par les chemins, pauvres et mendians ; les autres, morts de désespoir ou de faim ; quant à Minerve et à Cabaret, ils sont pris.

— Pris ! ces deux robustes châteaux sont au pouvoir de Montfort ! et de pareilles cruautés ont été exercées contre leurs défenseurs ?

— A Minerve, le bûcher a fait justice des chevaliers ; à Cabaret, la potence ; partout le fer s'est tiédi à égorger les femmes et les petits enfans.

— Horreur et insulte ! cria Albert. Simon a osé faire pendre des chevaliers !

— Quatre-vingts ont été pendus à Lavaur, en présence du comte de Toulouse, leur suzerain, qui a présidé à ce crime.

— Quoi ! Lavaur est en leur pouvoir, reprit Albert, qui marchait d'étonnement en étonnement, et Guiraude, la dame suzeraine de ce château, qu'en ont-ils fait ?

— Guiraude a été précipitée dans un puits et écrasée sous les pierres.

— C'est un rêve ! c'est impossible ! s'écria Albert ; j'ai connu Simon en Terre-Sainte ; il était renommé pour sa valeur ; mais ce que vous me dites, c'est la rage d'un bourreau insensé. C'est la douleur qui vous fait parler ainsi !

— Et peut-être aussi la douleur, n'est-ce pas, dit l'Œil sanglant, qui empêche de parler votre père comme nous ?

— Oh ! malheur, malheur ! dit Albert ; pardonnez-moi, mais la tête tourne à de pareils récits ; grâce, mon père ! grâce et vengeance !

— Oui, vengeance ! dit Goldery, mais vengeance, bien entendu, à l'italienne, longue, cuisante, douloureuse, qui emporte la chair du cœur comme une sauce au piment emporte la peau du palais.

— Mais, dit Albert, où trouver un asile pour mon père pendant ce temps d'exécration ?

— C'est ce qu'il faut que vous appreniez à Toulouse, dit l'Œil sanglant.

— A Toulouse ! reprit Albert ; mais tout-à-l'heure votre compagnon disait que Raymond combattait à Lavaur avec les croisés : il est donc de leur parti ?

— Il n'en est plus, répondit l'Œil sanglant, Simon de Montfort est venu à bout de sa lâcheté.

— Je ne comprends plus ce monde, dit Albert ; la lâcheté du comte de Toulouse, dites-vous ? mais il passait pour bonne lance et brave capitaine.

— Oh ! dit l'Œil sanglant, je ne parle pas de sa valeur de chevalier, je parle de sa lâcheté de suzerain, de sa perfidie politique, qui l'associent à tout brigand qui lui donne l'espérance d'accroître sa puissance. Il a pensé que les croisés lui serviraient à ce but, et il leur a prêté son aide pour abattre Roger, et depuis deux ans que cela s'est passé et qu'il a reconnu que c'était sa ruine qu'il avait commencée dans celle de son neveu, il s'est cru forcé de compléter par nécessité ce qu'il a commencé par trahison ; mais enfin il a, je pense, accompli sa dernière infamie, il me l'a juré du moins : puisse-t-il réparer tout le mal qu'il a fait à la Provence !

— Il lui sera difficile de réparer celui qu'il a fait à son honneur.

L'Œil sanglant sourit amèrement.

— Son honneur ! sire chevalier ; les croisés lui ont donné un meilleur défenseur que Raymond ne le serait lui-même ; ils ont fait le comte si malheureux qu'il ne semble plus méprisable. Son honneur, dites-vous ! Et d'abord quel juge en aura-t-il ? Ah ! oui, vous dites bien, vous sortez de prison et vous êtes venu ici dans la nuit. Vous ne savez pas quel vertige de terreur s'est emparé de la Provence pendant deux ans entiers, après que Beziers et Carcassonne, ces deux grandes forteresses, qui avaient pour premier rempart leur terrible vicomte, furent tombées devant les croisés. Sans doute Roger périt par trahison, mais on n'y songea pas ; on songea seulement que par le fer ou le poison ils avaient tué Roger ; que là où son courage et sa prudence avaient failli, tout courage et toute prudence étaient inutiles, et l'on s'épouvanta. N'avez-vous pas entendu dire tout à l'heure que Comminges a fait hommage à Simon ?

— Comminges, dit Albert, le rude et farouche Comminges, qui a écrit sur la borne de sa comté : *Qui entre y rentre*, voulant dire que celui qui entrait en sa terre rentrait en terre ?

— Oui, Comminges, et comme lui, Aimery de Narbonne. Ce fier vassal comme des Toulouse, qui tâche toujours à rehausser sa ville romaine au rang dont elle est déchue, a subi le joug d'un Français, le joug d'un barbare, comme il les appelait.

— Mais, s'écria Albert, Raymond Roger, le comte de Foix ?

— Il a plié la tête.

— Lui ! Oh ! tout est donc perdu ?

— Oui, dit l'OEil sanglant, le comte de Foix, le dur comte de Foix et son fils, Roger-Bernard, tous deux ont plié la tête, une heure, un moment, à la vérité, et ils se sont relevés les premiers, terribles, furieux, mais enfin ils ont plié la tête à l'aspect de ces armées qui s'amassent au loin pour s'abattre dans nos champs comme des nuées d'insectes ; ils ont demandé protection aux ennemis plutôt qu'à leur épée : ç'a été un délire où rien ne se voyait plus, où rien ne se jugeait plus nettement, à travers les fumées des incendies et les vapeurs de sang qu'exhalait la terre. Tout était devenu danger, l'ami de la veille comme l'ami de vingt ans, le parent, l'allié, le frère : le bourgeois faisait peur au noble, le noble au bourgeois, le prêtre au laïque ; le passant était un ennemi, les serviteurs, des ennemis ; les fils, des ennemis. Mais enfin on commence à voir clair sur les cendres éteintes des cités mortes, et on peut reconnaître des amis de ses ennemis dans ces populations clair-semées qui restent debout, les pieds dans le sang. L'heure de la délivrance approche.

En disant ces mots, l'OEil sanglant se leva, puis il ajouta :

— Le jour est venu, il nous faut mettre en route.

— Allons ! dit Albert ; mais par quels sentiers assez détournés arriverons-nous à Toulouse à travers cette inondation de barbares, quatre que nous sommes et à peine armés ? Ne pourrais-je d'abord regagner mon vaisseau ? J'y ai laissé des hommes et des armes.

— Ne vous mettez point en peine de notre voyage, nous en surmonterons aisément les difficultés, du moins je l'espère. Laissez votre vaisseau vous attendre jusqu'à ce que vous ayez pris parti et soyez en état d'employer utilement ses trésors. A Toulouse ! à Toulouse ! sire chevalier. C'est là que nous saurons si la Provence sera une comté suzeraine ou une province vassale.

III

CHEVALIER FAIDIT.

Ils partirent donc ; un voile de lin couvrait la figure du vieux Saissac ; l'OEil sanglant et Arregui s'enveloppèrent de même le visage. Ce voile qui cachait toutes ces têtes mutilées était un capuchon percé à la hauteur des yeux. Albert et Goldery retrouvèrent leurs chevaux où ils les avaient laissés. Au sifflet de l'OEil sanglant, un homme voilé comme ils l'étaient lui amena des roussins sur lesquels ils montèrent. Ils se dirigèrent vers Carcassonne. La marche fut silencieuse ; elle fut éloquente aussi. Oh ! quelle misérable Provence les Français avaient fait de cette belle Provence ! Quelle comté nue et stérile de cette comté si féconde, si richement vêtue de villes, d'hommes et de moissons !

C'est une chose horrible à voir que les restes d'un champ de bataille où des milliers d'hommes ont péri ; cependant cet aspect de morts est, comme la vie humaine elle-même, rapidement et facilement effacé : viennent d'autres hommes qui jettent de la terre sur les cadavres, et la terre, bientôt après, reverdit sous les prés, jaunit sous les moissons ; il n'y paraît qu'aux endroits où la végétation plus fraîche s'enrichit des débris de l'homme. Mais lorsque la dévastation s'est adressée à la terre éternelle et aux villes de longues durées, les traces qu'elle leur laisse ont quelque chose de durable et, ce semble, d'indestructible comme elles. Quand les forêts ont été incendiées, les moissons arrachées, les châteaux démolis, il y en a pour des siècles à cicatriser ces profondes blessures. Longtemps les landes tiennent la place des campagnes semées, les ruines des monumens.

L'homme, épouvanté de la chute de ces forts abris, ne se prend pas à le reconstruire sur l'heure, et comme l'oiseau dont l'orage a brisé le nid, il s'abrite, jusqu'à la fin de la saison, sous une feuille ou derrière un pan de mur. Il faut à l'oiseau, pour refaire son nid, une année nouvelle qui lui rende le printemps et ses amours ; à l'homme, il faut un avenir nouveau qui lui redonne sa foi dans la durée et dans la force des choses ; il lui faut une génération nouvelle.

— Albert en traversant cette contrée, en voyant toutes ces traces de dévastation, sentait un désespoir particulier. Ce n'était pas celui du malheur présent, ce n'était pas de ne rencontrer que des routes désertes, des masures inhabitées, de voir errer au loin quelques pâles habitans qui, debout sur la lisière des bois, s'y enfonçaient comme un gibier timide au seul aspect ou au premier bruit d'un homme armé : tout ces malheurs avaient été dépassés par lui du premier coup et de bien loin. Son père mutilé, sa sœur morte, son château démoli, ses terres dévastées, ses vassaux disparus, lui avaient trop personnellement et trop profondément infligé les plus dures infortunes pour qu'il ressentît un nouveau désespoir, une nouvelle colère à l'aspect d'infortunes pareilles. Seulement il calculait ses chances de rendre le mal pour le mal au même degré qu'il l'avait reçu. Il pensait à cet instant comme Goldery. Que sera-ce donc que chasser ses ennemis de la Provence pour qu'ils retournent dans leurs terres fécondes, sous le toit entier de leurs demeures, en laissant derrière eux les champs dévastés et les maisons ruinées ? Que sera-ce que de frapper à la tête ou au cœur un ennemi armé, et de l'envoyer dormir dans la tombe, lorsqu'il laissera derrière lui des vieillards mutilés, des filles violées, des femmes outragées ? Oh ! ce n'est pas cela qu'il fallait à Albert ! ce n'était pas cela, et cependant comment aller chercher dans les terres de ces insolens agresseurs, rendre à eux et à leurs familles la destruction et l'outrage qu'ils avaient semés en Provence ? Voilà ce qui occupait Albert pendant cette marche, ce qui lui donnait l'air d'un profond désespoir. L'OEil sanglant s'y trompa et lui dit :

— Cela vous épouvante, sire chevalier, de lutter contre les ennemis qui ont eu le pouvoir et la cruauté d'exercer de tels ravages ?

Goldery haussa les épaules, et dit à l'OEil sanglant, tandis qu'Albert gardait le silence :

— Ne demandez jamais à cet homme ce qui l'épouvante, car il n'aurait rien à vous répondre, et vous voyez bien qu'il ne vous répond rien. Demandez-lui plutôt ce qu'il compte faire, car, entendez-vous, c'est de pareilles méditations que sortent presque toujours pour lui les projets les plus insensés. D'autres, après avoir rêvé qu'ils peuvent devenir rois, ou voler dans les airs, ou vivre dans l'eau, ou dîner dix fois par jour, laissent toutes ces imaginations de côté et reprennent l'habitude de leur vie ordinaire. Quant à celui-ci, s'il lui vient à l'idée qu'une chose est possible, et qu'il soit nécessaire ou agréable de la faire, il s'y attelle sur-le-champ sans cris ni fanfares, et souvent il est arrivé qu'on ne le croit pas encore parti. Le pauvre homme ! voici la première fois qu'un de ses projets bien arrêté se trouve malgré lui renversé et impraticable. Il s'était juré de renoncer aux rudes travaux de la guerre, aux rivalités d'amour, d'éclat ou de gloire ; il avait arrangé sa vie dans son château, et dans cette vie il avait arrangé comment il gouvernerait ses vassaux, comment il marierait sa sœur, honorerait son père, et goûterait enfin le repos au sein d'une excellente cuisine. Adieu son beau rêve, car il n'y a plus ni terres, ni château, ni sœur, ni cuisine ! et quant à ce qui reste de son père, c'est pis que sa sœur morte et le château démoli, c'est une plaie ouverte, qui parle sans cesse et crie vengeance ! Le voilà donc remis à l'œuvre malgré lui. Je ne sais de quel prix, mais, certes, il fera payer cher ses peines à ses ennemis, non seulement pour le mal qu'ils lui ont fait, mais pour le bien qu'ils l'empêchent de goûter.

— Et, dit l'OEil sanglant, le servirez-vous dans ses desseins ?

— Oui, selon la voie qu'il prendra : s'il faut poursuivre la vengeance la cuirasse aux flancs, le casque en tête, par les routes et sur les remparts des villes, je me retire dans quelque abbaye. Si sire Albert comprend que les premières armes de la vengeance sont le sourire, la joie et la bonne chère, alors je me voue à lui cœur et ventre.

— N'êtes-vous pas le bouffon de sire Albert ? dit l'OEil sanglant d'un ton dédaigneux.

Goldery pâlit à ce mot, et un premier et imperceptible mouvement de colère lui fit regarder son épée, mais il n'y parut pas autrement, et il reprit d'un ton où le sarcasme perçait trop fortement pour ne pas être aperçu :

— Oui, vraiment, je suis son bouffon, mon maître ; mais pas à ce point que je ne puisse vous dire des choses très sensées : par exemple, que c'est une loi juste qu'un seigneur vende à ses vassaux le droit d'être hommes, c'est-à-dire le droit de se marier et de se reproduire, et qu'il leur impose en outre la leude pour son propre mariage, de manière qu'ils paient pour qu'il naisse un esclave d'eux, et qu'ils paient pour qu'il naisse un maître de leur seigneur. Je trouve que c'est une loi admirable qui fait qu'on peut tuer un juif pour douze sous, ce qui, pourvu qu'on en trouve vingt-quatre dans la poche de l'infâme, en rapporte exactement douze. Je trouve que c'est une merveilleuse équité que le médecin qui tue soit payé comme le médecin qui guérit ; qu'il est d'exacte justice qu'on pende le serf qui vole une pomme à un abbé, et que l'abbé soit réprimandé qui vole un champ à un laïque. J'admire que l'on soit béni et sauvé pour avoir brûlé, égorgé, violé, et qu'on soit maudit pour avoir été égorgé, violé, brûlé. J'admire que mon maître ait le droit de se faire tuer par Simon de Montfort en personne, en lui disant : « Tu as menti ! » et que moi je sois brûlé vif par son bourreau pour lui avoir dit : « Vous vous trompez. » Mais ce que j'admire le plus, c'est que non-seulement ceux qui profitent de cet état de choses le trouvent juste, mais que ceux qui en pâtissent le trouvent juste de même ; preuve sublime que cela est juste et sera éternellement juste. Oh ! mon maître, je connais la sagesse humaine, quoique bouffon, et si je ne la professe pas toujours, c'est que je suis un bouffon, payé pour dire des bouffonneries et en faire ; mais voilà si longtemps que j'en fais pour le compte d'un autre que j'en veux faire une à mon profit. J'ai quarante ans, je suis robuste, je manie assez bien la lance, assez bien l'épée, je puis ceindre la ceinture militaire, mériter les éperons, gagner un fief, entourer de bons remparts, avoir une belle femme qui fera l'envie de tous mes voisins, de jolis enfans qu'ils aimeraient autant que moi, et mourir l'épée au flanc et le casque en tête dans un glorieux combat ; eh bien ! je suis à peu près las de faire moins, à vivre du bien des autres au lieu du mien, à avoir la femme des autres au lieu de prêter la mienne, à m'engraisser de repos et de bonne chère et à mourir d'indigestion.

— Que ne le faites-vous sur-le-champ ? dit l'OEil sanglant avec mépris.

— Oh ! dit Goldery avec un soupir, c'est que les braves et les sages de ce monde n'ont pas laissé un coin de terre que je connaisse où un misérable fou puisse se cacher ; c'est une ribaudaille magnifique de combats d'héroïsme et de vertus. L'empereur Othon se bat avec le roi de France, le roi de France se bat avec le roi d'Angleterre, l'empereur grec avec le roi de Chypre, le roi d'Aragon avec les Maures ; le pape se bat, les seigneurs se battent, les bourgeois se battent, les serfs se battent : à droite, à gauche, en avant, en arrière, les grands entre eux, les petits entre eux, les grands contre les grands, les grands contre les petits. Que voulez-vous que fasse un pauvre bouffon parmi tant de sagesse humaine ? Il y perd sa folie, il se résigne à la dignité humaine, et il court les chemins sur un mauvais roussin, avec l'espérance d'avoir le nez coupé, l'œil crevé et la langue arrachée, ce qui m'est assez indifférent pourvu qu'on me laisse mes dents, qui sont les plus fortes de ce monde depuis que le digne chevalier Galéas en est sorti.

Pendant ce temps Albert avait continué ses méditations ; bientôt il releva la tête et demanda d'une voix sereine et douce :

— N'est-ce pas Carcassonne que je vois poindre là-bas ?

— C'est la malheureuse Carcassonne, et c'est la bannière de Simon qui flotte sur sa haute tour.

— C'est vrai, je la reconnais, dit Albert d'un air simple et indifférent.

— Est-ce qu'il a envie de mettre le feu à la ville ? dit Goldery, comme s'interrogeant lui-même.

— Pourquoi ? reprit l'OEil sanglant ; sa tranquillité est, ce me semble, rassurante.

— Oh ! par saint Satan, il faut qu'il ait découvert quelque chose d'atroce pour être si doux et si paisible. Maître, sachez ceci : il y a un malheur horrible pour quelqu'un dans tout sourire qui effleure les lèvres du chevalier de Saissac lorsque celles d'un autre prononceraient une malédiction ; nous verrons de cruelles choses, mon maître.

Comme ils parlaient ainsi, ils arrivèrent en vue des portes de Carcassonne. A une certaine distance et lorsqu'ils eurent gagné un endroit où ils ne pouvaient être aperçus des sentinelles, Arregui et l'OEil sanglant levèrent leurs capuchons et s'attachèrent tous les deux un masque admirablement fait et qui représentait dans toute son horreur une mutilation pareille à celle qu'avait subie le malheureux sire de Saissac. Goldery, qui était dans un pays où l'art de contrefaire les visages avec de la cire appliquée sur une toile blanche était déjà fort avancé, Goldery se prit à admirer ce masque et déclara qu'il n'en avait jamais vu de si parfaitement travaillé.

— C'est mon œuvre, dit l'OEil sanglant, et il fut un temps où je savais les faire gracieux pour les joyeuses fêtes. Puis, s'adressant à Albert, il ajouta en montrant ce masque hideux :

— Sire chevalier, voici un droit de passage que la rage des uns et la vengeance des autres a rendu respectable à tous. Quand croisés ou hérétiques ont réduit un homme en pareil état, ni hérétiques ni croisés ne peuvent le reconnaître pour ce qu'il a été ni le lui demander ; aussi, au milieu de cet égorgement général, s'est-il établi une sorte de pitié intéressée et mutuelle. Ce capuchon dit à tous : « Voici un mutilé, » et ce mutilé chacun le laisse passer, car il peut être un de ses frères. Ainsi traverserons-nous aisément Carcassonne. Quant à vous, choisissez de tromper la surveillance des Français en revêtant votre manteau de croisé et vous donnant pour un des leurs arrivé de la Terre-Sainte, comme il est vrai, ou résolvez-vous à subir l'humiliation des chevaliers *faidits*.

— Sur le salut de mon âme, dit Albert, j'ai juré que cette croix ne me salirait plus l'épaule ; et dussé-je être damné pour ce serment, elle ne la touchera plus : je subirai toute humiliation.

— Ainsi, dit l'OEil sanglant, vous vous laisserez dépouiller ?

— Je ferai tout ce qu'il faudra, répondit froidement Albert en l'interrompant ; et toi, Goldery, tu souffriras sans rien dire tout ce qu'on t'imposera. Assurez-moi seulement qu'on n'attaquera pas notre vie.

— Je vous en réponds autant qu'un homme peut répondre de quelque chose.

— Allons donc ! dit Albert.

— Diable ! dit Goldery, ceci devient effrayant ; quelle idée étrange lui est venue !

— Votre maître est bien facile, dit l'OEil sanglant bas à Goldery : une humiliation ne lui coûte rien.

— Que voulez-vous ! dit Goldery ; j'ai vu des jours où il

eût payé dix sequins au meilleur chevalier de la chrétienté pour qu'il crachât sur son écu, afin d'avoir une bonne raison de le tailler en pièces. Le bon sire se verse quelquefois ainsi un peu de vinaigre sur sa blessure, un peu d'huile sur son feu pour les irriter. Je crois qu'il se dépiterait maintenant si on lui rendait à cette heure son château, son père et sa sœur; il ne changerait probablement pas de dessein, mais il ne l'exécuterait pas avec cette tranquillité de conscience qui lui fera tuer ou brûler, ou égorger, ou manger son ennemi, comme il l'a résolu.

— Croyez-vous qu'il tente cela contre Simon de Montfort ?

— Cela ou autre chose : demandez-le-lui, car le diable, qui lui a inspiré ce qu'il veut faire, ne le sait peut-être pas lui-même.

Ils étaient tout-à-fait près des portes de Carcassonne ; ils se présentèrent à la tête du pont qui défendait celle par laquelle ils voulaient entrer ; ils la traversèrent ; mais, arrivés sous l'arcade de la tour, ils ne purent aller plus loin, parce qu'une nombreuse cavalcade qui allait sortir leur barra le passage : c'était une joyeuse compagnie composée de chevaliers couverts de riches et légères armures, de dames montées sur de gracieuses haquenées. En tête de la cavalcade se trouvait une femme d'une figure majestueuse ; cette femme avait une de ces beautés pures qui tiennent aux lignes du visage plutôt qu'à l'éclat et à la fraîcheur de la jeunesse, de façon que, bien qu'elle avouât avoir déjà quarante ans, elle gardait une perfection de traits si idéale que, dès le premier aspect, on ne pouvait s'empêcher de dire que cette femme avait dû être admirablement belle. Puis, lorsqu'un sourire lent et doux animait sa bouche et laissait voir l'éclat de ses dents, lorsqu'une émotion grave de fierté faisait briller ses yeux, on la trouvait admirablement belle encore ; sa taille était élevée et son maintien sérieux. A sa droite marchait un cheval puissant un jeune homme de vingt-cinq ans pesamment cuirassé ; il semblait occupé d'une pensée sévère et jetait des regards peu bienveillans sur un second cavalier qui marchait à la gauche de cette dame. Celui-ci était un pâle et bel adolescent de vingt ans à peine ; une froideur hautaine répondait seule aux regards courroucés de son compagnon ; une attention continue de la dame semblait seule prévenir entre eux une explication qui ne pouvait être que violente.

— Amauri, disait-elle au premier en descendant au petit pas de sa haquenée la rue qui menait à la porte, je ferai ce que veut mon mari, j'irai au devant des croisés qui arrivent des frontières du Nord, je les amènerai dans cette ville et je la défendrai jusqu'à sa dernière pierre. Je suis d'un nom et d'un sang qui a coutume des combats, et, quoique femme et ignorante de l'art de la guerre, j'espère assez bien faire pour que le nom de Montmorency ne fasse pas honte à celui de Montfort.

— Ma mère, reprit le jeune homme, si le nom de Montmorency n'était porté que par des femmes, il serait, et surtout en vous, un exemple de vertu, de douceur et de courage ; mais il est porté aussi par des hommes qui ne lui font pas rendre les respects auxquels vous l'avez accoutumé.

— Mon fils, dit la comtesse de Montfort, vous êtes dur et injuste dans vos paroles contre ceux de ma famille ; vous oubliez que vous me blessez en me parlant de la sorte.

— Ce n'est pas vous que je voulais blesser, ma mère, dit Amauri, ce n'est pas vous. Ce n'est pas vous, répéta-t-il en regardant le jeune homme en face.

— Amauri, je vous en supplie, cessez, dit vivement la comtesse.

— Laissez, laissez, ma belle tante, dit avec une dédaigneuse froideur le jeune homme pâle, les reproches de mon brave cousin sont, comme les coups de son épée, bien adressés et bien reçus ; bien adressés, car je sais que c'est de moi qu'il parle ; bien reçus, car ils ne m'ébranleront pas plus que le coup qu'il me porta par derrière dans le pas d'armes de Compiègne, et après lequel je l'étendis sur le sol d'un revers de mon bois de lance ; les traits de sa langue ont du moins cet avantage qu'ils sont portés en face.

— Sire Bouchard ! reprit violemment Amauri, dont le visage avait pâli de colère, ce combat dont vous avez parlé était un jeu ; cette rencontre avait lieu avec les armes courtoises, et nous savons qu'en fait de jeux, vous êtes d'un grand savoir, depuis celui des dés et des échecs jusqu'à celui des tensons ; qu'en fait de courtoisie, il n'est guère de dames, même parmi celles qui ne devraient plus avoir rien à en faire, qui ne vous donnent la palme pour ramasser un éventail ou danser une railleuse mauresque.

La comtesse de Montfort devint rouge et baissa les yeux. Le propos de son fils n'eût pas été évidemment pour elle, d'après le ton moitié amer, moitié réservé dont il le prononça, d'autres propos malséans n'eussent pas été déjà tenus sur l'intime protection que la comtesse accordait à Bouchard, que le trouble dont ces mots causèrent à Alix en eût averti les moins clairvoyans. L'impassibilité dédaigneuse de Bouchard en fut un moment altérée ; mais il reprit à l'instant même sa railleuse indolence et répondit à Amauri :

— Véritablement, mon aimable cousin, vous auriez raison de mépriser cette palme, et il n'y aurait pas grand mérite à la remporter si on considérait à quels concurrens on la dispute ; mais elle devient inappréciable pour moi et respectable pour tous lorsqu'on sait la main qui me l'a donnée. N'est-ce pas, ce me semble, la dame de Penaultier, votre belle maîtresse, qui m'a proclamé le plus gentil chevalier de la croisade ?

Amauri se tut ; il comprit au trouble de sa mère, qu'il l'avait profondément blessée ; une larme roulait dans les beaux yeux d'Alix, et le ressentiment qu'il éprouvait contre Bouchard ne l'emporta pas sur l'affection sincère qu'il portait à la comtesse. D'ailleurs, ils étaient arrivés sous la porte où s'étaient arrêtés Albert et ses compagnons, et ce fut un prétexte pour abandonner un sujet d'entretien où toutes les paroles brûlaient.

Pendant que les trois premières personnes de la cavalcade s'entretenaient ainsi, on riait aux éclats et on parlait bruyamment derrière eux : une femme était encore le centre de cette gaîté qui éclatait parmi cinq ou six chevaliers qui l'entouraient ; cette femme était Bérangère de Montfort. Bérangère avait vingt ans. Un œil d'aigle, un teint éclatant sur une peau brune et veloutée, des lèvres minces et railleuses, des cheveux noirs et abondans, une taille imposante, lui donnaient une beauté dure et hardie qui eût effrayé plus d'un chevalier, si une liberté de pensée et une coquetterie audacieuse ne lui eussent enchaîné beaucoup d'hommages. Fière d'une froideur qui passait pour inabordable, elle osait beaucoup plus dans ce qu'elle faisait et dans ce qu'elle blâmait : elle affichait publiquement l'amour de certains chevaliers pour elle et livrait aux soupçons les plus outrageans la femme qu'un regard timide allait chercher dans sa modestie.

— Sire de Mauvoisin, disait-elle à un chevalier qui se tenait auprès d'elle, je commence à croire que mon cousin Bouchard veut entrer dans l'Église et qu'il a fait vœu de chasteté ; voyez comme il fuit la société des dames et les entretiens joyeux ; le voilà, avec ma mère ou mon frère, occup' sans doute de quelque siège ou bataille.

— Je ne sais, dit Robert de Mauvoisin, si c'est à lui qu'on peut appliquer justement votre supposition ; mais je crois que ce sont les chevaliers qui se sont voués à vous servir qui ont fait vœu de chasteté pour toute leur vie.

Bérangère prit un air de moquerie hautaine et répondit :

— Certes, messire, ce vœu ne vous coûte guère à remplir, si l'histoire est vraie de la prise de Saïssac et de ce qu'on dit de la fille de son capitaine.

Mauvoisin parut embarrassé ; mais un autre cavalier qui était près de Bérangère s'empressa de répondre pour lui :

— Le fait du sire de Mauvoisin n'est coupable ni aux yeux de la religion ni à ceux de la courtoisie. Posséder une fille hérétique pour l'amour qu'on a d'elle et celui qu'elle vous porte, et y trouver joie et volupté, c'est crime et péché mortel ; mais la posséder en haine de son hérésie, pour la torturer et la flétrir, ce n'est point crime ni péché, c'est dévotion et absolu dévoûment à la cause du Seigneur.

— Je sais que le concile d'Arles l'a jugé ainsi ; mais, maître Foulques, reprit Bérangère, vous qui, avant d'être évêque, étiez un vaillant chevalier, dites-moi si, vous disant amoureux d'une dame, vous eussiez voulu faire vos dévotions à ce prix et mériter le ciel de cette façon.

— Certes, dit Foulques avec un ton leste et assuré, je vous jure, madame, que si vous étiez hérétique, j'irais tout droit et souvent en paradis.

— Pardieu! dit Gui de Léris, cela vaudrait bien la peine de se damner; vous l'avez proposé à une moindre beauté, maître Foulques, lorsque vous écriviez à la vicomtesse de Marseille :

Per tes douls cils anant a la croisada,
Me salbarè sé bos per una'œaillada,
E din lou leit se t'aimagos ambe jou,
Me dannaré se bos per un poutou.

— Messire Gui, dit aigrement Bérangère, nous, à qui mon père n'a pas donné de châtellenie dans la Provence, nous n'avons pas senti le besoin d'apprendre la langue provençale comme vous qui avez à gouverner vos nouveaux vassaux de Mirepoix : dites-nous donc ce que le vénérable évêque Foulques proposait de faire pour la vicomtesse de Marseille et ce que vous feriez volontiers pour nous.

— Je demande pardon à l'illustre Foulques si je rends si mal en langue française ses belles rimes provençales ; mais si le poëte me condamne, l'évêque m'absoudra. Voici, madame, un marché que tout le monde vous offrirait et que vous ne voulez tenir avec personne :

Pour tes doux yeux allant à la croisade,
Me sauverai, s'il faut, pour une œillade,
Et dans ton lit si tu veux me glisser,
Me damnerai, s'il faut, pour un baiser.

La galanterie grossière du temps fut émerveillée de la délicatesse du quatrain provençal, et la traduction valut à Gui de Léris un charmant regard de Bérangère.

— Mon ami, dit Mauvoisin en lui tendant la main, bon voyage et bonne réussite ; adieu! je fais des vœux pour votre salut.

— Pourquoi? dit Bérangère.

— C'est qu'il va obtenir un regard qui l'oblige à partir sur l'heure pour la croisade, s'il est chevalier de bonne foi dans ses devises d'amour comme de guerre.

— Eh! n'y suis-je pas! dit Gui ; ne sommes-nous pas tous en croisade?

— Et en voie de salut, messires, dit Bérangère ; car, pour la damnation proposée, je suis trop bonne catholique pour vous la départir.

On s'entretenait ainsi dans cette partie de la cavalcade, et de nombreux chevaliers suivaient encore, parlant plus sérieusement de guerre, lorsqu'ils arrivèrent à la porte dont nous avons parlé. Albert attacha ses yeux étincelans sur Amauri de Montfort, et celui-ci, l'ayant aperçu, jeta sur lui la mauvaise humeur que lui avait laissée sa contestation avec Bouchard.

— Qui es-tu? lui cria-t-il ; d'où vient que, si tu es de ceux qui se sont armés pour le triomphe du Christ, tu ne portes pas le signe vénéré de la croix, ou que, si tu es des chevaliers vaincus de la langue provençale, tu oses enfreindre les ordres du concile d'Arles?

— Je suis de la Provence, répondit Albert, et j'ignore ces ordres.

— Mauvoisin, cria Amauri, enseigne-les-lui, et qu'il apprenne à les respecter.

Mauvoisin s'approcha, et aussitôt le vieux Saissac, poussant un cri terrible, le désigna à Albert en le montrant du doigt.

A la pression convulsive de la main de son père, Albert comprit que c'était Mauvoisin qui avait passé deux jours avant dans le château de Saissac.

— Ah! c'est lui, dit tout bas Albert; c'est bien !

— Voyons, mon chevalier, dit Bérangère à Mauvoisin, enlevez à ce faidit son cheval de bataille, brisez-lui son épée et son poignard, déchaussez-le d'un éperon, d'après les canons du saint concile, mais que ce soit au delà de la porte, en rase campagne, au combat et par la victoire.

— Non, dit Albert, je ne suis pas digne de combattre le sire de Mauvoisin.

— Ma fille, ajouta la comtesse de Montfort, pourquoi exciter ces deux chevaliers à un combat mortel? Si le Provençal se soumet à la loi, faut-il encore lui faire courir le risque de perdre la vie?

— Merci de votre protection, madame, dit Albert ; j'aime la vie et ne suis pas encore en désir de la perdre, j'attendrai pour cela des jours plus heureux.

— Allons! Mauvoisin, reprit Amauri, finis-en avec ce lâche discoureur, et n'écoute point ma folle de sœur ; hâte-toi, Mauvoisin.

— Donc, dit Albert à la comtesse de Montfort, d'après le nom que vous avez donné à cette jeune dame et celui que lui a donné ce chevalier, car vous l'avez appelé votre fille et lui sa sœur, vous êtes la mère de tous deux : alors celui-ci est Amauri, et cette dame est Bérangère, la fière demoiselle, puisque vous êtes Alix de Montmorency, comtesse de Montfort et de Leicester.

— De Beziers, de Carcassonne, de Razes et d'Albi, de Foix et de Consérans, et bientôt de Toulouse et de Provence, ajouta Foulques.

— Je ne pensais pas avoir sauvé une si puissante suzeraine, le jour que je la cachai à l'abri de mon bouclier, tandis que soixante Sarrasins le frappaient de leurs cimeterres.

— Et le bouclier étendu sur ma tête n'a pas fléchi d'un pouce ; ah ! je vous reconnais, vous êtes Albert de Saissac!

— Albert de Saissac! s'écria Mauvoisin en reculant et en portant la main à son épée ; Albert de Saissac! répéta-t-il.

Et ce nom courut par toute la cavalcade, car la prise de Saissac était le dernier événement marquant de la guerre ; il était aussi celui où la rage des croisés s'était assouvie dans les excès les plus extravagans ; puis il se fit un profond silence et tout le monde se regarda d'un air d'étonnement. Bérangère seule, à qui tout homme qui semblait être de quelque intérêt pour sa mère devenait un objet de moquerie, lui dit d'un air dont la légèreté était d'autant plus affreuse qu'elle n'était pas jouée :

— Et avez-vous visité votre château, messire, depuis votre retour de la Terre-Sainte?

Cette question jeta une sorte d'effroi parmi tous ceux qui l'avaient entendue ; mais la réponse d'Albert les glaça entièrement.

— Oui, vraiment, répondit-il avec un sourire gracieux; oui, j'ai revu mon château.

— J'ai envie de m'en aller, dit Goldery tout bas à l'Œil sanglant.

Cette crainte de Goldery passa instinctivement dans l'âme de presque tous les spectateurs. Nulle expression, nul cri de vengeance n'eût été si capable d'épouvanter peut-être que ce ton caressant et ce doux sourire d'Albert de Saissac, dont on avait dévasté les terres, démoli le château, mutilé le père et outragé la sœur. Bouchard ne fut pas maître de son étonnement, et s'écria :

— Que faites-vous donc ici?

— J'attends, reprit doucement Albert de Saissac, que le sire de Mauvoisin vienne remplir son office.

Mauvoisin regarda autour de lui, comme s'il cherchait un appui parmi les chevaliers qui présidaient ou une issue pour s'échapper. Une épouvante singulière le tenait au cœur, une épouvante inexplicable, si ce n'est par le remords, car jamais antagoniste ne sembla plus aisé à désarmer qu'Albert de Saissac, l'œil calme, les bras croisés, le sourire aux lèvres. Cependant Amauri cria à Mauvoisin de se hâter, et Bérangère lui dit :

— Allons, sire de Mauvoisin, apportez-moi l'épée et le poignard du sire Albert de Saissac, qui a sauvé ma mère de la fureur de soixante Sarrasins : si vous faites cela, j'estimerai que vous en valez soixante et un.

— Mon fils, dit la comtesse de Montfort à Amauri, permettrez-vous qu'on désarme un chevalier de si haute aleur et qui m'a rendu un service que vous considérerez peut-être, malgré les moqueries de votre sœur, qui estime que c'est peu de chose que d'avoir sauvé la vie à qui elle doit la sienne.

— Ma mère, dit Amauri, ma sœur rit de ce chevalier et non de vous, j'en suis assuré; quant à lui, s'il souffre si patiemment l'outrage, c'est qu'il le mérite.

— C'est juste, dit Albert; mais pourquoi ne le fait-on pas?

Mauvoisin était demeuré immobile, attaché au calme regard de Saissac, la main sur son épée, plus prêt à se défendre qu'à attaquer.

— N'oses-tu pas, Mauvoisin? s'écria Amauri.

— J'ose tout, répondit celui-ci, quand les regards de tous les chevaliers présens semblaient accuser de pusillanimité. J'ose tout, répéta-t-il, et si Albert de Saissac veut combattre contre moi, lui à cheval, moi à pied; lui avec l'épée, moi avec le poignard, je suis prêt à accepter le combat.

— Ce n'est pas cela, dit Albert; il s'agit de venir m'ôter mon poignard de la ceinture et mon éperon du pied.

— Ma foi, dit Mauvoisin à Foulques, priez pour moi, mon père. J'aimerais mieux monter à l'assaut.

— A l'assaut de la tour de Saissac, n'est-ce pas? dit Albert en souriant.

Mauvoisin, qui s'était avancé jusque auprès du chevalier, le regarda fixement à ce mot, et Albert attacha sur lui ses regards voilés de ses longues paupières noires; il ne s'échappait de ses yeux qu'un rayon qui semblait inviter doucement Mauvoisin à se rapprocher.

— Vous voulez m'assassiner? cria celui-ci en reculant; cette fausse soumission est une félonie. Je vous ai proposé le combat, acceptez-le à telles conditions que vous voudrez.

— Pourquoi tremblez-vous ainsi? dit Albert; est-ce un homme qui vous tend ses armes qui vous fait peur? Qu'y a-t-il de si terrible en moi? Ai-je rasé quelque château jusqu'à ses racines, outragé une fille jusqu'à sa mort... mutilé un vieillard jusqu'à ce qu'il fût méconnaissable à son fils? Me suis-je vanté de ce magnifique exploit à quelque suzerain qui m'ait donné une terre en récompense, quelque belle fille qui ait souri à ce récit?... Je suis un pauvre chevalier qui s'humilie; qui permet et demande qu'on le déshonore, qu'on le dépouille tout-à-fait. Achève donc, Mauvoisin; applaudis, toi, Amauri de Montfort; et toi, Bérangère, donne-lui un sourire. Comment! tous les puissans vainqueurs de cette terre sont tremblans devant un homme! Tiens, me voilà descendu de mon cheval de bataille; approche donc; tiens, voilà mon épée brisée et mon poignard en éclats; tiens, voilà mon éperon déchaussé. Je n'ai plus une arme, il ne m'en reste pas une, je le jure sur l'honneur : approche, approche donc.

En parlant ainsi, Albert avait véritablement fait toutes les choses qu'il disait, puis il était demeuré debout, la poitrine découverte, les bras pendant le long de son corps, la tête haute, toujours calme, doux, souriant.

— Qu'on l'arrête ou l'enchaîne! cria Amauri, il a sur lui quelque maléfice ou quelque poison.

— Malheur à qui le touchera! dit Bouchard en s'avançant. Sire Amauri, je suis sénéchal de votre père et commande la ville de Carcassonne en son absence. Je vous ai laissé agir tant que vous êtes resté dans les droits que donne aux Français le concile d'Arles. Du moment que vous les dépassez, je m'interpose pour qu'ils soient respectés. Ce chevalier a accompli les conditions auxquelles il a droit d'être libre, et il le sera.

— Sire Bouchard, il y a longtemps que votre zèle pour les hérétiques m'était connu, dit Amauri; mais je ne le croyais pas si ardent à se montrer.

— En quoi hérétique? dit Albert. Est-ce parce que je reviens de la Terre Sainte, où j'ai combattu pour le Christ durant huit années de travaux et de fatigues?

— Eh bien! dit Amauri, si tu n'es pas un traître, continue à combattre pour cette sainte cause.

— C'est mon plus vif désir, dit Albert : voulez-vous m'admettre parmi vous et me ranger parmi les protecteurs de la Provence?

— Ce ne peut être que par un motif de haine et de trahison qu'il fait cette demande, s'écria Foulques; cet homme a son père et sa sœur à venger, et il veut se mêler parmi nous pour exécuter plus aisément ses exécrables desseins.

— Mon père, dit Albert, la religion n'ordonne-t-elle pas l'oubli et le pardon des injures? Est-ce à un saint évêque de faire douter de cette obligation chrétienne?

— Tu blasphèmes la religion, répondit Foulques embarrassé.

— Cette plaisanterie devient insolence, dit Bérangère; ne voyez-vous pas que cet homme vous insulte par son humilité. Ou il veut vous tromper ou il est le plus lâche de la terre, car on ne pardonne pas ainsi un père mutilé et une sœur outragée.

— Y a-t-il quelqu'un ici, dit Albert, qui ose affirmer, et particulièrement le sire de Mauvoisin lui-même affirmera-t-il que je sois le plus grand lâche de la terre, lui qui n'a pas osé m'approcher pour me désarmer? Vous vous taisez. Si donc je ne suis pas un lâche, vous avez prononcé vous-même ce que je dois être. Toi, Mauvoisin, tu m'as absous de l'assassinat, car tu l'as craint de celui que tu avais réduit en l'état où je suis; toi, Amauri, tu m'as absous du poison en supposant que je pouvais en user pour une vengeance si légitime que tu ne peux pas croire que je l'abandonne; et toi, Bérangère, tu m'as excusé de toute trahison en disant que je la devais à ma sœur outragée; toi-même, Foulques, prêtre, tu n'as pas trouvé possible que la religion ordonnât l'oubli et le pardon de tels outrages : donc je m'en souviendrai. Et maintenant, sire Bouchard, je demande mon libre passage en cette ville, car j'ai accompli la loi imposée aux vaincus.

Amauri voulut s'opposer au départ d'Albert; Bouchard tira son épée, et l'étendant sur lui :

— Va, Albert de Saissac, lui dit-il, et reprends ton épée et ton cheval de bataille; j'engage ma foi à ta sûreté et te demande l'honneur du premier coup de lance à la première rencontre où nous serons face à face.

— Non, dit Albert, le chevalier Albert de Saissac n'est plus. Il y a peut-être un homme qui le vengera bientôt, mais celui-là n'est pas encore arrivé dans la Provence.

A ces mots il s'éloigna, et les chevaliers le suivirent longtemps des yeux.

Arrivé au centre de la ville, l'OEil sanglant lui procura un roussin, seule monture permise aux chevaliers faïdits. Quelques heures après, ils s'éloignèrent de Carcassonne et prirent la route de Toulouse.

— Qu'a-t-il dans l'esprit? redisait sans cesse Goldery à l'OEil sanglant, et celui-ci répondait alors, frappé enfin de cette froide et sérieuse résolution :

— Ce doit être épouvantable.

Puis, quand Amauri eut quitté de même Carcassonne, il dit à Mauvoisin, qui l'accompagnait du côté de Mirepoix avec de nombreux chevaliers :

— Nous avons eu tort de laisser échapper cet homme; il médite quelque chose d'affreux, assurément.

Et Gui de Léris, rentré dans la ville avec Bérangère, la fit soudainement sortir d'une profonde réflexion, et lui dit :

— Cet Albert de Saissac nous amènera quelque malheur.

Et la comtesse de Montfort, rentrée dans son château, soucieuse pendant que Bouchard faisait résonner à ses pieds les cordes d'une harpe sonore, l'interrompit pour lui dire :

— J'ai peur des projets de cet homme, Bouchard; je le connais, il nous portera quelque coup affreux.

— Est-il si terrible qu'on ne puisse le combattre? dit Bouchard.

— Ce n'est pas cela, dit Alix.

— Est-il sorcier et emploie-t-il des charmes infernaux contre la vie de nos ennemis? reprit Bouchard.

— Non, sans doute.

— A-t-il le pouvoir de suspendre l'ardeur des croisés ou d'armer les rois de France ou d'Angleterre contre nous?

— Il n'est pas pour cela d'assez haute lignée, répondit encore la duchesse de Montfort.

— Qu'a-t-il donc de si redoutable, Alix ?
— Je ne sais, mais j'ai peur.

IV.

TOULOUSE.

Les voyageurs arrivèrent le jour suivant à Toulouse, protégés, les uns par le misérable état où les avait réduits la mutilation, les autres par le dépouillement apparent de leur dignité et de leurs droits. A une époque où la défense personnelle était à la fois une nécessité de l'état social et un droit de sa hiérarchie, nulle tyrannie plus honteuse et plus complète ne pouvait peser sur un chevalier que celle qui lui défendait de porter ses armes. En ce sens, les précautions des Français avaient été plus loin que nous ne l'avons dit, et le concile d'Arles était arrivé à des détails de tyrannie qui sembleraient incroyables à notre époque, s'il ne nous en restait des preuves écrites. Albert, en arrivant à Toulouse, eut occasion de reconnaître quelques-unes de ces exigences.

Il fut conduit par l'OEil sanglant dans une maison du quartier de la Daurade; cette maison appartenait au bourgeois David Roaix. En traversant la ville, Albert remarqua un grand nombre d'habitans vêtus de chapes noires, la plupart sales et usées.

— La misère est-elle à ce point, dit Albert, que les habitans de Toulouse n'aient plus de quoi se vêtir convenablement ?

— Ce n'est pas la misère, répondit l'OEil sanglant, c'est l'épouvante, qui est arrivée à ce degré honteux. J'oublie aisément, sire chevalier, que vous êtes ignorant de tout ce qui pèse de malheurs sur la Provence, et je laisse au hasard à vous le montrer. C'est encore un des ordres du concile d'Arles, qui porte que nul chevalier ne pourra habiter plus d'un jour une ville entourée de murs ; un autre article défend à toute fille ou veuve, suzeraine d'un fief, de se marier à tout autre qu'à un Français. Si vous remarquez aussi que l'hospitalité de notre hôte n'est pas aussi somptueuse qu'elle devrait l'être, c'est que les saints évêques en ont réglé l'exercice et qu'il est défendu à tout Provençal, depuis le comte de Toulouse jusqu'au moindre de ses vassaux, de servir sur sa table plus de deux sortes de viande et plus d'une espèce de vin.

— Et la Provence ne s'est pas levée comme un tigre ! s'écria Goldery, et comme un tigre elle n'a pas déchiré les Français jusqu'au dernier et n'a pas ajouté leur chair aux viandes permises ?

— Pas encore, dit l'OEil sanglant ; la prudence ordonnait d'attendre.

— Et la faim devait faire taire la prudence ! C'est une misérable espèce que les hommes, au-dessous de la brute qu'ils méprisent. Qu'ils se laissent enlever leurs ceintures militaires, leurs titres, leurs droits, leurs honneurs, vains noms qui n'ont d'existence que dans l'imagination, cela se conçoit ; mais leur cuisine ! Il n'y a si faible animal qui ne morde la main qui lui arrache sa nourriture : les Provençaux ne valent pas des chiens.

Goldery parlait très haut, selon son habitude, et lorsqu'il prononça les derniers mots de sa phrase, il remarqua qu'un homme qui passait s'était approché de lui et le regardait en face.

— Que me veut ce ribaud ? dit-il avec insolence en s'adressant à l'OEil sanglant.

— Mais, répondit celui-ci, sans doute vous reconnaître pour vous retrouver.

— Et me retrouver, pourquoi ?

— Probablement pour vous arracher la langue avec laquelle vous avez dit que les Provençaux sont des chiens.

— C'est une plaisanterie, dit Goldery, une façon de parler à l'italienne.

— C'est aussi une façon d'agir provençale.

Ce fut à ce moment qu'ils frappèrent à la porte de David Roaix. Comme elle tardait à s'ouvrir, plusieurs hommes vêtus de chapes blanches passèrent de l'autre côté de la rue et leur crièrent :

— Qu'allez-vous chercher dans cette maison ? Le maître en est parti ; il s'est enfui en apprenant l'arrivée prochaine de notre vénérable évêque Foulques, et il a évité ainsi le châtiment qu'il a mérité par sa détestable audace.

— Quel crime a-t-il donc commis ? demanda l'OEil sanglant.

— Eh ! ne savez vous pas qu'il a osé instituer une confrérie noire, en haine de la confrérie blanche, créée par l'évêque Foulques, pour la destruction des hérétiques ; mais le chien n'a fait qu'aboyer contre le sanglier, et dès que le sanglier s'est retourné, le chien s'est enfui.

— Tu mens dit un homme qui ouvrit la porte de la maison, et qui était David Roaix lui-même ; tu mens, Cordou, en disant que je me suis enfui ; tu sais que ma maison est forte, que les tours en sont solides et bien munies d'armes, et que ceux qui fuient sont ceux qui veulent en approcher de trop près.

— Ne te vante point tant, reprit celui qu'on avait nommé Cordou, d'avoir trouvé un asile dans ta maison. La faim chasse le loup hors du bois ; tu ne seras pas toujours à l'abri derrière ta porte de chêne, et alors nous saurons si ton épée n'est pas comme tes cannes à mesurer le drap, plus courte que l'honneur ne le permet.

— Je puis te l'apprendre tout de suite, dit David en s'avançant, et quoique tes pintes à l'huile soient d'un quart au-dessous de l'ordonnance du comte Alphonse, je m'en contenterai pour te faire une saignée au cœur.

A ce propos, tous les hommes vêtus de blanc tirèrent leurs épées et voulurent s'élancer sur David Roaix ; mais tout aussitôt, une douzaine de bourgeois, sortis de leurs maisons, se rangèrent de son côté, armés de piques et de longues épées.

— Vous voulez nous assassiner ? cria Cordou.

— Ce serait juste, dit Roaix, car l'autre jour que Merilier le drapier passa dans la rue de l'Huilerie, vous l'avez assailli et frappé de trois coups de poignard, et aujourd'hui que vous autres huiliers, vous voici dans la rue de la Draperie, vous n'en devriez sortir aucun vivant.

— C'est juste, crièrent quelques voix.

— Prenez garde, drapiers de la confrérie noire, dit Cordou, le seigneur Foulques arrive aujourd'hui, et vous aurez à payer notre mort à un homme qui n'a le pardon ni aux lèvres ni au cœur.

— Et le seigneur comte de Toulouse arrive aussi dans sa ville ; et tu sais qu'il a la main large pour récompenser ceux qui le servent à son gré.

— Le comte est un hérétique, et hérétique est celui qui lui obéit, s'écria Cordou. A nous ! à nous ! les sergens des capitouls ! mort aux chapes noires !

— A nous ! cria Roaix : mort aux brigands de la confrérie blanche, aux assassins dévoués du détestable Foulques !

Une douzaine de cavaliers pénétrèrent dans la rue. Un homme à barbe grise était à leur tête.

— Maîtres bourgeois, cria-t-il en arrivant, troublerez-vous toujours la paix de la ville par vos querelles ?

— David a appelé l'évêque Foulques homme détestable.

— Et Cordou a osé nommer le comte Raymond hérétique !

— L'évêque et le comte vous sont tous deux respectables, dit le capitoul, et vous mériteriez tous deux d'être condamnés à quatre sous d'amende pour avoir insulté, vous, David, le saint évêque, et vous, Cordou, le noble comte. Mais je veux vous remettre la peine et vous enjoins de vous retirer ; sinon je fais justice moi-même. Holà ! hé ! cavaliers, repoussez cette populace ; allez, allez.

— Sire capitoul, dit Cordou en s'éloignant, on voit bien que vous êtes orfévre, vous tenez la balance trop droite pour n'y avoir pas la main exercée ; mais prenez y garde, on dit que le fléau n'en est pas aussi rigide la nuit que le jour, aussi juste dans les conciliabules des caveaux de la Daurade que dans la rue de la Draperie.

La foule qui s'était amassée à ce bruit, pressée par les cavaliers, se dispersa et laissa bientôt la rue déserte. Les membres de la confrérie blanche s'étaient éloignés, et les autres bourgeois rentrèrent dans leurs maisons. David Roaix introduisit les voyageurs dans la sienne, et le capitoul, qui avait accompagné ses cavaliers jusqu'à l'extrémité de la rue, revint un moment après et fut également admis. La nuit était arrivée et déjà le jour ne pénétrait plus à travers les fenêtres étroites et grillées de la maison. On alluma des torches.

— Quoi! dit l'OEil sanglant, vous croyez-vous déjà si sûrs de votre cause que vous enfreigniez ouvertement les ordres du concile et fassiez briller la lumière dans vos maisons avant le jour fermé, et cela sans savoir si les nouvelles que je vous apporte sont de nature à seconder vos projets?

— Ah! dit David, ce qui en sera. Que le comte de Foix se joigne à nous, que Comminges nous seconde, peu nous importe. Les seigneurs et chevaliers peuvent continuer à courber la tête sous la loi des évêques et des croisés; les bourgeois et les manans sont fatigués d'être donnés en vasselage au premier venu par le premier venu. Nous défendrons Toulouse pour notre compte et nos droits, et nous nous passerons aussi bien de seigneurs provençaux que de seigneurs français.

— Sans doute dit l'OEil sanglant, mais pour défendre Toulouse avec succès, il ne faut pas qu'elle ait ses ennemis dans son sein, et ses efforts seront vains pour sa sûreté si, tandis que vous combattrez sur les remparts, les frères de la croix blanche et leur chef ouvrent aux croisés la porte défendue par les tours de l'évêché.

— C'est ce que nous discuterons entre nous, dit David en montrant de l'œil Albert et Goldery. Réparez vos forces, et puis nous irons où l'on t'attend avec une si grande impatience.

— Et l'assemblée sera plus nombreuse que tu ne penses, dit l'OEil sanglant. Voici d'abord Albert de Saissac qui désire y assister. A l'heure qu'il est, il entre dans Toulouse, et par des chemins différens, des hommes sur lesquels vous n'osiez plus compter.

— Bien, dit Roaix, mais à table d'abord. Nous parlerons plus tard des affaires; d'ailleurs, tu sais à qui tu dois communiquer ton message; ce n'est pas à moi.

On passa dans une salle où était servi un repas très magnifique.

— C'est une vraie révolte! cria Goldery à cet aspect; gloire aux Provençaux et mort aux croisés! le concile d'Arles est méprisable comme le jour de vendredi, et ses canons ne sont bons qu'à être brûlés pour faire rôtir ces grives savoureuses. Je suis pour la Provence.

— Jusqu'à un meilleur repas, dit l'OEil sanglant.

— Jusqu'à la fin de mes jours, dit Goldery avec une dignité très impertinente, et je vous apprendrai que la reconnaissance de l'estomac est plus longue que celle du cœur.

On se mit à table. Après le repas, Albert s'approcha de David et lui dit:

— Pensez-vous que deux sequins par jour puissent suffisamment payer la demeure d'un vieillard et sa nourriture?

— C'est plus qu'il ne faudrait pour tout un mois, répondit David.

— Eh bien! dit Albert, je vous les offre pour garder mon père en votre logis pendant mon absence.

— Ne resterez-vous pas à la défense de Toulouse? dit David; car nul doute que les croisés ne l'attaquent incessamment.

— Je ne puis, dit Albert. J'ai un vœu à remplir, et, jusqu'à ce qu'il soit accompli, je ne puis donner ni une heure de mon temps, ni une parole, ni un effort à aucune chose étrangère.

— Soit, dit David avec froideur. Mais gardez votre or, sire chevalier, la maison de David est assez grande et sa table assez abondante pour qu'il ne vende pas au fils l'hospitalité qu'il rend au père.

Il s'approcha ensuite de l'OEil sanglant et lui dit:

— Connaissez-vous les projets de cet homme?

— Je ne les connais pas, dit celui-ci, mais j'en réponds.

Albert fit part à son père de ce qu'il venait de décider pour lui, et lui apprit en même temps son départ. David Roaix s'était éloigné pour donner avis aux bourgeois et chevaliers de l'arrivée de l'OEil sanglant. Celui-ci ayant entendu Albert donner ordre à Goldery de se tenir prêt à repartir dans quelques heures, pénétré d'une foi inexplicable dans cet homme qui recouvrait d'une si puissante tranquillité des douleurs qui devaient le mordre jusqu'aux plus sensibles endroits de son cœur, l'OEil sanglant s'approcha de lui, et, le tirant à l'écart, lui dit:

— Que Dieu vous aide, messire! Avez-vous besoin d'armes ou de chevaux? Vous faut-il de l'or pour ce que vous allez tenter?

— Merci, dit Albert; il faut que je parte demain au point du jour; il faut que je sache ce qui sera décidé, cette nuit, dans votre assemblée secrète, et il faut qu'on ignore que j'y ai assisté, voilà tout.

— C'est difficile, sire chevalier; nos bourgeois se connaissent, et l'on demandera qui vous êtes. Je ne vous offre point de répondre de vous, parce que je ne fisse avec confiance; j'ai droit de comprendre vos chagrins plus que vous ne pensez peut-être; peut-être aussi, moi qui porte en mon sein un secret sans confident, je puis juger qu'il est de ces choses qui ont besoin d'être accomplies pour être comprises, et cependant je ne puis publiquement me porter votre garant, parce que nul n'est admis parmi nous qui n'ose écrire son nom à côté de sa résolution. Je ne vous raconterai pas non plus ce qui aura été décidé dans l'assemblée, car ce serait manquer au serment que j'ai prêté.

— Et ce n'est pas non plus ce que je veux surtout connaître: j'ai besoin de voir de mes yeux ceux qui y assisteront, les principaux.

L'OEil sanglant réfléchit un moment et reprit ensuite:

— Sire chevalier, si une ruse qui était un jeu de notre enfance lorsque Toulouse était paisible et que les rires y couraient parmi la jeunesse, si cette ruse ne vous déplaît point à employer, je vous ferai assister à cette assemblée. Je fais plus que je ne dois; mais n'oubliez pas, ajouta-t-il en montrant le vieux Saissac, quels malheurs vous avez à venger! Venez avant que David ait reparu dans sa maison; l'assemblée commence dans une heure, et il faut que vous soyez arrivé dans son enceinte et moi rentré dans cette maison dans quelques minutes.

V.

LES CORDELIERS.

Albert donna ordre à Goldery de l'attendre à la porte des Trois-Saints une heure avant le lever du soleil, et il quitta la chambre où ils étaient en lui défendant de le suivre. Au pied de l'escalier, au lieu de sortir dans la rue, l'OEil sanglant ouvrit une porte basse et continua à descendre; ils gagnèrent ainsi de profonds souterrains. Une lampe allumée à l'entrée et des torches déposées à côté pour être allumées quand on voulait pénétrer dans ces caveaux annonçaient qu'ils étaient plus fréquentés que ces lieux n'ont coutume de l'être. L'OEil sanglant prit une torche et marcha rapidement devant Albert; celui-ci remarqua dans quelques salles qu'ils traversèrent des amas d'armes considérables. Enfin, après une marche d'un quart d'heure environ, ils gagnèrent des passages plus étroits et fermés de portes secrètes. L'OEil sanglant en ouvrit une dernière, et ils pénétrèrent dans une salle immense.

A l'aspect de cette salle, Albert fut tout surpris, et, par un mouvement naturel de courtoisie, il fut près de s'incliner. C'étaient, sur une estrade circulaire, les uns assis sur des bancs et d'autres sur des sièges à bras, une foule d'abbés, de religieux, de chevaliers richement vêtus, les premiers de leurs robes splendides et de leurs mitres pointues; les autres, ou de magnifiques habits ou d'armes étincelantes. Une lampe pendue à la voûte éclairait suffisamment cette scène pour en montrer la majesté.

Après cette première surprise, Albert jeta un regard curieux et lent sur cette assemblée, et crut que sa brusque apparition était cause du silence qui y régnait depuis son entrée. Il s'attendait à ce qu'on lui adressât quelques questions sur ce qu'il était, et pensait que l'OEil sanglant avait été trompé par l'heure et que l'assemblée se tenait plus tôt que de coutume; mais le même silence continua à régner parmi tous les hommes assis autour de la salle, un silence qui n'était troublé par aucun bruit de vie, aucun de mouvement, aucun de respiration. Une immobilité complète tenait aussi tous les êtres qui entouraient la salle. Albert regardait tout cela avec attention, et l'OEil sanglant regardait Albert regarder; mais, à l'exception d'une curiosité qui ne comprenait pas, l'OEil sanglant ne remarqua rien de défiant et d'épouvanté sur le visage et dans la contenance du chevalier.

— Où sommes-nous? dit enfin celui-ci.

— Parmi les morts! répondit l'OEil sanglant.

— Ah! je me rappelle maintenant, répliqua Albert en s'avançant dans la salle: c'est une propriété des caveaux des Cordeliers que de conserver intacts les corps qu'on y dépose, mais je ne savais pas qu'on les eût rangés et assis symétriquement comme une assemblée sénatoriale et qu'on leur conservât leurs habits.

— Vous voyez, dit l'OEil sanglant, et voici de nouveaux bancs qui attendent de nouveaux cadavres, et nous, en attendant que nous venions nous asseoir morts, nous venons nous y asseoir vivans pour défendre ce qui nous reste de vie, plus heureux peut-être si la mort nous retenait à l'instant et nous épargnait le chemin de douleur que nous parcourrons avant d'y revenir.

— Eh bien! dit Albert, où voulez-vous me cacher?

— Je ne vous cacherai pas, dit son compagnon, mais vous vous asseyerez sur ce siége, à cette place vide, entre ces deux corps, dont l'un est celui de Bertrand Taillefer, qui est le dernier qui s'est servi de la basterne ou du char dans les batailles, et l'autre celui de Remi de Pamiers, qui a doté Saint-Antonin d'orgues qui chantent comme des voix humaines.

— M'asseoir parmi les morts! dit Albert en réfléchissant; mais si l'on m'y voit, on peut m'y reconnaître?

— Vous aurez, , vous voulez, la face voilée; prenez un habit de moine, et vous en rabattrez le capuchon sur votre visage.

— Vous avez raison, dit Saissac; donnez-moi cet habit, ce suaire des grands-pêcheurs, et je m'en envelopperai, et ce sera comme un témoignage qu'Albert de Saissac est mort à la vie qu'il a menée jusqu'à ce jour, car il est véritablement mort, et c'est un autre homme qui sortira du linceul!

— Je vous quitte donc, dit l'OEil sanglant, il faut que j'introduise nos amis dans ce souterrain, l'heure de leur venue doit être sonnée.

Albert resta parmi tous ces cadavres, qui avaient gardé l'aspect de la vie, les uns penchés en arrière, comme dans un repos contemplatif; les autres accoudés sur le bras de leurs siéges, comme vivement attentionnés à un discours; la plupart les mains croisées comme s'ils étaient en prière; des chevaliers le poing sur leurs épées, un d'eux la main sur son cœur, où il avait été frappé d'une blessure qui l'avait dû tuer sur le coup. Albert se mit à considérer ce spectacle singulier; et ces idées de repos durable qui prennent aisément le cœur à l'aspect de la mort vinrent l'assaillir: il mesura la tâche qu'il s'était imposée, la lutte qui lui restait à soutenir, et la tristesse le gagna lentement. Depuis son arrivée à Saissac, Albert avait pour ainsi dire vécu dans un paroxysme de douleur qui ne lui avait pas permis de voir justement où il marchait. Ce fut dans cette salle, en présence de ce passé assis en cercle autour de lui, immobile et silencieux, qu'il fit l'inventaire de son avenir.

— Quelle pensée funeste m'est venue, mon Dieu! se disait-il; pourquoi vais-je m'engager dans une si dure entreprise? Ne puis-je suivre le chemin vulgaire de la vengeance, tirer l'épée comme tous les hommes qui vont venir ici et combattre à leur côté mes ennemis et les leurs? Si je fais cela, ils m'honoreront comme un brave chevalier, ils m'éliront peut être parmi les plus forts pour commander leurs armées; peut-être ils me donneront une large part de la terre que j'aurai délivrée si je survis à la lutte, une large part de gloire si je succombe; tandis que, dans le sentier que je prends, il me faudra marcher seul, avec le soupçon pour compagnon de ma route, peut-être avec le mépris, avec la haine, et n'ayant que moi en qui me reposer dans ce long et incertain voyage.

Et dans ce moment un nom qui n'avait pas encore été prononcé par sa pensée résonna tout-à-coup dans sa mémoire.

— Et Manfride, se dit-il, la laisserai-je avec les autres parmi la foule qui me maudira, ou la traînerai-je à ma suite dans cette longue et épouvantable épreuve? Oh! pourquoi cette pensée m'est-elle venue? Pourquoi, du moment qu'elle m'a pris au cœur, est-elle devenue la nécessité implacable qui doit être le guide de ma vie? Pourquoi se fait-il que cette idée, que je n'ai communiquée à personne, me soit déjà un si puissant devoir qu'il me semble qu'on me trouverait lâche si je l'abandonnais? Cependant je n'ai encore rien dit: « Voilà ce que je ferai, » et nul homme ayant entendu cette parole ne peut me reprocher d'avoir fui devant une résolution formée. Il est mille autres moyens qui satisferaient les haines les plus acharnées, qui paraîtraient une vengeance suffisante des malheurs soufferts. Je puis encore les choisir, il en est temps. — Non! non! — Les hommes forts ont coutume de dire: « Ce qui est dit est dit, » et ils agissent sur leur parole bonne ou mauvaise, sage ou folle. Eh bien! moi, je dis: « Ce qui est pensé est pensé. » C'est un engagement envers le ciel, qui nous inspire de telles idées; il faut le remplir.

Un bruit léger annonça à Albert la venue de ceux qui devaient prendre part à l'assemblée. Il se mit sur le siège que lui avait désigné l'OEil sanglant et le poussa à l'angle le plus éloigné et le plus obscur de la salle, de manière à ce que la lueur de la lampe ne vînt pas frapper sur son visage. A peine était-il assis qu'un vieillard entra. Il était accompagné d'un enfant de douze ans environ. Le vieillard était pâle, souffrant, son regard inquiet allait çà et là comme la chasse d'un chien en quête; il y avait dans toute son allure une sorte d'effort constant pour ne pas se laisser abaisser par une lassitude qui se montrait sur son front chauve et dans les traits flétris de son visage. L'enfant était une de ces nobles créations de Dieu qui font pardonner certains pères, comme il est des pères qui font pardonner certains fils. Il y avait dans ce jeune visage une résignation si sereine, une résolution si puissante qu'on sentait qu'il avait déjà pesé de grandes douleurs sur ce cœur d'enfant.

— Asseyons-nous, mon fils, dit le vieillard; tu dois être fatigué de cette longue route faite à pied. Tu n'étais pas né, enfant, que tu ne fis pas dans la nuit, ta vie dans le cercueil, car c'est un cercueil où nous sommes, un cercueil où je pourrais être pour n'en plus sortir. Mais toi, si jeune! Oh! malédiction sur moi, malédiction sur moi qui t'ai donné cette vie et qui t'ai fait ce malheur!

— Mon père, dit l'enfant, c'est le dernier jour de notre honte, le dernier jour de notre esclavage. Nous sortirons d'ici pour la vengeance et pour la liberté: reprenons courage.

— Ecoute, enfant, dit le vieillard: si tu as jamais un ami, ne l'abandonne pas; moi, j'en ai eu un, un enfant comme toi, car à mon âge celui qui compte vingt ans ou dix ans est un enfant pour moi; j'en ai eu un, je l'ai trahi, je l'ai abandonné, peut-être pour toi, mon fils, peut-être pour que tu puisses ajouter quelques noms de plus à tous les noms des comtés que je devais te léguer; et pour cela il est arrivé que je ne sais plus où cacher ma tête, car ce que mes ennemis ne m'ont pas enlevé, mes vassaux me le disputent, et ce n'est qu'à titre de malheureux que je suis admis dans cette assemblée, où présidera le malheur.

— C'est à titre de comte, mon père! s'écria l'enfant, à titre de suzerain, de brave guerrier, de maître juste et humain. Quittez, quittez ce désespoir, qui ne va pas à vos cheveux blancs, qui ferait douter de votre résolution à venger la Provence.

— Et ne vois-tu pas, enfant, dit le père en pleurant, que tes pieds saignent et que je sais que tu dois avoir faim, car voilà cinq heures que nous marchons dans la nuit, voilà un jour que tu n'as pas encore touché un morceau de pain.

— Mon père! dit l'enfant, je n'ai faim que de vengeance!
Oh! prenez garde, dit-on vient; asseyez-vous et relevez la tête, pour que ceux qui vont entrer reconnaissent et saluent sur son siège le comte de Toulouse.

Le vieux comte de Toulouse passa les mains sur ses yeux, et, habile à dissimuler ses craintes et ses malheurs aussi bien que ses projets, il montra un visage plus calme et où la douleur avait un caractère d'honorable fierté. Quelques bourgeois entrèrent; d'abord ils se tinrent à l'écart en causant entre eux; mais l'enfant s'étant approché du groupe, il leur dit d'un air d'autorité :

— Maîtres bourgeois, ne voyez vous pas le sire comte de Toulouse qui vous attend?

— Oh! merci du ciel! s'écria l'un des bourgeois, c'est notre jeune comte! Qui vous a délivré, noble seigneur? qui vous a tiré des mains des croisés et rendu à vos fidèles vassaux?

— Et quel autre que mon père pouvait le faire et l'a fait? dit le jeune comte. Si ma délivrance vous est une bonne nouvelle, allez remercier celui à qui vous la devez.

Les bourgeois s'approchèrent alors du comte de Toulouse et le saluèrent. Celui-ci, les ayant reconnus, leur parla à chacun et devant tous les autres avec ce tact de la flatterie qu'il connaissait si bien.

— Ah! c'est toi, maître Chevillard, les boisseliers et sabotiers t'ont nommé leur syndic; tu les remercieras pour moi de s'être si bien souvenus que je t'ai souvent recommandé à leur choix. Sois le bien-venu, Jérôme Frioul, c'est le cas aujourd'hui d'avoir de bonnes cuirasses et de bonnes épées, et quelque prix que tu mettes aux tiennes, elles valent toujours plus qu'on ne peut te les payer.

— Ah! sire comte, dit l'armurier, ce n'est plus le temps où le fer, bien battu par le marteau et durement trempé dans l'eau salée, valait son pesant d'argent monnayé. Je donnerai pour rien toute épée qu'on me rapportera avec une tête de croisé au bout, toute cuirasse qui aura l'empreinte d'une lance ou d'une hache hardiment affrontée; je les donnerai toutes, excepté la dernière, sire comte, que je garderai pour moi.

— Je sais que tu es un digne bourgeois et un brave soldat, dit le comte, et si je ne me suis trompé, tu es en compagnie digne de toi, car voici, ce me semble, ton frère, Pierre Frioul, qui n'a pas son égal pour élever la charpente d'une maison, fabriquer une chaire ou tourner un jeu d'échecs. Ne voilà-t-il pas aussi Lambert, le maître des bateliers, et Luivane, à qui je dois encore les belles pièces de toile dont j'ai fait présent au roi d'Aragon, mon frère, lors de son mariage? Vous savez, mes bourgeois, que, dans mon testament, je n'ai pas oublié ceux sur qui j'ai droit de compter et qui me sont restés fidèles.

Pendant qu'ils conversaient de cette manière, entrèrent plusieurs bourgeois, puis quelques chevaliers de noms inconnus, qui s'approchèrent du comte de Toulouse et embrassèrent son fils avec transport. Le comte leur raconta comment, à force d'or et déguisé en marchand, il avait séduit les gardes qui retenaient son fils en otage dans la ville de Beziers, et comment il l'avait amené lui-même jusqu'à Toulouse. Soudain la porte s'ouvrit par laquelle l'OEil sanglant avait introduit Albert, et deux chevaliers entrèrent ensemble, vêtus de fer, portant des épées d'une longueur démesurée et appuyés tous deux sur le long et mince bâton de houx. A leur aspect, un cri général s'éleva.

— Les comtes de Foix! les comtes de Foix! répéta-t-on de tous côtés, et nobles et bourgeois se précipitèrent vers eux, les uns tendant les mains, les autres les saluant avec transport; mais eux, toujours ensemble, en recevant comme ils le devaient ces témoignages d'estime et d'affection, marchèrent droit au comte de Toulouse, et mettant un genou en terre, l'un d'eux prit la parole :

— Nous voici, sire comte, dit-il; un de tes messagers est venu, il y a quelques mois, pendant que tu étais au siège de Lavaur, combattant pour les croisés, et il nous a dit que ton intention était de tourner bientôt tes armes contre eux; il nous a ordonné de préparer la lutte ouvertement pendant que

tu te préparerais en secret. Nous l'avons fait : nous avons attaqué les Teutons qui venaient au secours des Français, et pas un n'ira dire à ses frères si le ciel de la Provence est plus doux que celui de la Germanie. Ton messager est revenu il y a quelques jours et nous a dit encore qu'il te fallait des hommes et des armes pour défendre la ville de Toulouse menacée; nous sommes encore venus, laissant à nos vassaux le soin de protéger nos terres s'ils en trouvent la force en eux-mêmes, estimant qu'il n'y aura de sûreté pour les seigneurs qu'autant que le suzerain sera puissant, et assurés que si le malheur veut que nos châteaux et nos villes deviennent la proie des croisés, tu nous rendras pour les reconquérir l'appui que nous t'aurons prêté au jour du malheur.

— Et il en sera ainsi! s'écria le jeune comte de Toulouse avec chaleur. Puis, se reprenant, il ajouta d'un ton modeste : Excusez-moi d'avoir porté la parole, messires, avant notre seigneur à tous, mon père et le vôtre; mais vous ne doutez pas de ses sentiments, et si le ciel veut, comme je l'espère, que je lui succède dans cette suzeraineté, que vous placez au sommet de vos garanties, il faut que vous sachiez que cette suzeraineté sera dans mes mains une épée et un bouclier pour vous défendre et vous couvrir.

— Mon fils, dit le vieux comte de Foix, et ton père me permet sans doute ce nom, car nos cheveux ont blanchi ensemble et nos bras se sont usés aux mêmes guerres, mon fils, tu as parlé justement comme nous avons agi, et nous avons agi, comme vous le voyez tous, pour donner cet exemple à la Provence qu'il n'est pas de ressentiment ou de division intestine qui ne doive cesser à l'heure où l'étranger met le pied sur notre sol. Assez longtemps nous avons été divisés et nous avons combattu pour la possession de quelques châteaux; mais je n'ai plus de châteaux qui ne soient à mon suzerain quand les siens sont menacés; je n'ai pas un drachme d'or qui ne lui appartienne quand son trésor est vide.

Ces paroles furent accueillies avec des applaudissemens. Bientôt entrèrent d'autres chevaliers, parmi lesquels Comminges, arrivé en toute hâte, l'OEil sanglant, David Roaix, le capitoul, Arregui, et quelques autres. Quand tous ceux qui avaient droit d'assister à l'assemblée furent présens, on se rangea en cercle autour d'une table de pierre qui tenait le milieu de cette vaste salle. Le comte de Toulouse ayant réclamé le silence, il invita l'OEil sanglant à parler. Celui-ci se leva du banc où il était pris place et dit :

— Messires, mes nouvelles sont courtes, car chacun a apporté ici sa réponse. J'ai été vers le comte de Comminges, et le voici qui est parmi vous prêt à vous dire ce que sa présence vous a déjà appris, qu'il n'a pas un homme, un pouce de terre, une goutte de sang qui ne soient voués à la défense et à la liberté de la Provence. Vous m'avez envoyé vers les comtes de Foix, nous voyez qu'ils sont ici. Envoyé vers les roi d'Aragon, j'ai franchi les Pyrénées, j'ai traversé l'Aragon et j'ai rejoint le roi Pierre dans la plaine de Cossons, où il venait de livrer bataille au roi Miramolin et poursuivait les Maures vaincus. Je lui ai rendu le message écrit qui lui était destiné et que les chevaliers et bourgeois de Toulouse lui adressaient; il en a pris connaissance et m'a fait serment sur ses armes et sur les saints Évangiles que, l'année écoulée de son vœu de combattre les Maures, il assemblerait ses chevaliers et viendrait en secours à la Provence.

— Merci de Dieu! s'écria le jeune comte de Foix, Bernard, le roi d'Aragon est un loyal ami, il ne veut point nous ravir la gloire qui nous reviendra pour nous être délivrés des bourdonniers : il nous laisse plus de temps que nous n'en mettrons, je l'espère, à accomplir cette entreprise. Alors il sera le bien-venu en nos châteaux, où nous pourrons lui offrir des fêtes au lieu de combats, ce que sans doute il préfère.

— Mon fils, dit Raymond, vous êtes injuste envers mon frère Pierre; s'il est deux braves chevaliers dans la Provence, peut-être en est-il qui vous nommeraient le premier, mais assurément tout le monde le nommerait avant tout autre, vous le savez bien.

— Oh! dit Bernard, ce n'est pas sa valeur que je suspecte, et je suis assuré que, dans sa guerre contre les Maures, aucun n'a pénétré plus avant dans les rangs, aucun n'a laissé sur le sol tant de cadavres après lui ; mais cette main, si terrible contre les étendards aux crins de coursier, tombera devant la croix qui marchera en tête des escadrons de nos ennemis. Qu'a-t-il employé jusqu'à ce jour pour notre défense, sinon les prières à mains jointes ? Et, s'il faut le dire, où ont trouvé un asile la sœur de sa femme et le fils d'un chevalier qui nous valait tous ? Ce n'a pas été dans la puissante et riche Saragosse, ç'a été dans le dur et triste château de Foix. Pierre d'Aragon a juré sur les saints Évangiles ! mais le pape relève de tous les sermens, et le serment de Pierre d'Aragon appartient au pape comme son cœur et ses vœux. Et savons-nous si, frères, parens, amis, pape et gloire, il n'oubliera pas tout pour quelque fille aux beaux yeux. Ne savez-vous pas qu'on dit que Bérangère, la fille de Simon, lui a déjà paru digne de ses rimes ; qu'elle le sera bientôt de son amour et bientôt de son service ; qu'ils ont déjà échangé des gages de tendresse à la dernière visite de Pierre au camp de Simon ? Et vous savez bien que Pierre est homme à se vendre et à nous vendre tous pour une nuit passée dans les bras d'une femme !

— Ce n'est pas du moins pour celle-là, dit l'Œil sanglant, car le message dont je suis chargé pour elle peut être considéré comme une insulte envers la fille et une déclaration de guerre envers son père. Vous pourrez le croire quand je vous aurai dit que je n'ai pas jugé prudent de le lui remettre moi-même et que je garde ce soin à qui n'a que sa tête à risquer.

— Mon fils, dit alors le vieux Raymond au jeune comte de Foix, retenez donc votre langue, car si vos paroles étaient répétées au roi d'Aragon, elles pourraient l'indisposer contre nous et l'engager à nous retirer son secours, sur lequel le comte et je dois compter, comme vous pouvez voir, car si le respect de Pierre est grand pour le saint-père, s'il est plus occupé de galanterie que de politique, sa loyauté est connue et prouvée à tous.

— D'ailleurs, dit l'Œil sanglant, je suis en outre chargé de vous offrir un gage plus sérieux de ses intentions. Déjà uni par le mariage de notre comtesse Léonore, sa sœur, avec notre seigneur comte, le roi d'Aragon offre de resserrer cette alliance en unissant la dernière de ses sœurs, la jeune Indie, à notre jeune comte Raymond.

Cette nouvelle fut favorablement accueillie par l'assemblée, et le vieux comte de Toulouse, connu dès cette époque sous le nom de Raymond-le-Vieux, tandis qu'on appelait son fils Raymond-le-Jeune, le comte de Toulouse répondit avec empressement :

— Certes, cette alliance est possible et juste, surtout s'il donne à sa sœur une dot convenable en domaines et trésors, et dans le cas où il la déclarerait son héritière s'il venait à décéder sans enfans.

— Oubliez-vous son fils Jacques, répondit brusquement Bernard, son fils, né de cette fameuse nuit du château d'Omélas, où le dépit d'avoir été joué égara le roi d'Aragon jusqu'au ressentiment de laisser assassiner le vicomte de Béziers ? Qu'il unisse, s'il veut, son épée à la nôtre, voilà la première alliance qui doive avoir lieu entre des hommes dont le combat est le premier besoin. Mais laissons cela, et dis-nous, mon brave Œil sanglant, ne nous amènes-tu pas un champion nouveau et dont on dit l'épée plus forte que celle de tous les chevaliers français et anglais qui combattaient en Palestine ? Albert de Saissac n'a-t-il pas traversé Carcassonne avec toi ? Du moins, lorsque j'y suis passé secrètement, dans la nuit, on m'a raconté qu'il s'y était montré en compagnie de têtes blanches, et j'ai supposé que c'était toi et les tiens.

A cette question, Albert devint plus attentif ; il prévit qu'à cette parole allaient commencer les commentaires sur sa conduite, les fausses suppositions, les soupçons outrageans.

— C'était moi, en effet, répondit l'Œil sanglant ; et le sire Albert de Saissac nous a accompagnés jusqu'à Toulouse. Il est entré avec nous jusque dans la maison de maître David ; mais depuis il en a disparu, après m'avoir dit qu'un vœu secret l'empêchait de participer à la défense de Toulouse.

— Ah ! s'écria Bernard, c'est encore un de ceux-là qui sont habiles à se faire au loin une renommée de bravoure que personne ne peut attester, et qui, rentrés dans leur pays, ne font de ce prétendu courage qu'un droit à être lâches.

Albert fut sur le point de s'écrier à ce mot, de se lever pour insulter Bernard, le démentir et le défier. Mais relever à sa première expression cette désapprobation qui devait probablement le poursuivre jusqu'au jour où il aurait accompli sa résolution, c'était manquer de ce courage passif dont Albert sentait si profondément le besoin ; c'était compromettre cette vengeance à laquelle il s'était voué devant lui-même. Il demeura donc immobile et subit paisiblement le regard de l'Œil sanglant qui alla le chercher à sa place et lui apporta l'injure avec ce commentaire : — Il y a quelqu'un qui sait que tu l'entends et qui voit que tu la souffres.

L'Œil sanglant crut cependant devoir répondre à Bernard, et lui dit :

— Sire comte, il ne faut juger personne avec cette précipitation ; qu'eussiez-vous dit si, lorsque, obéissant à un ordre secret de votre suzerain, vous rendiez hommage à Simon de Montfort, il fût trouvé quelqu'un qui eût prétendu que vous obéissiez à la peur ?

— Maître, dit Bernard, s'il l'eût dit devant moi, je lui eusse arraché la langue ; s'il l'eût dit en arrière, je lui aurais envoyé mon gant et mon défi.

A ce mot, un gant, parti d'un endroit que personne ne put remarquer, tomba sur la table autour de laquelle on était assis. Il se fit un mouvement rapide et soudain ; chacun se leva, et les regards se dispersèrent de tous côtés pour voir qui avait lancé le gant. Maître David le prit et s'écria :

— C'est le gant du sire de Saissac ; je le reconnais aux lames d'argent entrelacées d'acier qui le recouvrent.

L'Œil sanglant se tut, et un étonnement muet s'empara de toute l'assemblée. Bernard devint soucieux ; il fronça son épais sourcil et promena ses yeux autour de lui comme pour y chercher un ennemi vivant à qui il pût répondre ; mais tout le monde était terrifié. Enfin le comte de Toulouse lui dit :

— C'est votre coutume, comte Bernard, d'outrager légèrement ceux qui sont absens et peut-être ceux qui sont morts ; votre langue est trop prompte.

— Mon épée ne l'est pas moins ! s'écria Bernard, et l'une répare le mal que fait l'autre. Eh bien ! que ce gant me vienne d'un ennemi mort ou vivant ; qu'il sorte de la main d'Albert ou de la griffe d'un damné, j'accepte le défi et serai prêt à y répondre à toute heure.

— Ce soir ! dit une voix sépulcrale qui, dans cette vaste enceinte et par l'effroi qui tenait toute l'assemblée, se fit entendre comme un son surnaturel.

— En quel lieu ? s'écria Bernard audacieusement.

— Ici ! répéta la même voix.

— J'y serai, dit Bernard.

— Seul ! dit la voix.

— Seul ! répondit Bernard.

Tout le monde s'était levé, et les regards errans de chacun attestaient une terreur profonde ; elle était si intense et en même temps si naturelle à la superstition du temps que pas un seul ne pensa à une supercherie qui pouvait avoir caché un homme vivant parmi ces cadavres si semblables à des hommes vivans. L'esprit humain est ainsi fait, son premier mouvement est de croire, dans ce qui l'étonne, à quelque intervention surhumaine ; cela aujourd'hui comme autrefois. De nos jours seulement, la raison nous fait faire un retour rapide sur le premier élan de l'imagination, nous fait regarder plus attentivement aux choses qui nous surprennent, et nous les montre toutes naturelles ; mais alors la foi dans les miracles était si sincère que personne n'osa avoir le bon sens de douter que ce ne fût un fantôme invisible qui avait parlé. Cependant la peur soupçonneuse du comte de Toulouse lui tint lieu de lumières et de prudence, et il s'écria :

— Il y a quelqu'un qui nous écoute peut-être et qui se joue de nous. Voyons, visitons ce lieu.

Cette sage observation fut faite d'une voix si tremblante et d'un air si épouvanté qu'au lieu d'être bien accueillie, comme elle méritait de l'être, elle excita un sourd murmure de mécontentement, et comme Raymond avait saisi une torche pour l'allumer et visiter le souterrain, Bernard l'arrêta.

— Comte de Toulouse, lui dit-il, ce que nous disons ici dans la nuit sera répété demain en plein soleil, et c'est pitié que ces chevaliers et bourgeois aient tenu, pour le salut de leur ville, une assemblée secrète comme celle de brigands qui la voudraient piller. Peu importe donc qu'on nous ait entendus. Du reste, ceci est mon affaire personnelle, et, quel qu'il soit, vivant ou mort, celui qui a répondu est mon ennemi, c'est à moi seul qu'il appartient de le découvrir, et pour cela je resterai ici, comme je l'ai promis. S'il faut ensuite qu'il n'en sorte pas pour mon honneur ou votre salut, voyez, il y a place ici, pour lui, parmi les morts comme parmi les vivans. Occupons-nous donc des affaires de la Provence.

L'assemblée, malgré la terreur que lui avait inspirée cet incident, témoigna le même désir, et l'on discuta les mesures qu'il fallait prendre. Alors chacun fut appelé à parler à son tour. Le malheur en était venu à ce point que tout ce que chacun sut proposer fut sa fortune, sa personne et son influence sur ceux de sa famille et de son état, afin de former une nombreuse armée pour la défense de Toulouse. L'idée d'attaquer Simon de Montfort n'avait pu pénétrer dans la tête de tous les hommes braves, tant ils avaient été saisis du succès de cette conquête; et pour eux, résister leur paraissait tout l'effort possible de la Provence. Lorsque chacun se fut ainsi engagé, Bernard prit la parole et dit :

— Vous avez justement dit qu'il fallait nous enfermer dans la ville de Toulouse et la défendre contre les croisés ; mais la première défense qui nous doive occuper, ce n'est pas d'empêcher ses ennemis d'y pénétrer, c'est d'en expulser ceux qui y sont établis. Foulques y est entré ce soir : Foulques, qui accompagne Amauri de Montfort jusqu'au camp de son père, n'est revenu dans la ville que pour la livrer à cet exécrable assassin ; eh bien ! qu'il trouve, pour la première barrière à franchir, la tête de ce traître et celle de tous les clercs ou bourgeois qui sont vendus à la trahison plantées sur des pieux au pied de nos remparts.

— Mon fils, mon fils, dit rapidement le comte de Toulouse, vous ne savez jamais proposer que des moyens extrêmes : frapper un évêque, planter sa tête sur un pieu ! voulez-vous entendre encore quelque voix du ciel ou de la tombe retentir dans cette enceinte et crier malédiction sur nous?

— Je veux, dit Bernard, rendre à son traître une part des maux qu'il nous a attirés. Et que m'importe, à moi, que la main d'un autre homme se soit imposée sur lui et lui ait dit, dans une vaine formule, qu'il était le représentant du Seigneur dans l'éternité ? Tu l'appelles évêque , je l'appelle traître ; ils lui ont dit qu'il était prêtre dans l'éternité, je couperai cette éternité avec mon épée. Je demande la mort de Foulques, sa mort immédiate et celle de tous ses complices.

L'assemblée, qui jusque-là avait été unanime, se divisa en ce moment ; tous sentaient la nécessité de purger la ville de Toulouse de ce foyer de trahisons et de désordres ; mais beaucoup reculaient encore devant l'idée de porter la main sur un prêtre, surtout en une sorte de jugement solennel. La plupart, s'ils avaient rencontré Foulques dans une mêlée, lui eussent sans remords donné un coup de poignard ; et dans cette guerre d'extermination les prêtres assassinés ne manquaient pas dans le récit de la défense des Provençaux. C'est qu'alors, par une subtilité qui se retrouve à toutes les époques, on croyait pouvoir ainsi tuer l'homme sans toucher au prêtre ; au lieu que le plaçant devant ses juges, il semblait qu'il arrivât tout revêtu de ce caractère sacré et inviolable qui était l'arche sainte de l'époque. Pour que ce sentiment ne paraisse pas trop extraordinaire à nos lecteurs, qu'il nous soit permis de l'expliquer par un exemple plus récent. Nous avons souvent entendu dire, non aux hommes dont les idées républicaines sont assises sur des principes formels d'égalité humaine et de souveraineté populaire, mais à ceux qui, bien qu'ennemis de la royauté, n'osent pas mettre tout un peuple en parallèle avec un roi ; nous leur avons entendu dire : « Cela eût été un grand malheur pour la révolution que Louis XVI n'ait pas péri fortuitement dans quelqu'une de ces insurrections qui ont envahi son palais ; cela eût sauvé à la France cet immense et douloureux scandale d'un roi assis sur le banc des accusés et jugé par ses sujets. » Et ceux qui pensent ainsi, qui eussent préféré un coup de poignard, un crime à un jugement solennel, sont nombreux et les plus nombreux. Sans vouloir discuter ce singulier sentiment, nous le constatons, et nous disons que, au treizième siècle, le prêtre pouvait craindre un poignard qui se fût glissé sous son étole, mais qu'il n'avait pas à redouter un bourreau qui le lui eût arrachée. Le vieux comte de Foix se leva cependant et dit :

— Il ne faut point frapper avec l'épée des hommes qui ne portent point l'épée ; d'ailleurs, tuer un prêtre ce n'est tuer qu'un homme. Celui qui frappe son ennemi lorsqu'il est seigneur, noble ou bourgeois, en a fini avec l'esprit qui le persécutait ou l'attaquait : quand vous tuerez Foulques, vous auriez jeté un cadavre à la voirie, voilà tout ; demain, l'esprit de Rome reviendrait s'asseoir sur le siège de Toulouse dans le corps d'un autre évêque, avec l'ambition, la haine et la trahison pour conseillers : celui-ci mort encore, un autre encore lui succéderait. Ne tuez pas les prêtres de votre ville pour qu'ils aient des successeurs, mais chassez-les pour qu'ils n'y rentrent jamais, ou du moins pour qu'ils n'y rentrent que soumis à la puissance des suzerains. Foulques l'homme qu'il vous faut pour cela ; persécuteur, haï, méprisé, il ne trouvera pas une voix qui le rappelle dans nos murs, et l'on préféra être sevré des sacremens de l'Église que de les recevoir de ses mains prostituées au vol et à la rapine ; tandis que si la mort rendait son évêché libre d'être occupé, ce leurre qui trompe incessamment les peuples et leur fait voir tout nouveau-venu comme un libérateur, ce leurre, dis-je, leur ferait demander un nouvel évêque, et nous rendrait bientôt l'ennemi que nous croirions avoir exterminé.

— Je me range de l'avis de mon prudent cousin, dit le comte, et pense comme lui que l'expulsion de Foulques est la meilleure résolution que nous puissions prendre : mais ne faudrait-il pas une occasion pour exécuter justement cette juste décision ?

— Si la décision est juste, dit Bernard, toute heure est bonne pour l'exécuter, et je demande que celui qui va être élu chef de cette guerre soit tenu de l'exécuter demain dans la journée même, car vous savez, je pense, qu'avant deux jours Simon de Montfort sera aux pieds de nos murs.

Bernard n'avait pas achevé, que le jeune comte de Toulouse se leva et s'écria avec une hauteur particulière :

— Qui parle d'élire un chef à la guerre lorsque le comte de Toulouse y est présent ? Est-ce là, comte de Foix, cet exemple de vasselage que vous venez donner en exemple à nos chevaliers, ce dévoûment qui vous fait quitter le gouvernement de vos domaines pour venir commander dans ceux de votre suzerain ?

Un applaudissement général suivit les paroles du noble enfant.

— Mon fils, mon fils, dit le vieux Raymond, le sire Bernard a raison : à une guerre pareille il faut un chef qui puisse passer les jours et les nuits dans ses armes ; il faut un homme expérimenté, qui ait l'habitude des ruses de l'attaque et des surprises du combat. Aux uns il manque peut-être quelque chose de cette vigueur, aux autres quelque chose de cette expérience. Je suis bien vieux, et toi, enfant, trop jeune peut-être pour un pareil commandement. Si la voix de nos chevaliers et de nos bourgeois ne craint pas de le remettre en d'autres mains que les nôtres, il faut y obéir, mon fils, car ce n'est plus de nous qu'il s'agit à cette heure, mais de la Provence entière, et celui qui la peut mieux servir est celui qui est digne de la commander. Je suis donc prêt à accepter pour général de la guerre celui que cette assemblée va élire, et pour ma part je désigne tout haut le comte de Foix ; je le désigne tous deux, le père et le fils, car vous le savez comme moi, c'est un esprit en deux corps, une volonté en deux corps, forte parce qu'elle est double et forte comme si elle ne l'était pas, tant il y a une intime et secrète union dans leurs vues et leurs projets.

Ces paroles, dites doucement, étaient accompagnées d'un imperceptible sourire d'ironie, et une satisfaction inexplicable perçait dans le visage du vieux Raymond en les prononçant.

Les deux comtes de Foix échangèrent un regard de joie ; mais les chevaliers et bourgeois furent mécontents ; et lorsqu'il fallut que chacun nommât celui qui devait être le chef, il s'établit de tous côtés des entretiens particuliers et animés. L'audacieuse prétention des comtes de Foix révoltait la plupart des chevaliers. Parmi ceux qui se parlaient activement, Albert entendit David Roaix et l'OEil sanglant se donner mission d'appuyer la nomination des comtes de Foix. Puis le vieux comte de Toulouse s'étant approché de l'endroit où était assis le sire de Saissac, celui-ci remarqua qu'il disait au jeune comte son fils :

— Tu es triste, Raymond. Crois à ma prudence, enfant ; notre heure n'est pas venue de nous lever et de nous montrer en tête des ennemis des croisés ; la fortune de Simon doit écraser encore bien des ennemis avant d'arriver au sommet d'où elle devra descendre et dont nous la précipiterons.

Ils passèrent. Un groupe de bourgeois les suivait en s'entretenant.

— Jamais, disait Frioul, on n'a porté si loin la lâcheté d'un côté et l'insolence de l'autre ; les comtes de Foix sont des vassaux pires que des ennemis ; c'est en nous que nous devons mettre nos espérances, et si je savais un bourgeois capable de mener cette guerre, je l'élirais plutôt que ces nobles.

— Mais tu n'en sais pas, dit David Roaix, si ce n'est toi, et toi seul es de cet avis ; je dis donc qu'il faut élire les comtes de Foix ; tu peux être assuré que le vieux Raymond saura réprimer cette insolence lorsqu'il les aura usés à délivrer ses états.

Comminges succéda à ceux-ci ; l'OEil sanglant lui disait :

— Pourquoi voulez-vous que Raymond change sa nature ? Ne voyez-vous pas que vous n'obtiendrez jamais de lui qu'il fasse une action tout droit, et qu'il veut avoir l'air d'être forcé par ses vassaux au parti de la résistance ? Croyez-moi, il ne manquera à cette guerre ni de l'or qu'il prodiguera ni par son épée, s'il le faut. Mais quant à lever le premier la voix et l'étendard, il ne le fera pas : vouloir cela de lui, ce n'est rien vouloir, c'est jeter à terre la dernière espérance de la Provence. Il faut élire les comtes de Foix, croyez-moi, sire de Comminges. Peut-être votre valeur vous mérite-t-elle le commandement ; mais ils ont ce que vous avez perdu, un comté libre encore, où ils peuvent offrir asile, en cas de malheur, à qui les aura suivis. Vous n'en êtes plus là, sire comte, et vos richesses sont toutes au bout de votre épée.

Ils s'éloignèrent encore. On se mit au devoir de faire l'élection, et les comtes de Foix furent nommés unanimement. Aussitôt le vieux Raymond les félicita, et il ajouta avec cette ironie qui, malgré lui, dominait sa prudence :

— Votre premier devoir, sire Bernard, est d'expulser Foulques de la ville de Toulouse ; vous l'avez dit vous-même, et nous, vos soldats maintenant, nous y comptons.

— Et le jour ne se passera pas que cela ne soit exécuté, répondit Bernard.

En ce moment, l'OEil sanglant dit tout bas à David Roaix :

— Fiez-vous au vieux renard pour imposer au jeune sanglier des obligations que celui-ci accomplira tête baissée un jour. Oh ! ce n'est pas l'audace des conseils qui manque au vieux Raymond.

On parla encore un moment des meilleures dispositions à prendre pour la défense de la ville, puis on se sépara. Ce fut à ce moment que Bernard se rappela le singulier rendez-vous qui l'attendait dans cette salle, et, malgré les observations de plusieurs chevaliers qui voulaient lui persuader de ne se point exposer à quelque sorcellerie, malgré surtout toutes les instances de l'OEil sanglant, qui craignait l'issue d'un combat sérieux entre les deux chevaliers, Bernard persista à rester. Tout le monde se retira et il demeura seul dans le souterrain, après avoir recommandé à David de laisser ouverte la porte qui donnait de sa maison dans les caveaux.

L'OEil sanglant rentra dans la maison de David Roaix et y retrouva Goldery qui préparait dans la cour les chevaux de son maître. Bientôt tout bruit cessa et chacun se retira dans la chambre qui lui avait été assignée, excepté Goldery et l'OEil sanglant. Celui-ci, inquiet sur ce qui pouvait se passer dans le souterrain, se promenait dans la cour tandis que Goldery adressait des questions pleines d'intérêt aux deux chevaux sur la qualité de l'orge, du foin, de la paille qu'on leur avait servis. Enfin l'OEil sanglant, tourmenté toujours de la même pensée, dit brusquement à Goldery :

— Votre maître est-il bonne épée ? est-il bonne lance ?

— Que diable me demandez-vous là ? répondit Goldery : c'est selon l'épée, c'est selon la lance. Si vous entendez par là s'il a du courage, tout ce que je puis vous dire, c'est que, quand l'envie de se battre le prend ou qu'il s'y croit obligé par honneur, il croiserait une plume contre une hache avec autant de résignation qu'en un jour de disette je mangerais des oignons crus, ce qui est la plus épouvantable épreuve par où puisse passer un homme.

— Mais à cette heure, dit l'OEil sanglant, il est sans épée, sans armes, sans poignard.

— Si, comme je le soupçonne, il est allé voir quelques amis, s'il a des amis, je pense que épée ni armes ne lui sont utiles.

— S'il a des amis ? dit l'OEil sanglant ; pourquoi en doutez-vous ?

— Qui peut dire qu'il ait des amis, mon maître ? dit Goldery. Que de fois, en croyant parler à un cœur dévoué, on dit son secret à un traître ! qui sait même si, tandis que je parle ici, le sire Albert n'est pas tombé dans quelque piège ?

— Ce n'est pas un piège, dit l'OEil sanglant, mais c'est un danger.

— Un danger ! s'écria Goldery avec un si subit changement de voix, d'expression, de tenue, que l'OEil sanglant en fut frappé. Mais il se remit aussitôt et ajouta :

— Est-ce le danger que court un homme contre un homme ?

— C'est ce danger ; mais le danger d'un homme sans armes contre un homme armé.

— Tant pis pour l'homme armé ! dit Goldery en retournant nonchalamment à ses chevaux.

Comme il disait cela, un homme sortit du souterrain et se précipita avec effroi dans la cour : il était pâle, échevelé et tenait une épée nue à la main. L'OEil sanglant et Goldery s'approchèrent de lui ; ses dents claquaient, son corps tremblait convulsivement, ses yeux regardaient sans voir. L'OEil sanglant reconnut le jeune comte de Foix. Deux ou trois fois de suite celui-ci passa sa main sur son front comme pour en écarter une horrible vision ; puis il dit d'une voix haletante et hoquetée à l'OEil sanglant :

— Va... va, il t'a demandé en tombant ; va.

— Vous avez tué mon maître ! s'écria Goldery en tirant son épée ; vous avez assassiné Albert de Saissac ! Fussiez-vous le roi de France, vous m'en répondrez sur votre épée.

— Tué ! assassiné !... s'écria Bernard. Plût à Dieu qu'une goutte de sang fût sortie de ce corps ! Mais l'ombre des morts est à l'abri des armes des hommes. Va... va, OEil sanglant, il t'a demandé.

Goldery, ayant remarqué que l'épée de Bernard était pure et nette, rentra paisiblement la sienne dans le fourreau et dit à l'OEil sanglant :

— Allez, je vous attends.

Puis il ajouta tout bas :

— Je ne sais quelle supercherie mon maître a employée pour épouvanter ce chevalier ; mais n'oubliez pas que je le garde pour me répondre de la vie du sire Albert.

L'OEil sanglant s'élança dans le souterrain et disparut bientôt. Le comte de Foix, assis sur une pierre, se remettait mal de la frayeur qui l'avait si profondément troublé. Une heure se passa ainsi ; puis l'OEil sanglant reparut. Il remit à Goldery un anneau. Celui-ci s'écria en le voyant :

— Par saint Satan ! l'heure n'est pas venue, il faut recommencer nos caravanes d'enfer. O misère ! misère !

Puis il s'élança sur un des chevaux et, emmenant l'autre avec lui, il sortit au galop de la cour de la maison. Bernard s'était levé aux paroles de Goldery.

— Comte de Foix, dit l'Œil sanglant, n'oubliez pas la promesse que vous avez faite.

— Je la tiendrai, dit Bernard, je la tiendrai.

Puis il quitta la maison de David Roaix, et l'Œil sanglant, après s'être assuré que personne ne l'observait, alla chercher dans sa chambre divers objets soigneusement enfermés, et rentra dans le souterrain.

VI.

MIRACLE.

Le lendemain, ou plutôt dès que le jour parut, un cercueil sortit de la maison de David Roaix, et, porté par des hommes vêtus de longues chapes noires, on le dirigea vers l'église Saint-Etienne. Aucun insigne ne couvrait ce cercueil ; maître David, l'Œil sanglant et quelques bourgeois seulement le suivaient en silence. Lorsqu'il fut arrivé devant l'église, les porteurs le déposèrent sur les marches, et David Roaix frappa aux portes qui étaient encore fermées. Elles s'ouvrirent. L'Œil sanglant demanda que le corps du sire Albert de Saissac fût admis dans l'église pour y recevoir la bénédiction du vénérable Foulques. Un des clercs de la sacristie se chargea d'aller prévenir l'évêque et se rendit dans son palais, qui était attenant à Saint-Etienne.

A ce moment, Foulques était occupé à entendre la relation que maître Cordou lui faisait de la querelle qui avait eu lieu la veille entre les chapes noires et les chapes blanches. L'assurance de David Roaix avait alarmé l'audace de Foulques et lui paraissait un signe de complot pour son expulsion de la ville.

— Eh bien ! dit-il à Cordou, après un moment de réflexion, aujourd'hui le comte de Toulouse ou moi serons maîtres de la ville, lui ou moi en sortirons ; mais qu'il y reste ou qu'il en sorte, malheur à lui ! malheur à Toulouse ! car s'il y demeure, l'armée des croisés, arrêtée au centre de cette cité impure, en fera un bûcher où périra toute l'hérésie ; s'il en sort, je les ouvrirai moi-même aux vengeurs du Christ, et l'épée choisira de l'incendie eût tout dévoré. Que les bons y songent et prennent leurs mesures.

A ce moment, le clerc entra dans la salle et dit à Foulques que les bourgeois de la ville étaient venus demander sa bénédiction pour le corps et l'âme d'un chevalier nommé Albert de Saissac. Ce nom frappa l'évêque : il se le fit répéter plusieurs fois, et alors il se rappela la rencontre qu'il avait faite à la porte de Carcassonne. Le clerc lui ayant dit ensuite que maître David Roaix était un de ceux qui accompagnaient le cercueil, Cordou dit à l'évêque qu'en effet il avait vu, la veille, entrer chez David Roaix un chevalier faidit, monté sur un roussin, n'ayant qu'un éperon, et ne portant ni épée ni poignard. La manière enfin dont il le décrivit assura Foulques que ce chevalier était bien Albert de Saissac, le même qu'il avait rencontré à Carcassonne, et qui était probablement mort.

Dès l'abord, Foulques chercha si cette mort ne pouvait pas lui être un prétexte à quelque sermon contre les hérétiques, à quelque appel à la soumission du peuple au pouvoir des croisés par un si grand exemple. Mais lorsqu'il voulait chercher les phrases captieuses qu'il savait si bien dire, les exclamations saisissantes dont il pourrait frapper ses auditeurs, il était, malgré lui, ramené à la singularité de la rencontre de Carcassonne et de l'espèce de crainte surnaturelle dont Albert avait frappé tout le monde.

Pendant qu'il réfléchissait ainsi, un nouveau clerc arriva et lui dit qu'un certain nombre de chevaliers s'étaient présentés à l'église et qu'ils réclamaient ses prières pour Albert de Saissac ; il ajouta qu'ils avaient introduit son cercueil dans la nef, l'un d'eux disant qu'il était nécessaire que le vénérable Foulques se hâtât, parce que dans quelques heures il ne serait plus temps de bénir le cadavre. Foulques fut d'abord étonné de cette condition ; mais bientôt, pensant à l'audace des chevaliers qui avaient apporté un corps dans l'église sans sa permission, il crut y trouver un prétexte aux troubles qu'il voulait faire naître, et il dit tout bas à Cordou :

— Va, rassemble les tiens et venez en masse à l'église Saint Etienne. Je ne sais ce qui peut arriver de ceci, mais il est temps de mettre en pratique ce précepte du prêcheur Dominique : « Celui qui frappe dans l'ombre est plus redoutable que celui qui frappe au grand jour ; mais celui qui frappe au grand jour vaut mieux que celui qui a peur de frapper. »

Il se revêtit ensuite rapidement de son rochet, et, posant sa mitre sur sa tête, il fit appeler à son de cloche tous les prêtres de Saint-Etienne, et, les ayant assemblés dans la sacristie, il leur annonça l'usurpation qui venait d'être faite et leur déclara qu'ils eussent à le suivre en tout ce qu'il ferait pour la réprimer. Un moment après il entra dans l'église.

Un cercueil était posé à terre au milieu de la nef. Auprès du cercueil était un chevalier armé de toutes pièces, un nombre considérable de bourgeois et de chevaliers étaient rangés tout autour, et un murmure agité bourdonnait dans la foule qui remplissait l'immensité du monument. Foulques s'avança jusque auprès du cercueil et demanda d'une voix irritée qui était celui qui avait osé braver les privilèges de l'église, à ce point d'y introduire un mort avant l'ordre de l'évêque.

— C'est moi ! dit le chevalier armé, et lorsque vous aurez entendu ce que j'ai à vous révéler, vous ne serez point surpris que je l'aie osé, et vous jugerez ce que j'ai fait convenable et prudent.

— Ce qui était convenable et prudent, comte de Foix, répondit Foulques, c'était d'attendre que j'eusse interrogé ceux qui ont été témoins de la mort du chevalier, pour savoir s'il avait rendu l'âme en état de grâce, ou du moins dans la foi catholique, dont toi et les tiens vous êtes faits les persécuteurs.

— Seigneur évêque, répondit Bernard, n'élève pas la question de savoir quel est le persécuteur des catholiques, de toi ou de moi ; ne demande pas le témoin de la mort de cet homme, car il n'en existe aucun ; écoute ce que son esprit m'a chargé de te confesser en présence du peuple.

— Je n'ai rien à entendre ici, dit Foulques ; que ce corps soit porté hors de cette enceinte, et alors je recevrai la confession que tu m'offres.

— Prends garde, dit le comte de Foix, que la bénédiction que tu refuseras à ce corps n'appelle sur ta tête et sur celle des tiens une malédiction qui les poursuivra dans l'éternité. L'esprit qui m'a parlé t'a désigné pour l'entendre, et il a fallu toute l'autorité de la voix de l'homme qui m'a décidé à m'adresser à toi ; mais ceux qu'on dit les persécuteurs de la foi obéissent à ses décrets, tandis que ceux qui prétendent les défendre en dédaignent les devoirs.

Un assentiment longuement murmuré suivit les paroles de Bernard, et quelques-uns des prêtres firent signe à Foulques qu'il était convenable d'entendre ce que Bernard avait à dire ; mais l'évêque ne parut pas y prendre garde, et un vieillard d'entre eux s'étant approché de lui, il l'arrêta avec colère, en lui disant :

— Je vous vois et je vous comprends, mes frères, et je vois avec douleur, je comprends avec désespoir que l'esprit de faiblesse, qui mène à l'esprit d'hérésie, a pénétré en mon absence parmi les clercs que j'avais cru confier à leur garde. Quoi ! la maison du Seigneur est-elle une hôtellerie où celui qui se présente a droit d'être admis, ouverte à tout venant, et, comme une prostituée, recevant dans son giron quiconque veut y entrer ? Si vous en êtes arrivés à ce point, malheur sur vous, mes frères ! je suis un gardien plus rigide des préceptes du Christ. Écartez-vous, hommes de peu de foi, et vous, violateurs du sol inviolable de l'église ! je chasserai les gentils du temple, écartez-vous !

Il s'avança en parlant ainsi et, étendant la main sur le cercueil, il dit :

— Que ceux qui ont souci du salut de cette âme prennent garde, car si ce corps n'est point enlevé sur-le-champ de cette église, j'appellerai sur lui les vengeances du ciel, et le livrerai à la damnation éternelle. N'oubliez pas que le Seigneur a dit : « Ce que vous aurez lié sur la terre sera lié dans le ciel; ce que vous aurez délié sur la terre sera délié dans le ciel! »

— Nobles, bourgeois et manans! s'écria le comte de Foix, vous êtes témoins que j'ai fait tout ce que je pouvais pour procurer la bénédiction et la sépulture d'un chrétien au corps du noble Albert de Saissac, mort en Terre-Sainte, en combattant pour la croix!

Ces dernières paroles changèrent tout le cours des idées de Foulques, qui s'écria :

— Quel mensonge et quel blasphème viens-tu de prononcer, comte de Foix? Le sire Albert de Saissac a été vu par moi, il y a peu de jours, à Carcassonne, vu hier dans Toulouse par maître Cordou, en compagnie de David Roaix.

— Il est vrai que son corps a paru en Provence, dit Bernard, car son corps est en quête d'une sépulture et d'une bénédiction; mais il y a longtemps que l'esprit du sire Albert de Saissac a quitté ce corps, condamné à servir d'asile aux esprits de l'enfer jusqu'à ce qu'il ait été purifié par l'eau sainte et abrité dans une terre bénite.

A cette étrange révélation, Foulques demeura stupéfait, et se rappelant encore la conduite hardie d'Albert de Saissac en présence de Mauvoisin et d'Amauri de Montfort, cette puissance de terreur dont il avait enchaîné la volonté de ces deux chevaliers, sa résistance se changea en un profond étonnement. Il dit alors à Bernard :

— Ne dis-tu pas que c'est là le corps du sire de Saissac?

— Puisque tu l'as vu, tu peux le reconnaître, répondit Bernard.

Et, écartant le suaire qui couvrait le cercueil, il montra le corps d'Albert, vêtu des habits qu'il portait à Carcassonne; son visage pâle portait l'empreinte d'une mort récente; ses paupières étaient à peine fermées et laissaient voir le noir trouble de ses yeux; ses dents ressortaient blanches comme l'ivoire sous la blancheur déjà violacée de ses lèvres. A cet aspect, Foulques recula ; ce n'était pas parce que ce cadavre était celui d'Albert de Saissac, mais une crainte vague naissait en lui de cet homme qui, vivant, lui avait si singulièrement apparu; qui, mort, lui apparaissait si étrangement encore.

— Et maintenant, lui dit le comte de Foix, que tu es assuré que c'est le corps du sire de Saissac, veux-tu le délivrer de la peine à laquelle il est condamné? veux-tu le bénir et lui donner asile dans l'enceinte bénite?

Tout l'orgueil de Foulques se révolta à cette sommation du comte de Foix.

— Ce n'est point à toi, hérétique et Vaudois, lui dit-il, qu'il appartient de réclamer les prières de l'Église pour qui que ce soit; obéis d'abord en faisant enlever ce corps, et je ferai ensuite ce que je croirai convenable de faire, sans que tu sois obligé de m'y exciter. Clercs qui m'entourez, ôtez ce cercueil de l'église et qu'il soit exposé devant le seuil pour que ceux qui voudront témoigner que le sire de Saissac est mort en état de grâce et dans la foi catholique, puissent se présenter et jurer de la vérité de leurs témoignages les mains sur l'Évangile, comme il est d'usage.

— Peuple, cria le comte de Foix, nul ne peut se présenter et nul ne se présentera ; voici la vérité, et je suis prêt à la jurer, sous quelque forme qu'on m'impose le serment. Comme j'avais légèrement parlé de la valeur du sire de Saissac devant une auguste assemblée, une voix partie de l'air m'a défié, et j'ai accepté le défi; plus de vingt chevaliers et de cinquante bourgeois ont été témoins de ce fait. Je suis demeuré seul pour le combat, et tout-à-coup j'ai vu s'avancer vers moi un corps sans forme, vêtu d'un suaire blanc; je l'ai frappé, et mon épée a passé au travers comme dans un nuage. Au même instant un coup terrible m'a heurté la tête ; je suis tombé, et une main du poids d'une montagne m'a tenu cloué à terre. « Écoute, m'a dit la même voix qui m'avait défié, je suis l'âme d'Albert de Saissac, dont le corps est encore errant sur la terre ; écoute et retiens bien mes paroles pour faire ce que je vais te demander. Un jour que les Sarrasins attaquèrent la ville de Damiette pendant qu'une procession en faisait le tour, ils s'approchèrent, malgré nos efforts, du tabernacle où était déposée la vraie croix, et jetèrent le trouble parmi les clercs qui le portaient dans la cérémonie. Dans le tumulte de cette attaque, le tabernacle fut renversé ; je m'élançai pour le défendre, et parvins à en écarter les ennemis; mais, à un moment où je me croyais victorieux, je fus frappé d'une lance qui me perça le cœur, et en tombant, je reconnus que dans le reflux de la lutte j'avais foulé aux pieds la croix de Notre Seigneur. Malheur sur moi! malheur! car comme je perdis la vie dans cette position, mon âme, qui était en état de grâce par mon désir de sauver la vraie croix, a été reçue dans le sein de Dieu ; mais mon corps, qui était en état de sacrilège, puisque je foulais aux pieds la croix du Seigneur, a été condamné à servir de refuge aux méchans esprits de l'enfer, et à errer pendant mille ans sur toutes les terres du monde, à moins qu'il n'obtienne une sépulture chrétienne et la bénédiction d'un évêque. L'esprit de lâcheté et d'hypocrisie, qui s'était emparé de mon corps depuis trois ans, vient de le quitter à cette heure pour assister au sabbat des esprits infernaux. Envoie en ce lieu l'OEil sanglant qui lui a servi de guide en Provence ; il y trouvera mon corps, il l'ensevelira, et vous le porterez à Saint-Étienne afin qu'il soit béni par l'évêque Foulques avant que quelque autre méchant esprit en prenne possession pour trois ans encore. » Voilà ce que m'a dit cette voix, et j'ai accompli ses ordres ; et maintenant je le demande au seigneur Foulques, veut-il bénir et ensevelir ce corps?

— J'offre un autre absolu et bénisse ce cadavre, dit Foulques ; je ne sais à quelle intention le comte de Foix a inventé la fable qu'il vient de débiter ; j'ai vu le sire de Saissac vivant, il y a deux jours, et je le retrouve ici mort ; c'est assurément dans quelque action coupable qu'il a perdu la vie, et les ennemis du Seigneur viennent présenter ses dépouilles à nos bénédictions pour nous faire tomber dans quelque piège. N'y a-t-il personne qui puisse témoigner de la mort du sire de Saissac?

Personne ne répondit. Le comte de Foix répliqua :

— J'offre mon serment de ce que je dis.

— Alors, dit Foulques, je te maudis et je te jette hors des prières de l'Église, ton serment n'étant qu'une trahison et un parjure.

Un cri rauque et sauvage partit comme des antres de l'église ; à ce cri, et à la malédiction prononcée par Foulques, il s'opéra un mouvement tumultueux parmi le peuple; tout grondait sous les voûtes élevées ; aucune sérieuse interpellation n'arrivait encore à l'évêque ; mais la sourde rumeur qui bruissait de toutes parts s'animait par degrés. Par un mouvement spontané, tous les hommes à chapes noires, qui encombraient la nef, s'étaient rangés autour du comte de Foix ; tous ceux que leurs manteaux blancs désignaient pour être du parti de Foulques s'étaient précipités de son côté ; le cercueil étant demeuré entre ces deux groupes, les menaces s'échangèrent bientôt activement, et les projets longtemps contenus se révélèrent par des imprécations.

— Il faut en finir avec ce prêtre insolent, criaient les plus audacieux ; il a fait de la loi divine une loi de haine et de malédiction ; il trahit la ville et le comte ; il veut nous livrer aux croisés ; il a déjà vendu nos biens et nos personnes pour satisfaire sa soif de rapine et de vengeance.

Les partisans de Foulques répondaient par des invectives ; furieuses, et peut-être les épées allaient briller et le sanctuaire allait être souillé, lorsque quelques-uns de la confrérie blanche, s'étant approchés pour porter la main sur le cercueil, reculèrent épouvantés à l'aspect du visage effacé de Saissac : ces traits, si fortement prononcés un moment avant, ne présentaient déjà plus qu'une face jaune et presque sans forme ; mais ce n'était pas la putréfaction habituelle au corps humain, cette destruction hideuse qui le dévore par des plaies horribles où le ver ronge et paît sa victime ; ce visage semblait fuir et disparaître comme un nuage qui affectait une forme connue, et qu'un vent du nord dissout et efface sur le ciel bleu.

Cet incident ramena tous les regards sur le cercueil, qui allait être oublié, et toute cette foule suivit, avec une stupéfaction immobile, cette disparition surnaturelle d'un corps qui tout à l'heure était si reconnaissable à tous les yeux. Peu à peu tout s'affaissa ; la tête s'amoindrit, le corps sembla s'enfoncer dans le cercueil. Une effroyable attention tenait cette assemblée dans un silence de mort, lorsque le même cri sauvage qu'on avait entendu partit de la porte de l'église. Un chevalier, couvert d'armes étincelantes d'or, y était, monté sur un magnifique cheval de bataille; il s'avança au galop, en faisant retentir le pavé sous les fers de son coursier. Tous les yeux, détournés du cadavre, s'étaient attachés sur ce nouveau-venu; il arriva jusque auprès de la bière ouverte, la lance haute, immobile, et comme attaché à la selle de son cheval; lorsqu'il fut à portée du cercueil, il le frappa de la pointe de sa lance, releva le vêtement vide d'Albert de Saissac, le jeta au loin, et montra le cercueil vide à tous les regards: il répéta son cri sauvage et terrible, puis il releva la visière de son casque, et l'on vit le visage d'Albert de Saissac, l'œil étincelant, animé d'une vie terrible; il tendit la main vers Foulques, et dit d'une voix que celui-ci crut reconnaître:

— Merci, Foulques; d'ici à trois ans, à pareil jour, je te rapporterai le corps d'Albert de Saissac dans cette église.

Le cavalier, tirant alors son épée, s'élança hors de l'église, et personne ne put dire par où il avait disparu, car, à quelques pas de là, il lança son cheval dans une rue déserte, et à aucune porte de Toulouse on ne déclara avoir vu sortir un chevalier couvert d'armes brillantes et monté sur un cheval de bataille.

Dès que le premier mouvement de stupéfaction fut passé, Foulques, qui s'était retiré avec les siens sur les marches de l'autel, s'écria d'un ton solennel:

— Malédiction sur cette ville et sur ce peuple livré aux entreprises du démon! Puisse-t-elle s'effacer et se dissoudre comme ce cadavre s'est effacé et dissous! Peuple de Toulouse, votre persévérance à garder dans vos murs celui que l'Église a rejeté de son sein a appelé sur vous la colère de Dieu; le Seigneur s'est retiré de cette ville où l'hérésie est adorée dans son plus puissant protecteur, et le Seigneur a manifesté sa retraite en permettant que des prodiges tels que ceux dont vous avez été témoins, se passent dans son temple; et comme il a dit à ses apôtres: « Suivez-moi dans la voie où je marcherai, » nous le suivrons et nous nous retirons de vous.

Cette menace était habilement arrivée; une heure avant, le peuple eût laissé Foulques s'éloigner avec indifférence; mais, en présence du prodige qui s'était opéré à sa vue, il demeura interdit et crut que la ville périrait véritablement sous la malédiction de l'évêque; aussi toute cette foule, à l'exception du comte de Foix et des chapes noires, tomba à genoux en poussant des lamentations, parmi lesquelles on distinguait des prières qui demandaient à l'évêque de ne point priver la ville des sacremens.

Au même moment, le son lugubre des cloches se fit entendre dans les tours de Saint-Etienne, et bientôt les cloches des autres églises leur répondirent lamentablement. A ce bruit, tous ceux qui étaient dans Saint-Etienne se précipitèrent hors de l'église, et ceux des habitans qui étaient demeurés dans leurs maisons sortirent dans les rues. Ce fut d'abord une curiosité alarmée qui ébranla toute la ville; chacun s'enquérait de ce qui était arrivé, mais personne ne pouvait le dire, ou ceux qui en racontaient quelque chose en faisaient des récits si inexplicables que personne n'y pouvait rien comprendre; la seule chose qui ressortait clairement de tous ces bruits, c'est que Foulques voulait quitter Toulouse, emportant avec lui tous les sacremens. D'un côté, les chapes blanches disaient que c'était la perte de Toulouse; de l'autre, les chapes noires disaient que c'était son salut; dans cette anxiété, la foule, qui n'avait encore nul parti pris, suivit son instinct naturel et alla vers les endroits où elle crut pouvoir le mieux s'informer, c'est-à-dire vers la demeure de ceux qui avaient pris soin de la protéger et de la conduire, du côté de Saint-Etienne et vers l'Hôtel-de-Ville.

L'amour des Toulousains pour leur comte était extrême; car jamais ils n'avaient eu à souffrir ni de son astuce ni de sa faiblesse; Raymond avait élargi les priviléges de la ville en donnant aux bourgeois le droit avec les armes contre les nobles, et celui de venger leurs injures comme État indépendant. Ainsi on avait vu la bourgeoisie de Toulouse porter, en son nom, la guerre sur les domaines d'un seigneur allié du comte, sans que celui-ci y mît obstacle. Cependant il eût été difficile de deviner pour qui la foule se prononcerait, tant il y avait de diversité dans les opinions qu'elle émettait en se rendant à l'Hôtel-de-Ville;

Le comte de Toulouse y était renfermé et s'y entretenait avec l'OEil sanglant.

— Ainsi, lui disait-il, ce mécréant d'évêque s'est laissé tromper à cette ruse. Je ne parle pas de la foule; quand on lui dit: « Voyez cet étrange nuage dans le ciel; » le ciel fût-il pur comme l'eau d'un diamant, elle regarde et voit l'étrange nuage; mais Foulques, la ruse et le mensonge en mitre et en rochet! tu dois être fier de ta réussite, je t'en remercie; nous allons en être délivrés. Ainsi ils vont partir?

— Assurément, dit l'OEil sanglant, et tous les prêtres de toutes les paroisses et monastères de Toulouse se rassemblent à Saint-Etienne, emportant les ornemens des églises, les ciboires et les calices.

— Véritablement! dit le comte de Toulouse, c'est fâcheux : ces ornemens sont riches et pesans, et auraient pu nous fournir de beaux sous d'or pour payer le salaire de nos routiers. N'importe, qu'ils partent, qu'ils partent, c'est ce que je désire surtout.

Comme il parlait ainsi, toutes les cloches, qui n'avaient cessé de sonner, se turent tout d'un coup, et une immense foule se précipita vers la place du château Narbonnais, appelant le comte de Toulouse à grands cris.

— Eh bien! lui dit l'OEil sanglant, profitez de la circonstance, montrez-vous au peuple et décidez ce mouvement contre Foulques; chassez-le, et le peuple vous applaudira.

— Je le laisserai partir, c'est bien assez, dit le comte; il n'est pas nécessaire que je me mêle de cette affaire; c'est une chose à vider entre lui et le peuple.

— Mais le peuple parle de le retenir, reprit l'OEil sanglant. Quelque haine qu'on ait pour l'évêque, on n'en est pas à la haine de Dieu; le peuple est comme le gourmand qui court après le chien enragé qui emporte son rôti. Il a peur du chien, mais il aime son rôti. Ou déteste et on méprise Foulques, mais Foulques baptise, marie et enterre, et déjà on l'implore comme s'il emportait dans son calice le salut de la ville entière.

— Foule stupide! dit le comte en se levant avec colère; mais que fait Bernard? Bernard a promis qu'il chasserait Foulques de la ville.

— Hélas! dit l'OEil sanglant, la sorcellerie d'Albert de Saissac l'a frappé d'une sorte de terreur dont il ne peut sortir.

— Il y croit donc? Oh! brutes imbéciles que tous ces hommes, chevaliers, bourgeois et manans, et toi-même! avec ta sotte supercherie, tu vas avoir fait que Foulques demeurera, qu'il demeurera sur la prière du peuple, et que son autorité ne trouvera plus d'obstacles. Vous ne savez rien faire!

Il réfléchit long-temps en écoutant les cris du peuple qui l'appelait, puis il finit par dire avec impatience:

— Que me veulent-ils? Est-ce que je puis quelque chose à tout cela?

— Comte de Toulouse, dit l'OEil sanglant, vous jouez à cette heure votre plus importante chance; osez dépouiller cet artifice dont vous couvrez vos actions et vos paroles, de manière à ce qu'elles puissent toujours signifier oui et non, selon qu'il doit vous convenir plus tard; parlez au peuple, il hait votre ennemi et n'est retenu que par les ménagemens que vous gardez avec lui: c'est pour vous complaire qu'il veut empêcher son départ: osez être de votre parti, et toute la ville en sera. Je vous le demande au nom de vos habitans, ou plutôt au nom de votre fils, à qui vous ne laisserez bientôt aucune ville où il puisse se cacher.

— Mais Foulques partira, je l'espère, sans que je sois obligé de m'en mêler, reprit le comte en éludant la prière de l'OEil sanglant.

— Entendez-vous les cris du peuple? Écoutez, voilà les chants des prêtres qui avancent de ce côté; Foulques vient vous braver, il vient vous montrer son pouvoir sur Toulouse; ce sera en face de votre château, en face de vous, qu'il feindra de céder aux sollicitations du peuple. Ce sera pour lui un triomphe sans retour, pour vous une humiliation irréparable.

A ce moment, les comtes de Foix, David Roaix, les capitouls entrèrent en tumulte, tous sollicitant Raymond de fixer les incertitudes de la multitude. Bernard déclara qu'il n'était pas assez influent pour obtenir ce résultat, et le comte ne put s'empêcher de laisser percer un sourire de vanité satisfaite, triomphe puéril qu'il était prêt à payer de sa puissance. Le jeune Raymond arriva aussi et sollicita le comte de se montrer. Les cris augmentaient, et déjà la tête de la procession arrivait sur la place. Elle avançait majestueusement en chantant le *De Profundis*; les croix, couvertes de voiles noirs, les ciboires, les encensoirs, les calices, voilés de même, étaient portés par les prêtres en chasuble noire; les reliques des saints dans leurs coffres d'argent et d'or, ornés de pierreries, étaient au milieu de la procession, et les clercs qui les portaient deux à deux sur leurs épaules répétaient de loin en loin ce verset de la Bible, disant :

« Et ils chasseront Dieu de leurs murailles. »

La multitude, frappée de la solennité de ce spectacle, semblait triste et désespérée.

— Eh bien! s'écria l'OEil sanglant, que le jeune comte paraisse, qu'il parle, qu'il ose pour le salut de son père ce que son père n'ose pas pour le salut de son fils.

— Oui! oui! s'écrièrent les chevaliers. Qu'il parle! le peuple l'écoutera.

Le comte de Toulouse saisit son fils, et, le serrant près de lui, il s'écria :

— Que j'expose mon fils à dire une parole, à faire une action qui pourrait lui être imputée à crime par la cour de Rome! non, messires, non! J'aimerais mieux descendre sur cette place et poignarder Foulques de ma propre main. Ouvrez cette fenêtre, ouvrez!

On obéit, et le vieux comte parut à la fenêtre qui dominait la place de l'Hôtel-de-Ville; il aperçut Foulques qui la traversait, l'ostensoir de Saint-Étienne dans les mains. L'évêque jugea que c'était le moment de décider la question entre lui et le comte, et ne douta pas qu'il n'obtint cette acclamation populaire qui devait le faire triompher. Si cette espèce de lutte s'était passée dans l'église de Saint-Étienne et en présence de ceux qui avaient été témoins du miracle qui s'y était opéré, sans doute il n'y eût eu aucune lutte; mais la plupart de ceux qui étaient devant l'Hôtel-de-Ville ignoraient ce miracle ou ne l'avaient point vu; de façon que, malgré ces marques de regrets et de respect dont son entourage et la religion, qui s'en allait par ses prêtres, une indécision complète régnait encore sur la multitude. Foulques crut la faire pencher en sa faveur.

— Peuple, dit-il, préparez-vous à subir la peine de vos crimes. Dieu, fatigué de vos débordemens, vous laisse livrés à l'esprit de blasphème et de perdition qui est dans vos murs.

Et du geste il désigna le comte de Toulouse.

— Sachez l'en exclure, reprit-il, ou bien prenez vos vêtemens de deuil, pleurez et désolez-vous, car le Seigneur se retire de vous et va sortir pour jamais de cette cité coupable. Comte de Toulouse, c'est à toi à rendre compte maintenant de tes sujets à la justice éternelle.

Quelques cris voulurent se faire entendre, le comte les apaisa de la main.

— Seigneur évêque, dit le comte d'une voix plus moqueuse que grave, je rendrai compte de mes sujets à la justice divine, et peut-être trouveront-ils que ce comte ne leur coûte pas aussi cher que par le passé. Je ne sais si Dieu, qui a fait que cette ville s'est accrue par mes mains en richesse et en population, je ne sais si Dieu, à qui j'ai voué six monastères et trois églises, s'est retiré de notre cité; mais ce que je sais et ce que je vois, c'est que le démon qui l'a livrée à la haine et au désordre n'en est pas encore sorti.

Cette raillerie contre Foulques eut plus de succès que n'en eussent obtenu les accusations les plus vraies et les plus violentes. Une acclamation universelle répondit aux paroles du vieux comte, et le nom de démon, qui resta à Foulques depuis et qui se trouve encore dans les vieux écrits de l'époque, lui fut répété de toutes parts avec de grandes huées et de grossières insultes. Il ne put obtenir un moment de silence.

Il se débattait vainement, car il n'entrait pas dans ses projets de quitter Toulouse; mais il s'était si maladroitement engagé dans cette lutte, qu'il lui fut impossible de retourner sur ses pas. D'ailleurs, il eut contre lui les fanatiques de bonne foi de son opinion, qui, voyant les fâcheuses dispositions du peuple, se remirent en marche en croyant accomplir courageusement la sainte volonté de l'évêque et l'entraînèrent malgré lui hors de la ville.

Lorsqu'il eut dépassé la porte, qui fut fermée sur lui, le peuple poussa de longs cris en l'honneur du comte de Toulouse, et l'OEil sanglant dit à celui-ci :

— Voyez, il vous a suffi de désigner Foulques comme un démon de haine et de désordre pour que le peuple l'ait laissé partir.

— Moi?... dit le comte d'un air étonné, je ne l'ai point nommé.

VII

LE SORCIER.

Tous les événemens que nous venons de rapporter s'étaient passés depuis quelques jours lorsqu'un soir, un homme, enveloppé d'un long manteau, entra dans une rue sombre de Montpellier et frappa à une porte basse. La maison demeura muette, et l'étranger ayant frappé de nouveau, une espèce de judas pratiqué au-dessus de la porte dans le plancher du premier étage, qui dépassait de plusieurs pieds, comme de coutume, l'étage inférieur, ce judas s'ouvrit, et une voix cassée lui demanda qui était là.

— Celui que vous attendez, dit l'étranger qui avait frappé.

— J'attends toujours, répondit la voix; la venue du malheur doit toujours être l'attente du juste.

— Trêve à vos réflexions banales, répliqua le chevalier, car il portait les signes distinctifs de cette classe : les éperons, l'épée, la ceinture d'or. Vous savez qui je suis, et un homme est venu ce matin vous annoncer ma visite, déjà même il devrait être ici et m'avoir précédé d'une heure à ce rendez-vous.

— Un homme est venu en effet, répondit la voix, un homme qui m'a dit qu'un chevalier viendrait me consulter, mais cet homme n'a point reparu à l'heure qu'il avait indiquée. Je ne vous connais point; ainsi, attendez que votre messager revienne prononcer les paroles qui doivent faire ouvrir cette porte.

— Sorcier, dit le chevalier, est-ce là toute ta science? Ne sais-tu pas qui je suis et ne reconnais-tu pas celui que tu attends?

— Oh! dit la voix, je vous connais ainsi que celui que vous avez envoyé, je vous connais par tous les noms que vous portez, je vous connais malgré le changement que vous avez opéré dans votre visage et votre personne; mais vous, n'avez-vous rien à me dire qui m'assure que vous venez ici sans mauvais desseins contre moi?

— Quelle assurance puis-je te donner meilleure que celle que tu trouveras dans ta science? dit le chevalier. Mais vraiment, ajouta-t-il, je fais comme si je croyais que tu es ce que tu prétends être, un devin à qui le secret du cœur des hommes est ouvert, et la crainte me fait voir que tu n'es nullement l'homme que je cherche.

— Quel homme? dit le sorcier.

— Mais, répondit le chevalier, celui qui a dit : « L'or est le but de la science. »

A peine ces mots furent-ils prononcés que la porte s'ouvrit et le chevalier entra, et derrière lui la porte se referma sans bruit. Au sommet de l'escalier parut un vieillard, la tête enveloppée d'une espèce de turban, les traits lâches et pendans, la moitié du visage cachée par une barbe grise et inculte. Il éclaira le chevalier et l'introduisit dans une salle immense, mais encombrée de manuscrits, de squelettes d'oiseaux et d'animaux; un triangle rayonnant était incrusté dans le mur, et au-dessous de ce signe cabalistique était une longue table sur laquelle était étendu ou un cadavre, ou un squelette, ou une image du corps humain. Le chevalier regarda autour de lui d'un air soucieux, mais sans la curiosité ni l'étonnement que devait causer l'aspect singulier de l'endroit où il avait été admis.

— Ainsi donc, dit-il, mon messager n'est point encore arrivé?

— Pas encore, répondit le sorcier.

— Et à quelle heure doivent venir, reprit le chevalier, les deux Français croisés qui veulent te consulter?

— A l'heure de minuit, répondit le sorcier.

— Encore une heure d'ici-là, repartit le chevalier; cet ivrogne aura le temps d'arriver.

— Est-ce que vous avez besoin de lui pour entendre et voir? dit le sorcier d'un ton grave et en interrogeant sévèrement la figure de l'étranger.

— Que veux tu dire? reprit le chevalier.

— Je veux dire que, je ne sache pas qui de vous deux, de vous ou de celui qui m'est arrivé ici ce matin, est le plus intéressé à savoir les secrets de Robert de Mauvoisin et d'Amauri de Montfort?

— Puisque mon écuyer t'a dit mon nom, sorcier..

— Je m'appelle Guédon d'Appamie, reprit le vieillard en interrompant le sire Laurent, et votre écuyer, ou bouffon, ou cuisinier, car le drôle est un homme à toutes sauces, ne m'a point dit votre nom d'hier ni celui que vous portiez il y a un mois.

— Silence! misérable! s'écria le chevalier, je n'ai plus qu'un nom, celui de Laurent. Mais ne trembles-tu pas de savoir que j'en ai porté un autre et d'être seul avec moi dans cette chambre?

Le sorcier rit tristement et reprit d'un air sentencieux :

— Je ne tremble que pour vous, messire, qui allez jouer votre vie à la poursuite d'une misérable vengeance que vous n'atteindrez peut-être pas.

— Imprudent! s'écria le chevalier, stupéfait de ces paroles et répondant à ses propres pensées, qu'ai-je fait de dire mon secret à un bouffon, à un infâme qui t'aura tout raconté! C'est pour cela qu'il n'est pas ici, le traître! Écoute, sorcier, tu en sais trop et tu me dis trop imprudemment ce que tu sais pour n'avoir pas caché : dis moi, l'homme qui est venu ici ce matin m'a-t-il trahi?

— Trahi? dit Guédon. Entendez-vous par là qu'il m'ait dit plus que vous ne lui avez ordonné? Non! Il est venu, et du ton dont un homme parle à celui qu'il croit pouvoir impunément insulter, de ce ton que les valets maltraités rendent avec usura qui est faible devant eux, miroirs fidèles de l'insolence de leurs maîtres, il m'a dit : « Hier, dans une orgie et dans une maison de juifs, Amauri de Montfort et Robert de Mauvoisin ont perdu au jeu des dés plus d'or qu'ils n'en posséderont peut-être de leur vie; ils jouaient contre deux Tunisiens de la religion de Mahomet. Lorsque les deux chevaliers eurent tout perdu, ivres du vin que leur versaient des ribaudes, dans la rage de leur perte, dans la frénétique espérance du jeu, qui prend le cœur du joueur avec une main de fer, poignante, irrésistible, l'enchaîne et le tire pas à pas jusqu'au crime, Amauri et Robert proposèrent aux Tunisiens de jouer leur personne, leur liberté contre ce qu'ils avaient déjà perdu et la partie fut acceptée. Le coup de dés valait un combat : les chevaliers furent vaincus ; mais les Tunisiens craignant que les chrétiens ne voulant pas acquitter la dette de leur personne, ne fussent poussés à nier celle de leur fortune, leur offrirent de s'estimer à une somme égale à celle qu'ils avaient perdue et de s'acquitter ainsi. Ils ont accepté le marché; demain doit s'accomplir le paiement en présence des chevaliers témoins de la partie. Amauri ni Robert ne savaient comment y suffire lorsqu'un homme leur a enseigné ta maison comme contenant plus d'or que n'en possèdent tous les comtés de la Provence. Tu leur prêteras ce qu'ils te demanderont. » Je me suis récrié à ces paroles de ton messager et lui ai exposé ma pauvreté, mais il m'a dit qu'il me procurerait l'or que je dois donner à ces chevaliers et que moi-même j'aurais un magnifique salaire si je voulais leur imposer pour ce prêt telles conditions que tu me dirais ce soir. Voilà le message de ton écuyer : n'est-il pas fidèle et discret?

— Il ne t'a point dit autre chose? reprit Laurent.

— Non, répondit le sorcier; il ne m'a point dit que toi et lui étiez les deux Tunisiens qui aviez gagné tout cet or avec des dés chargés intérieurement d'un plomb qui les fait tomber du côté favorable, il ne m'a pas dit que ce n'est point de l'or de ces deux chevaliers que tu veux, mais un engagement fatal de leurs personnes et que tu les a pris par leurs mauvaises passions pour les pousser à quelque acte condamnable, sachant bien que c'est en flattant les mauvaises passions des hommes qu'on les mène par eux-mêmes à leur ruine, plus sûrement qu'en les combattant à visage découvert; il ne m'a point dit cela, mais je le sais.

— Tu mens, sorcier! s'écria Laurent, au comble de la colère. Goldery était ivre quand il t'a raconté tout cela; tu lui a surpris ce secret avec l'audace dont se servent tes pareils; malheur à toi de l'avoir entendu! malheur à lui de l'avoir prononcé!

— Crois-tu, dit le sorcier avec une solennité singulière, que ce soit sur ma tête et sur la sienne qu'il faille crier malheur? Insensé des insensés, qui calcules qu'en excitant les passions détestables de tes ennemis tu les pousseras à l'abîme, et qui toi-même l'abandonnes à la plus détestable de toutes, à la vengeance, l'imaginant qu'elle ne t'entraînera pas comme tu veux entraîner les autres, ne voyant pas davantage les intéressés à la ruine, qui t'y jettent et qui te servent, qu'ils ne se voient eux-mêmes; si clairvoyant contre les autres; si aveugle pour toi, ne te défiant d'aucun de ceux qui te flattent; insensé, qui pousses et qui es poussé, qui tomberas certainement et qui ne feras peut-être pas tomber tes ennemis!

— Que dis-tu? s'écria Laurent avec une inquiétude visible. Ce misérable Goldery me trahirait-il, aurait-il quelques desseins cachés? Oh! parle Guédon! et il est une seule chose sur laquelle il ne t'a point menti peut-être, c'est l'immensité de mes richesses; parle, dis-moi mes ennemis si tu les connais, et je te donnerai autant de marcs d'argent qu'il y a de lettres dans leur nom.

Le sorcier se prit à regarder en silence Laurent d'un air inexplicable; il y avait un sarcasme fatal dans ce sorcier, quelque chose d'un démon qui voit tomber une âme dans un piège. Tout-à-coup ce regard et ce silence furent rompus par un éclat de rire si insolent et si continu que Laurent fut près de s'emporter jusqu'à frapper le sorcier; mais celui-ci, lui arrêtant la main, s'écria gaîment :

— Eh! mon maître, sire Laurent, ne vous courroucez pas si vite contre votre bon serviteur; quand tout à l'heure vous m'avez menacé du poignard, j'ai trouvé cela réjouissant, et ma vanité en a été vivement chatouillée : mais si les coups de poignard se promettent plus qu'ils ne se donnent, les coups de plat d'épée se donnent avant de se promettre, et je n'en suis point affamé.

— Quoi! c'est toi, Goldery? s'écria son maître; toi!

— Oui, sire Laurent, moi-même.

— A quoi donc ce déguisement et cette surprise?

— A deux choses, monseigneur : la première, à vous montrer que je parviendrai aisément à tromper les sires de Montfort et de Mauvoisin, puisque j'ai pu vous surprendre un moment de crédulité maître, lorsque j'ai pénétré vivement dans les secrets de votre vengeance et vous ai alarmé sur son succès; car c'est par là aussi que je compte attaquer la crédulité de vos ennemis, la seconde, à vous faire voir qu'il est des secrets qui ne devraient être confiés qu'à Dieu ou à Satan... ou à la tombe... et que c'était grande imprudence à vous que d'avoir pensé à dire à ce sorcier le moindre de vos projets; car ne voyez-vous pas que Mauvoisin et Amauri, attirés en ce lieu par l'appât de l'or qu'ils y croyaient inépuisable, au-

raient fini par maltraiter Guédon et obtenir le secret de votre visite?
— Le sorcier ne sait donc rien? reprit Laurent.
— Qu'importe ce qu'il sait ou ce qu'il a pu savoir, dit Goldery, pourvu qu'il ne dise rien.
— Ainsi, dit Laurent, tu te charges seul de la réussite de notre projet?
— Seul, dit Goldéry.
— Et tu es bien sûr, reprit son maître, de connaître assez avant l'âme de ces deux hommes pour arriver juste à leur plus secrète pensée?
— Mon maître, la plus secrète pensée d'un homme est toujours aisée à connaître pour celui qui ne s'arrête pas à ces vaines superficies d'honneur ou de vertu dont s'habille aux yeux de la multitude. Celui qui n'a point mangé a faim; celui qui est exposé à un danger a peur; cependant l'un s'abstient et l'autre combat : c'est ce que les hommes nomment vertu; et les niais croient que l'homme n'a ni faim ni peur ; sottise! Cherchez ce qui est le plus utile à la satisfaction d'un homme, et vous aurez sa plus secrète pensée; seulement le courage manque à la plupart pour l'exécuter.
— Et penses-tu que pour de l'or, dit Laurent, ils vendent ainsi leur honneur?
— Celui qui s'est joué peut se vendre, parce qu'il espère toujours manquer au marché...
— Oh! les hommes sont infâmes! s'écria Laurent.
— N'est-ce pas mon maître? dit Goldery en ricanant.
A ce moment, deux coups violens furent frappés à la porte.
— Voici les chevaliers, dit Goldery; entrez dans cette chambre, et que rien ne vous étonne de ce qui va se passer sous vos yeux, au point de vous faire pousser un cri, même quand je vous découvrirais à l'un de ces hommes.
On frappa de nouveau, et Goldery ajouta :
— Hâtez-vous; la cupidité est moins patiente que la vengeance.
Aussitôt il poussa le secret qui ouvrait la porte et alla éclairer l'escalier de la maison, tandis que Laurent se retirait dans un cabinet dont la porte était voilée d'une grande tenture d'étoffe de soie. Amauri et Robert montèrent vivement l'escalier. Leurs yeux, à demi brillans, annonçaient qu'ils avaient cherché dans le vin le courage de poser le pied dans cette maison maudite. Ils étaient armés de leurs cottes annelées de fer, de leurs épées et de poignards.
— Entrez, mes fils, leur dit doucement Goldery. Que voulez-vous d'un vieillard comme moi?
Et les deux jeunes gens entrèrent dans la chambre avec cette impétuosité bruyante dont la jeunesse croit quelquefois recouvrir impénétrablement un crime ou un remords.
— Hé! fils de Satan, cria Mauvoisin, nous venons t'égorger, te pendre, te brûler! es-tu prêt?
— Sire Mauvoisin, reprit le prétendu sorcier d'un air sévère, quand on reçoit votre visite, il faut être prêt à subir tous les malheurs de cette sorte.
— Bien dit, sorcier, dit Amauri ; tu le connais, et moi aussi sans doute, et sans doute aussi pourquoi nous venons : donc, as-tu de l'or à nous donner?
— J'ai de l'or à prêter, seigneurs, dit Goldery, et rien à donner. Offrez-moi vos garanties : je traiterai avec vous selon qu'elles me paraîtront justes.
— Eh! enfant du diable! lui dit Amauri, ma parole et celle de ce chevalier, voilà plus qu'il n'en faut pour un homme de ton espèce.
— Que n'allez-vous l'offrir aux Tunisiens qui attendent leur paiement, dit Goldery? croyez-vous que ce qui ne paraîtrait que vaine bravade à ces mécréans suffise à un bon chrétien?
— Pourquoi non? dit Mauvoisin, la foi n'est pas faite pour rien.
— Vous avez raison, reprit Goldery, et, véritablement, si je pouvais croire à la sincérité de votre parole, j'avoue que je l'accepterais; mais il me faudrait des preuves de cette sincérité.
— Et quelle preuve en veux-tu, misérable? dit Amauri avec colère; n'oublie pas que nous sommes dans ta maison; que nous y sommes les maîtres; que tu nous a avoué avoir de l'or, et qu'il nous faut cet or.
— A ce compte, dit Goldery, sortez d'ici, jeunes gens, et ne tentez point ma colère.
— Fou! s'écria Amauri, que pourrais-tu, vieux et infirme, contre deux hommes jeunes et forts?
— Fou! dit Goldery; c'est vous qui l'êtes, qui avez cru que je vous laisserais pénétrer dans ma maison et me livrerais à deux débauchés, sans défense contre leurs entreprises. Je suis en votre pouvoir, dites-vous, jeunes gens; mais vous qui parlez si insolemment, ne savez-vous pas que vous êtes au mien? En touchant la première marche de cet escalier, avez-vous calculé qu'elle peut s'abîmer sous vos pas? En entrant sous cette voûte, n'avez-vous pas prévu qu'elle peut vous écraser dans sa chute? Savez-vous quelles mains de fer peuvent vous saisir et vous enchaîner au premier geste? Ne sentez-vous pas que l'air qu'on respire ici peut devenir mortel? Le plus misérable usurier chez qui vous allez trafiquer de votre honneur, ne vous reçoit qu'abrité par une grille de fer qui coupe en deux la salle où vous êtes admis; et vous supposez que moi, qui ai quelque renommée de sagesse, je me livrerais à vous avec la confiance d'un enfant! Vous vous moquez, messires; le maître ici, c'est moi. Pensez-y bien, et parlez en conséquence. Que voulez-vous?
Le ton d'assurance dont ces paroles furent prononcées arrêta la jactance des deux chevaliers; ils regardèrent autour d'eux, et se voyant dans une salle si singulièrement meublée, revenus à cette crédulité de leur époque, que le vin n'avait fait qu'ébranler sans la déraciner, ils commencèrent à douter du succès de leur insolence.
— Voyons, dit Amauri, ceci est une plaisanterie. Que veux-tu donc de nous pour nous prêter les deux mille marcs d'or dont nous avons besoin? Quelle terre, quel comté veux-tu que nous engagions pour garantie de ton prêt?
— Messires, dit le sorcier, c'est toujours la même plaisanterie que vous continuez. Et que font, par le temps qui court, les droits d'un créancier tel que moi? Il n'y a maintenant d'autres droits sur les terres que la lance et l'épée; et je ne suis pas un homme de guerre. C'est autre chose qu'il me faut.
— Mais, reprit Amauri, l'empressement que nous mettons à nous acquitter envers les Tunisiens n'est-il pas une assurance de celui que nous mettrons à nous libérer envers toi?
— Vraiment, dit Goldery en ricanant, penses-tu que je ne connaisse pas la cause de cet empressement? Ne sais-je pas que ton père, fatigué de tes débordemens, ne demande pas mieux que de te laisser aux mains du premier créancier envers lequel tu seras engagé? Et si tu n'es pas débarrassé de ceux-ci par le poignard ou le poison, ne sais-je pas de même que c'est parce que, dans cette ville, les Tunisiens, avec lesquels les bourgeois trafiquent de leurs marchandises, ont une protection telle que le peuple n'hésiterait pas un moment à exterminer toi et les tiens, si vous portiez la main sur un de ses alliés? Tu n'as pas oublié, Amauri, par quelles soumissions il a fallu racheter ta liberté, un jour que ton imprudente curiosité voulut pénétrer dans l'église de Maguelonne lorsque la porte en était close. Ceci n'est point une terre du comte de Toulouse excommunié, et contre lequel tout crime est une action méritoire; ceci est une ville du roi d'Aragon, bénie par notre seigneur pape; et plus encore que tout cela, maîtresse d'elle-même, forte de ses murs et de son peuple, et qui ne craint pas de parler haut.
— Trop haut, peut-être! s'écria Amauri avec colère; car elle renferme d'insolens bourgeois qui parlent de la soustraire à la foi qu'elle doit à son seigneur et de l'ériger en république. Ah! que Dieu veuille qu'ils accomplissent ce dessein! alors il n'y aura plus ni suzeraineté ni bénédiction qui la protège! alors...
— Alors le pillage en sera bon, n'est-ce pas? dit Goldery; mais ne sais-tu pas aussi que ton père Amon ne le partage avec personne, et que de toutes les richesses de Lavaur, pas un denier n'est sorti de ses mains?

— Je le sais, reprit Amauri avec emportement; mais peut-être un jour viendra!...

— Le jour de sa mort, n'est-ce pas? dit Goldery.

— Sorcier! s'écria Amauri violemment, ne t'occupe point de mon père. Quelle garantie veux-tu pour ton prêt et quelle époque fixes-tu pour le remboursement?

— L'époque du remboursement sera la nuit de Noël, dans un an; la garantie, un mot de toi, un mot de toi et de Mauvoisin.

— Un mot! dit Amauri étonné, une sorcellerie peut-être! un engagement envers Satan, dont tu es le messager!

Le sorcier se prit à rire et répondit:

— Oh! ce n'est pas une sorcellerie; il est dans ton cœur, quoiqu'il ne soit peut-être jamais arrivé à tes lèvres.

— Quel est-il donc? dit Mauvoisin.

— Un aveu.

— Lequel?

— L'aveu de la plus secrète pensée et de la plus secrète de ton compagnon, signé de ta main et de la sienne.

— A ce compte, le marché est conclu, dit Mauvoisin en riant.

— Sans doute, s'écria Mauvoisin, et je vais te signer ma plus secrète pensée; la voici: Je désire devenir propriétaire des plus riches vignobles de France.

— Et moi, suzerain de la Provence, ajouta Amauri.

— Vous mentez tous deux, dit Goldery; ce sont vices dont vous vous vantez trop haut pour qu'ils soient votre plus secrète pensée, bien qu'ils soient votre but.

— Sorcier, tu te moques; veux-tu savoir notre plus secrète pensée mieux que nous-mêmes? reprit Amauri, et quelle pensée l'homme peut-il avoir plus ardente que celle du plaisir ou de la puissance?

— Jeunes gens, dit Goldery, ne jouez pas avec moi sur le sens de vos paroles. Je vous ai demandé votre plus secrète pensée, celle qu'on ne confie ni à un ami ni à un complice, celle qu'on craindrait de prononcer tout haut, seul au milieu de l'Océan, tant on aurait peur que la voix, si basse qu'elle fût, ne retentît comme un tonnerre; c'est celle-là qu'il me faut, et à ce prix tout l'or que vous me demanderez sera en vos mains, non-seulement celui qu'il vous faut pour vous acquitter envers des étrangers, mais même celui avec lequel vous pourrez encore éclipser les plus riches chevaliers de la croisade.

— En vérité, dit Amauri en regardant Mauvoisin, tu nous donneras cet or?

— Je vous le donnerai.

— Eh bien! reprit Amauri, je vais vous dire et vous signer ce que j'ai de plus secret dans le cœur.

— Un moment, dit le sorcier; n'espère pas me tromper, je connais cette pensée qu'il faut que tu me dises, de même que celle de ton compagnon; songe que si ce n'est pas celle-là que tu écris sur le parchemin, il n'y a point de marché entre nous, et que je ne la recevrais plus si, par un tardif repentir, tu te décidais à me la confier.

Amauri, qui avait saisi la plume pour écrire, la posa sur la table, et, regardant le sorcier en face, il lui dit:

— Mais quelle garantie trouves-tu dans la possession d'un tel secret?

— Quelle garantie? répliqua Goldery: c'est qu'un homme comme toi doit avant tout racheter une preuve d'infamie ou de lâcheté, et qu'il n'est point de prix dont il ne la paie un jour.

— C'est donc ma vie que tu veux que je te vende?

— C'est ton honneur que je veux que tu m'engages.

— Tu penses donc, dit Amauri avec une colère jouée, que ma plus secrète pensée soit un crime?

— Je le pense, dit Goldery.

— En ce cas, dit Amauri, nous n'avons rien à faire avec toi.

— Soit, dit Goldery, allez; seulement je reste avec cette certitude que ni l'un ni l'autre de vous n'ose écrire ce qu'il désire le plus ardemment.

Aussitôt il repoussa du pied des sacs pleins d'or qui étaient près de lui et prit sa lampe pour éclairer les chevaliers.

— Quelle pensée nous supposes-tu donc? dit Mauvoisin, que ce bruit avait arrêté.

— Une pensée de mort, reprit Goldery.

— Et contre qui? s'écria Amauri, devenu pâle à cette réponse du sorcier.

— Aucun nom ne sera prononcé ici, dit Goldery; seulement, si, au jour convenu, tu n'as pu t'acquitter envers moi ou le messager que je t'enverrai, il te sera loisible de répéter tout haut ce que tu écriras ici tout bas et secrètement, même pour ton compagnon, et je te donnerai une nouvelle année de délai. Seulement, ce que tu désires tout bas aujourd'hui, il faudra le souhaiter alors tout haut et invoquer les puissances suprêmes pour l'accomplissement de tes vœux.

— Et quand se fera ce nouvel engagement? dit Amauri, qui, avant de rompre le marché, en voulait savoir toutes les conditions.

— Durant la nuit de Noël, quand le coq aura chanté trois fois.

— Et je serai sans témoins? dit Amauri.

— Sans autres témoins que moi.

Et Amauri réfléchit un moment, puis il s'écria:

— Non! c'est impossible! Adieu.

— Adieu donc, dit le sorcier.

Mais Mauvoisin, s'arrêtant à son tour, dit au vieillard:

— Puisque tu sais si bien quelle est notre pensée, et que c'est une pensée de mort, dis-nous à qui elle s'adresse?

— Je l'ai dit, jeune homme, qu'aucun nom ne serait prononcé en ce lieu; mais, si tu veux, je puis te montrer le visage de celui que tu voudrais savoir rayé du nombre des vivans; oseras-tu le regarder?

Mauvoisin hésita un moment, puis il s'écria:

— Soit, je l'oserai!

— Viens donc! dit le sorcier.

Il prit Mauvoisin par la main, et le conduisant vers la porte du cabinet où était Laurent de Turin, il en souleva le voile et lui montra celui-ci immobile et l'œil étincelant.

— Albert!...

— Silence! cria Goldery d'une voix tonnante, aucun nom ne doit être prononcé dans cette enceinte.

Robert demeura atterré et béant devant le chevalier, qui lui apparaissait comme un fantôme. Goldery laissa tomber le voile et dit d'une voix railleuse:

— Eh bien! brave Robert, si brave contre les filles et les vieillards, n'est-ce pas que c'est là ta plus secrète pensée?

— Misérable! s'écria Mauvoisin, tu es un enfant de Satan!

— Et Satan m'obéit! cria Goldery. Arrière! enfant des hommes, si tu ne veux que ma main te brise ou que ce fantôme s'attache à toi comme une peur vivante et ne montre visible aux yeux de tous la terreur qui te poursuit dans l'âme!

Mauvoisin recula, épouvanté.

— Et maintenant, dit le sorcier, veux-tu signer?... voici l'or.

— Signer!... dit Mauvoisin, égaré.

Il s'arrêta un moment, réfléchit longtemps, puis, prenant un ton résolu, il s'écria:

— Eh bien! oui; que ceci soit écrit sur un parchemin ou dans ton esprit, il importe peu.

Le sorcier présenta un parchemin à Mauvoisin, qui écrivit quelques mots.

— Et tu répéteras ce que tu as écrit, tu le répéteras à la nuit de Noël?

— Je le répéterai.

— A haute voix?

— A haute voix.

— Prends donc, voici ton or.

Et Goldery jeta à Mauvoisin un sac rempli de pièces d'or, que celui-ci ne prit point le soin de compter. Il s'éloigna, et en passant devant Amauri, celui-ci lui cria:

— Qu'as-tu vu?

— La vérité, dit Mauvoisin d'un air sombre.

Puis il ajouta tout bas:

— Accepte, je t'attends au coin de cette maison.

Et il se précipita dans l'escalier; la porte s'ouvrit devant lui, et il s'éloigna.

Le sorcier n'entendit pas, mais il sourit aux paroles qu'il

vit que Mauvoisin venait de prononcer. Il y avait dans ce sourire tout l'orgueil d'un homme qui s'est posé un grave problème et qui arrive à la solution, et il se laissa aller à dire tout bas :
— D'abord égorgeur insolent, puis lâche, maintenant assassin, c'est la marche du crime.
Il s'approcha alors d'Amauri. Celui-ci, malgré les paroles de Mauvoisin, semblait encore indécis. Il était épouvanté de ce qu'il pensait, parce qu'il supposait que l'œil de l'homme pouvait y pénétrer, oubliant dans sa fanatique terreur que Dieu avait dû y voir bien plus clairement, accomplissant cette éternelle contradiction du cœur humain, la crédulité sans la foi.
— Et toi, jeune homme, lui dit le sorcier en l'abordant, veux-tu être riche? veux-tu voir celui dont tu désires la mort?
— Non, dit Amauri, non; je subirai ma destinée, l'esclavage, s'il le faut; laisse-moi, sorcier; tu vends ton or trop cher.
— Je le vends ce qu'un prêtre vend l'absolution, je ne demande qu'une âme.
— Mais cet aveu, tu peux le publier, et la bouche du prêtre est muette.
— Alors que Dieu te sauve, Amauri de Monfort, qui devais être seigneur de tant de châteaux et de comtés !
— Dis-moi ce que tu as montré à Mauvoisin, dit Amauri.
— Son secret n'est qu'à moi, et le tien n'appartiendra qu'à moi; je ne commencerai pas mes engagemens par une trahison.
— Sorcier, quel intérêt as-tu à me faire signer cette épouvantable pensée ?
— Celui de recouvrer avec usure l'or que je vais te prêter, nul autre. Suis-je un homme d'ambition princière pour que tu t'épouvantes de mes précautions?
— Combien as-tu donné à Mauvoisin ?
— Le double de ce qu'il a demandé.
— Et à moi, que me donneras-tu ?
— Le triple de ce que tu diras.
— Eh bien ! dit Amauri en rentrant, voyons.
Le sorcier le conduisit lentement par la main vers la table où paraissait couché le cadavre dont nous avons parlé.
— Ôte ce voile, dit Goldery.
Amauri leva sa main, qui retomba sans force.
— Quoi ! s'écria Goldery avec éclat, tu n'oses regarder en face la cause que tu caresses si doucement dans tes rêves soucieux, dans tes heures d'ambition ! Indolent, qui veux tout avoir sans rien faire pour avoir, âme d'héritier, regarde-toi à nu !
A ces mots, Goldery arracha le voile; Amauri poussa un cri et tomba à genoux en criant :
— Grâce ! grâce !
— Eh bien ! est-ce la vérité? dit le sorcier.
— C'est la vérité, dit Amauri.
— La signeras-tu ?
— Je te vendrai mon âme si tu veux, dit Amauri.
— Aussi est-ce ton âme que j'achète, dit Goldery; ton âme en ce monde, car elle est déjà la proie de l'enfer dans l'autre. Entends l'heure qui sonne, il t'en reste qu'un instant avant que le son en soit effacé; alors je ne pourrai plus rien.
— Eh bien ! dit Amauri se relevant d'un air sombre et résolu, donne-moi ce parchemin.
Goldery le lui présenta, et Amauri écrivit. — Encore un assassin ! pensa le bouffon.
— Ton or ?
— Le voici, dit Goldery.
— C'est bien, dit froidement Amauri. Adieu.
Il prit l'or et s'éloigna.
Quand la porte se fut refermée, Laurent sortit de sa cachette; mais Goldery, l'oreille collée contre le judas, semblait écouter attentivement. Après un moment d'attention, il se releva et dit :
— Eh bien ! maître, preuve de lâcheté et preuve de parricide, êtes-vous content? Allons toucher notre argent, que les fous vont nous rendre.

— Et où est Guédon, le maître d'ici ? dit Laurent.
— Le voilà, reprit Goldery en arrachant le masque qui figurait les traits de Simon de Montfort et lui montrant le visage du vieillard assassiné.
— Malheureux ! lui dit Laurent.
— Oh ! maître s'écria Goldery avec une joie féroce, nous sommes dans une voie où la vie d'un homme ne doit être que comme la paille de chaume sous les pieds du chasseur ; la tombe seule est discrète, et c'est là que j'enferme mes secrets ; et comme ceci est une vérité triviale, Mauvoisin et Amauri l'ont comprise sur-le-champ ; une seconde de réflexion leur a suffi : cela s'est écrit dans leurs yeux à mesure que cela se passait dans leur pensée.
— Veulent-ils t'assassiner?
— Peut-être, non pas avec le poignard, car ni l'un ni l'autre ne m'a regardé au cœur, mais ils ont parcouru la maison du regard.
— Et que penses-tu qu'ils osent faire?
— Vous le verrez, messire, vous le verrez, et tout Montpellier aussi. Sortons de cette maison.
— Allons, dit Laurent en marchant vers l'escalier.
— Oh ! maître, dit Goldery, voici un meilleur chemin.
Et il l'emmena dans le cabinet, où ils trouvèrent un escalier caché qui ouvrait par une porte basse sur une petite cour entourée de murailles ; ils les franchirent en silence comme des larrons et ils gagnèrent bientôt une rue éloignée.
Mais ils n'étaient pas à son extrémité qu'ils virent une lueur éclatante se réfléchir tout-à-coup dans le ciel.
— Qu'est cela ? dit Laurent.
— C'est Mauvoisin et Amauri qui croient faire ce que nous avons fait, ensevelir leurs secrets dans la tombe. Allons, allons, sire Laurent, notre œuvre n'est pas finie : nous avons assez marché dans la nuit, maintenant il faut gravir notre sentier au soleil.
Le lendemain, on déplorait par tout Montpellier la mort du sage astrologue Guédon, qu'on n'avait pu arracher qu'à moitié brûlé de l'incendie de sa maison.

VIII.

LE CAMP.

Ces événemens s'étaient passés depuis deux mois ; la ville de Toulouse était investie par Simon de Montfort ; un camp dressé sur la rive gauche de la Garonne servait de défense et de retraite à l'armée des croisés, qui en sortaient incessamment pour attaquer la ville ; mais jusque-là tous les efforts des assiégeans avaient été infructueux. A quelque heure qu'ils se présentassent devant les murs, soit de nuit, soit de jour, qu'ils fissent marcher audacieusement leur attaque en plein soleil ou qu'ils essayassent d'une escalade nocturne, toujours ils trouvaient les Toulousains prêts et en armes. Le rempart qui devait être le mieux attaqué était le plus fortement défendu ; la marche la plus secrète semblait devinée d'avance, et souvent des sorties meurtrières, dirigées par les comtes de Foix ou le comte de Comminges, venaient détruire les plans les mieux combinés. Cependant l'armée de Montfort était plus nombreuse qu'elle n'avait jamais été : Guillaume des Barres, retourné en France, en avait ramené de nombreux auxiliaires ; les évêques de Liège et de Gand avaient entraîné la population de leurs diocèses à leur suite ; les comtes de Blois et de Châlons y avaient ajouté plus de deux cents chevaliers et de dix mille hommes de pied, qui combattaient sous leurs bannières. On était dans les premiers jours du mois d'août 1212; Simon de Montfort était dans sa tente, les yeux fixés sur la terre, en face de la porte, par où le soleil pénétrait à pleins rayons ; un seul homme était près de lui : c'était un chevalier magnifiquement vêtu, qui tenait dans ses mains un éventail de plumes, à la manière de l'Orient, et avec lequel il agitait l'air pesant, qu'il semblait avoir peine à respirer. Un chien de taille moyenne, portant un collier d'or à son cou, était dressé sur ses genoux, tandis que son maître jouait avec son collier, fait de plaques d'acier, d'argent et d'or, qui se tournaient à volonté, de manière à faire les dessins les plus variés. Tout d'un coup Simon se leva, et montrant la terre du pied à un endroit où le soleil n'était pas encore arrivé, il s'écria comme involontairement :

— Quand le soleil sera là, ils seront tous ici.

— Quand le soleil sera là, dit négligemment le chevalier, il ne fera plus une chaleur d'enfer. Vrai, ce n'est pas la peine de vivre sur terre pour y cuire comme chez le diable.

— Laurent, dit Simon en s'adressant au chevalier, ne pourras-tu être sérieux un moment et m'écouter attentivement ?

— Sire comte, dit le chevalier, depuis que vous m'avez fait éveiller de ma méridienne pour recevoir vos ordres, vous n'avez fait autre chose que soupirer, battre du pied, vous lever, marcher, vous rasseoir, serrer les poings avec colère, et j'ai prêté toute mon attention à cette pantomime, je vous le jure, et le plus sérieusement du monde.

— Laurent, dit le comte, il y a ici trahison ; voilà six semaines environ que j'investis cette ville ; j'ai fatigué mes troupes à des assauts fréquens, à des surprises sans nombre, à des marches cachées, et pas une de mes tentatives ne m'a amené le moindre succès. Ce n'était pas ainsi il y a quelques mois.

— Oui vraiment, dit Laurent ; quand je suis arrivé de Turin sur mon vaisseau pour me joindre à vous, je n'ai entendu parler de toutes parts que de vos succès ; vous marchiez sur Toulouse, et dans quelques jours la ville devait être dans vos mains. Vous en jugiez la conquête si aisée même, que vous aviez envoyé votre fils Amauri, aidé de Mauvoisin, s'emparer de Montauban ; Baudoin, le brave frère du comte de Toulouse, qui l'a trahi en récompense de ce que celui-ci l'avait nommé son héritier, est allé, d'après votre ordre, s'emparer de Castres en s'y présentant sous la bannière de son frère et en se faisant ouvrir les portes par cette supercherie. Vous avez laissé Bouchard, votre sénéchal, à Carcassonne avec la comtesse de Montfort, et dans la confiance de votre victoire vous n'avez amené ici que la moitié de votre armée.

— Elle y sera toute ce soir, répondit Simon en jetant un regard inquiet autour de lui.

Un léger mouvement de surprise et de contrariété parut sur le visage de Laurent, mais à l'instant même il reprit son air nonchalant et se remit à jouer avec le collier de son chien. Mais l'animal, ainsi agacé, sauta sur son maître, et celui-ci le chassant avec colère, le chien s'échappa de la tente.

— Ce sera une belle armée, dit Laurent à Simon, et que comptez-vous en faire ?

— Pourquoi me questionnes-tu ? répondit Simon ; tu veux donc connaître mes projets ? Je te dis qu'il y a des traîtres parmi nous, et Dieu sait où ils sont.

Il se tut, puis il reprit d'un air résolu :

— Ni toi ni les autres, personne ne saura mes projets à l'avenir. Je voulais d'abord te consulter, mais non... Je ne sais plus à qui me fier.

— Comte de Montfort, dit Laurent en se levant, avez-vous montré vos soupçons aux chevaliers et seigneurs qui vous accompagnent ?

— À aucun, et en te le disant, je t'ai peut-être prouvé que seul tu n'y étais pas compris.

— N'importe, dit Laurent, demain je puis les encourir, et pour qu'il n'en soit pas ainsi, demain, au point du jour, j'aurai quitté ce camp avec mes hommes.

— Ce n'est pas toi qui emporteras la trahison avec toi, dit Simon, et tu excuseras un moment de douleur et de colère qui ne peut l'avoir pour objet.

— Et à qui s'adresse-t-il donc ? reprit Laurent.

— Je ne sais, dit Simon, quoique le cercle de ceux sur lesquels mes soupçons peuvent porter soit bien rétréci. Tu sais que nous prenions d'abord nos décisions dans un conseil où siégeaient tous les chevaliers suzerains présens à la croisade ; mais nos résolutions semblaient s'en échapper comme à travers un crible, et le bruit en était répandu dans le camp et jusque dans Toulouse en moins de quelques heures. Plus tard je n'y ai plus admis que six de nos chevaliers les plus éprouvés ; le camp a cessé d'être instruit, à la vérité, mais l'on eût dit que les hérétiques avaient un esprit présent parmi nous, car leurs résolutions semblaient dictées par les nôtres ; bientôt le comte de Blois, Guillaume des Barres et toi avez été seuls admis à ces délibérations, et cependant nos desseins les plus secrets ont été déjoués et par conséquent appris ; j'ai écarté le comte de Blois du conseil, et rien cependant n'y est resté secret. Aujourd'hui j'ai profité de l'heure où toute l'armée repose pour t'appeler seul et te confier mes dernières tentatives.

— Que je ne veux pas savoir, dit Laurent en interrompant le comte de Montfort.

— Cependant, dit Simon, il faut que toutes nos mesures soient prises quand l'heure de la méridienne sera finie, et tu en sais déjà trop pour que je ne te dise pas tout.

— Ce que je sais, sire comte, dit Laurent, n'est pas une raison pour que j'apprenne le reste, mais c'est une raison pour que je m'éloigne de ce camp, pour que je ne sorte pas même de cette tente jusqu'à ce que vos projets soient mis à exécution ; quant à mon appui, dès ce moment n'y comptez plus.

— C'est impossible, dit Simon, je t'ai destiné le principal commandement de cette affaire.

— Que l'enfer me reprenne, dit Laurent en s'étendant sur un siége, si je remue d'ici ! Nous sommes au milieu du jour, vos nouvelles troupes seront au camp deux heures avant le coucher du soleil ; c'est donc une méridienne de six heures que je m'impose ; elle est longue, mais pendant ce temps, vous qui ne dormirez pas, vous réfléchirez et vous découvrirez quelque chevalier à qui donner le commandement que vous vouliez me confier, et vous exécuterez alors l'assaut général, sur lequel vous comptez pour réussir et auquel Toulouse ne résistera pas ; vous voyez que pour de pareils projets vous n'avez pas besoin de moi.

— Pour ceux-là, dit Simon ; mais pour les miens, il me faut quelqu'un sur qui compter. Ah ! pourquoi Foulques, au lieu de demeurer dans la ville à tout prix, s'en est-il fait chasser ! depuis longtemps il nous eût livré une porte, et je ne serais pas à voir périr ici, devant cette ville, mes plus braves soldats, dévorés par les maladies et le soleil.

Laurent ne répondit pas, car il n'écoutait plus Simon ; tout-à-coup il lui dit :

— Sire comte, n'avez-vous pas là quelque archer ou quelque esclave que vous puissiez envoyer jusque dans ma tente pour m'en rapporter un lit, car on n'est pas plus mal sur les grils rouges du purgatoire que sur vos siéges de bois.

— Laurent, reprit Simon, cesse de moi de me tenir de tels propos lorsque je te parle sérieusement ; veux-tu m'écouter et me servir ?

— Sérieusement, répliqua Laurent, je ne veux ni l'un ni l'autre. Je suis venu ici faire la guerre parce que la guerre me plaît ; je ne suis point croisé, ne l'oubliez pas ; je n'ai fait vœu de vous soumettre ma lance ni durant quarante jours ni durant un an, comme les autres ; je n'espère et ne veux gagner d'indulgences au métier que je fais ; il me plaisait hier, il ne me plaît plus à cette heure ; hier je croyais obéir loyalement à des ordres loyalement donnés ; j'apprends aujourd'hui que je me suis trompé, je me retire.

— Toi ! notre meilleure lance ? toi que je me plais à citer toujours te prenant parmi nos chevaliers et dont j'ai fait de tels récits à mes fils, à la comtesse de Montfort, à ma fille, à tous nos chevaliers absens, que les uns brûlent de te connaître et les autres de venir combattre à côté d'un si noble guerrier !

Laurent devint rouge comme une jeune fille.

— Sire comte, j'ai fait ce que j'ai pu, cela m'a mérité vos éloges, je vous en remercie ; mais cela ne m'a pas sauvé de vos soupçons, et je ne veux pas les supporter.

— N'en parlons plus, Laurent, dit le comte en lui tendant la main ; mais je te le pardonnerais si tu veux réfléchir à tout ce qui est arrivé à ce siége : comment expliquer une si exacte connaissance de tous nos desseins ?

— C'est peut-être que le diable s'en mêle, dit Laurent en riant.

— Sais-tu bien, dit Simon en baissant la voix, que je me

suis laissé aller à croire qu'il y a en tout ceci quelque chose de surnaturel...

— Et voilà jusqu'où va l'esprit de méfiance, comte de Montfort, qu'il vous fait mentir à votre loyauté de chevalier et à votre foi de chrétien : vous suspectez vos chevaliers et vous soupçonnez le ciel ; gardez vos secrets, je n'en veux rien savoir.

A ce moment, un léger bruit se fit entendre vers la porte de la tente, et à l'instant le chien de Laurent y entra la langue pendante et couvert de poussière ; sur un signe de son maître, il se coucha à ses pieds. Simon le regarda et dit à Laurent :

— Voyez ce noble animal, vous l'avez maltraité tout à l'heure, et le voilà qui revient : c'est véritablement un ami.

Laurent ne répondit pas. Simon reprit :

— Vous n'êtes pas mon ami, Laurent ?

— A ce compte, dit celui-ci, il faudrait être votre chien ; non, comte de Montfort, je ne veux plus de vos secrets, quoique je me connaisse et sois homme à revenir comme cette pauvre bête.

— Qu'il en soit donc ainsi ! dit le comte ; écoute.

Et il lui tendit la main.

— Soit, dit Laurent, je suis votre ami, et je le suis pour vous servir et non pour vous entendre. Pauvre Libo, continua-t-il en caressant son chien, pauvre animal ! tu es plus heureux que ton maître, on ne te soupçonne ni d'indiscrétion ni de trahison.

Simon voulut insister pour instruire Laurent de ses projets, et celui-ci allait répondre d'un ton plus sérieux qu'il n'avait fait jusque-là, lorsque de grands cris se firent entendre. Simon s'élança vers la porte de la tente et y demeura d'abord immobile en portant autour de lui des yeux hagards. Laurent courut vers lui.

— Qu'est-ce donc ? s'écria-t-il, alarmé de l'épouvante qui perçait sur le visage de Simon.

— Regarde, lui répondit celui-ci en le poussant hors de sa tente, regarde !

L'incendie courait le camp : allumé à la fois aux angles les plus extrêmes de cet amas de tentes, il les gagnait une à une, élargissant assez rapidement chacun de ses foyers pour faire craindre que bientôt ils ne se confondissent dans un vaste embrasement qui envelopperait l'armée, comme ces ulcères étroits qui rongent chacun à part la poitrine d'un malheureux et qui s'atteignent bientôt pour le couvrir d'une vaste plaie.

Les soldats, épouvantés et surpris dans leur sommeil, s'échappaient de leurs tentes à demi vêtus, en y abandonnant leur butin, leurs armes, leurs vivres ; la confusion laissait faire l'incendie, les croisés reculaient à l'aspect les uns des autres. Ce réveil au milieu des flammes les laissait effarés. Il y en a qui se disaient dans leur stupide surprise : « Est-ce que le camp brûle ? »

— Venez, dit Laurent à Simon, il faut arrêter la flamme, abattre les tentes, rassurer l'armée ; vos ordres seuls peuvent être entendus en ce moment.

— Mes ordres ? dit Simon, qui semblait frappé d'une terreur invincible ; des ordres contre le ciel ou contre l'enfer ! Non : il faut céder, Laurent ; cette ville est sacrée ou maudite. Nous n'y entrerons jamais.

Comme Laurent allait répliquer à Simon, aux cris désespérés et plaintifs des soldats qui couraient çà et là se mêlaient des cris plus ardens et joyeux, et à travers les palissades rougées par l'incendie se précipitèrent des flots de soldats hurlant et bondissant : — « Toulouse ! Toulouse ! » criaient-ils.

— Ah ! dit Simon en revenant à lui, ce sont des hommes ceux-ci !

Aussitôt il saisit d'une main la bannière plantée près de la tente, et de l'autre s'armant de sa large épée, il se mit à parcourir le camp en criant :

— A Montfort ! à Montfort !

Laurent le suivait l'épée à la main, et un sourire funeste, un regard où s'épanouissait une joie sauvage, accueillaient ces cris de mort et cette marche implacable de l'incendie.

Était-ce l'aspect de cette dévastation ou l'espérance du combat qui excitait ce singulier sentiment au cœur de Laurent ? Lui seul eût pu le dire ; mais à plusieurs fois son épée tressaillit dans sa main ; à plusieurs fois il s'arrêta comme pour mesurer à son aise l'invasion incessante du feu et des ennemis. Enfin, le cri : « Foix ! Foix ! » éclata par-dessus tous les cris, à travers le fracas des machines qui croulaient et le bruit de la flamme qui murmurait sourdement en se roulant de tente en tente.

Laurent leva son épée, et deux hommes se précipitèrent de front du côté où il se trouvait : c'étaient les deux comtes de Foix. Comme deux chevaux attachés au même char l'emportent ensemble dans un combat où le traînent d'un pas égal dans un triomphe, ces deux hommes, le père et le fils, étaient comme l'attelage superbe de ce nom de Foix qu'ils emportaient tous deux dans les fêtes, qu'ils faisaient siéger tous deux au conseil, toujours unis, toujours de front, toujours invincibles. Ils fondirent ensemble sur Simon de Montfort, autour duquel s'étaient déjà réunis Guillaume des Barres, le comte de Blois, l'évêque de Trèves et leurs meilleurs chevaliers. Mais ce n'était plus l'avalanche qui descend de la montagne, brisant et courbant sur son passage les hommes, les habitations et les forêts : c'était l'avalanche arrivée au rocher qui ne plie point. Les comtes de Foix, qui avaient abaissé devant eux les palissades, renversé les tentes, écrasé les soldats, se heurtèrent ensemble à Simon de Montfort et n'allèrent pas plus loin : leurs lances se rompirent sur sa cuirasse, et les deux chevaux s'abattirent sous son épée ; le carnage devint un combat. Laurent avait disparu, et tandis que la lutte s'acharnait à l'endroit où combattaient ensemble les chefs des deux armés, il gagna sa tente, marchant rapidement, se faisant jour à travers les croisés ou à travers les Toulousains, en les écartant du plat et du tranchant de son épée, sans écouter les plaintes des uns ni les menaces des autres. Il arriva ainsi à son quartier, que l'incendie n'avait pas encore atteint ; une troupe d'archers y était rangée, entourant une litière fermée, à cheval et prêts au combat comme s'ils eussent été avertis depuis longtemps, mais immobiles comme si ce combat ne les intéressait point. Un homme les commandait, monté sur un cheval de bataille qui se dressait à chaque cri de mort qui retentissait plus haut que les autres.

— C'est un sot rôle que nous jouons, sire Laurent, dit ce cavalier ; ni hommes ni bêtes n'y avons été accoutumés ; resterons-nous longtemps dans l'inaction ?

— Maître Goldery, dit Laurent d'une voix railleuse, vous n'êtes plus au service de Saissac, qui ne pouvait entendre un cri de guerre sans y jeter son cri. L'heure n'est pas venue. Attendez mes ordres.

Laurent entra dans sa tente, où se trouvait un bel enfant de seize ans, trop beau pour être un jeune garçon, trop beau peut-être aussi pour être une femme et porter l'habit d'un esclave ; il était vêtu d'une manière étrangère à la province.

— Ripert, lui dit Laurent, avez-vous eu peur ?

Il lui parlait une langue qui n'était ni celle de la Provence ni celle des Français.

— J'ai eu peur, répondit Ripert dans la même langue, car je vous ai vu dans le combat et je vous savais sans armure.

— J'y vais retourner comme tu désires, dit Laurent en prenant son casque et en se faisant attacher sa cuirasse.

— Oh ! non, dit Ripert, reste avec moi, reste !

Laurent l'arrêta d'un regard sévère.

— Quelle est cette litière, dit-il, qui est hors de la porte ?

— La mienne, répondit le jeune enfant.

— Vous allez monter à cheval, Ripert, dit Laurent.

Puis, il ajouta avec une expression de prière et d'ordre mêlés ensemble et en parlant la langue provençale :

— Vous n'êtes pas une femme, Ripert, pour voyager dans une litière. Que veux-tu, enfant, celui qui a attaché sa vie à celle de Laurent de Turin a une carrière dure à parcourir. Goldery, l'ancien bouffon de Saissac, va te conduire hors de tout danger ; cela lui sera facile, maintenant que la lutte s'est resserrée dans un étroit espace et que le reste du camp n'est plein que de soldats plus occupés de pillage que de combat ;

vous prendrez la route de Castelnaudary et m'attendrez à quelques lieues d'ici. Je vous rejoindrai bientôt. Allez.

Le jeune enfant baissa les yeux et sortit de la tente. Laurent était complètement armé. Il fit monter Ripert à cheval et donna ordre à Goldery de s'éloigner. Ripert adressa à Laurent un regard d'adieu où se trouvaient quelques larmes. Laurent ne parut pas les remarquer et demeura seul à côté de sa tente. Il promena longtemps ses regards joyeux sur cet incendie, qui déjà atteignait partout sans s'être éteint nulle part. Puis, après un moment de contemplation, il s'écria :

— Oh! ce n'est pas encore cela!

Ripert et son cortège étaient éloignés. Laurent ramassa un éclat de poutre enflammé et attacha le feu à sa propre tente; puis, montant à cheval, il s'élança du côté du combat. Il était temps. La lutte, restée égale par la terrible résistance de Simon de Montfort et de Guillaume des Barres, s'était enfin décidée à l'avantage des Toulousains par l'arrivée successive de nouveaux renforts et surtout par l'apparition d'un combattant plus terrible que les comtes de Foix unis ensemble, plus terrible que les comtes de Toulouse et de Comminges, qui déjà avaient reculé devant les élans désespérés de Simon. Ce combattant avait été accueilli par des acclamations joyeuses, et du fond de la foule pressée des Toulousains on s'était rangé pour le laisser arriver à la pointe du combat, comme de nos jours on ouvre passage à un spectateur privilégié pour aller gagner la place que seul il a droit d'occuper. L'Œil sanglant parut à la tête des Toulousains, et le combat redevint une défaite pour les croisés. La troupe de Simon de de Montfort, entamée par l'épée dévorante de ce soldat, ne le suivait plus quand il voulait la précipiter en avant, et lui-même s'était déjà vainement heurté contre cet homme de fer, qu'aucune lance ne pouvait percer, qu'aucun choc n'ébranlait. « C'est l'Œil sanglant! » se disaient les soldats; « l'Œil sanglant! » se répétaient les chevaliers, et ce nom semblait rouler comme un bouclier de diamant sur la tête de cet homme et pénétrer comme un effroi invincible dans l'âme de ses ennemis. Mais cette terreur d'un nom qui glaçait ainsi le cœur des croisés retourna soudainement au cœur des Toulousains, car au cri : « C'est l'Œil sanglant! » une voix répondit : « C'est Laurent! c'est Laurent! » A ce nom, tous les Toulousains, chefs et soldats, reculèrent de vingt pas. Un seul attendit, c'était l'Œil sanglant. Laurent et lui se reconnurent et s'élancèrent l'épée haute l'un contre l'autre. Ils mirent tant de fureur dans leur attaque que les chevaux se heurtèrent au poitrail sans que leurs épées pussent se croiser, et personne n'entendit Laurent dire d'un ton souverain de commandement :

— Frère, c'est assez.

— Déjà? répondit l'Œil sanglant à voix basse et en parcourant d'un regard dérisoire tous ceux qui allaient se retirer vivans : déjà!

— C'est assez, répéta Laurent.

A ce mot, l'Œil sanglant recula à son tour comme les autres, et les comtes de Foix, de Toulouse et de Comminges reculèrent en arrière de lui. Ce fut alors une nouvelle lutte. Laurent et l'Œil sanglant se séparèrent. Le premier courut aux Toulousains, dont il pressa la retraite, tandis que l'Œil sanglant se jetait au devant des croisés, dont il suspendait l'attaque. Peu à peu les Toulousains, repoussés de toutes parts, furent forcés d'abandonner le camp, et si leur retraite ne devint pas une fuite, c'est que, arrivés au pied de leur ville, ils furent protégés par les traits dont les habitans demeurés sur les murs harcelèrent les croisés.

C'était une victoire pour ceux-ci, une victoire qu'ils devaient à Laurent, ou plutôt c'était l'aspect d'une victoire, car, lorsque les Provençaux furent renfermés dans leurs murs, il fallut que leurs ennemis rentrassent dans leur camp. Mais le camp était disparu; les machines élevées à grands frais pour le siège étaient tombées sous l'incendie; les provisions pour les hommes et les chevaux consumées dans les quartiers où elles étaient reléguées; les troupeaux, délivrés des palissades qui les tenaient enfermés, s'étaient échappés dans la campagne.

Tous les chefs se rassemblèrent autour de la bannière de Simon, stupéfait de cette dévastation rapide d'un camp si vaillamment occupé. On félicita, on remercia d'abord Laurent ; puis chacun, interrogé sur ce qui s'était passé, prêta par son témoignage quelque chose de plus surprenant encore à ce combat. Le comte de Blois, qui tenait la porte du camp qui ouvrait du côté de Toulouse, déclara que, éveillé par les cris des soldats, il avait vu l'incendie s'étendre sur le camp avant qu'aucun ennemi y eût pénétré. Guillaume des Barres le déclara de même, et les autres chevaliers de même. En sortant de leurs quartiers pour prévenir l'incendie, ils avaient trouvé partout les flammes qui éclataient devant eux comme par enchantement, et à peine avaient-ils fait quelques pas qu'elles s'allumaient derrière eux et dévoraient leurs tentes, qu'ils venaient de quitter.

— Ainsi, dit Simon en jetant un regard farouche sur tous ceux qui l'entouraient, c'est trahison.

— Trahison, assurément! répétèrent tous les chevaliers.

— Mais où est le traître? s'écria Simon.

— Que chacun réponde et prouve où il était au moment de l'incendie! s'écria Guillaume des Barres; que chacun réponde comme un criminel! malheur à qui, se croyant fort de son titre de chevalier et de son nom, se refuserait à cette enquête! Quant à moi, je m'y soumets et suis prêt à rendre compte de chaque heure de ma journée, et je pense, ajouta-t-il, que, lorsque je le fais, il n'est personne qui ne puisse le faire.

— Excepté moi, sire Guillaume, dit Laurent.

— Eh bien! dit Guillaume, c'est donc toi qui es le traître! Nous t'avons vu dans le combat, mais où étais-tu durant l'incendie!

— Que t'importe, dit Laurent, si je suis venu assez tôt pour t'empêcher de fuir?

— Sires chevaliers! s'écria Simon, qui entendit un murmure de colère et de soupçon contre Laurent, le sire Laurent de Turin était dans ma tente longtemps avant l'incendie, et j'allais lui apprendre que ce soir, au coucher du soleil, tous nos fidèles amis devaient être ici pour tenter un dernier effort contre cette ville maudite, lorsque la flamme a éclaté; ne l'accusez donc pas et plutôt rendez-lui grâces.

— Grâces et accusations sont inutiles, dit Laurent, car je ne suis plus rien dans cette armée; je la quitte à l'instant.

— A l'instant et seul sans doute, dit Simon en lui montrant une partie du camp, car tu vois que tes tentes n'ont pas été plus épargnées que les autres.

— En effet, dit Laurent, quand j'y suis entré pour prendre mes armes, elles étaient encore debout.

— Et comme les nôtres, dit Guillaume des Barres, elles se sont allumées quand tu les as quittées. Pardonne, Laurent, mais tout ceci est étrange.

Laurent parut lui-même surpris, et du ton d'un homme atterré par l'évidence d'une vérité plus forte que lui, il répondit :

— C'est donc trahison, en effet, trahison ou sorcellerie.

— C'est sorcellerie ou trahison assurément, messires, dit Simon. Il ne faut plus penser à continuer ce siège, privés comme nous le sommes de vivres et de machines. Des messagers vont partir pour arrêter les troupes qui arrivent de ce côté et dont le nombre ne ferait qu'augmenter le désordre de ce camp; elles rentreront dans les villes d'où elles sont sorties. Cette nuit, nous quitterons nous-mêmes ces lieux; chacun se rendra avec ses hommes dans les châteaux dont je lui ai accordé la possession; chacun y laissera une garnison suffisante pour les défendre et viendra me rejoindre à Castelnaudary avec ce qui lui restera de chevaliers et d'hommes d'armes. Là, nous assemblerons aussi tous les évêques de cette province, et soit que ce qui est arrivé soit trahison ou sorcellerie, nous en préviendrons le retour par les mesures que notre prudence ou le ciel nous inspirera avant la réunion de tous nos chevaliers à Castelnaudary.

On obéit, et les chefs se retirèrent dans leurs quartiers pour y faire leurs préparatifs de départ. Laurent suivit le comte de Montfort dans sa tente, qui était du petit nombre de celles que l'incendie n'avait pas atteintes.

— Laurent, lui dit le comte, je t'ai réservé pour m'accompagnet dans les courses que je veux tenter dans ce pays. Nous partirons ensemble demain.

— Non, comte de Monfort, dit Laurent ; cette épée, qui a peut-être encore sauvé aujourd'hui votre armée d'une destruction complète, cette épée restera dans le fourreau jusqu'au jour où il aura été publiquement reconnu que la main qui la porte est armée pour une juste cause et ne l'a jamais trahie.

— Tu viendras donc à Castelnaudary ? dit Simon.

— J'y serai dans quelques jours.

— Eh bien ! je vais ajouter au message que j'envoie à la comtesse de Montfort l'annonce de ton arrivée, pour que tu sois accueilli comme le chevalier le plus brave de l'armée de son époux.

— La comtesse a donc quitté Carcassonne ?

— La comtesse et ma famille entière, tous, jusqu'à cet essaim de jongleurs ou de jeunes chevaliers plus amoureux du séjour des villes que de celui des camps, et du murmure des propos des femmes que de l'éclat des cris de guerre. Tu t'y ennuieras bientôt, Laurent, et je te reverrai sans doute sous peu de jours près de moi.

— Peut-être, répondit le chevalier en souriant.

Et à l'instant il s'éloigna du camp ; gagnant alors la route qu'il avait désignée à Goldery, il s'élança vers Castelnaudary ; puis, dès qu'il fut seul, il fut triste. Comme un acteur, qui, rentré u théâtre, efface le rouge qui lui donnait un aspect de jeunesse, d'ardeur, et reprend son visage flétri, Laurent laissa pour ainsi dire tomber l'animation de ses traits ; son œil devint terne, ses lèvres pendantes, et de sombres pensées s'accumulèrent en lui et y produisirent un orage qui éclatait sur son front en rides convulsives et profondes.

IX

MYSTERE.

Lorsque Laurent, au moment où la nuit fut tout-à-fait close, atteignit Ripert et l'escorte qui l'accompagnait, il trouva que tous étaient à cheval, mais arrêtés.

— Ah ! voilà qui est plus admirable que l'admirable instinct de Libo, qui dépiste un daim à deux cents pas de distance, s'écria Goldery en le reconnaissant : le seigneur Ripert a reconnu le galop de votre cheval à un demi-mille au moins, et c'est lui qui nous a forcés à nous arrêter.

— Merci, enfant, dit Laurent en tendant la main à Ripert ; j'avais hâte de vous rejoindre, car il faut que ce soir je te parle sérieusement.

Ripert leva ses yeux suppliants sur Laurent, mais l'obscurité ne lui laissa point voir si quelque émotion se trahissait sur le visage du chevalier et si l'expression haletante de sa voix venait de la rapidité de sa course ou de la violence d'un sentiment intérieur.

— Goldery, dit Laurent, vois s'il ne se trouve pas dans les environs quelque abri où nous puissions passer la nuit, la plus misérable chaumière où je puisse reposer une heure.

Ripert soupira.

— Et toi aussi, enfant, dit Laurent, toi aussi, il faut que tu te reposes.

— Et où nous puissions souper, dit Goldery, qui, en changeant de fonctions, n'avait pas changé de goût ni de sujet favori de conversation. Du reste, la guerre a ceci de bon en ce pays, que le gibier y a prospéré à mesure que les populations ont diminué ; de façon qu'au jour où nous sommes, il y a au moins un lièvre et un faisan par homme, ce qui est un grand avantage pour ceux qui restent ; aussi, tout en cheminant et grâce au fidèle Libo, j'ai fait provision de quelques perdrix ; une perte brisée pour feu, mon épée pour broche, et une heure de repos, et vous aurez un rôti qui eût obtenu un sourire du chevalier Gaétas.

— Goldery, dit Laurent, tu penserais à manger le jour de la mort de ton père.

— Et je mangerais sur sa tombe et en son honneur. A moins que les morts n'enragent de ce qu'on vit après eux, ils ne peuvent se fâcher de ce qu'on mange pour vivre. D'ailleurs, n'allons-nous pas dans une ville où c'est la coutume de manger à la naissance et à la mort d'un homme ? J'ai foi aux habitans du pays.

Il s'éloigna et laissa Laurent avec sa troupe arrêtés au milieu du chemin. Laurent était silencieux et soupirait fréquemment ; Ripert s'approcha de lui et chercha sa main, qu'il serra en silence.

— Ripert, lui dit Laurent d'une voix où il y avait une pitié craintive, cette vie te fatigue et accable ta faiblesse ; ne préférerais-tu pas demeurer dans quelque ville jusqu'à ce que cette épreuve de combats et de dangers à laquelle je suis soumis soit terminée ?

— Laurent, dit Ripert, je ne me suis pas plaint de souffrir ; ne sais-tu pas que j'ai supporté de plus rudes et de plus longues fatigues ?

— Je le sais, enfant, dit Laurent ; mais n'est-ce pas un spectacle odieux pour toi et qui t'épouvante, que l'aspect de ces combats et de ce sang parmi lesquels ta jeunesse se flétrit ?

— Ah ! Laurent, dit Ripert en souriant, tu me dis quelquefois : « Ripert n'est point une femme, » et tu me parles comme à une femme qui a peur du sang et des combats. D'ailleurs, ajouta-t-il en baissant la voix et en parlant la langue étrangère dont ils se servaient entre eux, tu sais que le danger ne m'épouvante pas.

— Manfride, je le sais, dit Laurent en donnant à Ripert un nom que le jeune enfant n'était plus habitué à entendre. Je le sais, répéta-t-il d'un ton sombre.

— Ah ! s'écria l'enfant, tu m'as appelé Manfride, du nom que tu aimais lorsque je t'appelais, toi, Albert...

— Ripert ! s'écria Laurent violemment, tu t'appelles Ripert, l'esclave grec, et moi Laurent de Turin. Voilà ton nom et le mien ; nous n'en avons plus d'autre jusqu'à ce que le vœu de ma vengeance soit accompli.

— Oh ! la vengeance ! c'est donc un attrait plus brûlant que celui d'aimer ? dit Ripert d'un ton triste et soumis. C'est donc un bonheur bien pur pour qu'il tout sacrifier ?

— Un attrait ! répondit Laurent ; un bonheur ! C'est un effroi de toutes les heures et une torture de toutes les parties du cœur, et pourtant c'est une soif irrésistible, c'est la soif des damnés ; c'est la soif de l'ivresse quand un feu brûle et demande, au lieu d'une eau pure, quelque vin qui la brûle davantage. Tu ne peux comprendre cela ; mais lorsque j'étais dans le désert et que je so eil m'avait séché la poitrine, épaissi la langue et fait haleter comme un chien lancé sur les traces d'une bête fauve, si quelque chose venait à couler devant moi, poison, boue ou sang, il me prenait frénésie de boire, et j'aurais poignardé mon frère pour boire avant lui ; eh bien ! la soif de la vengeance est comme celle-là ; elle se passionne et s'abreuve de tout : poison, boue et sang ; de tout et à tout prix, et souvent sans se désaltérer.

— Et comme tu n'as pas de frère à poignarder qui t'empêche de te satisfaire, c'est moi que tu veux quitter, parce que je te suis un obstacle ?

— Oh ! non, non, Ripert, tu te trompes ! Ce n'est pas cela qui m'a fait te demander si tu voulais demeurer dans quelque séjour tranquille. Non, Ripert, tu ne m'es pas un obstacle, mais tu me seras une douleur de plus, et j'en ai beaucoup.

— Moi ? dit Ripert en laissant éclater ses larmes ; moi, je te serai une douleur ?

— Oui, Manfride, dit Albert en lui prenant doucement la main ; oui, car je te verrai beaucoup souffrir.

— Oh ! je suis forte, dit la jeune fille ; car elle répondait tantôt comme Ripert, l'esclave grec, tantôt comme Manfride, l'amante dévouée, selon que le caprice de Laurent lui donnait l'un de ces noms ; oh ! je suis forte, dit-elle ; et fallût-il revêtir une cuirasse et une épée et te suivre dans la bataille, je le pourrais et je l'oserais.

— Ce n'est pas cela, Manfride, reprit Laurent en tressaillant, ce n'est pas cela ; le temps de ces dures fatigues du corps est passé ; mais d'autres tourmens te briseront ; des tourmens que quelques mois d'absence pourraient t'épargner ; des tourmens qui tuent plus vite !

— Et quels tourmens plus cruels que de ne point te voir ? dit Manfride.

— La jalousie, répliqua Laurent.

— La jalousie ! dit Manfride en pâlissant. Qui aimes-tu ?

— Toi, et toi seule, dit Laurent ; toi seule en effet, en ce monde, et de tout l'amour qu'un homme peut donner à son renom, à son père, à sa sœur, à son pays ; je t'aime de tout ce qui me reste au cœur. Mais de cruelles apparences peuvent venir t'épouvanter : si tu m'entendais répéter ce que je viens de te dire à une autre femme ?

— Ce que tu viens de me dire ?

— Oui.

— Que tu l'aimes ?

— Oui.

— Et tu le lui dirais avec ce regard et cet accent ?

— Avec ce regard et cet accent.

— Le pourras-tu ?

— Il le faudra bien.

— Et pourquoi le faudra-t-il ?

Laurent se tut, et puis il répondit sourdement :

— Parce qu'il le faut.

— Eh bien ! dit Manfride avec un soupir, je saurai que c'est un jeu, et j'en rirai.

— Non, enfant, dit Laurent, tu en pleureras, tu en souffriras comme d'un affreux tourment, et puis tu voudras te venger et tu diras ce que tu sais de mon secret.

— Me venger ! reprit Manfride avec un dédain douloureux ; me venger ! oh ! non ! la vengeance est une soif qui n'altère pas les cœurs qui s'abreuvent d'amour.

— Enfant ! enfant ! s'écria Laurent, souffre un peu et tu verras.

Il s'arrêta encore, et, après un moment de silence, il reprit :

— Imagine-toi foulée aux pieds par une indigne rivale, repoussée avec mépris par celui qui te doit la vie et la liberté, raillée, humiliée, prostituée à la risée d'une femme méchante ; imagine-toi cela, Manfride.

— Mais ce ne sera qu'un jeu, n'est-ce pas ?

— Le croiras-tu toujours ?

— Je le croirai… j'espère que je le croirai, dit Manfride en hésitant.

— Tiens, Manfride, dit Laurent doucement, va, laisse-moi ; Goldery te mènera loin d'ici, où tu voudras ; je t'y rejoindrai dans un an. Laisse-moi. Je sens que je n'oserai peut-être pas faire ce qu'il faudra que tu voies.

— Dans un an ! dit Manfride avec épouvante ; un an ! je puis mourir, tu peux mourir dans un an si je ne suis près de toi.

— Qu'importe alors ? dit Laurent.

— Mais nous ne mourrons pas ensemble ! s'écria Manfride, emportée par cette foi de l'amour qui se croit une protection contre tout.

— Sais-tu, dit Laurent, que ce sera une épouvantable épreuve, sais-tu que tu n'auras d'autre appui pour te soutenir que cette parole que je te donne en ce moment ; car, si tu persistes à demeurer avec moi, n'oublie pas qu'il peut ne plus y avoir une heure entre nous où tu redeviennes Manfride.

— Pourquoi ?

— Parce que je l'ai juré.

— Et à qui ? mon Dieu !

— A moi, enfant. Écoute. Il y a des sentiers si étroits, si difficiles, dans la vie, que du moment qu'on s'en écarte d'un pas, on les perd pour ne plus les retrouver. La tâche que je me suis imposée est si fatale, elle me fera marcher à travers des passages si aigus, des déserts si stériles, que si je déviais une heure de ma route, peut-être n'y pourrais-je plus rentrer. Une heure passée dans tes bras, une heure la tête appuyée sur ton sein, une heure de joie, et je ne rentrerais pas dans ma vengeance, je m'endormirais à t'aimer et à être heureux ; et il faut que je marche et que je veille, ou je serai un lâche.

— Eh bien ! dit Manfride, j'accepte ma part de douleur dans cette destinée ; d'ailleurs, n'en ai-je donc pas déjà fait l'apprentissage ? ne sais-je pas déjà que tu n'es plus pour moi que Laurent de Turin ? N'as-tu pas tout changé en toi depuis ce jour où tu quittas ton vaisseau avec la joie et l'espérance, et où tu y rentras sombre et soucieux ? N'as-tu pas tout changé, tout, jusqu'à l'aspect de ton visage, que tu cherches à rendre méconnaissable, au point que, lorsque je te regarde, je cherche ces traits graves que j'aimais, sans les retrouver sous ce luxe de parure et sous ces cheveux peints et tressés comme ceux d'une femme ; et si tu avais encore un instant d'amour, peut-être ne reconnaîtrais-je plus les baisers de tes lèvres dépouillées de tes rudes moustaches. Ton visage est vain, doux et riant, et ton cœur rude et sévère : ainsi déjà tout est changé, mais qu'importe ? je veux tout de toi ; prends-moi comme tu veux que je sois. Allons, me voici ton esclave.

— Tu le veux, dit Laurent, Dieu te soutienne !

Goldery revint ; il avait trouvé une cabane à quelque distance de la route.

— Il y a, dit-il, quelques serfs qui prient et une jeune fille qui pleure. Je leur ai demandé l'hospitalité en les menaçant de la prendre ; ils me l'ont accordée. Du reste, j'ai ordonné qu'on allumât du feu et qu'on dressât la table.

— Allons, dit Laurent, suis-moi, enfant.

Et il suivit Goldery, qui le mena rapidement vers la chaumière indiquée.

X.

ÉPISODE.

Ils entrèrent dans une vaste salle qui tenait toute l'étendue de cette chaumière et où se trouvaient rassemblés une douzaine d'hommes, dont quelques-uns avec des cheveux blancs, d'autres d'un âge mûr, deux tout-à-fait jeunes. Le plus vieux de tous s'approcha de Laurent au moment où il entra et, l'arrêtant sur la porte, il lui dit :

— Sire chevalier, nous sommes Provençaux de la foi chrétienne et serfs de la loi gothique. Si vous êtes de ce pays, vous devez connaître nos privilèges, sinon je vais vous les dire : c'est le droit de justice entre nous pour les choses qui ne regardent ni l'évêque ni le châtelain. Nous avons hérité ce privilège de nos pères, jadis maîtres de ces contrées, aujourd'hui esclaves dans leur conquête. Ce que nous avons hérité aussi d'eux, c'est le respect pour les droits de l'hospitalité, droits que la menace de votre messager n'a pu nous faire méconnaître. Voyez cette salle, elle est assez grande pour que vous et les vôtres y trouviez un abri et pour que nous puissions y prendre la tâche pour laquelle nous sommes assemblés ; prenez-en le côté qui vous convient : si petit que soit celui que vous nous laisserez, la justice y trouvera sa place.

— Serf, dit Laurent, je connais vos droits ou plutôt vos coutumes ; quoique je ne sois pas de ces contrées, je sais votre implacable équité et votre sanglante justice, et je n'en troublerai pas le cours. Mais, dis-moi, y aura-t-il quelque spectacle odieux à voir et qui puisse épouvanter ?…

— Il n'y aura rien qui puisse épouvanter des hommes, et ce sont des hommes qui vous accompagnent, ce me semble ?

— En effet, dit Laurent. Eh bien ! je resterai de ce côté.

— Transportez-y le feu, dit le vieillard aux serfs qui étaient dans la cabane ; portez-y cette table, ce pain, ce sel et ces provisions. Voilà tout ce que nous pouvons t'offrir. Et maintenant repose en paix autant que le permettra notre présence. C'est l'affaire d'une heure : plus de la moitié de la nuit vous restera pour le sommeil.

Laurent avait choisi le côté de la porte plutôt parce qu'il s'y trouvait que par aucun esprit de méfiance. Il connaissait la singulière rigidité de ces serfs conservés purs dans leur race au milieu de ce pays diapré de tant de populations d'origine diverse, et quelle que fût la férocité de leurs mœurs et l'astuce qu'ils mettaient dans leurs relations avec les autres

Provençaux, il n'ignorait pas qu'il n'y avait point d'exemple qu'aucun d'eux eût jamais violé la foi de l'hospitalité. Lorsque tous les préparatifs qu'avait ordonnés le vieillard furent achevés, celui-ci détacha du mur une longue épée qui s'y trouvait suspendue et traça avec la pointe une raie au milieu de la chaumière, et dit à Laurent :

— Nous voici chacun sous notre toit ; voici le mur où s'arrêteront nos regards et où mourront nos paroles : que ce soit pour vous comme pour nous.

— Béni soit Dieu ! dit Goldery tout haut, car nos hôtes, avec leurs poils rouges à la tête et au menton, et leurs dents blanches et aiguës comme celle d'un limier, me faisaient trembler pour la délicate chère que je vais vous préparer.

— Tais-toi, Goldery, dit Laurent, ou le bâton sera la seule bonne chère que tu goûteras ce soir.

— Bon ! dit Goldery en plumant paisiblement une perdrix, me prenez-vous pour un descendant des marquis de Gothie, de me proposer un bâton pour souper ? Ce n'est bon que pour ces rustres-là. Vous savez bien le proverbe des sires provençaux : « La chair pour moi, l'os pour mes chiens, le bâton pour mes serfs, et tout le monde est gras et content.»

— Goldery, dit Laurent, que l'insolence de son écuyer irritait autant parce qu'elle troublait ses pensées que parce qu'elle insultait ses hôtes, Goldery, si tu ajoutes un mot qui offense ces hommes, je t'arracherai la langue.

— Ne voyez-vous pas, répondit celui-ci, qu'il y a un mur de vingt pieds d'épaisseur qui nous sépare d'eux, et qu'ils n'entendent rien de ce que nous disons ?

Laurent voulut s'excuser auprès de ses hôtes, et son excuse eût été probablement une correction au bouffon, lorsqu'il vit que les serfs ne semblaient véritablement pas s'occuper de ce qui se passait de son côté et n'avoir rien entendu. Les hommes de la suite de Laurent, qui d'abord avaient abrité leurs chevaux sous une espèce de hangar, rentrèrent peu à peu, et l'un allumant le feu, l'autre aidant Goldery, d'autres s'étendant sur des paquets de sarmens, il s'établit bientôt une conversation dont le murmure dispensa Laurent d'entendre toutes les insolences de son bouffon.

Ripert s'était assis dans un coin, et, la tête basse, il n'écoutait ni ne regardait rien de ce qui se disait et se passait autour de lui. Laurent considérait malgré lui l'aspect singulier de la réunion de ses hôtes. Ils s'étaient rangés circulairement autour de la portion de la salle qui leur avait été abandonnée, quelques-uns le dos tourné à cette raie de séparation, comme si véritablement c'eût été un mur qui eût existé à cette place. Au milieu, et isolés comme des coupables devant un tribunal, étaient la jeune fille et le plus jeune des serfs présens. La jeune fille attachait sur son compagnon des regards ardens et continus ; celui-ci tenait les yeux fixés à terre avec un air de résolution prise qui évitait de rencontrer rien qui pût l'ébranler.

— Berthe, dit le vieillard à la jeune fille, tu es venue nous demander justice ; nous sommes prêts à l'entendre.

— Un instant, frère, dit la jeune fille ; j'attends justice de vous, mais je puis la recevoir de Gobert ; laissez-moi lui demander une dernière fois s'il veut être juste.

— Va, ma fille, dit le vieillard ; écoute-la, Gobert, et sois juste si ce qu'elle te demande est juste.

— Ah ! mon Dieu ! dit Berthe avec un accent désespéré, faites qu'il le soit.

Ils se retirèrent dans un coin, et là commença un entretien très animé.

Laurent avait malgré lui suivi le mouvement de cette petite scène, et il s'aperçut que seul il avait eu la curiosité qu'il eût punie ou blâmée parmi ses hommes. Goldery embrochait ses perdrix ; les archers causaient ou dormaient ; Ripert était resté immobile à sa place. Laurent se détourna, et soit qu'il craignît de se laisser aller à ses réflexions, soit qu'il ne voulût pas se laisser reprendre la curiosité involontaire qui l'avait dominé, soit peut-être encore qu'il désirât éprouver tout d'abord comment Ripert soutiendrait l'épreuve à laquelle il s'était soumis, il l'appela et lui dit :

— Eh bien !... esclave ?

Ripert se leva.

— Est-ce pour cacher la tête dans tes mains et bouder dans un coin que je t'ai pris parmi mes serviteurs ? N'as-tu rien de gai à me dire ou quelque joyeuse chanson à me faire attendre patiemment le souper ? Allons, chante, esclave, appelle ta gaîté, car la fatigue m'endort.

Ripert, qui d'abord avait regardé Laurent avec un étonnement douloureux, surpris qu'il avait été dans le souvenir de ses jours passés, auquel il se laissait aller à ce moment, Ripert finit par sourire, croyant que c'était seulement dans les paroles prononcées qu'il devait entendre, et qu'au fond de ce que Laurent venait de dire il devait entendre son cœur qui disait :

— Viens, Manfride, viens me charmer de ta douce voix que j'aime ; approche-toi de moi, que je l'entende et te voie de plus près.

Elle s'assit à terre à côté de Laurent, prit une cithare grecque à neuf cordes, et, le regardant amoureusement, elle commença :

Qu'il est doux de rêver quand on pose sa tête
Sur des genoux aimés, sous un regard chéri,
Qu'au ciel peut éclater la foudre et la tempête
Et qu'on est à l'abri !

Pendant ce couplet, l'entretien de Berthe et de Gobert avait continué dans le coin, et le murmure de leur conversation avait été couvert par le chant de Ripert ; mais lorsqu'il eut cessé, on entendit Berthe qui disait avec éclat :

— Je l'ai quitté pour toi, tué pour toi, Gobert ; penses-y, ne l'oublie pas.

Ripert releva la tête avec une expression soudaine d'étonnement, et regarda avec anxiété d'où partaient ces paroles. Laurent vit ce mouvement et lui dit :

— Continue, esclave, je ne t'ai pas ordonné de t'arrêter.

Ripert reprit son chant humblement, mais en détournant lentement la tête et le regard de l'action véhémente de cette jeune fille, qui était tombée aux pieds du jeune homme. Ripert chanta ; mais sa voix était lente, son attention n'était plus à ce qu'il disait ; il semblait comprendre qu'il y avait quelque chose pour lui dans ce qui se passait de l'autre côté de la salle : une femme aux genoux d'un homme et lui demandant sans doute grâce ou réparation, c'est un de ces intérêts qui sont si facilement dans le passé ou l'avenir d'une femme, que toute femme s'y intéresse. Cependant Ripert commença le couplet suivant :

Mais quel affreux réveil après un si beau rêve,
Si les genoux ont fui, si l'œil s'est détourné,
De se sentir tout seul froid et nu sur la grève
Où le ciel a tonné !

Pendant le couplet, sa voix n'avait plus dominé le bruit des paroles de Berthe. Celle-ci s'était exaltée, et au moment où Ripert acheva, elle arrêtait le jeune serf par le bras et lui disait :

— Pas encore, Gobert, j'ai quelque chose à te dire ; viens !

Et, l'entraînant plus loin, au coin de la chambre, elle lui parla de nouveau avec un geste si animé, si désespéré que Ripert se sentit pleurer.

— Chante donc, esclave ! lui dit Laurent durement ; faudra-t-il te corriger et te faire pleurer pour te rendre ta gaîté ?

Ripert, confondu, essuya ses yeux, promena quelque temps ses doigts sur les cordes de sa cithare pour rassurer sa voix, et commença encore une fois, mais d'une voix émue comme d'un pressentiment fatal :

C'est alors qu'on maudit la foi jeune et crédule
Qui nous montre l'amour comme un port assuré...
. . . .

Il en était là, lorsqu'un cri violent, terrible, l'arrêta soudainement ; si violent, si terrible, que Laurent regarda d'où il partait, que Goldery se détourna de sa broche et que les hommes endormis se levèrent sur leur séant.

— Ah ! s'était écriée Berthe avec un accent fatal de désespoir et de menace, ah ! tu es un infâme, viens !

Elle-même aussitôt, le prenant par la main, le traîna pour ainsi dire au milieu du cercle des serfs. Cette action avait quelque chose de si puissamment désordonné, que toutes ces attentions appelées à la regarder ne purent s'en détourner et s'y attachèrent invinciblement. Le vieillard éleva sa main vers Berthe et lui dit :

— Nous t'écoutons.

Elle était dans un tel état d'irritation qu'elle secoua plusieurs fois la tête comme pour la dégager d'une atmosphère de douleur et de trouble qui l'étourdissait ; puis, d'une voix éclatante, elle lui dit :

— Voici, vieillards, voici, frères ; vous allez m'entendre ; je vous dirai tout ; Gobert, je dirai tout. Que m'importe ! C'est affreux et infâme ! Cela n'est pas croyable, frères ; non, vraiment, vous ne le croirez pas, et pourtant, sur l'âme de mon père mort, sur mon âme, c'est vrai, tout est comme j'existe. C'est horrible !

— Berthe, dit le vieillard, parle avec calme, ou nous t'écouterons vainement et ne pourrons te rendre justice.

— Avec calme, vous avez raison, dit Berthe, c'est juste. Je suis calme.

Elle s'arrêta et appuya sa main sur son front comme pour rassembler ses idées ; puis elle l'en détacha vivement en disant :

— Allons ! frères, cet homme est venu mendiant dans la maison de mon père ; cet homme est serf de la terre de Saissac, qu'il a lâchement abandonnée, quand les croisés ont menacé d'y porter la guerre il y a six mois.

Ripert tressaillit et regarda Laurent, qui écoutait immobile.

— Cet homme avait fui devant un danger, continua Berthe ; c'est une lâcheté, frères. Il raconta qu'il avait quitté la terre de Saissac parce que le seigneur voulait rendre la bannière aux croisés : c'était mensonge et lâcheté. Mon père le reçut durement, et l'hospitalité lui fut étroite dans notre chaumière. Il partagea nos repas, notre abri, notre sommeil, mais il n'eut part ni à nos paroles ni à nos travaux. Mon père ne l'aimait pas ; moi, je l'aimais. Oui, frères, sur-le-champ, à la première vue, je me sentis heureuse de son arrivée, tout le jour, tandis que je faisais les travaux de la chaumière, j'aimais à le voir me suivre du regard, je m'attentionnais à bien faire devant lui, à lui paraître belle et forte. Il me semblait si beau et si fort !

Berthe s'arrêta et regarda Gobert ; elle rechercha de l'œil dans cet homme tout ce qu'elle avait aimé, et l'y retrouvant sans doute, elle s'écria :

— Oh ! mon Dieu ! mon Dieu ! que je suis lâche !

Puis elle reprit :

— Attendez, frères, attendez ; le souvenir me rendra le courage.

— Je l'aimais donc, et je dis à mon père de l'aimer ; il ne le voulait pas, le saint vieillard. Il me dit que celui qui avait accusé le sire de Saissac de lâcheté était lâche ; que le serf qui fuyait la seule chance de compter pour un homme parmi les hommes, celle de tenir une épée, que ce serf ne méritait que d'être esclave et non l'homme d'un seigneur d'une terre. D'abord, je ris des avis de mon père, puis j'en pleurai, et alors mon père écouta mes larmes avant sa sagesse, et il aima Gobert. Il lui donna sa part de nos travaux, et le soir, quand nous parlions ensemble, l'étranger m'appelait Berthe et appelait mon père Libert, nous parlant comme un frère et comme un fils, et non plus comme un hôte. Ainsi il me parlait devant mon père, et le soir encore, quand mon père commençait son sommeil en s'endormant sur le banc de l'âtre, Gobert baissait la voix et me nommait des noms les plus doux ; j'étais Berthe la belle, la plus belle des filles, la plus aimée ; j'étais l'espoir et l'amour de tous, et parmi tous il se nommait le premier. Je le crus, frères ; que voulez-vous ! je le crus.

Et pourquoi non ? Il avait vaincu jusqu'aux méfiances de mon père ; il savait mieux que les vieillards l'approche des beaux jours ou des orages ; il ne craignait d'approcher aucun aureau pour l'attacher à la charrue, aucun cheval pour le dompter. Enfin je me dis au fond de mon âme : « Heureuse la femme de cet époux ! » On eût dit que cet homme voyait en moi, car cette pensée n'y fut pas plutôt née qu'il me dit : « Veux-tu être mon épouse ? » Je ne répondis pas et de bonheur et de joie, et lui ajouta, avant que j'eusse repris ma voix et mes sens : « J'en parlerai à ton père. » Il lui parla en effet, et mon père refusa ; il m'avait promise à un autre, à toi, Gondar, qui m'écoutes ici et qui m'as maudite. Ah ! ta malédiction a été comme les flèches, elle a frappé au but ; mais il valait mieux me tuer comme un daim que de me maudire ainsi.

— Fille, parle à tous tes frères, dit le vieillard ; Gondar, oublie les paroles que tu viens d'entendre.

— Oui, oui, c'est juste, dit Berthe, qui, déjà moins animée, parlait avec plus de calme, brisée par l'excès du transport qui d'abord l'avait dominée ; oui, c'est juste. Or, mon père refusa. Mon père me prit sur ses genoux et dans ses bras et me dit doucement : « Enfant, ma vieillesse est prévoyante et apprise à connaître les hommes ; ne te fie point aux vaines flatteries de celui-ci ; sa conduite, telle bonne qu'elle soit, est un mensonge. Celui qui ne fait rien que pour être vu dans tout ce qu'il fait a des actions cachées qu'il craindrait de montrer et des pensées qu'il n'ose dire. Jamais il n'a été ni blessé de ma dureté, ni irrité de mes préférences pour d'autres que pour lui ; jamais il n'a trouvé que tu oubliasses les soins que tu dois à ton père, et pourtant tu les as souvent oubliés ; jamais il ne t'a blâmée de tes railleries envers tes compagnes, et tu avais tort cependant. Cet homme est faux, Berthe, il ne faut point l'aimer. » Mon père me dit cela presque en pleurant, tandis qu'il me tenait sur ses genoux et me serrait dans ses bras comme lorsque j'étais une petite enfant. Il me quitta en me laissant pleurer. Gobert vint, qui me prit aussi dans ses bras, et qui me dit d'une voix éperdue : « J'en mourrai, Berthe, si tu n'es à moi. Ton père me hait plus que tu ne m'aimes, et je vois bien que je vais te perdre et qu'il faut que je meure. » Puis il pleura avec moi. Je me brisais en sanglots, car je ne savais que faire pour échapper à la volonté de mon père. Gobert m'offrit un moyen : « Tiens, me dit-il, voici trois anneaux d'or qui m'appartiennent et que tout le monde m'a vus ; voici un poignard que j'ai gagné au prix de la course et un gobelet ciselé d'argent que j'ai obtenu à la fête des vendangeurs ; cache tous ces objets dans le trésor de ton père ; alors j'irai dire aux frères de la terre que je t'ai demandée en mariage, que ton père a consenti et qu'il a reçu mes arrhes, et que maintenant il refuse. Il niera, mais nous lui dirons de montrer son trésor, et quand on verra les objets qui m'ont appartenu, on croira que j'ai raison et on forcera ton père à consentir. » Frères, cet homme m'a dit de faire cette abominable chose, et je l'ai faite. Ah ! je ne suis pas innocente, je suis criminelle, vous le savez, vous qui avez été appelés à juger ce différend, vous qui avez entendu mon père invoquer le ciel contre ce que disait Gobert, et moi, invoquer le ciel aussi contre ce que disait mon père, et vous m'avez crue, vous, vous avez cru cet étranger ! Vous, vieillards, vous qui aviez vécu à côté de la longue vie de mon père, vous m'avez crue ; vous avez dit en face d'une fille folle et d'un serf étranger, vous avez dit à un de vos frères : « Tu as menti ! Tu as reçu les présens de cet homme, et maintenant tu les veux retenir et les voler. » C'est vous qui lui avez dit cela, vous assemblée d'hommes prudens et forts ! Mais vous étiez donc fous ! mais il y a donc un délire de crédulité aussi stupide que celui de l'amour, qui égare la raison ! Et vous n'avez pas compris que nous mentions lorsque mon père a baissé la tête devant vous pour cacher une larme et lorsque, s'approchant de nous, nous avons baissé la tête devant lui, et qu'il m'a dit d'une voix désespérée et railleuse : « Sois donc l'épouse de cet homme ! » Puis, quand il est mort, quand je suis devenu pâle en quelques jours, il m'a dit : « Attends que je sois mort pour commencer les fiançailles ! » rien ne vous a éclairés !!... Et rien ne m'a fait pitié ! C'est un enfer que cet homme m'avait mis au cœur, un enfer abominable. Quand mon père est mort, je me suis dit : « J'épouserai Gobert dans un mois. » Mais c'était à mon tour de souffrir et de mourir ! Écoutez : les croisés étaient passés dans nos terres, et à leur suite une femme débauchée et belle, la dame de Penaultier, qui vit Gobert. Cette femme voulut Gobert pour son amant et lui fit dire qu'il deviendrait son écuyer et qu'elle le ferait libre et riche, qu'il porterait une épée et des éperons. Voilà tout. Et lui, Gobert, il s'est donné à cette femme ; il veut la suivre et il refuse de m'épouser. Prononcez.

On avait écouté la jeune fille avec calme, les serfs de même que les étrangers, et parmi ceux-ci Ripert avec une attention haletante et épouvantée. Ce récit de jeune fille séduite l'avait brisée de souvenirs du passé ; ce récit de jeune fille abandonnée la faisait trembler dans son avenir. Cependant le vieillard éleva la voix et dit à Gobert :

— Gobert, qu'as-tu à dire pour excuser ton refus d'épouser Berthe?

— Si Berthe avait tout dit, répliqua Gobert d'une voix émue, je n'aurais rien à ajouter.

— Son récit n'est donc pas exact?

— Il n'est pas complet, frères.

— Qu'y manque-t-il?

— Le diras-tu? s'écria Berthe en regardant Gobert au visage, le diras-tu? réponds, le diras-tu?

Gobert fit signe qu'il le dirait.

— Ce sera donc moi, frères, s'écria Berthe, dont la voix battait dans la gorge en syllabes heurtées et frémissantes, ce sera moi... Eh bien! cet homme, il m'a priée, il m'a tordu le cœur de désespoir ; il m'a brûlée de ses paroles ; il m'a dit que je ne l'aimais pas si je n'étais à lui... Et moi, qui l'aimais... Ah! mon Dieu! mon Dieu!...

Elle se tut un moment et s'écria en s'arrachant le front avec rage :

— Eh bien vous voyez bien qu'il est mon amant et que je suis perdue!

Gobert détourna la tête. Un murmure sourd, parmi lequel on entendit un gémissement plus profond, succéda à ce cri de désespoir. Mais le calme revint aussitôt dans l'assemblée ; du côté de Laurent, l'attention était si tendue et le silence si complet qu'on put entendre les soupirs haletans de Ripert et ses dents qui claquaient violemment.

— Ripert... lui dit Laurent doucement.

L'enfant cacha sa tête et ses larmes dans ses mains.

Le vieillard reprit alors, après que chacun eut été lui parler tout bas :

— Berthe, tu n'as aucune justice à attendre de nous, car Gobert a raison de refuser pour épouse celle qui a méconnu ses devoirs de fille. Ce sont les paroles du sage Rambourg, écrites en caractères sacrés sur la pierre de notre loi : « La fille qui a ouvert le sanctuaire de la virginité prostituera à l'adultère le tabernacle du mariage. »

A cette décision, Ripert, qui était assis par terre, se dressa sur ses genoux pour écouter, et Laurent, étonné de ce mouvement, l'eût peut-être fait éloigner si la voix de Berthe ne fût venue, par son terrible accent, le faire écouter lui-même.

— C'est donc là votre arrêt! s'écria-t-elle. Ah! je le savais, il me l'avait dit ; il connaît nos lois et sait en abuser. Mais vous, vieillards, qui les connaissez aussi, dites-moi, n'y en a-t-il pas une qui punisse l'infâme pour m'avoir fait tuer mon père et traîner mon front dans la boue? N'y en a-t-il pas une pour le frapper, comme il y en a pour me punir?

— Femme, dit le vieillard, il n'y a plus pour toi que la loi de Dieu, qui a laissé aux hommes l'avenir pour se repentir et être justes.

— Et il y a aussi la coutume des Goths, qui a dit que là où la loi manque, la justice peut encore trouver place.

— Sans doute, dit le vieillard, mais cette justice n'est plus la nôtre. Que Dieu te protège!

— Eh bien! s'écria Berthe, cet homme n'est-il pas infâme s'il m'abandonne... lâche et infâme?

— Oui, dit le vieillard, mais il le peut.

— N'est-il pas plus coupable, lui qui m'a fait tuer mon père et déshonorer sa vieillesse, que l'assassin qui tue avec le fer et qui mène à la mort?

— Sans doute, dit le vieillard, mais nous n'avons pas à le juger, et nous allons nous retirer.

— Pas encore, reprit-elle avec un mouvement désespéré : vous avez un arrêt à prononcer que vous n'avez pas prévu.

Elle se tourna vers Gobert et lui dit :

— Eh bien! veux-tu?

Elle s'arrêta. Ce mot renfermait toute sa prière. Gobert s'arma de toute la résolution d'une lâcheté bien décidée et répondit froidement :

— Non!

— Soit, dit Berthe.

Et d'un coup de poignard frappé au cœur elle abattit Gobert à ses pieds.

Tout le monde s'était levé à ce mouvement, et Ripert, dressé sur la pointe des pieds, plongeait ses yeux ardens et illuminés d'une sombre joie sur le corps palpitant de Gobert. Un soupir de soulagement s'échappa de sa poitrine, comme s'il eût attendu à ce dénoûment de ce drame, cette justice à ce crime. Puis Berthe s'écria :

— Frères, il y a un nouvel arrêt à prononcer : voici un assassin.

Le vieillard arrêta tous les serfs du canton et s'écria d'un ton solennel, en se tournant du côté de Laurent :

— Hôtes de notre chaumière, ouvrez votre cercle et laissez passer la coupable ; la justice des Goths donne vingt heures pour fuir au meurtrier qui a tué par une juste vengeance.

A ces mots, Berthe s'élança hors de la chaumière, et en passant devant Ripert elle laissa tomber à ses pieds le poignard qu'elle avait gardé à la main, et Ripert, par un mouvement involontaire, se baissa pour le ramasser.

— Que veux-tu faire de ce poignard? lui dit Laurent.

— Rien, dit Ripert en tremblant, rien : c'était pour voir.

Un moment après les serfs se relevèrent emportant le corps de Gobert, et Laurent et ses hommes demeurèrent seuls dans la chaumière avec le serf que Berthe avait appelé Gondar, et à qui elle appartenait. Ils y demeurèrent toute la nuit, et au jour naissant ils reprirent la route de Castelnaudary.

Deuxième Partie.

I.

CASTELNAUDARY.

A Castelnaudary, le château du seigneur, comme partout, dominait la ville, construite sur le penchant d'une colline peu élevée. Ce château était une vaste enceinte de murs et de fossés renfermant de nombreuses tours et des bâtimens considérables, ayant lui-même une forteresse intérieure appelée la tour et qui dominait le château comme le château dominait la ville, et comme la ville dominait les faubourgs, et les faubourgs la campagne. C'était pour ainsi dire la féodalité figurée en pierre.

Il y avait deux jours que l'affaire de Toulouse avait eu lieu. On voyait affluer à Castelnaudary des troupes de toutes sortes et de tous les comtés, marquisats, vicomtés et duchés des deux Gaules, comme on les nommait encore à cette époque. Il y en avait même de l'Allemagne, tant le besoin de combattre pour l'amour de Dieu s'était emparé des populations. Les unes, poussant le zèle jusqu'à courir en Afrique par des pays sans chemins, accomplissaient des marches que nos armées les mieux disciplinées et les mieux convoyées n'oseraient tenter par des routes bien tracées ; d'autres, moins audacieuses et averties du mauvais état des affaires chrétiennes en Palestine, se réduisaient à la croisade albigeoise. Presque toutes s'approvisionnaient d'exactions, de crimes, de vols, que les quarante jours de service sous les ordres des légats du pape devaient effacer.

Sur le sommet de cette tour de Castelnaudary, une réunion de chevaliers, où se trouvaient plusieurs femmes, examinait depuis le milieu du jour l'affluence de ces troupes si diverses. Il y avait parmi toutes les personnes qui regardaient un sentiment de tristesse, outre celui de la curiosité.

L'obscurité où se trouvait déjà la plaine monta jusqu'au sommet de la tour au moment où Bouchard de Montmorency venait de signaler sur la route de Toulouse une cavalcade, peu nombreuse à la vérité, mais forte, serrée, composée d'hommes et de chevaux seulement, et ne traînant à sa suite ni bagages sur des mulets, ni femmes, ni enfans retardant par leur marche débile la marche rapide des hommes de guerre.

— N'est-ce pas votre époux ? dit tout bas Bouchard à la comtesse de Montfort, qui était près de lui. Voilà comme il marche d'ordinaire, avec peu d'escorte, mais bien armée et dégagée de toute entrave.

La comtesse parut troublée ; elle regarda longtemps, puis répondit après un long soupir :

— Non, ce n'est point le comte. Ses messages qui m'ont arrêtée dans cette ville et qui m'y annoncent la réunion de nos plus fidèles alliés me montrent son arrivée comme encore éloignée. Il doit aller jusque dans le Quercy et dans toutes les villes qui lui sont encore dévouées pour y rassembler tout ce qu'il y trouvera de chevaliers désireux de conquérir des terres et des châtellenies, afin d'assembler une nouvelle armée qui lui permette de frapper la Provence au cœur et s'emparant de Toulouse. Vous m'avez fait trembler en me disant que c'était lui, car ce ne pourrait être qu'un malheur qui le ramenât si vite.

Elle s'arrêta et réfléchit un moment, puis elle reprit en laissant percer une larme dans le regard qu'elle adressa à Bouchard :

— Un malheur ou un soupçon.

— Un soupçon ! dit Bouchard en baissant la voix. Le comte de Montfort a trop à penser à lui-même pour s'occuper à soupçonner sa femme.

— Il est trop vrai, dit Alix ; peu lui importe que celle qui porte son nom pleure dans la solitude et meure dans l'abandon ; mais il lui importe que ce nom garde le respect de tous les chevaliers ; et si quelque bruit médisant était parvenu jusqu'à lui, crois-moi, Bouchard, l'orgueil lui donnerait toutes les fureurs de la jalousie, et alors malheur à toi !

— A moi ! dit Bouchard avec dédain ; Simon de Montfort, avec ses comtés d'hier, peut frapper impunément de l'effroi de son pouvoir ces nobles de Provence sortis en quelques heures de sa volonté de suzerain ; mais Bouchard de Montmorency est un nom qui, au milieu de l'armée de Simon, est une forteresse plus puissante que les châteaux qu'il a conquis.

— Sans doute, dit Alix, il ne pourrait ni te condamner ni t'accuser comme ton chef ; mais Simon est un homme qui sait comment on obtient justice d'un homme l'épée à la main.

— Alors, dit Bouchard, malheur à lui !

— Et moi, dit la comtesse, moi ?

— Oui, Alix, reprit doucement Bouchard, pour toi, et toi seule, je me tairai et serai prudent. Pour toi, et toi seule, je subirai les railleries de ta fille et les bravades d'Amauri. Pour toi, j'assisterai, sans te dénoncer au Philippe-Auguste, à toutes les épouvantables exécutions de ton époux. Ne te l'ai-je pas promis ?

— La nuit approche, dit Alix, je vais descendre dans le château : il faut que je m'informe quel sera ce soir le nombre de mes convives ; car j'ai ordre de donner à chacun de ceux qui arrivent une hospitalité digne d'eux et du comte. Je suppose que le chef de cette cavalcade est de ceux qui doivent trouver place dans ce château et à notre table.

La comtesse se retira, et chacun la suivit. Elle conduisit et laissa dans une vaste salle tous ceux qui étaient avec elle sur le sommet de la tour ; et des serviteurs ayant apporté des flambeaux, il se forma divers groupes de chevaliers, les uns causant ensemble dans les coins les plus sombres, d'autres rangés autour d'une femme qui semblait ne pas les voir et écoutait attentivement le récit qui lui faisait un homme dont l'extérieur annonçait un de ces prêtres armés qui n'étaient pas la partie la moins nombreuse de l'armée des croisés. Celui-ci, malgré l'épée qu'il portait, n'était pas sans doute de ceux qui se signalaient par un courage à toute épreuve, car son récit, où il tremblait, semblait attester qu'il n'avait pas moins tremblé dans l'action qu'il racontait. Tout-à-coup un éclat de rire de Bérengère l'interrompit brusquement. Ceux des chevaliers qui l'entouraient se penchèrent vers elle, comme admis, par cet éclat bruyant, à la confidence de cette conversation jusque-là secrète ; et les autres, arrêtés dans leurs entretiens particuliers par ce rire continu, s'approchèrent en s'informant du sujet de cette gaîté si infatigable.

— Écoutez... écoutez... sires chevaliers, disait Bérengère en interrompant chacune de ses paroles pour faire retentir la salle de nouveaux éclats. Écoutez... vous souvient-il de ce chevalier faïdit que nous rencontrâmes il y a quelques mois à la porte de Carcassonne ? Comment s'appelait-il donc, sire de Mauvoisin ? Vous devez savoir son nom, au moins par celui de sa sœur ?

— Qui donc ? répondit Mauvoisin en s'avançant.

— Ce chevalier que vous n'avez pas osé désarmer ; vous

savez qui je veux dire. Amauri, aidez donc la mémoire de votre ami, qui me semble l'avoir perdue quoique nous soyons avant souper.

— Qui cela? dit Amauri: cet homme que je n'ai point puni moi-même de son insolence par respect pour le service qu'il a rendu à ma mère?

— Celui-là, répondit Bérangère, que vous n'avez pas puni parce qu'il vous a fait peur à tous.

— Le sire de Saissac? dit Bouchard.

— Celui-là même, répondit Bérangère d'un ton âcre et dédaigneux, celui-là, mon noble cousin Bouchard, que vous avez si bien reconnu à cette dernière circonstance. Eh bien! messires, je vous annonce qu'il est mort.

— Tant mieux! dit brusquement Mauvoisin.

— Et je vous apprends aussi qu'il est ressuscité.

Ce mot frappa d'étonnement toute l'assemblée, non à cause du fait, que personne ne crut, mais à cause de la figure pantoise de Foulques, qui répéta d'un air désespéré et sévère:

— Ressuscité!

Des acclamations de toutes façons accueillirent cette assertion de Foulques; mais il n'en fut point troublé, et, après avoir laissé se tarir l'élan de gaîté que cette nouvelle fit jaillir de toutes parts, il reprit avec une conviction triste, mais profonde:

— Rappelez-vous les paroles d'Albert et ses menaces à la porte de Carcassonne, rappelez-vous cette stupeur surnaturelle dont il attacha, pour ainsi dire, vos mains à la bride de vos chevaux et vos épées dans leur fourreau, et écoutez-moi!

Il fit alors le récit de ce qui s'était passé à l'église de Saint-Étienne, puis il ajouta:

— Occupé que j'étais à ce moment des moyens d'abattre l'autorité du comte de Toulouse, je ne remarquai pas assez cet événement inouï. Mais maintenant qu'il porte ses fruits, maintenant que la fortune du comte de Montfort, jusque-là si croissante et si irrésistible, s'entrave à chaque pas et tourne contre lui jusqu'à ses victoires, je crains que quelque infernale puissance, quelque esprit fatal et plus puissant que les forces humaines, ne soit entré dans le cœur de ses destinées comme le ver dans la racine des plantes, et ne les ronge pour les faire avorter à l'heure où elles promettaient une belle moisson.

— Vous êtes toujours jongleur et poète, messire Foulques, dit Bérangère, et vous couvrez vos faibles pensées de paroles somptueuses. Mais enfin, avez-vous revu le sire de Saissac parlant, agissant, renversant les armées de mon père? et ne pourriez-vous pas plus justement expliquer le peu de succès de ses entreprises par la nonchalance de ses meilleurs chevaliers, dont les uns usent la pointe de leur poignard à graver des chiffres amoureux sur les pierres des remparts, ajouta-t-elle en regardant Bouchard, et les autres ne disputent d'autre palme que celle de vider en une nuit plus de pintes de vin qu'il n'en faudrait à la soif de dix hommes?

Elle adressa cette dernière phrase à Mauvoisin et à Amauri, qui répondit aigrement:

— Sans compter ceux qui se dévouent au noble métier de ramasser votre gant, de vous conquérir un nid de faucon perché sur quelque rocher escarpé, ou d'aller insulter le passant qui vous déplaît, pour le battre s'il est manant ou bourgeois, et le défier s'il est chevalier, quel qu'il soit, de la langue française ou provençale; et tout cela pour que vous leur tendiez la main.

— Et pour qu'ils la baisent respectueusement, dit Bouchard.

— Mon cousin, dit Bérangère avec hauteur, si je fais des esclaves avec un baiser sur ma main, je ferais peut-être des guerriers en accordant ce qui ne sert à d'autres qu'à faire des lâches.

Bouchard pâlit, et Amauri, qui, malgré sa haine pour lui, devina la cause de sa pâleur, interrompit sa sœur:

— Silence, Bérangère, cria-t-il; votre langue est comme celle d'une vipère: c'est un trait empoisonné.

— C'est un trait au moins et qui porte coup, répliqua Bérangère. Voilà ce qui vous étonne et vous fâche, vous qui ne savez plus ce que c'est qu'un trait qui frappe et qui va droit au but.

Amauri allait répondre lorsque Bouchard de Montmorency ajouta avec un air railleur:

— Pourquoi avoir interrompu votre sœur, Amauri, au moment où peut-être elle allait enfanter une armée de héros en promettant à leurs baisers autre chose que sa main.

— Oui, messire, dit Bérangère avec colère, je puis promettre beaucoup, tenir mes promesses et ne pas manquer à l'honneur; car mon cœur, ma foi, ma main, sont libres; je puis promettre tout cela à celui qui sera reconnu le meilleur chevalier de la croisade; et pour commencer, je donnerai le cœur de mon chevalier à celui qui me rapportera le corps du sire de Saissac mort, ou qui l'amènera vaincu s'il vit.

— Nous nous y engageons, s'écrièrent plusieurs voix, qu'il faille le vaincre par les abstinences, comme un démon, ou le terrasser avec la lance, comme un vivant.

Mauvoisin ni Bouchard n'avaient répondu à cet appel. Bérangère, les regardant tous deux, leur dit:

— Vous avez peur des morts, sire de Mauvoisin, et ce combat vous paraît difficile, n'est-ce pas? Quant à vous, mon beau cousin...

— Quant à moi, dit Bouchard, je n'ai point peur des méchans esprits, mais je dédaigne de les combattre.

A ce moment, la comtesse entra et suspendit la conversation en disant:

— Je vous annonce que nous aurons ce soir parmi nos convives le sire Laurent de Turin, dont le comte nous a tant parlé.

— Ah! s'écria Bérangère, ce vaillant des vaillans, qui méprise, dit-on, si fort Français et Provençaux qu'il tue ceux-ci comme des chiens et dédaigne de porter la croix des autres; celui dont on dit que les richesses surpassent celles des plus puissans souverains. Certes, il va avoir de quoi se moquer de notre séjour et de notre accueil; de notre séjour derrière les murs d'une ville quand la guerre court la campagne; de notre accueil dans une salle enfumée et dont les sièges sont de misérables escabelles.

— Grâce à vous, il y a assez de raillerie en ces lieux, dit Amauri, sans en souffrir de nouvelle, et nous avons encore des épées pour couper court aux insolences d'un homme quel qu'il soit, fût-il le favori de mon père, fût-il le vôtre!

— Certes, dit Bérangère, à moins que le sire Bouchard ne permette qu'il devienne celui de ma mère, je crains bien que vous ne lui trouviez aucun droit à vos respects; mais peut-être saurait-il en acquérir par lui-même.

— A nos respects et à vos faveurs, n'est-ce pas, dit Amauri, s'il veut devenir votre esclave?

— Oui, vraiment, dit Bérangère en élevant la voix, c'est pour lui comme pour tous; le vainqueur du sire de Saissac sera mon chevalier, et pour qu'il ne l'ignore pas, je le lui apprendrai.

— Ma fille, dit la comtesse, que Bouchard avait instruite du récit de Foulques, oseriez-vous parler aussi légèrement au sire Laurent de Turin, que vous ne connaissez pas, et vous exposer vous-même à ses railleries en ayant l'air de prêter créance à un conte inventé dans quelque intention pernicieuse?

— Ceci est pour vous, messire Foulques, dit Bérangère; on traite votre histoire de méchante invention.

— Sur mon âme!... dit Foulques.

— Prenez un autre garant, dit Bérangère en l'interrompant; ma mère ne croit pas à l'âme de ceux qui l'ont double. Vous voyez qu'en ceci le trop n'est pas assez.

— Ma sœur, dit violemment Amauri, ma mère peut croire à l'enfer lorsque vous parlez, car vous êtes un démon de méchanceté.

— Un démon, soit, dit Bérangère; c'est ce qu'il faut pour combattre un ennemi comme le sire de Saissac. Je le voudrais voir pour m'essayer avec ce mauvais esprit, comme l'appelle mon cousin Bouchard.

A peine elle achevait ces mots que deux esclaves en habit grec et portant des flambeaux de cire ouvrirent la grande porte de la salle, et Laurent de Turin entra sur leurs pas.

Tous les regards se tournèrent vers lui, et ceux de quelques-unes des personnes présentes y demeurèrent attachés comme par un charme invincible. C'étaient la comtesse de Montfort, Bouchard, Amauri, Foulques, Mauvoisin et surtout Bérangère qui demeurèrent frappés de cette singulière stupeur. La comtesse, dont la politesse renommée avait un accueil plein de grâce pour tous ceux qui le méritaient par quelque renom ou quelque mérite, demeura attachée à son siége. Laurent s'avança vers elle, et posant un genou en terre, il lui dit avec courtoisie :

— La comtesse de Montfort refusera-t-elle de tendre sa main à baiser à celui à qui son époux a souvent donné la sienne en signe de fraternité ?

La comtesse, dont les regards ne pouvaient se détacher du visage de Laurent, lui tendit sa main, qui tremblait, et lui dit d'une voix émue :

— Si vous êtes le sire Laurent de Turin, d'où me connaissez-vous ?

— Ah ! répondit Laurent, en regardant Bouchard avec un sourire, et en parlant si bas que la comtesse seule put l'entendre, celle qui ressemble si bien au beau portrait qu'en a fait le plus charmant trouvère de la langue d'oïl ne peut être méconnue par un homme qui aime les belles rimes et qui croit aux amours sincères.

— Messire !... dit la comtesse, le visage rouge, en retirant vivement sa main.

— Qu'a-t-il dit ? s'écria Amauri, en s'approchant insolemment.

— Messire Amauri, dit Laurent en se relevant, je disais à votre mère que le comte de Montfort m'avait chargé pour elle d'un message secret.

La surprise de la comtesse, à l'aspect de Laurent, l'audacieuse allusion par laquelle il s'était mis de lui-même dans sa confidence, et ce message secret annoncé tout haut ne lui laissèrent pas la présence d'esprit de contredire Laurent. Celui-ci, sans paraître s'inquiéter de l'étonnement qu'il causait, alla vers Bérangère, et, s'approchant d'elle, lui dit :

— En vérité, je ne sais comment obtenir ma grâce pour mon manque de foi envers vous.

— Envers moi, messire ? lui dit Bérangère avec son arrogance accoutumée : je ne sache pas que vous me l'ayez offerte, et puis attester que je ne l'ai point acceptée.

— S'il en est ainsi, permettez-moi de vous remettre ce gage, dit Laurent en tirant un anneau de son doigt et le remettant à Bérangère, qui pâlit en le recevant.

Elle ne fut pas maîtresse d'un premier mouvement, et s'écria :

— Qui vous a remis cela ?

— Je vous le dirai, madame, quand vous serez seule pour m'entendre.

Amauri, qui suivait tous les mouvemens de Laurent avec une anxiété irritée, s'approcha de nouveau, et dit avec colère à Laurent :

— Messire Laurent, il n'est rien que vous ayez à dire à ma sœur que tout le monde ne puisse entendre.

— Vous vous trompez, messire Amauri, dit Laurent : il y a des paroles que je dois dire en secret, comme il y en a que je dois entendre en secret, ne seraient-ce que celles qui doivent être répétées dans la nuit de Noël, quand le coq aura chanté trois fois.

Ce fut le tour d'Amauri d'être confondu ; il regarda Mauvoisin, qui ne pouvait se lasser de considérer Laurent, et qui demeurait anéanti à l'aspect de ce visage, qui était et qui n'était pas complètement celui de l'homme dont chacun s'entretenait si gaîment un instant auparavant. Quant à Foulques, il était comme lié à la figure de Laurent ; il la suivait de ses regards béans, se tournant, se penchant, se reculant, allongeant la tête, selon que Laurent allait ou venait. Le chevalier le regarda à son tour et lui dit, après un moment de silence pendant lequel il sembla tout-à-fait fasciner l'âme de Foulques :

— Messire évêque, ne voulez-vous point donner votre bénédiction à un chevalier armé pour la sainte cause du Christ ?

L'évêque sauta en arrière à cette parole et renversa l'escabelle sur laquelle il était assis. La plupart des chevaliers présens ne comprenaient rien à cette scène de stupeur, car aucun, excepté ceux que nous avons nommés, n'avait assisté à la scène de la porte de Carcassonne ; aucun ne pouvait deviner ce que cette apparition avait à la fois d'étrange et de menaçant. Un silence glacé s'empara de toute cette joyeuse assemblée. Laurent, qui d'abord avait empêché par ses paroles cet effroi d'être remarqué, Laurent se tut, et parut blessé de l'accueil qu'il recevait. Bouchard, qui seul avait gardé quelque sang-froid, intervint dans ce trouble général et aborda le sujet avec une franchise qui renouvela l'embarras au lieu de le dissiper.

— Sire Laurent, dit-il au chevalier, vous paraissez étonné de la façon dont on accueille un chevalier de votre renom ?

— Messire de Montmorency, dit Laurent en l'interrompant, je me fâche de peu de chose et ne m'étonne de rien, et j'avoue que l'effet de ma venue ici aurait lieu de me paraître insultant si je n'étais assuré qu'on m'écoutera plus favorablement en secret que devant cette nombreuse assemblée. Or, comme je ne veux pas interrompre plus longtemps les joyeux propos et les rires qui éclataient dans cette réunion avant mon arrivée, je me retire et pense que je n'emporte avec moi ni la joie qui l'animait ni les magnifiques projets que l'on y faisait contre l'ennemi commun.

Laurent se retira à ces mots, mais la gaîté ne reparut pas, et, chacun, plongé dans ses réflexions particulières, ne pensait point à rompre le silence qui avait suivi ces paroles. Enfin un chevalier, le sire Norbert de Châtillon, dit en riant :

— Mais cet homme est donc un sorcier qui nous tient sous un charme infernal ?

— Norbert ! s'écria Amauri d'un air sombre, ne parlez pas de cet homme ; il est inutile d'en dire un mot, soit pour le louer ou le blâmer : cet homme est l'ami de mon père, c'est tout ce que nous avons besoin d'en savoir. Le souper nous attend.

Personne ne trouva un mot à répondre, ni la comtesse de Montfort, ni Mauvoisin, ni Foulques, ni Bérangère, qui, l'œil fixé sur l'anneau que lui avait remis Laurent, ne sortait point de sa rêverie. Gui de Lévis fut obligé de l'avertir plusieurs fois que l'on allait passer dans la salle du banquet. Les yeux de tous les chevaliers étaient fixés sur elle. Elle s'en aperçut, releva vivement la tête, et, jetant un coup d'œil hautain sur ceux qui l'entouraient, elle secoua, pour ainsi dire, ces regards curieux qui s'attachaient à son visage.

— Allons, mes chevaliers, dit-elle, vous me regardez comme des écoliers qui attendent un ordre de leur maître. Je pense vous en avoir assez donné pour aujourd'hui ; il vous reste à les accomplir.

— Et nous le ferons, madame, dit Norbert, et nous vous amènerons, dans son cercueil, s'il est mort, dans une cage, s'il vit, l'illustre sire de Saissac.

— Norbert ! s'écria Amauri, je vous ai dit de ne pas parler de cet homme.

— De quel homme ?

— Du sire de Saissac.

— C'est que tout à l'heure c'était de Laurent, ce me semble, reprit Norbert en riant.

— Eh bien ! répliqua Amauri, ni de l'un ni de l'autre.

Il s'arrêta et reprit presque avec violence :

— Venez donc, venez donc, le banquet vous attend !

— Mais votre frère est fou, dit Norbert à Bérangère en se penchant vers elle ; il est fou, car il n'est pas ivre. Qu'a-t-il donc avec ces deux hommes ?

Bérangère n'écoutait pas et ne répondit point. Tout le monde était sombre, jusqu'à Bouchard, qui était déjà avec la comtesse dans la salle du souper, et que celle-ci avait informé des paroles que Laurent lui avait adressées à voix basse. Le repas fut triste ; Mauvoisin y fut effrayant ; il se gorgeait avec fureur de vin et d'alimens, mais sans pouvoir arriver à cette ivresse joyeuse qui le rendait si bon conteur et si plaisant convive quand on l'excitait ; le vin tournait en abrutissement. Bérangère essaya quelques efforts de sarcasme et de gaîté qui retombèrent dans un silence lourd et glacé. Foulques ne mangeait point et se signait convulsivement à chaque mets qui lui était offert; la comtesse était absorbée; Bouchard ne pouvait lui-même s'arracher assez à sa préoccupation pour s'occuper de celle de la comtesse. Amauri, les deux coudes appuyés sur la table, sa tête dans ses mains, était comme un homme frappé d'une épouvantable nouvelle. Enfin Norbert de Châtillon, après avoir tenté à plusieurs reprises d'engager la conversation, rompit encore une fois ce silence morne en s'écriant :

— Décidément, le diable est parmi nous.

A ces mots, comme à un cri d'alarme, les personnes que nous avons dites se levèrent spontanément de leurs sièges, le corps tendu, l'œil hagard, comme un chien averti de l'approche d'une bête fauve par son cri sauvage ; tous portèrent des regards effarés autour d'eux. La comtesse posa la main sur son cœur qui battait à soulever les broderies de perles de sa robe de velours, et d'une voix fortement altérée :

— Messires, l'heure du repos est sonnée, ce me semble; retirons-nous.

Tout cela était si extraordinaire que personne ne fit remarquer que le second service du souper n'avait pas encore été placé sur la table.

II.

AMOUR POSSIBLE.

La nuit qui suivit cette soirée fut une nuit d'insomnie pour tous ceux à qui Laurent de Turin avait adressé quelques paroles. Bérangère s'indignait que quelqu'un fût instruit d'un secret qu'elle croyait enfermé entre elle et le roi d'Aragon. Ce qui augmentait son dépit, c'était le nom de celui qui possédait ce secret. Tantôt dans sa pensée elle frémissait de colère de ce que Laurent de Turin, ce beau et dédaigneux chevalier, dont elle comptait faire un de ses complaisans, se fût vaniteusement réduit au rôle de messager et de confident protecteur; d'autres fois, en se rappelant les engagemens qu'elle avait pris avec Pierre, elle s'alarmait du parti que Laurent pourrait en tirer contre elle. Mais comme en tout, Bérangère rapportait à elle les choses et les événemens, elle s'occupa très peu de ce qui faisait l'effroi des autres, de cette ressemblance inouïe de Laurent de Turin avec Albert de Saissac.

C'était là au contraire le plus cruel effroi de Mauvoisin et d'Amauri de Montfort. Laurent de Turin savait aussi leur secret. C'était une certitude épouvantable; mais ce Laurent de Turin était-il simplement ce qu'il disait être? Ce doute était horrible. Dans l'esprit des deux chevaliers croisés, il y avait une sorte d'inquiétude sinistre qui tenait du délire de la fièvre ; c'était comme un cauchemar où l'on voit deux hommes dans un, où l'on entend deux noms dans un mot. Alors ils se disaient : — Est-ce Laurent? est-ce Albert? Puis il fallait ajouter : — Comment sait-il notre secret? Ces questions se heurtaient, se mêlaient, se confondaient dans leur pensée, et de tout ce conflit il résultait une espèce de fantôme magique qui les tenait sous sa puissance et auquel ils ne trouvaient aucun moyen d'échapper, pas même celui d'un assassinat, car ils doutaient qu'on pût tuer cet homme, qui avait été vu dans un cercueil et qui savait le secret d'un autre homme mort dans un incendie. Ce fut la même anxiété qui tint éveillés toute la nuit Amauri et Mauvoisin, mais non point ensemble. Tous deux avaient honte de leur terreur ; tous deux frémissaient de laisser échapper l'épouvantable secret de la nuit de Noël.

Ce n'était pas ainsi chez la comtesse : pendant que les autres s'agitaient, furieux et impuissans, dans leur solitude, elle trouvait une consolation à ses frayeurs. Une voix aimée la rassurait doucement. Il était minuit, et un de ces nombreux détours pratiqués dans les vieux châteaux pour les surprises de guerre avait conduit Bouchard jusque dans l'appartement de la comtesse. Lorsqu'il arriva, elle était à genoux sur la marche de son prie-Dieu, mais elle ne priait point ; ses mains appuyées sur le bord du pupitre et le corps rejeté en arrière, elle semblait s'être arrêtée dans l'effort qu'elle avait fait pour se lever, saisie en ce moment par une main plus forte ou par une pensée poignante qui l'avait clouée à sa place. Si légers que fussent les pas de Bouchard lorsqu'il traversait l'étroit corridor qui précédait la chambre, si discrets que fussent les gonds de la porte qui l'y introduisait, Alix entendait le moindre bruit de ces pas ou de cette porte lorsque Bouchard venait les autres fois, et alors elle se cachait dans l'ombre des rideaux de son lit et devenait timide et tremblante comme une jeune fille. Ce jour-là elle n'entendit rien, et lorsque Bouchard, étonné et alarmé de son immobilité, l'appela doucement :

— Alix!

Elle se retourna violemment, mais sans se relever, et, demeurant toujours à genoux, elle se laissa aller à crier follement :

— Grâce! grâce! messire, ne lui dites rien.

— Alix, reprit Bouchard, épouvanté de ce trouble, c'est moi ; regarde, c'est moi.

Il la releva. Alix le regarda un moment comme sans le voir ; puis la pensée du présent sembla rentrer dans son regard : elle reconnut Bouchard, et un sourire et une larme parurent à la fois sur son visage, et elle lui dit en se laissant aller, la tête baissée, vers le siège où il la conduisait :

— Bouchard, nous sommes perdus!

— Alix, lui dit Montmorency, quelle terreur insensée t'a causée la présence de cet homme?

— Tu pensais donc à lui, toi aussi, reprit la comtesse, puisque tu devines si bien que c'était lui qui m'épouvantait?

— C'est l'effroi qu'il semble inspirer aux autres plutôt que lui-même qui m'occupe; c'est surtout celui qui t'a frappée qui m'alarmait.

— Ne t'ai-je pas répété les paroles qu'il m'a dites et ne trembles-tu pas comme moi?

— Alix, dit Bouchard, il n'est pas de calomnies qu'on ne fasse taire en leur mettant pour bâillon la lame d'une bonne épée.

— Mais, enfant, reprit Alix tristement, ce ne sont pas des calomnies qu'il faut faire taire, ce sont d'affreuses vérités. Que veut dire ce message secret de mon mari confié à cet homme, dont le premier mot me parle de ton amour?

— Eh bien! demain nous le saurons; et demain nous prendrons un parti.

— Et quel parti pourrons-nous prendre si c'est une condamnation que le comte m'envoie par ce terrible messager?

— Oh! s'écria vivement Bouchard, quelque rigoureux que soit Montfort, il ne condamnera pas ainsi, sur un simple soupçon, par un bruit infâme, celle dont la vertu a mérité les respects des plus nobles suzerains de la France.

— Oh! reprit Alix doucement, c'est donc quelque chose que la vertu, puisque la coupable s'y appuie pour ne pas périr tout de suite dans son crime! Enfant, qui invoques ce que j'ai été pour me défendre de ce que je suis, ne vois-tu pas que tu m'as condamnée plus sévèrement que Montfort ne pourrait le faire?

— Alix, reprit Bouchard, si tu m'aimais comme je t'aime, le remords trouverait-il place en ton âme et regretterais-tu déjà le bonheur que tu m'as donné?

— Bouchard, je regrette le bonheur que j'ai perdu, car j'ai honte de celui que j'éprouve.

— Honte! s'écria Bouchard, oh! je te fais donc honte!

— Oh! tu ne me comprends pas, Bouchard : toi, tu es un enfant, tu m'as aimée, tu m'aimes, c'est de ta jeunesse d'aimer follement, c'est de ton noble cœur d'aimer ce qui est souffrant, c'est de ta hautaine fierté d'aimer malgré les plus sérieux dangers ; mais moi....

— Toi, reprit Bouchard, qui voulait détourner les pensées d'Alix, tu m'as aimé parce que je t'aimais.

— Douce raison à ton âge, dit Alix, folle et inexcusable au mien. Oh! tu ne sais pas tout ce que je souffre.

Bouchard, dont la loyauté ne pouvait trouver de mauvais raisonnemens contre une si juste repentance, Bouchard demanda aux caresses de l'amour ce désir qui empêche d'entendre le remords s'il ne le tue pas; mais Alix le repoussa, et, baissant les yeux, elle devint rouge et tremblante.

— Oh! qu'as-tu donc, Alix? s'écria Bouchard, douloureusement étonné: Qui te fait peur? Cet homme? Il périra. Ton époux? Je te mettrai à l'abri de sa vengeance. Je suis Français, moi, Français, entends-tu? de ceux que l'on n'a pas jetés en pâture à sa sauvage ambition, comme ces troupeaux de Provence. Oh! viens, Alix, ne cache pas tes yeux, ne détourne pas ton front. Qu'as-tu, mon Dieu! qu'as-tu de pleurer ainsi et de me repousser avec terreur?

Alix sanglotait et ne répondait pas; son beau visage, humilié, semblait dire qu'un reproche fatal et qui parlait en elle la raillait amèrement de son amour. Bouchard reprit :

— Mais est-ce donc cet homme qui t'épouvante?

Alix secoua lentement la tête.

— Est-ce ton époux?

Alix leva les yeux au ciel comme pour répondre que ce devrait être lui, mais sa voix répondit :

— Non.

— Mais qu'est-ce donc enfin?

Alors la comtesse, se tournant en face de Bouchard et le regardant avec un air de profond désespoir sur elle-même, lui dit :

— Regarde-moi, Bouchard; enfant, regarde-moi.

— Oh! tu es belle!

— Tais-toi, oh! tais-toi. Sais-tu, Bouchard, que tu n'étais pas encore né, que mon fils Amauri reposait sur ce sein où tu reposes, toi?

Bouchard baissa les yeux.

— Tu me comprends maintenant? Eh bien! oui, j'ai honte de mon bonheur. N'est-ce pas, enfant, que de t'aimer c'est un amour odieux? Tu me parles de l'effroi que m'inspire ce nouveau venu, du malheur dont mon époux peut me frapper. Certes, c'est affreux. Mais ce malheur, si épouvantable qu'il fût, je le braverais pour ce qu'il porte avec lui de désespoir et d'infamie; mais j'en mourrai pour ce qu'il aura de honteux et de moqueur. La comtesse de Montfort, la grave et prudente comtesse de Montfort, suivant au loin son jeune amant de vingt ans, maudite comme une fille imprudente, quand sa fille attendait sa bénédiction maternelle! Comprends-tu cela? Oh! ce n'est rien de mourir sous le fer, mais mourir sous la raillerie et le dédain, flétrie d'un mot qui me reprochera moins mon crime que ma déraison!... Et tu t'affliges, toutes les fois que tu viens dans cette chambre, de ma résistance, de mes prières, de ma froideur! Cet embarras d'accepter tout l'amour qu'on inspire et de rendre tout ce qui vous brûle; cet embarras qui est la céleste et gracieuse pudeur des belles jeunes filles, c'est la honte grossière et maladroite d'une femme qui sent la folie de sa faiblesse. Oui, Bouchard, ce mot : « Je t'aime, » que tu me demandes si souvent à genoux, ces baisers que tu cherches, ils sont si jeunes sur tes lèvres qu'ils m'épouvantent sur les miennes.

— Eh bien! dit Bouchard en l'interrompant et en souriant doucement, je te dirai, si tu veux, le jour où tu es née. Je te compterai tes années avec rigueur, et puis tu me suivras, là, devant cet acier poli; là, tu te regarderas; et dis-moi si Bérangère à cette beauté parfaite, ce front et ce blanc, ces cheveux noirs et riches, ces lèvres fraîches d'amour, ces yeux si fiers et si doux, ce sein virginal de beauté, cette main si frêle, ces pieds si délicats, tout cet être si beau que Dieu en protège la pureté comme celle de son œuvre chérie; et puis il restera de ton âge, Alix, que tu es belle, la plus belle entre toi et ta fille. Oh! ce n'est pas d'aimer qui est folie à ta beauté, ce serait de ne pas t'aimer qui serait insensé à moi; mais je t'aime, mais tu es belle, mais tu le vois.

Puis la comtesse, rouge et troublée, se cacha dans les bras de Bouchard et lui dit avec un bonheur qui la dominait, quoiqu'elle laissât échapper quelques larmes :

— Oui, je suis belle, et tu m'aimes, Bouchard! et puis, s'il faut mourir, tu me pleureras, tu diras que je n'étais pas une odieuse femme, comme la dame de Penaultier, dont l'avide beauté a dévoré la jeune fleur de Sabran; tu diras que je t'aimais d'un amour saint et dévoué. Las! Bouchard, quand tu m'es apparu parmi les pleurs où me laissaient l'abandon de mon époux, la dissolution de mon fils et la haine de ma fille, je t'ai écouté pour ce que tu m'as apporté de douces consolations; et quand tu as commencé à mêler à ta tendresse si noble tes éloges sur ce qui me restait de beauté, j'en ai souri comme d'une erreur de ton affection pour mes chagrins; puis quand j'ai vu que c'était un amour pour moi, j'ai été presque fière; et quand je me suis donnée à toi, je t'ai donné non pas ce que j'avais et que j'estimais peu, mais ce que tu voulais et que tu désirais tant; et maintenant que tu m'aimes assez pour être heureux, oh! je serais ingrate de ne pas te dire que je t'aime et que moi aussi je suis heureuse de toi, enfant, heureuse comme ma jeunesse et mes rêves n'ont jamais été.

Cette tristesse d'Alix qui tant de fois avait alarmé Bouchard, ce combat pudique d'une femme qui retient le voile qui devrait être refermé à jamais comme une jeune fille retient celui qui n'est pas encore tombé, cet amour qui avait toujours peur de se livrer, avaient un charme adorable et étaient sauvés du malheur d'être une sotte coquetterie par l'admirable beauté de la comtesse. La pudeur ne messied qu'aux Messalines ridées; alors elle est une portion du fard et du blanc dont elles se plâtrent. Quand les délires de la nuit les ont fait tomber, ce qui reste après est hideux.

Quand l'amant fut rassuré sur l'amour, il chercha d'autres inquiétudes dans les paroles de Laurent de Turin, mais lui seul pouvait apprendre où devait aller le trait qu'il avait pour ainsi dire posé sur l'arc. Ce danger lui-même s'effaça bientôt devant la curiosité qu'inspirait cet étrange personnage, et le croyant ennemi, on se résolut à le traiter en ennemi.

— Écoute, dit Bouchard, cette ressemblance me préoccupe sans m'épouvanter. Je saurai quel est cet homme, quels sont ses desseins, dans quel but il est ici; permets-moi d'assister à l'entretien qu'il a demandé, et laisse-moi l'interroger.

— Je ne puis, dit Alix, c'est un message de mon époux qu'il m'apporte. Et que penserait ce chevalier s'il se voyait qu'entre mon époux et moi il n'y a rien de secret pour un autre?

— Eh bien! dit Bouchard, je serai dans la chambre voisine, et au moindre mot blessant sorti de sa bouche...

— Sa bouche, dit Alix, ne répétera que les paroles du comte de Montfort, et la comtesse de Montfort doit les entendre, quelles qu'elles soient, avec soumission et respect.

— Cependant, dit Bouchard, je ne veux point te laisser seule avec cet homme. Cet homme m'épouvante.

— Tu as raison, cet homme m'est peu fatal. Tu sais, quand tu es entré et que tu m'as trouvée à genoux devant mon prie-Dieu, la tête appuyée sur le pupitre; je m'étais laissée aller à un vague sommeil; à ce moment, imagine-toi que je crus le voir devant moi, comme un démon insolent, me dépouillant toute nue et me montrant ainsi à la risée des hommes.

— Toi?

— Moi ou Bérangère, je ne sais; c'était une épouvantable vision de deux fantômes, dont l'un, qui était une femme, se débattait sous la main terrible d'un être surnaturel. Puis, mon fils et Mauvoisin étaient mêlés à tout cela; le comte aussi.

— Alix, c'est le délire d'un rêve.

— Je lai cru le délire quand l'effroi m'a éveillée; mais au moment où j'allais me relever, j'ai été saisie de la soudaine pensée que c'était un avertissement du ciel qu'une pareille vision venue après la prière et devant l'image de Dieu.

Bouchard ne répondit pas d'abord, car il rougissait de partager le trouble de la comtesse. Enfin, il lui dit :

— N'oublie pas de me redire cependant chaque parole de cet homme.

Le lendemain, Mauvoisin et Amauri étaient de bonne heure dans l'appartement de Laurent de Turin. La comtesse lui avait fait dire qu'elle le reverrait au milieu du jour, et Bérangère l'attendait dans une cruelle anxiété.

III

LAURENT DE TURIN.

Quand Amauri et Mauvoisin se présentèrent chez Laurent, il était près d'une table chargée de mets délicats. Derrière lui, un esclave enfant le servait avec une attention qui devait prouver ou le despotisme du maître ou le dévoûment de l'esclave : c'était Manfride. Goldery était aussi dans la salle, surveillant de l'œil l'arrangement des mets sur la table. Quoique Laurent fût seul, trois escabelles, trois gobelets, trois couteaux annonçaient qu'on attendait deux convives. Quant aux assiettes, elles étaient fort rares à cette époque et se remplaçaient volontiers par une croûte de forte pâtisserie où l'on servait chacun et que les plus gloutons finissaient souvent par manger. Un érudit de ce temps-là n'aurait pas fait la faute de croire que les Troyens mangèrent des tables en bois de chêne.

— Nous vous dérangeons, messire, dit Amauri en entrant.

— Vous voyez qu'il n'en est rien, mes braves chevaliers, dit Laurent en riant, car je vous attendais.

— Nous ! répondirent-ils avec étonnement.

— Eh ! ne vous ai-je pas invités hier soir, messires ?

— Invités ! dit Amauri que la colère et la crainte commençaient déjà à gagner.

— Invités ! répéta Mauvoisin, qui se repentait déjà d'être entré.

— Il le faut bien, messires, puisque vous êtes venus. Allons, allons, asseyez-vous. Est-ce que vous avez fait quelque mauvais rêve qui vous a fait oublier mon invitation ? Eh bien ! je bénis le bon esprit qui vous a inspiré l'idée de venir. Holà ! Goldery, offre à laver à ces seigneurs. Ripert, présente-leur l'aiguière et l'essuie-mains.

— Messire Laurent de Turin, dit Amauri en se reculant, nous ne sommes point venus pour nous asseoir à votre table, mais pour avoir avec vous une explication.

— L'explication, quelle qu'elle soit, vous sera accordée après le repas ; mais, sur mon âme ! car j'en ai une, messires, bonne ou mauvaise, sauvée ou damnée, j'en ai une ; sur mon âme ! dis-je, vous n'obtiendrez rien de moi à jeun.

— Messire, dit Amauri, voulez-vous nous outrager par une si étrange réception ?

— Étrange ! répliqua Laurent ; je la croyais loyale et pleine de franchise. Peut-être en usez-vous avec plus de réserve dans votre pays de France ; dans le mien, on se dépêche de se connaître et de mener joyeuse vie ensemble. Qui diable sait à quoi nous serons réduits quand nous serons morts ? L'enfer est large, messires.

— De par les cornes de Satan ! s'écria Goldery, nous n'y avons jamais été ou plutôt nous n'y serons jamais aussi sèchement grillés que ne le seront ces côtes de porc que j'ai mises sur le feu, si vous conversez encore longtemps au lieu de vous mettre à table.

— Eh bien ! s'écria Mauvoisin, qui, n'ayant pas pris l'occupation de répondre à Laurent, avait pu juger de la sotte figure que faisait Amauri, eh bien ! mangeons. A table ! messires, et fût-ce le fidèle cochon de saint Antoine dont on va nous servir les côtes, j'en mangerai.

Cet effort de courage et d'estomac entraîna Amauri, et ils s'assirent tous trois à la table préparée. Mais cette résolution n'était pas tellement libre de toute crainte qu'au cri de satisfaction que laissa échapper Goldery, les deux chevaliers ne relevassent la tête comme s'ils avaient ouï l'exclamation joyeuse d'un démon qui prend un moine *flagrante delicto* ; puis, en voyant son sourire, ils trouvèrent que l'écuyer avait les dents plus longues, plus aiguës, plus fortes que ne pouvait les avoir un homme, et tous deux devinrent pâles.

— Ripert ! s'écria Laurent, verse à boire ; voilà ces dignes chevaliers à qui le cœur manque de faim et de soif.

Le page s'approcha, et il se trouva si gracieux, si frêle, si beau par sa beauté un objet presque aussi terrible que Goldery par sa laideur. En ce moment, Mauvoisin crut voir toute la tentation armée contre lui.

— N'est-ce pas qu'il est beau, sire de Mauvoisin ? plus beau que la plus belle jeune fille de celles qui vous ont donné la joie de leurs baisers ! Aussi ne le céderais-je pas pour la maîtresse la plus riche et la plus noble de France.

Un soupçon moins diabolique, mais plus hideux, traversa la tête d'Amauri et celle de Mauvoisin, et tous deux se regardèrent furtivement. Cependant le repas était servi, et le fait d'être resté déjà un quart d'heure en présence de Laurent sans que quelque prodige se fût opéré, l'odeur des mets, le vin dans les gobelets, décidèrent les deux chevaliers à faire bonne contenance. Mais tandis que Laurent paraissait s'abandonner sans réserve aux intempérances de la table, Amauri et Robert le suivaient prudemment, pensant que, si peu qu'ils fissent, ils seraient toujours en avant avec un être comme Laurent, dût-il boire une pinte de vin contre chaque gobelet qui leur serait versé. Pourtant, à leur grand étonnement, ils virent bientôt s'aviner l'expression et la parole de Laurent ; il balbutiait et riait de ne pouvoir parler clairement. Vainement Goldery semblait vouloir le retenir, vainement le page se laissait demander du vin deux fois avant de verser, Laurent devenait bruyant, emporté ; il menaçait en chancelant, se servant du dos de son couteau pour couper et répandant les sauces sur la table : c'était une véritable et sale ivresse. Les deux chevaliers, attentifs à cette preuve de faiblesse humaine, et nous disons *humaine*, en ce sens que ce mot vient d'*homme*, les deux chevaliers devinrent assurés et forts du sang-froid qu'ils croyaient avoir gardé. L'un d'eux, Amauri, sur un signe de Mauvoisin, se laissa aller à dire :

— Assurément, messire Laurent, jamais, dans un repas, on n'engagea plus joyeusement par l'exemple ses convives à y prendre part.

— Taisez-vous, dit Laurent, en se balançant d'un air déjà privé de raison, vous êtes des ribauds de gueusaille ! Que saint Satan vous empale sur chacune de ses cornes, car vous n'êtes bons qu'à mettre à une maladrerie, et non à vous asseoir à une table honorable. Dis donc, Goldery, hé ! Goldery ! que nous a donc dit ce damné sorcier !

Goldery prit un air embarrassé et répondit :

— Eh ! mon maître, je ne connais pas de sorcier.

— Comment ! drôle, tu ne connais pas de sorcier ! tu ne connais pas maître Guédon de Montpellier ! cet enfant de Satan, ton cousin-germain, qui m'a prêté plus de sacs qu'il ne pousse de branches de houx sur l'aride montagne des sires de Saissac, les protégés de ce brave Mauvoisin ; ah ! tu ne connais pas ce damné juif ?

— Messire, dit Goldery avec impatience, et en jetant un coup d'œil singulier sur les deux chevaliers, songez devant qui vous parlez.

— Eh ! s'écria Laurent, qui se tenait à peine droit sur son siège, eh ! ce sont eux, les voilà, les deux joyeux compagnons qu'il nous avait promis, les deux débiteurs de la nuit de Noël, qui devaient nous tenir tête à la table, au jeu, partout. Bénédiction sur eux ! ce sont des saints que je ferai canoniser à mes frais.

— Quoi ! s'écria Amauri, vous connaissez le juif sorcier ?...

— Si je le connais, dit Laurent, qui, tout-à-fait ivre, bavait ses paroles, je le connais comme se connaissent les voleurs, les sorciers, Goldery et Satan.

— Eh ! quel jour l'avez-vous vu ? dit Mauvoisin.

— Pardieu ! je l'ai vu... Quand donc l'ai-je vu ?

Puis il se prit à rire d'un air où l'hébétement de l'ivresse était déjà mêlé à un commencement de sommeil, et il continua :

— Je l'ai vu une nuit qu'il avait été brûlé.

Il se remit à rire du même ton.

— Une nuit qu'il avait été brûlé ! s'écrièrent ensemble Mauvoisin et Amauri.

— Oui, par deux imbéciles qui s'imaginaient qu'on peut brûler Satan...

Les deux chevaliers se reculèrent avec épouvante.

— Oh ! l'histoire est singulière... C'étaient deux chevaliers croisés... A boire, esclave... Deux croisés vendus au diable... A boire, la belle... Deux infâmes coquins... A boire... Un scélérat et un lâche... A boire, Manfride! femme, à boire!

— Messires, dit Goldery, veuillez vous retirer; quand mon maître est dans cet état, il dit des choses si étranges...

Amauri et Mauvoisin, stupéfaits, répondirent à voix basse:

— Non, nous voulons entendre.

— Entendre! s'écria Laurent, en faisant effort sur son ivresse pour se redresser et reprendre un air de hauteur et de sang-froid; écoutez donc.

— Mon maître, cria Goldery, n'oubliez pas votre serment.

— Quel serment? fils de Satan, dit Laurent d'un air furieux: quoi? la promesse que j'ai faite à Guédon de profiter de ma ressemblance avec un lâche Provençal pour faire peur à des chevaliers de France, plus lâches encore! Au diable le sorcier et le serment! je suis Laurent de Turin, et n'ai besoin que de mon épée pour épouvanter mes ennemis. Où sont-ils? je les exterminerai, et le sorcier aussi, et toi aussi.

Et en parlant ainsi, il se démenait tellement qu'il se laissa tomber et ne fit plus que grommeler quelques mots inarticulés. Goldery insista près des deux chevaliers pour les faire retirer. Comme ils sortaient, Amauri dit à Mauvoisin:

— Voilà donc le somptueux et élégant Laurent de Turin! c'est un sale et honteux ivrogne. Tout son secret, c'est d'avoir un recours, comme nous, à cet infâme qui nous perd.

— Mais, reprit Mauvoisin, comment a-t-il parlé? Comment a-t-il pu le voir le lendemain du jour où nous avions cru enfermer dans l'incendie notre secret et nos engagemens?

Goldery, qui les suivait, les approcha, et les retenant un moment dans la salle qui précédait celle dont ils sortaient, leur dit avec un air de raillerie suppliante:

— Messires, vous connaissez le secret de mon maître, ne le dites à personne; surtout, cachez qu'il ait des rapports avec Guédon, et que la jeune esclave...

— Sais-tu que cette esclave est admirablement belle?

— Hélas! dit Goldery avec une hypocrite componction.

— Et sans doute elle est malheureuse avec un pareil maître?

— Qui ne le serait pas avec lui? répliqua Goldery.

— Alors, pourquoi ne pas le quitter?

— Le quitter? dit Goldery en tremblant; oh! celui qui lui a touché lui est enchaîné; le quitter, hélas! ce n'est pas le fuir, car il n'est pas un endroit si caché où sa haine ne puisse atteindre celui qu'il soupçonnerait de le trahir.

— Mais enfin, dit Amauri, quel est cet homme?

— Cet homme, si c'est un homme, répondit Goldery; ce chevalier, si c'est un chevalier...

Au moment où il allait continuer, Laurent de Turin rentra calme, frais, parfumé, magnifiquement vêtu; et s'adressant aux deux chevaliers, il reprit son air railleur, à l'étonnement qu'ils montrèrent à sa vue.

— Pardonnez-moi, messires, de ne pouvoir vous tenir tête plus longtemps; voici l'heure où il faut que je me rende près de la comtesse de Montfort. Un mot, sire de Mauvoisin.

Il le prit à part et lui dit:

— Quand vous voudrez vider quelques bons flacons de vin, ne venez pas avec un si mauvais convive. Amauri est un homme à vous vendre à son père, s'il y trouvait le moindre intérêt; il me suffit qu'il soit persuadé que je sais son secret pour qu'il respecte le nôtre.

Il se retourna vers Amauri, et, lui prenant le bras et l'entraînant hors de la salle, il lui dit tout bas:

— Comment venez-vous me demander une explication sur un sorcier avec un imbécile qui croit aux revenans? C'est avec du vin qu'on remplit une âme et un corps comme le sien; mais entre gens qui ont un but plus élevé, et je sais quel est le tien, il faut s'entendre seul à seul.

Puis il les quitta tous les deux, sans que ni l'un ni l'autre fussent plus éclairés sur ce qu'il pouvait être, mais sans qu'ils eussent envie de se confier leurs soupçons; car à chacun d'eux il avait serré la main en signe d'amitié et d'intelligence, et chacun pensait seul être appelé à sa confidence.

Cependant, à l'étonnement inquiet que faisait naître en eux toutes les actions de cet homme s'ajoutèrent l'étonnement que leur causa l'ivresse grossière du repas et le calme immédiat qui lui avait succédé. Laurent s'éloigna et se rendit chez Bérangère, qui pour la première fois sentit, à l'aspect d'un homme, un embarras et une crainte qui, dans une âme comme la sienne, ne pouvaient avoir d'issue que dans un sentiment de haine ou de préférence. L'entretien que Laurent eut avec elle a besoin d'être expliqué, car il éclaircit quelques points obscurs de ce récit.

— Merci, sire chevalier, lui dit Bérangère dès qu'il l'eût saluée, merci de m'apporter le mot de l'énigme que vous m'avez proposée hier.

— Il était cependant facile à trouver, dit Laurent en souriant, et si vous aviez pensé depuis hier, un instant eût suffi à vous expliquer complètement ce que vous appelez cette énigme.

— J'avoue, messire, que ce sont jeux d'esprit que je laisse volontiers aux femmes ou aux chevaliers qui s'enjuponnent de leurs occupations, comme fait mon gracieux cousin le sire Bouchard, et que c'est d'autres pensées que je nourris dans mon cerveau, quand il veille. Dispensez-vous donc de faire une galanterie d'une confidence ou d'un message, et dites-moi franchement de qui vous tenez cet anneau.

— Soit, dit Laurent; je le tiens d'un homme chargé de vous le remettre de la part de Pierre avec des paroles que le galant souverain de l'Aragon a cru devoir renfermer dans la mesure rimée des vers de la langue d'oc, afin que la pensée en demeurât plus fixe et ne pût s'atténuer dans les termes variables d'un discours ordinaire; en effet, un discours ordinaire s'altère par un mot changé ou mal redit, et à la dixième personne il ne reste plus rien de l'intention, au lieu qu'un tenson comme celui-ci s'implante net et complet dans la mémoire, et se transmet fidèlement.

— Eh! voyons le tenson, dit Bérangère avec impatience; les louanges du roi d'Aragon sont choses si banales que, si je vous le demande, c'est plutôt pour vous faire accomplir votre message que pour l'entendre. Voyons le tenson.

— Pardieu! madame, dit Laurent, le roi d'Aragon vous rend trop de justice pour vous envoyer les galanteries banales qu'il prodigue aux autres femmes: aussi n'est-ce point galanterie que ce qu'il vous adresse, à moins qu'il n'en soit de l'amour comme de la cuisine, ainsi que dit mon valet Goldery, qui prétend qu'il n'y a que deux bonnes choses dans un repas, ce qui chatouille le palais et ce qui l'écorche, le miel et le piment.

Bérangère devint rouge, et prenant un air aussi chargé d'impertinence jouée qu'elle put en ajouter à son impertinence native, elle répliqua:

— Eh bien! messire, servez-nous le plat pimenté du sire Pierre. Comme je ne suis pas autrement friande de la cuisine d'amour, j'espère que le piment ne m'écorchera pas plus que le miel ne me chatouille; voyons.

— Soit, dit Laurent; le voici écrit de la main de Sa Majesté.

— Écrit? dit Bérangère.

— Écrit, répondit Laurent, avec le chant noté sur lequel le disent les hérétiques de Toulouse.

Bérangère pâlit de rage, bien qu'elle ne sût encore ce que contenait d'insolence le parchemin que venait de lui remettre Laurent; mais ce mouvement invincible de dépit essaya de se cacher bientôt sous la raillerie ordinaire de la jeune comtesse.

— Eh bien! dit-elle, vous le chevalier aux mérites séducteurs, vous qui passez pour jongler et chanter aussi bien que pour frapper et crier en avant, dites-moi ce tenson avec son chant. Il faut bien que je l'entende de quelqu'un.

Ce dernier mot découvrit à Laurent la pensée de Bérangère. Ce quelqu'un qui, sans lui faire l'insulte directement, viendrait la lui transmettre, ce quelqu'un dont elle ferait l'objet immédiat d'une haine qui, sans cela, n'aurait pu se prendre qu'à un absent. Laurent prévit et brava ce résultat, et, mettant un genou à terre, il répondit à demi-voix:

> Ores sachez, pour être en amour bien appris,
> Qu'à chaque chose il faut son prix.
> A la ribaude en feu qui se joue avec joie,
> Laissez sans marchander toute votre monnoie;
> A celle qui rechigne et dit : « Comment! encor? »
> Un par chaque baiser comptez vos deniers d'or;
> A dame qui se pâme à bout de résistance,
> Sans dire grand merci, ne rendez l'existence;
> A la nonne qui prie et pleure en refusant,
> Rendez prière et pleurs de même en tout faisant;
> A doux amour caché faut amour et mystère,
> Et d'amour fier de vous, que votre amour soit fière;
> A dame de vertu qui vous aura dit : « Non ! »
> Gardez amour, s'il peut ; gardez respect si non;
> Mais à celle qui belle et d'esprit et de corps
> Fait d'amour un serment de haine et de discords ;
> Fière, veut qu'on la venge et folle qu'on la serve,
> Et parmi vingt amans sans amour se conserve,
> A celui dont le cœur d'elle seule est épris,
> A Bérangère, enfin, il faut haine et mépris.
> Car faut savoir, pour être en amour bien appris,
> Qu'à chaque chose il faut son prix.

Lorsqu'il eut fini, Bérangère, qui l'avait écouté les dents serrées et les yeux fixés sur lui, demeura longtemps muette. Elle cherchait une résolution à prendre contre cet homme qui venait de lui répéter insolemment la satire du roi d'Aragon et la lui avait si froidement enfoncée au cœur. Cependant sa vanité la retenait de traiter Laurent comme un misérable ; elle s'imaginait que ce chevalier n'avait pu se charger de ce message et le lui rendre si librement s'il n'avait en lui quelque dessein secret; elle ne pouvait se persuader qu'il y eût un homme qui osât appuyer le doigt sur la blessure et la lui faire sentir seulement dans le but de la répéter fidèlement ce qu'il devait dire. Alors, sans quitter Laurent des yeux, elle lui dit :

— Et que pensez-vous de ces rimes, sire Laurent de Turin?
— Je pense qu'avec deux vers changés, cette chanson serait excellente, et que si elle finissait ainsi vous l'approuveriez:

> Qui prétend qu'on la venge et qui veut qu'on la serve,
> Et qui garde sa vie, et son amour conserve
> A qui viendra, la nuit, jeter dans son giron
> La couronne et le chef de Pierre d'Aragon.

— Est-ce vrai que vous le ferez? s'écria Bérangère en se dressant l'œil enflammé d'une terrible joie.
— Est-ce vrai que tu seras à moi? dit Laurent en lui prenant la main.
— A toi, répondit Bérangère, homme ou démon, chrétien ou mécréant, noble ou serf, à toi, quand tu m'apporteras la tête du roi d'Aragon.
— Que l'enfer se réjouisse, dit Laurent, tu m'appartiendras !

A cette sauvage exclamation, Bérangère se sentit pénétrée d'effroi, même au milieu de sa colère; elle se recula de Laurent et lui dit :

— Mais qui êtes-vous ?
— Bérangère, lui dit Laurent d'un ton où régnait un profond sentiment d'exaltation, je suis un homme qui a fait de ton amour la seule ambition de ma vie, un homme qui brave peut-être pour toi le saint respect qu'on doit aux choses les plus sacrées, un homme dont les siens disent peut-être qu'il est un traître et un infâme, un homme qui rit sur une tombe et qui baiserait la main qui l'a frappé, et qui frapperait au cœur celui qui l'a appelé son frère; un furieux dont la rage devait avoir un cri de mort, et qui l'a changé en une prière d'amour. Oh! les insensés, qui parlent famille et patrie, et qui te rencontrent. Ils n'ont plus d'autre patrie que les lieux où tu habites, d'autre famille que celle dont tu es l'orgueil. Ne me demandez jamais rien, madame, oh rien! et ne me faites pas devenir plus fou que je ne suis. Ne savez-vous pas des hommes qui ont tué leur père pour leur amour? Oh! taisez-vous, et que je ne sois pour vous que l'homme qui vous vengera et à qui vous avez promis d'être à lui.

— Quoi! reprit Bérangère, seriez-vous ce qu'ils soupçonnent? Et votre amour pour moi irait-il à ce point d'oublier le massacre de...
— Bérangère, reprit Laurent avec impatience, tu veux la tête du roi d'Aragon, tu l'auras ; laisse les morts dans leur tombe et les sottises de la peur à l'évêque Foulques. Je suis Laurent de Turin : il faut que je m'appelle Laurent de Turin pour toi, car je m'appelle ainsi pour ton père, et si tu veux de la vengeance, il ne faut pas qu'il puisse croire que j'en poursuis une autre. Montfort ne comprend plus l'amour ni la haine.
— Mais le sire Albert?... dit Bérangère.
— Je m'appelle Laurent de Turin, reprit le chevalier avec une impatiente persévérance; le sire Albert de Saissac est couché dans sa tombe; ne l'en évoquez pas.

Puis il s'arrêta, et quittant l'air grave dont il avait parlé jusque-là, il reprit avec une singulière expression:

— Madame, ne demandez pas à un homme compte des folies qu'il peut faire pour vous approcher. Ce serait un trop long chapelet à dévider; vous ne devez savoir que les nobles actions qu'il a tentées et qu'il tentera pour vous plaire. J'ai beaucoup osé pour avoir le droit de vous obéir. J'ai fait quelque chose du nom de Laurent de Turin pour qu'il pût compter parmi ceux de vos esclaves. J'arracherais la couronne du roi de France pour vous la mettre au front, si vous deviez pour cela m'appeler votre seigneur.

— On n'appelle de ce nom que son suzerain ou son époux, dit Bérangère à Laurent; mais il est un autre nom qui le vaut bien.
— Et quel est-il? reprit Laurent.
— Je le dirai, messire,

> A qui viendra, la nuit, jeter dans mon giron
> La couronne et le chef de Pierre d'Aragon.

— Et jusque-là? dit Laurent.
— Jusque-là, messire, dit Bérangère en se levant, j'aime les chevaliers galans et respectueux, joyeux en propos, prodigues en fêtes, prêts à tout ordre, dévoués à tout caprice. Je les aime ainsi, tenez-vous pour averti.

Puis, considérant Albert avec une assurance singulière, elle ajouta:

— Jusque-là, je ne serais pas fâchée que celui que je dois récompenser un jour pût me plaire plus que cette foule de soudards ou de niais qui peuplent ou château.
— Béni soit Dieu, madame, dit Laurent, de m'avoir donné de si minces rivaux!

Il la salua et se retira. Une heure après, il était auprès d'Alix, qui le reçut avec une sorte de retenue craintive. Laurent l'aborda avec un respect si vrai ou si admirablement joué qu'elle se rassura un peu d'abord ; mais lorsqu'il commença la conversation par cette phrase :

— Madame, je ne sais trop comment entamer le sujet qui m'amène, elle reprit tout son embarras et presque toute sa frayeur.

— Parlez, lui dit la comtesse, je suis prête à vous entendre, du moment que c'est au nom de mon mari que vous me parlez.

— C'est qu'en vérité, reprit Laurent, ce n'est pas en son nom que je parle, c'est au mien.
— Ai-je quelque chose à entendre de vous? reprit Alix.
— Oui, madame, ajouta Laurent ; mais pour l'entendre favorablement, il faut croire à ma sincérité, et la première garantie que je puisse donner pour l'obtenir, c'est une trahison.
— Une trahison, messire?... je ne vous comprends pas.
— Eh bien ! reprit Laurent, après un moment d'hésitation, voici ce que m'a dit Montfort le jour de mon départ : « Laurent, les tristes succès qui depuis quelque temps poursuivent mes armes ne sont pas le plus cruel de mes chagrins. Je connais les luttes avec la mauvaise fortune : contre elle le plus grand courage, c'est le plus long ; le plus sûr de vaincre, c'est le plus patient; et j'ai éprouvé plus d'une fois que lorsqu'elle vous tient le genou sur la poitrine et le couteau sur la gorge, on lui fait lâcher prise avec une piqûre d'épine. Mais ce qui

me ronge et me laisse sans force contre mes ennemis, c'est la douleur que je porte en moi, c'est le ver qui tue le chêne, que l'orage ne peut briser, c'est la honteuse conduite de ma famille. »

La comtesse pâlit à ces mots et baissa les yeux, car Laurent lui avait lentement et précisément dirigé ces mots dans le cœur, comme un homme qui, versant une liqueur d'un vase dans un autre, n'en laisse tomber qu'un léger filet, de peur que le flot ne se heurte aux bords et n'en laisse rejaillir au dehors. Alix cependant, préparée à tout, retrouva dans l'espérance d'un malheur achevé la dignité qu'elle n'eût pas gardée contre une simple humiliation; car la nature est ainsi faite, on l'accable bien plus aisément avec un mépris qu'avec une persécution. La comtesse, persuadée qu'à elle seule s'adressaient les plaintes du comte transmises par Laurent:

— Eh bien! messire, est-ce tout?

— Non, madame, dit Laurent: veuillez m'écouter; et si vous pouvez, ajouta-t-il avec un sourire singulier, écoutez-moi dans mes paroles et non dans votre pensée. Le comte m'a encore dit: « Je sais que ma fille, qu'assurément je ne soupçonne pas d'une faiblesse, car elle n'a pas assez de cœur pour être faible, je sais que, forte de sa froideur, elle scandalise chacun de la liberté de ses discours et de ses actions. La plupart n'ont pas, pour l'apprécier, la connaissance profonde de cet égoïsme qui la préserve d'aimer tout autre qu'elle, et beaucoup de ceux qui me sont dévoués croient qu'une telle licence de paroles et de vanteries ne peut venir que d'une pareille licence d'amour et de faiblesses. Si mes amis pensent ainsi, que ne doivent point penser mes envieux? que ne doivent point dire mes ennemis? J'ai longtemps hésité sur ce que je devais faire. La rigueur serait à la fois maladresse et injustice; maladresse, car en punissant Bérangère de ses imprudences j'aurais l'air de croire à des crimes véritables; injustice, car véritablement elle n'est pas coupable. »

La comtesse écouta sans interrompre Laurent; puis, comme il s'arrêta de lui-même, elle lui dit froidement:

— Est-ce là tout?

— Non, dit Laurent, le comte s'est plaint encore de...

Il s'arrêta.

— De qui? dit la comtesse, devenue tout-à-fait résolue.

— De son fils, répondit Laurent. Oui, madame, de son fils, qui traîne dans les orgies des tavernes et dans l'amitié des débauchés le nom de Montfort, armé pour la sainte cause de la religion.

— Messire, dit Alix froidement, j'ai peur de mon jugement en pareille chose. Le peu de respect, je dois dire l'inimitié de ma fille pour moi, m'ont trop blessé le cœur pour que je ne fusse pas peut-être pour elle plus sévère que je n'ai droit de l'être; et peut-être aussi l'amour de mon fils pour moi, qui a résisté à tout ce qu'il peut avoir à se reprocher d'égarement, me ferait lui pardonner bien des choses. Si donc le comte vous a chargé de me donner la tâche d'une surveillance active sur eux, répondez-lui que c'est à moi que l'autorité forte d'un père qui puisse arrêter les malheurs et la déconsidération qu'il redoute pour son nom.

— C'est, madame, reprit Laurent fort embarrassé, qu'il ne m'a point chargé de vous demander cette surveillance; c'est à moi-même qu'il l'a confiée.

— A vous? dit Alix, blessée d'être exclue de ses droits de mère au moment même où elle les abdiquait.

— A moi, madame.

— A vous, qu'on ne connaît peut-être pas pour ce que vous êtes, à vous une telle surveillance sur mon fils et ma fille?

— Sur tous ceux, répondit Laurent en regardant sévèrement la comtesse en face, qui compromettent la gloire du nom de Montfort.

— Messire, s'écria la comtesse indignée, vous m'insultez!

— Ecoutez-moi jusqu'au bout, madame, reprit Laurent en souriant tristement. Qui que je sois, je ne suis à la merci de personne, pas plus à celle de votre époux que de tout autre. Ma vie est à moi; ma pensée, à moi; mes actions, à moi. Sans lien sur cette terre que je puisse considérer comme indestructible, si le bien ne m'est pas une nécessité pour me faire aimer, le mal ne m'est pas un besoin non plus; cependant, dans ce désœuvrement de mon être, il me reste un souvenir qui m'a toujours fait l'ami de ceux qui l'ont réveillé en moi. J'avais un père, madame; demeuré libre quand il était encore jeune, je suffisais à sa tendresse et à son orgueil de père, mais non point aux fougueuses passions de sa jeunesse. Il ne voulut pas me donner, par un second mariage, des frères qui ne seraient entrés dans mon affection que par une porte à moitié fermée; il demeura veuf; mais il aima. Il aima une femme: ah! madame, c'étaient les plus nobles et saintes grâces de la beauté; c'était un charme si doux et si pur, un si puissant bonheur que l'amour de cette femme, qu'on oubliait que cet amour était un crime; car cette femme, madame, elle était mariée.

La comtesse reprit toute sa confusion et se tut.

— Mon père l'aima et fut aimé; mais il n'était pas seul à donner son cœur et à offrir sa vie pour lui plaire, et le rude et hautain amour de mon père fut oublié pour celui d'un poète aux douces paroles emmiellées. Or, écoutez, maintenant: cette femme était si célestement bonne, si naïvement facile à aimer, que mon père la pleura sans la haïr, et qu'un jour que son époux, armé d'un soupçon trop certain, courait pour la surprendre au rendez-vous où elle était avec son nouvel amour, mon père y courut pour les sauver et lui dire: « Adélaïde, ton mari me suit. »

— Adélaïde! s'écria Alix, Adélaïde, la vicomtesse de Beziers! Ainsi vous êtes...

— Madame, reprit le chevalier, je suis Laurent de Turin; le nom d'Adélaïde est commun parmi la noblesse d'Italie, et l'histoire d'une femme belle et qui aime est assez vulgaire pour se rencontrer sous le ciel de la Provence et sous celui de ma patrie.

Cette dernière partie de la phrase de Laurent ramena Alix à la pensée de sa propre situation; elle fit comme Laurent, et prenant la conversation dans le sens d'allusion qu'il lui avait donné, elle continua:

— Ainsi votre père a dominé sa jalousie au point de sauver celle qui l'avait trahi?

— Oui, certes, madame, dit Laurent, et toujours j'ai trouvé que c'était de lui la plus noble et la plus haute action qu'il eût faite, et, sur la tombe de cette femme qui fut la joie de mon père, j'ai juré à la Vierge, mère de Dieu, que je l'imiterais si je me trouvais en pareille situation.

La comtesse considéra Laurent d'un air étonné et craintif, et lui dit presque en tremblant:

— Quoi! sire Laurent, vous l'imiteriez? Vous l'imitez peut-être?

Laurent sourit tristement.

— Oh! non, madame, tant de bonheur n'est pas donné au pauvre Laurent de Turin! oh! non! je n'ai pas à protéger une perfide, et, quoique vous soyez belle de la beauté des déesses, noble comme était celle qu'aima mon père, aimée comme elle l'était, je n'ai pas même un désir à sacrifier à votre salut. C'est inouï, n'est-ce pas, de vous apprécier pour ce que vous valez, et de ne pas mettre sa vie à votre merci? Car ne pas vous aimer, c'est ne pas vous connaître; mais il ne faut pas demander à l'arc brisé de lancer des flèches, ni au cœur muet de parler d'amour; non, madame, non; de l'histoire de mon père il n'y a de vrai pour moi que ceci, qu'un homme m'a dit: « Laurent, je la soupçonne; » et que moi, je dis à cette femme soupçonnée: « Prenez garde! »

— Messire! messire! s'écria la comtesse, et quand vous a-t-il dit cela?

— Quand je suis parti, madame.

— Et il vient avec le soupçon dans le cœur?

— Il vient avec la confiance que si je lui dis: « On a menti, » il le croira; et, sur mon âme, madame, je dirai: « On a menti. »

— Oh! messire! dit Alix en cachant ses larmes dans ses mains, ah! mon malheur est grand, car j'ai honte de vous être reconnaissante!

— Ne le soyez pas, dit Laurent avec émotion; oh! j'ai tant souffert, moi, tant subi de tortures sans pitié, que je n'oublierai pas qu'un jour vous m'avez regardé sans dureté ni mépris.

— Vous, messire? vous? Mais expliquez-vous, au nom du ciel! oh! qui êtes-vous? Vous devrai-je le salut de ma réputation après le salut de ma vie? N'êtes-vous pas...

— Je suis Laurent de Turin, répondit le chevalier froidement; je suis un homme qui vous aime, parce que vous êtes bonne, un homme qui estime le sire Bouchard, parce qu'il est brave et juste; on m'a dit de vous perdre, j'ai juré de vous sauver; c'est un vœu fait au ciel, fait à la Vierge, qui fut tout amour. Oui, j'ai juré de vous sauver; mais non pas en ennemi, en homme qui, un fer rouge à la main, fait une noire blessure sur une blessure saignante pour la guérir, mais en ami qui a su ce que c'est qu'aimer. Que Bouchard demeure, madame; que les propos haineux s'acharnent contre votre bonheur, je ne vous demande qu'une chose, c'est de leur opposer un rempart de mystère; de ce rempart, j'écraserai quiconque élèvera la voix contre vous. Voilà ce que j'avais à vous dire; vous voyez maintenant pourquoi j'ai trahi Montfort; ne trahissez pas ma trahison, et ne lui dites pas que je suis plus votre ami que le sien.

Laurent sortit à ces mots, dominé par une émotion si profonde, que la comtesse le laissa partir sans penser à avoir avec lui une plus complète explication. Bouchard vint la rejoindre, et longtemps ils cherchèrent à pénétrer les intentions secrètes de cet homme; et, certains qu'il pouvait les perdre, ils résolurent de s'abandonner à lui. Quelque temps après, Laurent était dans son appartement, seul, absorbé dans ses pensers, souriant cruellement à quelques-uns, à ceux qui lui traversaient incessamment la tête. Goldery était devant lui qui le considérait; fatigué de ce long silence, le bouffon finit par lui dire:

— Eh bien! maître?

— Eh bien! dit Laurent en se levant avec une joie sauvage, ils sont à moi; à moi, entends-tu? Ils me sont livrés dans ce qu'ils ont de plus caché et de plus honteux dans le cœur. Je suis déjà plus que leur maître: je suis leur complice. Je les tiens ou les tiens par leurs passions; je les traîne à ma suite par elles; par elles, je les attacherai aux sangles de mon cheval et je les vautrerai dans le sang et dans la fange. Exécration sur eux, Goldery, exécration!

— Mon maître, dit Goldery en l'interrompant, c'est étonnant comme, en ce moment, vous avez la voix et le visage du sire Albert de Saissac.

Laurent se calma soudainement, et, regardant autour de lui, il reprit froidement:

— Tu as raison; Laurent de Turin n'a que de dures paroles dans le cœur. N'est-ce pas, esclave? ajouta-t-il en regardant Manfride, assise sur un coussin, et qu'il avait heurtée et presque renversée dans l'explosion de sa frénésie joyeuse, n'est-ce pas que Laurent de Turin était un homme froid et compassé?

— Laurent de Turin, reprit Manfride en baissant les yeux, n'avait pas donné à sa vie un but si éloigné ou si élevé qu'il ne prît pas garde à ceux qu'il fallait fouler aux pieds pour y arriver.

Après ces paroles, elle se retira.

— Maître, dit Goldery, cette femme vous perdra.

— Goldery, dit Laurent, elle m'aime.

— Mon maître, reprit le bouffon, la vengeance qui a franchi une montagne peut trébucher à un caillou de la route; ce qui vous prend au pied vous renverse mieux que ce qui vous frappe à la tête; prenez garde, mon maître.

— Eh bien! je lui parlerai, Goldery.

— Et que lui direz-vous?

— Mes projets.

— Savez-vous ce qu'elle en comprendra? Que vous aimez quelque chose plus que vous ne l'aimez, elle; voilà tout.

— Et que faire alors?

— Mon maître, jetez hors de la route le caillou où vous pouvez trébucher.

— Ah! misérable, ce serait infâme!

— Eh! eh! dit Goldery en riant du double sens qu'il attachait à ses paroles, il faut que Laurent de Turin soit vengé!

IV.

EXTRÊME RÉSOLUTION.

Sans suivre jour à jour le développement de la situation où se trouvait Laurent de Turin, il faut dire cependant qu'à quelque temps de son arrivée il était parmi les chevaliers de Castelnaudary le plus recherché de tous par les gens dont il avait voulu se faire l'ami. Alix et Bouchard le traitaient avec cette affectuosité qui annonce une intelligence commune d'intérêts intimes, une harmonie complète de sentiments. Plus assurés, pour ainsi dire, de leur bonheur secret, ils s'observaient bien plus ensemble qu'ils ne l'avaient fait jusque-là. Au lieu de ces regards indiscrets que deux amans ne peuvent retenir lorsqu'ils n'ont qu'eux-mêmes pour confidens; au lieu de ces paroles à voix basse, imprudens entretiens épiés par les curieux, chacun d'eux s'entretenait tout bas avec Laurent, et, soit qu'Alix l'écoutât quand Bouchard venait de lui parler, ou que Bouchard l'entretînt après Alix, il semblait aux deux intéressés qu'ils avaient causé ensemble.

Bérangère, la fière Bérangère, avait-elle même subi le charme de cet homme mal défini, où elle voyait assurément le plus somptueux et le plus renommé chevalier de la croisade, et où son orgueil aimait à chercher un insensé, qui eût dû être un ennemi, et qu'un amour forcené pour elle avait fait complice des bourreaux de son père. Plus qu'une autre, elle avait souvent et directement essayé de faire expliquer Laurent; mais il paraissait si cruellement blessé de cette curiosité, il répondait si froidement qu'il avait réduit le passé, le présent et l'avenir de sa vie à une seule pensée, à celle d'être aimée de Bérangère; il était si hautement son admirateur et son esclave dans le présent; il l'entourait si magnifiquement d'hommages splendides et de flatteries, et promettait pour l'avenir une si belle vengeance de l'insulte faite à Bérangère, qu'elle supposait aisément que le passé lui avait été donné de même en sacrifice par un abandon complet des griefs les plus violens, et que la honte de ce sacrifice empêchait seul Laurent d'en faire un public aveu.

Vingt fois son orgueil voulut s'en donner le triomphe; mais, de ce côté, Laurent restait inattaquable, comme si, après avoir intéressé la vanité et la colère de Bérangère, il se gardait quelque chose pour le dernier lien qu'il voulait lui imposer. Cependant celle-ci se laissait aller malgré elle à l'enivrement public d'un hommage si éclatant, et à l'applaudissement secret d'un amour capable d'avoir brisé les plus saints devoirs et négligé les plus terribles ressentimens. D'ailleurs, soit humeur, soit habileté, il y avait, dans la conduite de Laurent, des heures de désespoir dont elle traduisait le secret à sa manière.

Pour elle, c'étaient des cris de remords qui s'élevaient en lui et le venaient épouvanter, dans son amour, des misères de son père et de la mort funeste de sa sœur. Dans cette supposition de l'état de l'âme de Laurent, le chevalier lui-même changeait complètement d'être et de nom, et devenait certainement Albert de Saissac, le chevalier faïdit, pris d'une folle passion, apostat à tout ce qui est vénéré dans ce monde, et qui, pour abriter son amour contre les craintes du comte de Montfort et la haine méfiante des croisés, avait insolemment joué la comédie de sa mort et s'était fait un nouvel homme, avait entrepris une nouvelle vie, une nouvelle gloire, pour lui plaire. Et alors cette audace la ravissait; cet esprit aventureux lui semblait seul digne de la comprendre; mais alors aussi elle n'était pas rassurée sur la force de la résolution d'Albert; elle tremblait qu'un repentir de sang ne le rejetât parmi les siens.

De ce désir de conserver un pareil chevalier et de cette crainte de le perdre naissaient toutes les faiblesses et toutes les fautes d'un véritable amour, si un véritable amour n'en était déjà né. Puis il arrivait que le soir, dans les assemblées accoutumées de la comtesse, Laurent racontait si franchement sa vie passée, ses voyages dans les pays lointains; il riait si joyeusement des regards épouvantés de Foulques, que tout le êve qu'elle avait bâti s'écroulait, et que son amant n'était plus que Laurent de Turin. Mais, dans cette autre supposition, c'était encore un si singulier caractère, qu'elle pouvait, même à ce titre, trembler de le voir porter ailleurs ses hommages.

Enfin, des deux côtés, soit qu'il fût Laurent ou Albert, il restait toujours sur lui un si impénétrable mystère, que la curiosité venait en aide au penchant de Bérangère. Quelquefois même la pensée d'une existence surhumaine se mêlait aux autres pensées de Bérangère, et lui faisait de Laurent une occupation de tous les momens.

Quand un homme est arrivé à ce point d'être l'occupation constante d'une femme, à quelque titre que ce soit, il est plus près de son amour que celui qui semble y avoir des droits réels, si tant il est que quelque chose soit un droit à l'amour, si ce n'est l'amour lui-même. Avec une âme comme celle de Bérangère, il serait difficile de donner le nom d'amour au sentiment que Laurent lui inspirait ; mais, soit curiosité, soit orgueil, soit vengeance, elle avait donné à Laurent des droits que nul autre ne s'était acquis sur elle : sa raillerie contre sa mère se taisait ou demandait devant lui grâce par un mot flatteur pour lui-même, lorsqu'elle s'échappait malgré sa présence ; il était sollicité d'être d'une cavalcade où les autres sollicitaient d'être admis ; elle s'enquérait de son absence, qui la rendait, sinon triste, du moins chagrine ; elle boudait, quoiqu'elle ne pleurât pas, s'il négligeait d'être sans cesse près d'elle ; enfin il ne lui manquait plus, pour aimer, que d'être jalouse : elle le fut.

Du côté de Mauvoisin et d'Amauri, c'était une amitié presque fraternelle avec Laurent. C'étaient avec tous deux de longues nuits d'orgie de table, où on riait des choses les plus saintes ; puis, secrètement, avec Amauri, des présens magnifiques et des espérances immenses de pouvoir à partager ensemble. En même temps, il semblait que toutes les craintes des deux chevaliers eussent été calmées par une explication plus franche que celle du premier jour ; une folle idée de profiter d'une ressemblance avec un mort pour les épouvanter un moment du secret que lui avait livré le sorcier juif, et tout paraissait clair aux yeux de ces deux débauchés, qui trouvaient en Laurent un joyeux compagnon, dont la bourse et la santé étaient intarissables. Cependant il avait laissé à chacun d'eux leur part de crainte : c'était l'existence de ce sorcier qu'ils croyaient avoir fait disparaître dans l'incendie de la maison, et Laurent savait endormir ou éveiller cette crainte, selon qu'il en avait besoin.

Cependant le récit de Foulques avait circulé ; quelques chevaliers et le menu peuple des croisés en avaient appris quelque chose. L'histoire du corps d'un chrétien occupé par un esprit de ténèbres paraissait une chose fort vraisemblable à leur superstition , et , dans beaucoup d'endroits, Laurent ne pouvait passer sans être désigné du doigt comme un maudit, ou évité comme un pestiféré. Lorsqu'on le faisait, on lui faisaient, à son approche, des signes de croix, et ils étaient aussi étonnés que scandalisés de voir Laurent leur rire impertinemment au visage, sans contorsions ni signes d'épouvante ; d'autres avaient eu l'audace de s'approcher par derrière et de lui jeter de l'eau bénite, et s'étaient enfuis pour ne pas être atteints par les mouvemens convulsionnaires qui éclateraient à cette sainte aspersion : c'était la prudence d'un mineur qui vient d'attacher l'amadou enflammé à la charge de poudre qui va faire voler un édifice en éclats. Mais Laurent ne s'en apercevait pas, ou, s'il s'en apercevait, c'était pour bâtonner le manant qui avait taché son beau pourpoint ou sa cape de velours.

De tout cela, il résultait une espèce d'être indéfini, moins qu'un démon, plus qu'un homme, et, s'il m'est permis d'expliquer ce caractère par comparaison à ces êtres de fatalité créés par la littérature fantastique, je pourrais dire qu'il y avait dans Laurent une raison de plus de paraître un homme à part, que n'ont pas nos héros modernes.

Le besoin de surnaturel qui tient incessamment la nature humaine a imaginé l'homme fatal avec l'enchantement de sa voix vibrante et le vampirisme de son regard, qui suce l'âme et la dessèche. Ce dandy vêtu de malheur et qui laisse toujours quelque lambeau de son infortune pendant à la vie de ceux qui l'ont frôlé dans son terrible passage et qui, cependant n'en garde pas moins entier, comme celui du Christ, son suaire de désespoir ; ce dandy du roman intime est l'immatérialisation du vampire physique, du démon réel de nos vieilles histoires.

Mais si la foi de nos pères aux êtres surnaturels avait ce côté d'erreur qu'elle admettait des impossibilités, elle avait cela de raisonnable qu'elle s'appuyait sur des choses physiquement saisissables si elles eussent existé. Ainsi le vampire était un être inexistant, mais on l'appliquait très lucidement. Il sortait de terre, s'introduisait sur la couche vierge des jeunes filles, et de ses lèvres impures il buvait le sang de leur cœur. Le remords n'était pas une de ces profondes et dévorantes pensées qui rongent l'existence et dansent dans votre insomnie ; le remords s'habillait en revenant et venait d'une main froide tirer les rideaux de votre lit et vous parler à l'oreille. Cette puissance de pressentiment qui, de nos jours, fait de certaines âmes un objet de doute sur leur nature mortelle pour ceux à qui on les représente, cette intuition de l'esprit était alors un art, une science écrite dans certains livres et pratiquée par des sorciers. Une parole amère, un regard singulier, une parole souffrante, ne faisaient d'un homme, il y a six siècles, qu'un malade morose et non point un être fantastique.

Mais être mort et ressuscité, avoir des agens de Lucifer en personne dans le corps, faire du bout du doigt un ulcère incurable à la peau de celui qu'on touchait, tout cela n'existait pas, si vous voulez, mais c'était la condition nécessaire pour être admis parmi les êtres à puissance surhumaine.

A ce compte, Laurent avait laissé à Foulques le soin d'établir sa réputation, et celui-ci s'en était acquitté plus merveilleusement qu'il ne pensait. Aux récits de Foulques il faut ajouter l'esprit d'envie des chevaliers de moindre importance, qui supportaient impatiemment qu'un nouveau venu eût concentré sur lui les préférences de toute la maison de Montfort, assez inégalement réparties pour que chacun pût espérer d'en prendre sa part, et l'on concevra alors qu'il se fût fait contre Laurent une sorte de parti qui attendait le retour de Simon pour lui dénoncer ce chevalier. Sur ce point, l'accord était unanime ; mais il y avait débat sur les motifs de la dénonciation et sur les résultats. Foulques ne parlait d'autre chose que de le livrer aux évêques comme sorcier et de le brûler vif. Les chevaliers désiraient qu'il fût abandonné aux prévôts d'armes et pendu comme traître.

En appui de cette haine et de ces accusations venaient les désastres de la cause de la religion depuis que cet homme avait paru parmi les croisés, et ici peut-être est-il besoin de retourner en campagne et de battre un peu la plaine et les monts pour apprendre où en étaient les affaires des Albigeois et des Français.

L'OEil sanglant avait eu raison : l'heure paraissait sonnée de la délivrance ; les malheurs de la faiblesse avaient tellement dépassé les malheurs possibles de la résistance que le désespoir était venu encourager toutes les populations de la Provence. Disons même que dans ce livre, si nous avons plus négligé que dans l'ouvrage qui le précède le récit des événemens historiques, c'est que nous ne nous sentons pas la force d'écrire au bas de chacune de nos pages : « Et le château ayant été pris par les croisés, les femmes, les hommes et les enfans furent massacrés sans qu'il en restât de vivans que ceux qui parvinrent à s'échapper à la faveur de la nuit. » Ces mêmes tableaux, toujours répétés, eussent fatigué nos lecteurs de l'ennui des redites et du dégoût de cette orgie de massacre.

Mais à l'époque où nous sommes arrivés, la Provence, flagellée jusqu'aux os par l'épée de ses conquérans, se retournait saignante et furieuse, et si c'était encore une arène de meurtres, ce n'était plus du moins une tuerie de bouchers : c'était une lutte de soldats. La prévision de l'OEil sanglant s'accomplissait avec une rapidité qui permettait déjà de marquer le jour de la chute de Montfort.

D'abord les deux comtes de Foix, ceux de Toulouse et de Comminges, avaient laissé habilement passer Simon de Mon fort dans les lieux où ils auraient pu le combattre et l'arrêter. Depuis deux mois, grâce à cette manœuvre, il harcelait le Quercy, portant presque toujours avec lui le triomphe de son ambition. Sans doute il eût mieux valu l'attaquer de front et le vaincre. Mais tant de luttes répétées contre lui avaient tellement appris aux seigneurs de la Provence que là où était Montfort la victoire n'était possible que pour lui, qu'ils ne voulurent pas risquer leur dernier effort contre un si puissant adversaire, et le jugeant invincible de sa personne, ils tentèrent de prouver que sa cause ne l'était pas. Aussi, tandis qu'il soumettait Rhodez, Cahors, les comtes de Foix se levèrent soudainement; ils se précipitèrent sur tous les corps épars de croisés qui sillonnaient leur patrie de la Provence, les détruisirent avec une audace et une activité inouïes, reprirent quantité de châteaux sur leurs ennemis, et après avoir balayé les campagnes, vinrent, à la tête d'une armée immense, qui s'était levée de terre comme par enchantement, poser le siège devant Castelnaudary.

C'étaient toutes les forces de la croisade qui s'y étaient concentrées, mais désarmées de leurs chefs, et que les comtes provençaux comptaient détruire avant que Simon pût leur porter l'activité et le génie de son commandement. Le coup était décisif, et les mains qui le frappaient l'eussent rendu mortel à la conquête si elles n'eussent été entravées par la même faiblesse et la même duplicité qui avaient perdu le vicomte de Beziers, et peut-être aussi par des raisons dont nous seuls pouvons rendre compte. Mais nous n'avons pas à considérer l'histoire face à face; nous n'avons pas la prétention de la suivre dans sa marche jour à jour et d'en raconter les incidens; elle ne nous luit que par le reflet dont elle éclaire les acteurs que nous mettons en scène, et s'il nous est permis de faire une comparaison, nous ne la lisons pas pour ainsi dire dans le livre, où elle est écrite, mais dans le visage de ceux qui tiennent le livre, ou, si vous le préférez, nous ne voulons dépeindre l'orage ni dans son magnifique incendie ni dans ses bruissemens terribles, mais nous voulons en donner une idée par la physionomie de ceux qui l'écoutent. Nous laissons à d'autres les vastes et savantes descriptions du choc du dehors pour rester dans les observations plus modestes de l'effet qu'il produit sur quelques individus. Abandonnons donc le récit des attaques forcenés des comtes de Foix et de leurs rapides succès, et voyons ce qu'ils produisaient dans le cercle étroit où nous avons enfermé nos lecteurs.

Montfort, à la tête de quelques chevaliers, abandonna son pillage et sa soumission du Quercy, marcha seul ou presque seul vers le point menacé, trompa la vigilance de Roger-Bernard et se jeta hardiment dans Castelnaudary. Au bruit de son arrivée, Raymond se sentit pris d'une de ces terreurs superstitieuses qui considèrent certaines choses comme des impossibilités; disposition singulière qui fait braver à des cœurs médiocres les dangers les plus redoutables et qui laisse les plus braves guerriers sans courage contre la fatalité indomptable que leur imagination se crée. Raymond fut sur le point d'abandonner le siége de Castelnaudary dès qu'il apprit que Simon était dans le château; mais Roger-Bernard arrêta le comte de sa volonté de fer, et il lui dit en pleine assemblée :

— Sire comte, je ferai bâtir un mur infranchissable autour de nous; soyons enfermés avec Simon de Montfort dans une arène où il faudra que l'une de nos deux fortunes demeure à terre. Ce mur sera mon épée et celle de mes montagnards, et je jure Dieu que tout fuyard qui voudra passer dessus ou dessous n'a tête si haute ou ne la pliera si bas que je ne l'atteigne.

Raymond demeura donc dans le camp, mais ce ne fut plus avec le même courage ni la même espérance : Simon était un fantôme que Raymond n'osait regarder en face. Simon à genoux et chargé de fers eût fait reculer Raymond debout et armé. C'était un pouvoir magnétique. Napoléon l'a possédé contre l'Europe; Simon l'avait contre le comte de Toulouse. Cependant du côté des comtes de Foix le siége fut poussé avec cette activité qui naît surtout du succès.

En effet, depuis un mois, Simon, harcelé dans le château, voyait diminuer chaque jour ses moyens de défense. Dès les premières attaques de Roger-Bernard, le bourg s'était de lui-même livré aux ennemis de Simon et l'avait repoussé dans le château. Vainement celui-ci avait-il plusieurs fois repris le bourg; à chaque fois l'obstination acharnée du comte de Foix s'était remise dans cette possession, d'où il interceptait à Simon tout secours d'hommes et de vivres. Le dernier désastre de ce genre avait porté au comble la confiance des Provençaux et la détresse de Montfort.

Six mille Allemands, venus à travers la France, avaient pénétré jusqu'à quelques lieues de Castelnaudary. Simon, averti par des émissaires qui avaient trompé la vigilance de Roger-Bernard, se tenait prêt à faire une vigoureuse sortie dès que les six mille Germains seraient en vue de Castelnaudary. Mais ce fut vainement qu'il les attendit; les deux comtes de Foix s'élancèrent à leur rencontre et les attirèrent dans une embuscade par les mêmes signes qui devaient les avertir de la venue de Simon à leur rencontre. Ils les exterminèrent jusqu'au dernier, et l'on eût pu remarquer à la fin de ce carnage épouvantable que ce n'était plus le délire du combat qui frappait sans pardon, mais une sorte de prudence qui ensevelissait avec tous ces ennemis exterminés le secret de leur défaite et de la manière dont ils avaient été surpris.

La nouvelle en arriva bientôt à Castelnaudary et répandit une consternation qui alla troubler jusque dans leurs intérêts les plus cachés ceux pour qui les succès de Montfort n'avait été jusque-là que l'objet très secondaire de leur pensée. Presque tous s'aperçurent que son existence était la première condition de la leur, bien qu'ils eussent détaché leurs vœux des siens; pour Amauri, plus d'ambition grossière et de plaisirs brutaux si son père était chassé de la Provence; pour Bérangère, plus de vengeance et de triomphes vaniteux; pour Alix, peut-être aussi plus d'amour caché et perdu dans les fracas et le délire des succès de son mari. Ce fut dans ces circonstances qu'eut lieu la scène que nous croyons devoir rapporter.

Le soir de cet événement, Montfort, après avoir longuement visité le château de Castelnaudary, compté les hommes, pesé les vivres et, sans flatterie pour sa position comme sans désespoir, supputé ses moyens de défense, rentra dans l'appartement qu'il occupait dans la tour principale et fit appeler auprès de lui le petit nombre de ceux en qui sa confiance était complète : d'abord ceux de sa famille, puis Gui de Lévis, Bouchard, Foulques et Laurent.

Quand tous furent assemblés, silencieux et inquiets de ce qui allait arriver, Simon leur fit un signe pour les inviter à s'asseoir, et, demeurant seul debout au milieu d'eux, il commença en ces termes :

— Nous avons pour huit jours de vivres, nous sommes cent vingt chevaliers, il y a mille sergens et deux mille hommes de pied dans le château, et nous sommes investis par une armée de soixante mille Provençaux. Leurs machines sont prêtes, et si demain elles ne renversent les murs, dans huit jours la famine les aura désarmés : or, si Dieu ne nous sauve, nous sommes perdus. Dans cette circonstance, que pensez-vous qu'il faille décider ?

— Sire comte, dit Gui de Lévis, si pour défendre cette ville il faut mourir par l'épée ou la faim, je suis prêt ; si pour en sortir par capitulation il faut abandonner ma terre de Mirepoix, elle est à vous : voilà tout ce que je puis dire de moi. Quant à celui des deux partis qu'il vous plaira de m'imposer, permettez-moi de n'en point discuter : c'est votre gloire et votre nom qui y sont intéressés ; c'est à vous seul à les assurer comme vous l'entendrez.

— Sire de Lévis, s'écria Foulques, ce n'est point cela que vous demande le comte de Montfort ; nul ne doute de votre dévoûment; mais il s'agit d'un avis salutaire, et je pense que, puisqu'il m'a fait appeler en sa présence, il voudra bien écouter le mien.

— Parlez, dit Montfort.

— Il faut d'abord, dit Foulques, faire une différence entre ceux dont les services n'ont été qu'une espérance de fortune et ceux dont l'appui a été un sacrifice des biens et des avantages qu'ils possédaient. Que les premiers tiennent leurs volontés esclaves de celle de leur seigneur, c'est juste; mais ceux qui ont beaucoup apporté dans la fortune d'un allié ont le droit de sauver les restes de ce qu'ils y ont aventuré. Donc, d'après ce que vient de dire le sire comte, il me paraît impossible de résister plus longuement, et je pense qu'il serait honorable et prudent de rendre la place en stipulant les droits de chacun.

— Et quels sont les droits qu'il vous conviendrait de stipuler, maître Foulques? dit Montfort avec humeur.

L'évêque sourit aigrement à cette question et répondit au comte :

— Messire comte, je parle des vôtres ou de ceux de vos chevaliers ; les miens sont à l'abri de toute discussion ; il n'y a ni chef ni armée, sous quelque bannière qu'ils marchent, qui puissent faire que je ne sois pas l'évêque de Toulouse et aujourd'hui et à toujours, c'est-à-dire tant que je vivrai.

—Oui-dà ! tant que vous vivrez ? dit Laurent en regardant Foulques d'un air goguenard, et vos droits pourraient bien, d'ici à huit jours, mourir d'inanition. D'ailleurs, ajouta-t-il sérieusement, nous discutons comme s'il y avait ici un parti à prendre ; avant tout, il faut savoir si le seul qui nous reste n'est pas une défense désespérée.

— Pourquoi cela ? dit Foulques.

— Pourquoi ? reprit Laurent. Parce que vous êtes dans les mains de ceux qui ont été dans les vôtres et à qui vous n'avez accordé ni grâce ni traité en pareille circonstance. Les supposez-vous plus généreux que vous ?

— Sinon plus généreux, du moins plus timides, dit Montfort ; c'est d'eux-mêmes que me vient cette proposition de traité.

— D'eux ! s'écria Laurent, dont le trouble le domina un moment ; des comtes de Foix et de Comminges ?

— De leur suzerain, du comte de Toulouse, reprit Montfort.

Un sourire de mépris fut la seule réponse de Laurent, qui rentra dans son silence.

— Bouchard, dit le comte de Montfort, vous, qui ne m'avez point dit votre avis, que pensez-vous qu'il faille faire ?

— Mon oncle, dit Bouchard, si le nom de Montfort n'était allié à celui de Montmorency et si sa gloire n'était une partie de notre patrimoine commun, je vous eusse fait la même réponse que Gui de Lévis ; mais il ne m'en voudra pas si à son dévoûment j'ajoute celui d'un conseil : je pense qu'il faut traiter, puisque cela est possible.

Laurent sembla grincer des dents à cette parole. Bouchard continua :

— Messire comte, je ne ferais point cette proposition si ce n'étaient que des hommes qui fussent enfermés dans cette forteresse, mais il s'y trouve des femmes, et s'il arrivait que la place tombât dans les mains des Provençaux après une attaque où nous péririons tous, n'oubliez pas, sire comte, ce qui a été fait à Lavaur ; n'oubliez pas ce qui s'est passé à Saissac, car nos ennemis s'en souviendront.

Laurent avait écouté Bouchard avec une impatience qui n'avait point échappé au regard de Montfort. Quelque effort qu'il fît pour paraître tranquille, il laissait percer dans la contraction de ses lèvres une rage qui ressemblait trop à une espérance déçue pour ne pas être facilement devinée. Montfort continua en dirigeant ses paroles du côté de Laurent :

— Et qui sait, messire, si cette vengeance n'est pas plutôt le véritable but des Provençaux que la victoire elle-même ?

— Mais, dit Laurent avec violence, ils ne le prouvent pas en offrant de traiter.

— Mais d'autres, dit Simon, le prouvent peut-être en s'y opposant.

Tous les regards étaient portés vers Laurent. Il s'aperçut de cette attention, et, contraignant toute émotion, il répondit froidement :

— Qui donc a refusé de traiter ?

Il avait compris que cette assemblée pouvait être un piège ; il devina les soupçons de Montfort et lut dans le regard furtif de Foulques que c'était lui qui les lui avait inspirés. A ce moment toute une autre espérance s'était montrée à lui ou plutôt un tout autre plan de conduite. A celui qui eût pu porter le flambeau dans les ténèbres de cette âme eût apparu une volonté d'arriver à tout prix au but qu'elle s'était donné ; mais en crainte de se fourvoyer dans le sentier qu'elle avait à prendre, cette volonté s'arrêta tout net et laissa à d'autres à décider la marche des événemens, se réservant de les suivre ensuite à la piste ou de se porter à leur rencontre, selon ses intérêts. Laurent donc se remit sur son siège et, posant sa tête sur sa main, sembla se laisser aller à ses sombres pensées.

Montfort le regarda quelque temps, et, après avoir échangé un coup d'œil avec les personnes présentes, il s'adressa directement à Laurent :

— Eh bien ! lui dit-il, sire chevalier, quel est votre avis en cette circonstance ?

— Mon avis ? dit Laurent, je n'en veux pas avoir. Sire comte, c'est une charge bien lourde que la vie ; et il y a des hommes pour qui le poids en est d'autant plus insupportable qu'il leur est mal attaché sur la tête et que, de même qu'un casque faussé, il les blesse de quelque côté qu'ils veuillent le porter. J'en suis là, sire comte, et j'avoue que quelquefois mon courage y succombe. J'ai cependant fait beaucoup pour ne pas être seul dans ce monde à subir la charge que le sort m'a jetée, et, sans vouloir la faire partager à personne, j'ai eu la folie de croire que ceux à qui j'avais prêté mon appui dans les dangers et les espérances de leur vie ne me laisseraient pas sans appui dans les plus rudes passages de la mienne.

Il se tut un moment, après avoir pour ainsi dire accentué ses paroles d'un regard lent et triste qu'il jeta sur ceux qui l'entouraient. Un silence glacé répondit sous cet appel. Amauri semblait embarrassé ; la comtesse jeta un regard timide sur Bouchard, et Bérangère se mordit les lèvres avec dépit. Monfort les examinait avec soin ; puis il dit à Laurent :

— Et quels sont ceux à qui vous avez prêté appui et qui ne vous tendent pas la main à cette heure ?

Laurent se leva et d'un nouveau coup d'œil il interrogea les personnes présentes ; tous les yeux se baissèrent sous le sien. Alors regardant Montfort en face, il répliqua vivement :

— Vous me demandez qui m'abandonne à cette heure. Eh bien ! le premier de tous, c'est vous.

Les autres respirèrent.

— Moi ? dit le comte.

— Vous, qui, ayant dans votre armée un chevalier qui pour votre cause a jeté sa vie aux combats et secouru votre pénurie de ses trésors, n'avez pas eu un mot pour le défendre contre les lâches délations de quelques envieux et les craintes ridicules d'un prêtre imbécile.

Cette accusation de l'accusé produisit d'abord le résultat ordinaire à cette tactique ; la nécessité de se défendre détourna Montfort de ses premières intentions, et il répondit avec embarras :

— Quel chevalier ai-je abandonné dont les services fussent tels que ceux que vous venez de dire ?

— Quel chevalier ? dit Laurent. Moi ! et s'il faut vous dire les noms de tous les acteurs de cette scène, les envieux pourraient s'appeler ici le sire de Lévis, et le prêtre imbécile, Foulques. N'est-ce pas vrai, comte de Monfort ?

— Messire Laurent, reprit vivement le comte, embarrassé, vous supposez...

— Messire Laurent, s'écria en même temps Gui de Lévis, vous m'outragez !

— C'est un blasphème que parler ainsi d'un saint évêque, dit Foulques.

— Me suis-je trompé ? reprit Laurent.

Le comte de Montfort se tut ; puis il ajouta :

— Si ce qu'on m'a dit est vrai...

Il s'arrêta.

— Eh bien ! que vous a-t-on dit et qui vous l'a dit ? reprit Laurent.

Le comte ne répondit pas.

— Ah ! je le sais maintenant, dit Laurent. Ce qu'on vous a

dit est si insensé que vous n'osez le redire ; ceux qui l'ont dit sont si lâches qu'ils n'osent le répéter.
— Eh bien ! s'écria Gui de Lévis, j'ai dit et je répète que vous êtes un traître !
— Un traître !... répéta Laurent en portant la main à son épée.
— Oui, reprit Foulques, encouragé par la sortie de Gui, un traître, un damné, un hérétique !
— Comte de Montfort, dit Laurent d'un air où le mépris s'ajoutait à un rire mal retenu, faites, je vous supplie, appeler votre médecin pour ces deux hommes : pour cet évêque, afin qu'il le traite pour sa folie ; pour ce chevalier, afin qu'il lui donne les soins qu'exige un homme à qui j'arracherai la langue qui a prononcé sur moi le nom de traître.
— Sire Laurent, dit Montfort avec autorité, l'épée n'est pas le juge de pareilles accusations : la trahison n'a plus droit de la porter, et tenez-vous pour assuré que si ce qu'on dit est vrai, il n'y aura d'autre vie que la vôtre qui paiera le nom de traître que vous avez mérité.
— Et, dit Laurent en reprenant son sang-froid, quelles sont ces accusations? Voyons, sire de Lévis, voulez-vous bien me les faire connaître?
Ce fut le tour de celui-ci d'être embarrassé : il hésita un moment et répondit avec brusquerie :
— C'est sur la foi du saint évêque Foulques que j'ai parlé.
— Eh bien ! maître Foulques, reprit Laurent, qu'avez-vous à me reprocher ? Parlez.
— Oui, dit Foulques avec une résolution furieuse, telle qu'on voyait que le saint évêque croyait faire le plus grand acte de courage du monde, oui, je parlerai, je dirai tout. D'abord...
Il s'arrêta, il fit le signe de la croix et reprit :
— D'abord, fils du démon, je te maudis! Arrière, Satan ! Anathème sur ta tête damnée !
Laurent se prit à rire, et le comte de Montfort dit avec humeur :
— Sire évêque, ce n'est point de cela qu'il s'agit, mais des faits que vous voulez révéler contre et qui doivent confondre le sire Laurent. Allons, parlez. Que savez-vous contre lui?
— Eh bien ! dit l'évêque en tremblant, cet homme n'est point le sire Laurent de Turin.
— Qui suis-je donc? reprit Laurent.
— Vous êtes Albert de Saissac, dit l'évêque avec un tel effort de courage qu'il en devint tout pâle.
— Quoi ! celui qui est mort ! s'écria Laurent en éclatant de rire.
Cette gaîté n'ébranla point le sérieux des personnes présentes. Il semblait y avoir contre Laurent une détermination bien prise ou bien imposée de se tenir en garde contre toutes les tentatives d'échapper à une explication formelle.
— Non point celui qui est mort, s'écria Monfort avec colère, mais celui qui, à la porte de Carcassonne, a dit tout haut que, soit par le poison, soit par le fer, soit par ruse ou guerre, il vengerait son père et sa sœur. Voilà qui vous êtes, messire Laurent, ou plutôt qui l'on vous accuse d'être : répondez. Quelque malheur que le sort nous envoie, nous ne le subirons pas sans avoir puni le traître qui nous l'a attiré en se glissant parmi nous.
— Quoi ! dit Laurent, cette fable a trouvé créance dans l'esprit du comte de Montfort ; cette folie, qui m'avait paru un si joyeux ridicule à ajouter à tous ceux de cet évêque jongleur, c'est le chef de la croisade, le plus habile et le plus terrible chevalier de la France, qui s'y laisse surprendre. Ah ! messire comte, jamais on ne perdit en un instant une plus grande foi en un grand courage que je ne le fais à cette heure. Permettez que je me retire et que je désavoue un service dont je m'étais fait gloire mais que tu n'y tiens la mienne. Prouve-moi qu'on t'a
A ces mots, Laurent se leva ; mais, à l'instant même, Montfort, Bouchard, Amauri et Gui de Lévis tirèrent leurs épées et se placèrent entre lui et la porte, tandis que la comtesse de Montfort et Bérangère se rapprochèrent l'une de l'autre, silencieuses et presque intelligentes de leur danger commun. Pour la première fois, elles confondirent dans un sentiment de peur leurs âmes, si peu accoutumées à sentir ensemble.

Le doute du parti que Laurent allait prendre troublait plus d'une conscience ; il pouvait, après en avoir appelé à la reconnaissance de Montfort, s'adresser à l'espèce de complicité qui existait, du moins par la confidence, entre lui et des coupables qui l'abandonnaient ; il pouvait vouloir perdre qui n'osait le secourir ; et assurément aucun ne l'eût osé, car Montfort, en avertissant sa femme et ses enfans qu'il voulait enfin éclaircir les doutes qu'il avait sur Laurent, les avait impérieusement avertis qu'il prendrait comme preuve des bruits répandus contre lui toute intercession d'eux en sa faveur. Ces paroles, Montfort les avait prononcées avec un de ces regards qui portent avec eux plus de soupçons qu'on n'en laisse percer dans le discours.
Pour tout le monde la situation était depuis longtemps pénible : à ce moment elle devint affreuse. En effet, Laurent s'était arrêté et demeurait immobile. Il avait d'abord porté un regard curieux sur le visage de la comtesse et sur celui de sa fille, qu'il vit assez tremblantes pour comprendre qu'elles obéissaient à un ordre plus fort que leur volonté ; il considéra ensuite Bouchard, qui semblait l'encourager à se disculper, et Amauri, qui, les yeux baissés et l'air sombre et résolu, paraissait attendre qu'un signal pour égorger Laurent, à la première parole qui eût pu compromettre le secret qu'il portait en lui.
Non-seulement la vie de Laurent, mais la pensée inconnue de cet homme se trouvaient en danger, sa pensée, son espérance, son œuvre inachevée ; et ce fut elle qui devint le sujet de la méditation où il s'arrêta un moment.
En toutes choses que l'homme fort se propose, le but une fois atteint, il prend un temps de repos : court, si la marche a été facile ; plus long, s'il a fallu y dépenser beaucoup de forces ; éternel, quand il en a fait l'unique intérêt de sa vie. Ainsi, mourir n'était pas la crainte absolue de Laurent : c'était mourir avant d'avoir mené à exécution la pensée secrète de son âme qui était à la fois son désespoir et sa rage. Dans les quelques minutes de son immobilité, il pesa le destin de tous ces gens qui l'entouraient, l'honneur de la comtesse de Montfort, celui de sa fille, la vie d'Amauri, celle de Bouchard, qui ne lui furent point obstacle par la pitié qu'il éprouva de les briser, mais qui l'arrêtèrent par l'incertitude où il était de les briser assez cruellement. Puis, il pensa que dans la route qu'il avait à parcourir il était arrivé à un de ces abîmes qu'il fallait franchir à tout prix, et, inexorable qu'il était dans la résolution qu'il avait prise, il se décida à le combler, fût-ce de cadavres ; mais il voulut avant choisir les victimes. Il répondit donc à Montfort :
— Sire comte, ne pensez pas que je me croie en votre pouvoir parce que vous êtes quatre hommes armés contre un chevalier sans défense. Outre l'épée que je puis tirer du fourreau pour briser les vôtres, ce sont des paroles que je puis faire sortir de mon cœur, telles qu'elles feraient tomber vos poignards à mes pieds ; cependant, je me tairai sur les autres et je parlerai sur moi. Mais pour que je le fasse sincèrement, je veux que vous soyez sincère avec moi. Est-il vrai qu'on vous a offert de traiter?
— Sur l'honneur, dit Montfort, je te le jure.
— Entre hommes qui s'interrogent l'épée à la main et le doute au cœur, il n'y aucuns sermens possibles, Montfort ; je te demande des preuves.
— Tu railles ! s'écria Montfort.
— Sur l'honneur, dit Bouchard vivement, le comte de Toulouse a envoyé un messager secret.
— Silence, Bouchard ! dit Montfort ; avez-vous à répondre aux questions d'un homme soupçonné de trahison ?
— Montfort, reprit Laurent, je tiens plus ta fortune dans mes mains que tu n'y tiens la mienne. Prouve-moi qu'on t'a offert de traiter, et tu sauras ce que tu veux savoir, tu seras ce que tu veux être. Écoute, reprit-il avec un accent cruel, tandis que ses dents claquaient, prouve-moi cela, et puis tu verras. Je suis en ton pouvoir ; tu peux m'égorger avant que je ne sorte de cette chambre et faire que ce que tu vas me faire entendre ne passe dans mon oreille que pour me suivre dans le silence de la tombe. Eh bien ! prouve-moi qu'on t'a

offert de traiter ; fais cela, Montfort, je t'en supplie !...... tu verras... tu verras...

Après ces mots, Laurent parcourut la chambre avec une sorte de fureur exaltée, puis il s'arrêta tout-à-coup et reprit avec rage :

— Des preuves ! ah ! donne-moi des preuves !

Il y avait quelque chose de si sombre et de si terrible dans le désespoir de Laurent que Montfort, après l'avoir considéré un moment, lui dit :

— Eh bien ! je te les vais donner.

Laurent s'arrêta et devint pâle comme si on lui annonçait une épouvantable nouvelle. On sentait, à cet effroi qui le prit, qu'il doutait qu'on pût lui accorder ce qu'il demandait avec tant de rage. Mais cet effroi n'était pas celui que s'imagina Montfort. Ce n'était pas la peur de ne pouvoir s'échapper de sa situation, c'était l'épouvante d'être forcé d'y échapper par le moyen qu'il avait résolu.

Sur un signe du comte de Montfort, Amauri était sorti. Sur un nouveau signe, chacun remit l'épée dans le fourreau et reprit sa place en silence. Montfort, soucieux, continua à demeurer debout. Quelques minutes s'écoulèrent ainsi. Les regards n'osaient pas même s'entretenir. Chacun se taisait les yeux baissés. Amauri rentra ; deux hommes le suivaient. Laurent se retira dans l'ombre de l'angle le plus écarté. Avec ces deux hommes entrèrent quatre esclaves de ceux que les chevaliers croisés avaient ramenés de la Palestine, muets, armés d'un coutelas, qui, large, terrible et pesant, était un sûr instrument de supplice, quoiqu'il eût été une mauvaise arme de combat.

Les deux hommes qui, les premiers, étaient entrés avec Amauri étaient Arregui, le chevalier borgne, ce misérable reste de cent chevaliers, auquel Montfort avait laissé la vue par une insultante pitié et à titre de conducteur d'un troupeau de mutilés, et David Roaix, le bourgeois de Toulouse, le chef de la confrérie noire. Le choix de ces deux messagers était une preuve plus convaincante de la situation fâcheuse de Montfort que ce qu'il en avait pu dire lui-même. Arregui envoyé à Montfort et David Roaix en présence de Foulques, étaient déjà une menace pour ceux qui étaient forcés de traiter avec eux. Lorsqu'ils furent entrés, Montfort s'adressa à eux rapidement et comme pour ne pas donner à sa pensée le temps de faire ce triste retour :

— Maîtres, leur dit-il, vous voici en présence de ceux qui doivent décider sur vos propositions ; répétez-les et ils vous diront leur réponse.

— Ne leur avez-vous point fait part de votre message, sire comte ? dit David Roaix.

— Non, dit Montfort ; d'ailleurs, ils désirent l'entendre de votre bouche. Hâtez-vous, car il faut que la décision soit prompte de quelque côté qu'elle tourne.

— Eh bien ! messires, dit David Roaix, voici ce que le comte de Toulouse, seigneur suzerain de cette contrée, propose au comte de Montfort :

« Celui-ci dispersera et renverra l'armée des croisés qu'il commande ; remettra aux mains du comte de Toulouse tous les châteaux de sa suzeraineté qu'il tient encore dans ses mains ; obtiendra, par son intercession et par la déclaration qu'il fera entre les mains des légats que toutes les accusations portées contre le comte de Toulouse sont des calomnies, il obtiendra, disons-nous, que l'interdit jeté sur ledit comte soit levé. Il livrera audit comte l'évêque Foulques, pour qu'il soit traduit au concile des évêques de la Provence comme fauteur de discordes et de persécutions. »

— Blasphème ! s'écria Foulques.

— Laissez, laissez dire, reprit Montfort. Continuez, maître bourgeois. Ensuite ?

« Il abandonnera tous châteaux actuellement en sa possession et appartenant aux comtes de Foix ; il en fera de même pour ceux de Comminges et de Conserans, et à ces conditions il pourra quitter Castelnaudary et se retirer dans la ville de Carcassonne ou de Beziers, dont la possession lui est concédée, toutefois après qu'il en aura fait raser les murs jusqu'à leurs fondemens, et qu'il aura reconnu la suzeraineté du comte de Toulouse. En outre, il engagera ses terres de Montfort entre les mains du roi de France à l'exécution loyale de ce traité. »

A ce moment, Laurent se leva, et du fond de l'appartement où il se tenait pour ainsi dire caché, il dit d'une voix altérée :

— Est-ce tout, maître David Roaix ?

— C'est tout, répondit celui-ci, frappé du son de cette voix.

— C'est tout, répéta Arregui.

— Et de qui êtes-vous les envoyés ?

— Nous sommes envoyés, dit Arregui, par le comte de Toulouse, les deux comtes de Foix et ceux de Comminges et de Conserans.

— Et..... reprit Laurent avec une hésitation singulière, c'est bien tout ce qu'ils vous ont chargés de dire ?...

— Tout, répondirent les deux envoyés.

Laurent poussa un profond soupir de désespoir, puis il reprit avec effort et d'une voix dont le tremblement annonçait qu'il était épouvanté de la réponse qu'on allait lui faire :

— Et ils n'ont rien stipulé en faveur du jeune héritier du vicomte de Beziers ?

— Rien, répondit Arregui en baissant les yeux.

— Et, continua Laurent avec une amertume croissante, personne n'a élevé la voix en sa faveur dans le conseil de vos comtes ?

— Personne.

Laurent se frappa le front et baissa la main jusqu'à ses yeux comme pour en arracher une larme qui lui faisait mal. Puis il continua, la voix vibrante entre ses dents serrées :

— Et pour nul autre châtelain des comtés de Carcassonne et de Beziers il n'a été demandé réparation et justice ?

— Pour nul autre.

— Quoi ! dit Laurent, dont chaque mot devenait plus serré à la gorge, plus profond d'amertume. Quoi ! rien pour Guillaume de Minerve ?

— Rien...

— Pour... il s'arrêta ; pour Pierre de Cabaret ? Quoi ! rien ?

— Rien.

— Rien pour personne ! s'écria-t-il enfin en s'avançant tout-à-fait, en se montrant à David Roaix et à Arregui, qui, d'abord terrifiés par l'expression épouvantable de son visage, le furent encore plus en reconnaissant des traits qui devaient être écrits dans leur mémoire à côté d'épouvantables malheurs. Ils baissèrent les yeux et répondirent d'une voix sourde :

— Non, rien !

Laurent, à ce mot, tressaillit et ferma les yeux comme pour se mettre seul avec lui-même ; ses traits devinrent tirés et pâles comme ceux d'un mort, il demeura ainsi immobile. Puis, laissant tout-à-coup échapper de sa poitrine un soupir qui semblait emporter avec lui tout le désespoir de sa situation, il répondit doucement :

— Alors, c'est bien, c'est assez.

Et d'un geste il fit comprendre au comte de Montfort qu'il pouvait renvoyer ces hommes. Le comte leur dit de se retirer, et tout-à-coup Laurent se retrouva avec ceux qui l'avaient interrogé. Alors il s'avança vers Montfort et lui dit :

— Et maintenant, que voulez-vous de moi ? Un nom, un vain son que je ne veux plus entendre prononcer. Folie ! je vous offre pour garantie de moi-même plus que des sermens : je vous offre l'extermination de cette armée qui nous entoure ; ce n'est plus une défense désespérée, ce n'est plus un traité honteux, c'est la victoire et la vengeance ; ce n'est plus la comté désarmée et vassale de Carcassonne ou de Beziers, c'est la comté souveraine et puissante de Toulouse et de Provence. Les voulez-vous ainsi sans autre explication ? Je n'en puis donner et n'en donnerai pas. Maintenant, décide. Accepte ou fais-moi tuer ; mais n'oublie pas qu'en mourant je puis te laisser au cœur une morsure de vipère qui te tuera aussi.

Montfort, surpris de cette proposition, du ton dont elle lui était faite, jeta autour de lui non plus ce regard soupçonneux qui cherchait à deviner les plus secrètes pensées des autres, mais ce coup d'œil embarrassé qui demande conseil. Il n'en fallut pas tant pour déterminer tous ces intérêts cachés qui l'entouraient à le pousser à ce qu'ils souhaitaient. Amauri fut le premier qui s'écria :

— Acceptez, mon père ; c'est le salut de votre gloire et de notre cause. Le sire Laurent de Turin est notre meilleur soutien.

— Acceptez, dit Bouchard ; puis il ajouta tout bas : Que nous importe un secret qui tient peut-être à un vain respect pour les jugemens des hommes, qui auraient droit de condamner dans Albert de Saissac ce qu'ils honoreront dans Laurent de Turin !

— C'est peut-être un vœu de religion, dit doucement la comtesse.

— Ou d'amour, dit Bérangère en s'approchant de son père et en jetant un regard d'orgueil sur Laurent.

— Oui, lui dit Simon en souriant, je sais que tu es belle ; et vous, Bouchard, Amauri, je sais que la gloire de mon nom vous est chère. Vous aussi, Alix, je suis assuré de votre amour. Eh bien ! qu'il en soit comme vous voudrez.

Après ces mots le comte de Montfort s'approcha de Laurent et lui dit :

— Je me livre à toi, Laurent ; que faut-il répondre à ces envoyés ?

— Répondez-leur, sire comte, répliqua le chevalier, que vous leur apporterez vos suprêmes volontés dans la ville de Toulouse, rasée et démantelée, ayant à votre droite l'évêque Foulques et à votre gauche le sire Lévis de Mirepoix, votre sénéchal. Et puis, s'il le faut, sire comte, je vous dirai mon nom dans l'église de Saint-Étienne, à côté du cercueil vide que Foulques a refusé de bénir, et où vous pourrez me coucher pour l'éternité si je vous ai trahi d'un mot dans les promesses que je vous fais.

Le comte de Montfort, comme tous ceux qui ont pris un parti après une longue hésitation, suivit sa résolution plus aveuglément qu'il n'eût fait peut-être s'il avait moins tardé à la prendre, et sur la foi des paroles de Laurent, il fit transmettre aux deux envoyés l'insolente réponse que le chevalier lui avait dictée.

— Maintenant, sire comte, dit tout bas Laurent à Montfort, qu'il n'y a plus à prendre que des résolutions de guerre, il suffirait de la présence de ces chevaliers dans cette salle.

Montfort invita sa femme et sa fille à se retirer, et les cinq chevaliers demeurèrent seuls avec l'évêque Foulques.

V.

COMBAT DE CASTELNAUDARY.

A l'issue de cette conférence, qui dura plusieurs heures, Bouchard de Montmorency quitta le château, et Gui de Lévis le suivit quelque temps après. Chacun partit accompagné d'un petit nombre de chevaliers choisis. Ni l'un ni l'autre ne s'expliqua sur la cause d'un départ si précipité, et, dans la pénurie d'hommes où se trouvait Montfort, on jugea que ce n'était que pour de puissans motifs qu'il s'était séparé de ses meilleurs et de ses plus fidèles chevaliers.

Une circonstance non moins extraordinaire fit soupçonner quels pouvaient être ces motifs. Le peu de vivres que renfermait le château et qu'on estimait pouvoir suffire aux besoins de huit jours furent distribués en abondance comme inutiles à ménager. On supposa que le lendemain devait être un jour décisif, que Montfort avait abandonné le système de défense lent et funeste qui rongeait son armée par la faim et par des combats sans résultat. L'ordre que chacun reçut de se tenir prêt pour le lendemain fit du soupçon de l'armée une certitude qu'elle comptait voir se réaliser au point du jour.

Cependant lorsqu'une partie de la journée se fut écoulée sans autre soin de la part de Montfort que de visiter ses hommes d'armes et de s'assurer de leur bonne tenue, on commença à croire qu'il s'agissait d'une fuite pendant la nuit, et bientôt des signes de mécontentement éclatèrent parmi les chevaliers comme parmi les soldats. Quelque désespérée que fût la position du château, les croisés ne pouvaient s'accoutumer à l'idée de le quitter par la fuite. Un combat, fût-ce une défaite, fût-ce la captivité, fût-ce l'égorgement d'eux tous, leur semblait préférable à la honte de fuir devant ces Provençaux jusque-là traités par eux comme un bétail immonde. Ces murmures cependant ne s'adressèrent point directement à Montfort, ils attaquèrent Laurent, à l'influence funeste duquel ils attribuaient tous les malheurs de l'armée. En outre de cette fâcheuse disposition des esprits, Laurent avait laissé s'envenimer à côté de lui une haine sur laquelle il n'avait versé ni le baume de la flatterie ni celui de l'espérance. Entre tous les intérêts de vie et de mort qu'il traînait à sa suite, il avait oublié qu'il avait blessé un orgueil de prêtre et de poète ; Foulques s'en était souvenu, et, grâce à lui, les clercs répandus dans les rangs des soldats n'étaient pas les moins ardens à murmurer et à menacer.

Montfort, les ayant entendus tandis qu'il parcourait les rangs des soldats, se tourna vers Laurent, qui le suivait, et lui dit :

— A ceux-là aussi il faudra donner un gage.

— Eh bien ! répondit Laurent, je leur donnerai la victoire.

— Sire chevalier, répliqua le comte, depuis trop longtemps ils sont habitués à la tenir de mes mains pour vous en faire honneur si aisément.

— Quel gage demandent-ils donc ? reprit Laurent. Ne sera-ce pas assez de cette foule de Provençaux restés sur le champ de bataille et que j'y coucherai de mon épée ?

— Assez pour moi, dit Montfort, mais pas assez pour eux.

— Et que leur faut-il encore ? dit Laurent en s'arrêtant comme un homme qui craint de faire un pas de plus dans une voie où il est maladroitement engagé ; que faut-il donc ?

— Rien que ce que je ferai moi-même si Dieu nous accorde la victoire, repartit Montfort, et je ne pense pas que vous ayez à vous alarmer en vous engageant à faire comme je ferai.

— Soit, dit Laurent après un moment de réflexion ; vous faites bien de me rappeler que vos actions sont un modèle qu'il me faut suivre. Allons.

Pendant ce temps, les murmures des soldats s'étaient accrus insensiblement ; bientôt ils éclatèrent en invectives animées contre Laurent de Turin. Les prêtres, mêlés aux chevaliers et aux archers, les excitaient avec violence, et bientôt toute cette rumeur se condensa en un immense cri :

— Mort au traître ! mort au damné !

Montfort voulut apaiser ce bruit et fit signe qu'il allait parler ; mais les soldats, avec cette rage prévoyante de la colère, qui refuse d'entendre toute raison de peur de s'en laisser persuader, les soldats continuèrent à crier :

— Mort ! mort à Laurent, le traître et le damné !

Déjà même les rangs s'ébranlaient ; les lances et les épées menaçaient Laurent ; un seul audacieux qui eût osé s'élancer jusqu'à lui et le frapper, et c'en était fait de sa vie. Non pas que Montfort, non pas qu'Amauri, qui le suivait, non pas que Laurent lui-même n'eussent fait tomber à leurs pieds le premier qui se fût présenté, vingt qui l'eussent suivi, mais c'en était fait de tout ordre, et qui sait si les soldats, dans leur exaspération, n'eussent pas confondu Montfort dans l'arrêt porté contre Laurent, si le comte eût voulu défendre celui-ci.

Simon, en toute autre circonstance, n'eût pas hésité à jeter ce chevalier comme une proie à la fureur de ses soldats : en effet, il leur avait souvent donné davantage, car le service de tous ces hommes était volontaire, et il fallait les payer de quelque prix que ce fût. Longtemps ç'avait été par la victoire, au bout de laquelle étaient le pillage et le butin ; d'autres fois ç'avait été par la dévastation, par le meurtre, sans autre résultat que le mal ; par des supplices, par des bûchers, par toutes ces joies féroces qui enivrent la superstition. A cette heure, le grand banquet d'orgies sanglantes était fermé ; une seule victime se présentait à cette soif insatiable ; il était bien difficile de la lui arracher, il le fallait cependant, car Laurent portait en lui la dernière espérance de Montfort. Vainement celui-ci tentait du geste et de la voix d'apaiser ce terrible tumulte, la clameur ardente et continue de ces mille voix couvrait la sienne, et il craignait également de se retirer ou de demeurer plus longtemps.

Au moment où tout paraissait désespéré, Foulques parut à l'une des fenêtres du château qui dominait l'enceinte où avait lieu cette espèce de révolte : son aspect fit diversion à la colère des soldats, et les acclamations qui l'accueillirent partagèrent les voix, qui jusque-là avaient été réunies dans un cri unanime de mort. A l'accueil que reçut l'évêque de Toulouse, Montfort ne douta point que ce ne fût lui qui fût l'instigateur de cette rébellion, et il crut qu'après l'avoir excitée il voulait se donner la gloire de l'apaiser, tandis que lui, Montfort, avait été impuissant contre elle. Mais Laurent devina mieux à quelle nécessité cédait le misérable évêque lorsqu'il aperçut derrière lui Goldery et son page Ripert.

Et voici ce que le premier disait à Foulques, pendant que les soldats l'accueillaient avec de longs cris de joie :

— Écoute, maître évêque, ils sont là-bas trois mille qui croassent autour de ce vivant comme des corbeaux autour d'un cadavre; mais, fussent-ils cent mille, je te réponds qu'ils ne feront pas de mon maître un hachis plus menu que je ne ferai de toi, si tu ne le tires de leurs griffes.

— Sauve-le, saint évêque, disait Ripert en le suppliant, sauve-le, et je vouerai à ton église un ciboire d'or garni de pierres précieuses.

Foulques n'avait répondu à Goldery que par un regard plein de haine; mais lorsque Ripert lui parla, il fixa ses yeux sur lui et lui répondit doucement :

— Enfant, si tu veux te faire clerc de mon évêché et devenir mon camérier, je sauverai la vie à ton maître en cette occasion.

— Le vieux damné ! s'écria Goldery ; je poignarderais Ripert de mes mains plutôt que de le laisser un seul instant dans les tiennes. Allons, hâte-toi, n'oublie pas que la porte est fermée et que chaque coup qui sera porté à mon maître retentira dans ton cœur, et, par saint Satan, mon patron, je te jure que l'écho sera fidèle !

Et aussitôt il montra à Foulques la pointe d'un bon coutelas, d'autant plus effroyable que ce n'était point une arme de guerre, et qu'il semble plus affreux de périr par un instrument réservé aux usages de la vie que par celui dont la tâche est de donner la mort. Le coutelas de Goldery était celui dont il se servait pour faire cette excellente cuisine dont Foulques s'était si souvent repu malgré sa haine contre Laurent, et, par une singulière disposition de l'esprit, l'idée d'être dépecé comme un chevreuil ou un quartier de mouton n'entra pas pour peu dans l'horreur que lui inspira cette lame large et aiguë, dont Goldery faisait scintiller la pointe à ses yeux.

Foulques s'approcha donc de la fenêtre, et au premier signe il obtint ce silence que tous les efforts du comte n'avaient pu rétablir un seul instant. Il fut facile de voir par quel moyen l'évêque arriva si vite à ce résultat. Au mouvement qu'il avait fait, tous les clercs répandus parmi les soldats avaient mis à apaiser le tumulte le même empressement que d'abord ils avaient mis à l'exciter. Cette brusque transition n'échappa point à Montfort, et il murmura sourdement en s'adressant à son fils :

— Tant que nous n'aurons pas brisé cette chaîne qui nous tient aux pieds, nous ne ferons que trébucher dans cette voie qui devait nous mener si loin.

Cependant le silence était rétabli ; Goldery n'eut que le temps d'ajouter à voix basse :

— Tout à l'heure vous trinquerez ensemble à la même table dans ce monde ou à la même table dans l'enfer.

Force fut à Foulques d'obéir à une injonction appuyée d'un argument aussi significatif que celui de Goldery ; mais la haine de l'évêque ne put se décider à faire le sacrifice tout entier, même à la peur qu'il éprouvait, quoique ce fût le plus impératif des mauvais sentiments qu'il portait en lui. C'est que sa haine contre Laurent ne venait ni d'un danger couru ni d'une trahison subie; elle venait de son orgueil blessé ; et si l'on se rappelle que la robe épiscopale de Foulques recouvrait un fond de poète, on comprendra aisément, et sans qu'il soit besoin d'invoquer le témoignage d'Horace, que cette haine fût implacable. Le nom d'évêque imbécile sonnait incessamment à l'oreille de Foulques ; elle l'excitait comme la clochette attachée à la tête superbement stupide d'un mulet : aussi fit-il ce qu'il fallait pour le salut exigé sans compromettre sa vengeance ; le calme était rétabli, chacun était prêt à l'écouter, et Foulques s'écria :

— Mes frères, une inspiration du ciel vient de me révéler que la vie de cet homme est nécessaire à la victoire du Seigneur; ne le frappez donc point, car il porte en lui la garantie de notre victoire.

Malgré l'autorité de Foulques, autorité qui contrebalançait celle de Montfort lorsqu'il s'agissait de religion, cette autorité n'arrêta pas de prime abord l'élan de colère qui avait agité les esprits, car il n'est mains si faibles qui ne puissent dénouer le lien qui tient un cheval fougueux, et souvent il n'est bras si fort qui puisse l'arrêter. Quelques cris protestèrent contre les paroles de Foulques, et l'évêque était trop habile pour n'en pas profiter : alors, paraissant subir comme une nécessité le tumulte qu'il avait animé en secret, il compromit la dernière ressource de Montfort comme il avait joué la vie de Laurent, en se gardant le droit de dire qu'il n'avait pu mieux faire.

— Frères, reprit-il, la victoire nous viendra par cet homme; il l'a promis solennellement au comte de Montfort et il a offert sa vie en gage de sa parole. Pour que ce gage ne soit pas illusoire, voici à quelles conditions il a été accepté. Pendant que vous combattrez les hérétiques qui vous entourent, ce chevalier demeurera sous ma garde ; il y demeurera placé sur la haute tour qui domine la ville et ses campagnes; je serai à ses côtés, et à ses côtés aussi des hommes qui, au premier signal, à la première surprise de vos ennemis, le puniront de sa trahison.

— Maître Foulques, murmura Goldery, pour ceci nous aurons un autre compte à régler ; si vous veillez de si près sur le sire Laurent, un autre veillera de plus près sur vous, et n'oubliez pas que si ce n'est moi, j'y mettrai le diable en personne.

Foulques, qui ne pouvait tout-à-fait se dépouiller du souvenir de la résurrection arrivée à Saint-Étienne, Foulques devint tremblant ; mais quand il voulut regarder où était Goldery, il ne le vit plus à ses côtés. Pendant ce temps les soldats, adoptant la promesse de Foulques, réclamèrent à grands cris pour qu'on leur livrât la personne de Laurent. Celui-ci, pour qui une heure de répit paraissait toujours une ressource inépuisable, celui-ci dit tout bas à Montfort :

— Promettez-leur ma personne, sire comte ; l'éloquence de Foulques leur prouvera plus tard que ce qui leur a semblé une nécessité est devenu bientôt inutile ; n'est-ce pas son métier de prêtre ?

— Oh ! s'écria le comte avec humeur, la seule nécessité qui me soit prouvée, c'est celle de purger l'armée de ces furieux mitrés, qui font de la cause du ciel un chemin pour assouvir leurs plus misérables passions.

— N'importe, dit Laurent, c'est au péril présent qu'il faut suffire, et la victoire répondra aux périls à venir.

— Eh bien ! s'écria Montfort en parlant aux soldats, j'engage ma parole à faire ce qui a été convenu, car le saint évêque sait bien que ce que je viens de réclamer était une précaution que j'avais moi-même prise.

En parlant ainsi, Montfort avait pensé qu'il détruirait l'effet de l'intervention de Foulques, par cela même qu'il montrerait comme émanant de sa propre volonté ce que l'évêque avait tramé à son insu ; mais Foulques ne se tint pas pour battu et répondit d'un air de satisfaction :

— Sans doute cela a été convenu, et il a été convenu de même qu'aucun chrétien ne sortirait de cette enceinte pour combattre que lorsque ce gage serait donné à sa sûreté.

Montfort ne voulut point répliquer de peur de se voir imposer de cette façon plus de conditions qu'il n'en pourrait tenir.

Le tumulte s'étant ainsi apaisé, Montfort rentra dans le château. Avant de faire venir Foulques devant lui, il s'entretint quelques momens avec Laurent, et celui-ci lui déclara qu'il était prêt à souscrire à la condition dictée par l'évêque, pourvu toutefois que ce fût Montfort qui en demeurât l'exécuteur.

— Sire comte, lui dit-il, vous ne vous étonnerez pas que je considère comme mon ennemi celui qui s'est fait le vôtre, et que je ne veuille pas remettre ma vie entre ses mains.

— Sire Laurent, lui répondit Montfort, les hommes comme Foulques sont puissans par une arme dont nous sommes bien niais de ne pas nous servir ; laissez passer cette journée, et sur mon Dieu je jure que je le détrônerai de son autorité d'évêque mieux qu'il ne m'a dépouillé de mon droit de chevalier. Toutefois, pour commencer, n'acceptons point vis-à-vis de lui la condition qui nous est imposée sans résister longuement : un trop prompt consentement lui ferait naître des soupçons, et, pour commencer notre rôle, il faut bien l'étourdir un peu de la vanité d'un triomphe.

Nous n'avons pas à rapporter l'explication qui suivit, la colère jouée de Montfort, les refus obstinés de Laurent, et la joie de Foulques qu'il crut devoir les avoir réduits à faire ce qu'il voulait. Dans l'ivresse du gros de la victoire il ne s'aperçut pas qu'on lui en avait soustrait les détails. Ainsi c'étaient les quatre muets esclaves de Montfort qui devaient veiller sur Laurent. La nécessité de ne distraire aucun guerrier de la faible armée de Castelnaudary, vivement représentée par le comte, avait amené Foulques à faire lui-même cette proposition. De même, il n'avait pas aperçu qu'à côté de lui devaient se trouver Alix et Bérangère, dont les ordres parleraient peut-être plus haut que les siens. L'aspect de ces deux femmes invoquant le ciel près de lui devait enflammer, lui avait-on dit, le courage de l'armée, et Foulques n'y avait point vu autre chose ; il n'avait pas entendu non plus ces paroles de Montfort à Laurent :

— Sire chevalier, je vous donnerai à un protecteur qui n'aime point Foulques : Bérangère sera près de vous.

Et le sourire du comte en prononçant ces mots les commenta de manière à en traduire la dernière phrase en celle-ci :

— Je vous donnerai un protecteur qui vous aime.

Laurent répondit à ce sourire par un regard de joie qui semblait trahir celle de son cœur. Lorsque chacun fut retiré dans son appartement, Goldery demanda à Laurent en étaient ses espérances. Celui-ci lui répondit avec cet air sombre qui se répandait sur son visage dès qu'il était seul avec les siens :

— Maintenant je conspire avec le général contre l'évêque, et le père s'est fait le confident de mon amour pour la fille.

— Merveilles ! merveilles ! s'écria Goldery, demain ils sont à nous corps et âmes. Et pourtant misère sur moi qui ne suis qu'un homme et qui ne pourrai tourmenter que leur corps ! Que ne suis-je le diable pour tenir leur âme et la déchirer à plaisir !

— Goldery, dit Laurent en apercevant Ripert qui les écoutait et en avertissant son écuyer du regard, le secret qu'on agite toujours ainsi au bout de ses paroles finit par se faire découvrir, comme un pennon étranger au milieu d'une bataille.

— Oh ! reprit Goldery étourdiment, ce n'est pas moi qui parlerai jamais de l'excès de votre amour pour Bérangère.

Soit que Goldery eût dit cela pour cacher le véritable secret de Laurent sous un secret inventé, soit qu'il eût un motif que son maître ne put deviner, toujours est-il que ces paroles firent un cruel effet sur le malheureux Ripert. Toute Manfride reparut dans la pâleur qui couvrit le visage du jeune page ; elle s'éloigna sans prononcer une parole, et Goldery murmura en la voyant sortir :

— Oh ! cette femme, cette femme !
— Que veux-tu dire ? répliqua Laurent.
— Toute faible qu'elle est, reprit Goldery, elle sera le léger souffle de vent qui détourne du but la flèche la mieux lancée.

Laurent arrêta un moment les yeux sur Goldery et lui dit en cherchant à pénétrer jusqu'au fond de son cœur :

— Tu hais Manfride, Goldery.

Celui-ci se tut ; puis, souriant amèrement, il répondit :

— Si je la hais, belle et noble comme elle est, c'est parce qu'elle peut être un obstacle à vos desseins. Oui, reprit-il avec un accent singulier de colère, ce qui est résolu dans le cœur de l'homme doit être accompli, et malheur à qui peut y mettre obstacle.

Alors chacun demeura seul avec lui-même, et ce fut à cette heure sans doute que dans cet entretien de l'homme avec sa pensée il y eut quelques vérités de dites, car tous ceux que nous avons vus agir en cette circonstance, tous s'étaient menti les uns aux autres : Foulques quand il parlait d'intérêt du ciel ; Montfort lorsqu'il paraissait flatter l'amour de Laurent ; tous deux quand ils semblaient céder à Foulques ; Laurent, dont toute la vie était un mensonge, et Goldery lui-même, dont peut-être le maître eût découvert avec épouvante l'intime pensée. Manfride seule peut-être ne cachait rien et n'avait rien à cacher que des douleurs et le désespoir qui rongeait sa jeunesse dévouée.

Mais qui peut répondre qu'une âme aussi cruellement altérée par la solitude et l'âpreté du chemin qu'on lui fait parcourir ne cède enfin à la soif qui la dévore et ne demande à la vengeance l'ivresse que lui avait promise l'amour ? Toutefois chacun, préoccupé de ses propres desseins, ne se gardait pas le temps de surveiller ceux des autres, et tous marchaient ensemble à un but différent sans que chacun pensât qu'il pourrait être un obstacle que son ennemi ne craindrait pas de briser, comme lui-même n'eût pas craint de briser son ennemi.

Le lendemain vit enfin le jour où devait se décider la fortune de Montfort.

A ce moment les prétentions de chacun, leurs craintes personnelles, leur défiance même, se confondirent dans une attente pleine de terreur. Foulques désira le triomphe de Montfort, et Montfort, quelque confiance qu'il eût dans Laurent, pensa que la précaution de l'évêque n'était pas sans utilité.

Le soleil était à peine levé que deux messagers venus, l'un de la part de Bouchard, l'autre de celle de Gui de Lévis, annoncèrent que la première ruse proposée par Laurent avait entièrement réussi. Les deux comtes de Foix, faussement avertis que de nouvelles troupes croisées venaient au secours de Castelnaudary, les uns du côté de Toulouse, les autres du côté de Carcassonne, s'étaient portés à leur rencontre.

Le vieux comte Raymond Roger poursuivait Bouchard, qui devait le ramener habilement sous les murs de Castelnaudary vers le milieu du jour, et son fils Roger Bernard s'acharnait à la poursuite de Gui de Lévis, chargé de l'attirer dans le même piège quelques heures plus tard. Quand Montfort reçut ces nouvelles, il était sur la tour du château qui dominait la ville et ses faubourgs, Foulques y était avec lui ; Amauri, Bérangère et les comtes avec Laurent. On avait amené Goldery et Ripert, responsables comme leur maître du succès de ses promesses. Pour la première fois, Bérangère se trouvait en présence de ce jeune esclave grec, dont Mauvoisin lui avait si souvent vanté la beauté d'un ton railleur, mais, à ses yeux de femme, il ne fallut pas les indiscrétions étudiées de Laurent, pour qu'elle conçût un soupçon qui éveilla sa jalousie en la blessant au plus terrible endroit de son cœur, à son orgueil. Cependant l'intérêt de l'action qui allait se passer ne lui permit pas d'approfondir cette pensée aussi avant qu'elle l'eût voulu, et elle prêta l'oreille à Laurent, qui disait en ce moment à Montfort :

— Vous le voyez, sire comte, ce que j'ai annoncé est arrivé, et la nouvelle ne peut en être douteuse, car elle vous est venue par les messagers que vous avez vous-même choisis. Maintenant il me reste à tenir ma dernière promesse.

A ce moment, le chevalier s'avança sur le bord du mur, et, montrant du doigt le camp des Provençaux, il dit d'une voix impérative, quoique peu élevée et comme s'il parlait à quelqu'un qui fût près de lui :

— Voici l'heure où je t'ai ordonné de faire déserter au comte de Toulouse les faubourgs qu'il tient et le camp dont ils sont entourés.

Chacun était tellement attentif aux gestes et aux paroles de Laurent, qu'ils ne virent point Libo, le chien du chevalier, gagner rapidement l'escalier de la tour et disparaître sur un signe de Goldery.

Près d'une heure se passa sans que rien témoignât que l'ordre ou le message de Laurent eût produit quelque effet.

Montfort commençait à craindre d'avoir envoyé Gui et Bouchard dans quelque embuscade où ils périraient, tandis que lui-même, privé de leur appui et de celui des chevaliers qui les avaient suivis, restait dans une position où les troupes seules du comte de Toulouse eussent suffi pour enlever le château. Laurent lui-même n'était pas sans quelque inquiétude; le moindre accident, la colère d'un soldat qui eût voulu exercer sur un faible animal la haine qu'il portait à son maître, un rien pouvait arrêter le messager qui lui avait si souvent servi à trahir les croisés pour les Provençaux, et qui, maintenant, lui servait à trahir les Provençaux pour les croisés, ou, plutôt, à les trahir ensemble pour lui-même. Goldery devina l'inquiétude de son maître, et, s'étant approché de lui, il lui dit tout bas :

— Maître, je l'ai vu passer.

Foulques, qui avait réuni sur Laurent toute l'attention de ses soupçons, entendit ce mot et s'écria vivement :

— Qui avez-vous vu passer?

— Eh! par Dieu! dit Goldery en riant, le diable, maître Foulques, et je ne le connaîtrais pas depuis longtemps, que je l'aurais deviné à la ressemblance qu'il a avec vous.

Peut-être en aurait-il mal arrivé à Goldery de cette plaisanterie, si le mouvement tumultueux qui éclata tout-à-coup dans les faubourgs de Castelnaudary n'eut pas attiré l'attention de tout le monde. Bientôt on vit sortir par les portes qui donnaient sur la route de Mirepoix les chariots attelés de bœufs et les mulets chargés; bientôt une litière, bientôt après le vieux Raymond, à cheval à côté de cette litière.

Si les yeux de Laurent eussent pu percer sous ces rideaux fermés, ils y eussent vu non pas une femme en pressant la marche avec terreur, mais un enfant de douze ans qu'on y avait enchaîné et dont l'abattement, à défaut de cris, accusait la lâcheté de son père : cet enfant était le jeune comte de Toulouse. En voyant le départ du comte, Montfort leva la main pour donner le signal, mais Laurent l'arrêta en lui disant :

— Le désordre de la retraite n'est pas encore assez avancé pour que la honte de fuir ne puisse les arrêter; attendez.

Cette attente ne fut pas longue : bientôt on vit pêle-mêle chevaliers et citadins, hommes d'armes et manans s'échapper tumultueusement des portes du faubourg, tous se dirigeant du côté de Mirepoix et évitant avec soin la route de Toulouse et celle de Carcassonne. On comprenait qu'une terreur adroitement organisée leur avait montré le séjour du camp comme dangereux et les routes de Toulouse et de Carcassonne comme non moins dangereuses : à peine si les moins empressés emportaient leurs armes.

A cet aspect, Laurent s'écria : — Il est temps!

Et Montfort ayant agité à son épée, les trompettes qui étaient dans le château éclatèrent toutes à la fois; tous les hommes d'armes qui s'y trouvaient répondirent par le cri de guerre de Montfort, et toutes les portes s'ouvrirent ensemble pour précipiter la garnison du château sur cette armée épouvantée.

Si l'histoire ne nous fournissait pas le témoignage de cette fuite inouïe du comte de Toulouse, qui, averti par de fausses nouvelles que les comtes de Foix avaient péri tous les deux dans leur poursuite contre les croisés, avait sur l'heure abandonné son camp, il serait à peine croyable qu'avec plus de trente mille hommes qui lui restaient encore il n'eût pas tenté l'assaut de la forteresse et n'eût pas essayé de changer son rôle en vainqueur. Mais cette action, où fut encore une fois perdue la cause de la Provence, est trop notoirement signalée pour que nous ayons à expliquer le succès de la ruse de Laurent autrement que par la pusillanimité du comte. Déjà sa fuite et la nouvelle qu'il lui donnait pour prétexte avaient jeté dans l'armée une de ces paniques plus terribles que les plus terribles ennemis. Le mouvement qui s'opéra dans le faubourg n'eut d'autre but que de l'augmenter encore; Montfort se garda bien d'abord d'une sortie imprudente, car il pouvait arriver que la faiblesse véritable de l'attaque ralliât les soldats que les craintes d'une attaque sérieuse avaient dispersés.

Déjà tout était désordre dans le faubourg, bientôt tout y fut épouvante et fuite, et deux heures ne s'étaient pas écoulées que cette armée, se ruant par les portes et se dispersant dans les campagnes, abandonnait une position où elle était maîtresse du reste des croisés et de leurs chefs. Quelques-uns des fuyards se portaient sur la route de Carcassonne et de Toulouse; mais Gui et Bouchard s'était habilement posés entre Castelnaudary et les comtes de Foix qui les poursuivaient : ces fuyards rencontrèrent donc d'abord les croisés et crurent à la défaite des deux comtes. Ainsi à peine le jour était-il au tiers de son cours que Montfort s'était rétabli dans les faubourgs dont on l'avait chassé, et qu'il y attendait les comtes de Foix pour les prendre dans cette terrible embuscade.

— Sire de Montfort, lui dit Laurent, j'ai, je pense, tenu mes promesses, c'est à vous à faire le reste : le piège est tendu, Raymond Roger et son fils y tomberont ; mais n'oubliez pas qu'ils peuvent encore dévorer la main qui tentera de les achever et que c'est à vous à terrasser les tigres que j'ai attirés dans l'arène où nous serons tous enfermés; n'oubliez pas que je n'ai plus à répondre de ce qui peut arriver.

— Tu te trompes, dit Foulques : je ne sais de tes promesses qu'un mot, c'est la victoire, et jusqu'à ce qu'elle soit décidée en notre faveur, ta tête nous en répond.

A cette parole de Foulques, Laurent s'adressa à Montfort et lui dit :

— Comte, est-ce là comme vous tenez vos promesses? Prenez-y garde, celui qui a eu le pouvoir de disperser les troupes du comte de Toulouse peut les rallier contre vous; qui a pu sauver peut vous perdre.

— Ne t'ai-je point dit, répondit tout bas Montfort, que tu étais en sûreté dans ce lieu? Mais n'oublie pas qu'il faut à nos soldats ce que Foulques leur a annoncé, et que, jusqu'à ce que la victoire ne les ait rendus dévoués comme ils l'étaient, il est encore assez puissant sur eux pour m'enlever leur obéissance.

Laurent s'étonnait qu'un homme réduit au cruel esclavage que subissait Montfort eût pu arriver à de si grands résultats. Il admirait par combien de ruses, de soumissions, il lui avait fallu échapper à cette inquisition qui lui disputait tous ses moyens de succès, et il pensait à cette parole de Goldery : « Que celui dont la fortune a franchi les abîmes et les montagnes trébuche quelquefois à une pierre du chemin. »

Chacun était demeuré pensif au sommet de la tour, lorsque tout-à-coup on vit à l'horizon un gros de cavaliers accourant à toute bride du côté de Castelnaudary : c'était déjà Bouchard vivement poursuivi par le vieux comte Raymond Roger. La fuite était désespérée; le peu de lances qui avaient accompagné Bouchard ne pouvaient manquer d'être complètement détruites si elles étaient atteintes par les Provençaux avant d'avoir gagné les portes du faubourg, où elles devaient trouver asile et où le comte de Foix les poussait avec acharnement, croyant les précipiter sous la main du comte de Toulouse. De même que le vieux comte de Foix était le plus avancé des Provençaux qui poursuivaient les croisés; de même Bouchard était le premier à fuir. Prudent et calme malgré sa jeunesse, il attirait le comte de Foix sur ses pas; puis, lorsqu'il l'avait détaché de sa troupe, il se détournait, l'arrêtait quelques instans et ne reprenait la fuite que lorsque lui-même était menacé d'être enveloppé par le corps de chevaliers qui suivait le comte à petite distance, sans pouvoir égaler la rapidité de sa poursuite. Par ce manège, souvent répété, il arriva que la colère des Provençaux devint si forte de rage de ne pouvoir atteindre ce chevalier qui semblait se jouer d'eux; il arriva que chacun, désireux de l'atteindre, voulut profiter de la vitesse particulière de son cheval, dépassa son rang et ne tint plus aucun ordre; enfin il arriva que, lancés ainsi pêle-mêle, n'ayant plus de chef qui pût les retenir, ils se précipitèrent dans le faubourg sans s'étonner qu'aucun des leurs n'en sortît pour arrêter les fuyards et les écraser entre deux rangs d'ennemis.

Ainsi furent franchies les portes de la première enceinte,

ainsi les portes de la seconde, et lorsque les Provençaux arrivèrent au pied du château, leur course vint se briser contre un mur de lances qui leur en barra l'entrée en se fermant sur Bouchard. A l'étonnement que leur causa cette résistance, au trouble qu'elle jeta dans leurs rangs déjà brisés, se joignit le trouble et l'étonnement d'une attaque qui tout-à-coup les saisit de toutes parts. Amauri était descendu du sommet de la tour, et se jetant au fort de la mêlée, il avait poussé le cri de guerre de Montfort et l'avait écrit en larges blessures sur le corps de ses ennemis; mais ce que Laurent avait prédit arriva. Tout tombé qu'il était dans le piége, le vieux comte de Foix fit plus d'une fois reculer ses ennemis; plus d'une fois il alla chercher dans les rangs les victimes qu'il s'était choisies; et c'est parce que la chronique le rapporte, parce que des écrivains, provençaux et français, racontent ce courage, que nous osons le répéter, tant il semble inouï.

Au moment le plus désespéré de sa défense, le vieux Raymond Roger aperçut au premier rang des croisés quatre chevaliers dont le casque, surmonté d'un panache vert, lui apprit que c'étaient les quatre fils du chevalier de Lokré, qui avait présidé à l'exécution de la châtelaine de Lavaur.

— Sur mon Dieu! s'écria-t-il en s'adressant à ceux qui l'entouraient, il me semble qu'il ne nous reste pas grand temps pour accomplir les vœux que nous avons faits au ciel; mettez-vous donc en mesure pour ceux que vous aurez à jurer; que Dieu m'accorde un quart d'heure, et mes comptes seront réglés avec lui.

En achevant ces mots, il s'élança vers l'un des quatre chevaliers au panache vert, et lui poussant sa lance au cœur il l'étendit à terre mort comme si la foudre l'eût frappé. Après coup, le vieux comte rentra dans les rangs de ses chevaliers; et là, opposant son bouclier aux attaques dont on l'accablait, il suivit de l'œil les trois chevaliers au panache vert qui s'acharnaient autour de lui; lorsque le mouvement du combat eut laissé un espace libre entre le comte et l'un de ses ennemis, il sortit encore une fois du rang, et encore une fois un chevalier tomba mort sous le choc de sa lance. Ainsi deux fois encore le vieux Raymond Roger, rentré parmi les siens, comme un tigre dans sa tanière, s'en échappa deux fois, et les deux autres fils du sire de Lokré tombèrent à chaque coup.

Si le mouvement tumultueux du combat était horrible à voir au pied du château, les mouvemens intérieurs de ceux qui l'observaient du sommet de la tour ne seraient peut-être pas moins horribles à décrire.

Comment suivre dans ses craintes et dans ses espérances forcenées le cœur de Laurent, pour qui chaque homme tombé parmi les croisés était une vengeance partielle, qui pouvait perdre cependant sans retour l'atroce vengeance qu'il s'était réservée? Et puis à tout cela il se mêlait de ces sentimens natifs, que la réflexion tue ou que la nécessité comprime, mais qui s'éveillent et se relèvent lorsque le spectacle d'un courage héroïque fait pénétrer dans le cœur l'enthousiasme plus avant que la réflexion ou la nécessité. Ainsi Laurent, calme au commencement de ce combat, daignait à peine y baisser les yeux; mais lorsqu'il vit la défense désespérée du vieux comte; lorsqu'il vit ce vieillard, qui avait été le compagnon de jeunesse de son père, suffire si glorieusement à sa vieillesse, il le suivit des yeux avec anxiété; chaque coup frappé par Raymond Roger sembla répondre à la soif de sang qui dévorait Laurent; la rage du vieillard devint sa rage, sa vengeance devint sa vengeance; et lorsque quatre fois différentes il vit le vieillard s'élancer et frapper, à chaque fois un mouvement de joie féroce bondit dans son cœur; il éclata d'abord par un sourire, par un geste animé, puis par un profond soupir de joie, enfin par un véritable cri de triomphe.

Si l'anxiété de Montfort ne l'eût lui-même attaché à l'effort des combattans, c'en était fait de Laurent; toute sa haine contre les croisés s'était un moment écrite sur son front; heureusement, seul entre eux tous, Foulques ne l'avait point quitté des yeux, et lorsqu'il lui cria violemment:

— Oh! traître! tu bois des yeux le sang des Français!

Montfort ne comprit qu'à moitié le reproche que Foulques adressait à Laurent, et n'entendit que ces paroles de Goldery:

— Certes, le sang français peut se boire des yeux; mais j'aimerais mieux boire celui des Provençaux avec l'épée.

— Ah! s'écria Montfort, le vieux tigre vient de s'adresser au jeune lionceau; il a frappé Amauri sur son casque, et celui-ci lui a mis la réponse au cœur. Voyez! le vieillard recule tout saignant.

— Oui, oui, dit Laurent; mais le vieillard reste debout sur ses arçons et Amauri chancelle sur son cheval.

Soit dérision contre les Français, soit orgueil du courage de ses compatriotes, Laurent prononça ces paroles avec une telle amertume que Montfort à son tour s'imagina y voir une menace.

— Malheur sur toi! s'écria-t-il en tirant son épée, malheur sur toi si tu nous a attirés dans un piège.

— Montfort, répliqua Laurent, je t'ai dit que les tigres de Foix retourneraient la tête. Prends garde, car le plus jeune n'est pas encore arrivé.

— Eh bien! répliqua Montfort avec fureur, malheur sur toi si nous sommes vaincus!

Il s'élança du sommet de la tour, et à la tête de quelques chevaliers qu'il tenait en réserve, il se précipita dans la mêlée, et sa force prodigieuse, son renom, son courage, tout cet ensemble qui en avait fait la terreur de la Provence, jetèrent parmi les chevaliers provençaux un mouvement de crainte qui les fit reculer.

A ce moment, Bouchard de Montmorency, que la fatigue avait éloigné un instant du combat, s'y précipita à côté de Montfort, et les Provençaux reculèrent plus rapidement qu'ils n'avaient fait reculer les croisés. Assaillis de toutes parts, serrés comme une grappe de cuirasses, ils allaient roulant dans cette multitude qui les entourait, en s'amoindrissant à chaque minute de quelques chevaliers tombés. C'était une torture épouvantable que l'aspect de ce combat: Laurent fermait les yeux pour ne point voir, il détournait la tête; mais une force invincible ramenait sa tête et rouvrait ses yeux sur ce faible bataillon que la rage des croisés démolissait homme à homme.

Ce que Laurent avait voulu, il l'obtenait; cette victoire promise à Simon allait s'accomplir sous ses yeux par l'anéantissement des meilleurs chevaliers de la Provence, comme s'accomplit le naufrage de quelque beau vaisseau. Le cercle des ondes qui le harcèlent, qui battent ses flancs et les déchirent, grimpent à ses bords et l'inondent, ce cercle se resserre peu à peu et se ferme enfin sur le navire disparu, et il ne se montre plus rien que le bouillonnement des eaux qui jettent au ciel leur cri de victoire tumultueuse, comme pour proclamer leur triomphe. Ainsi c'en était bientôt du vieux Raymond Roger; le cercle des croisés se rétrécissait autour de lui, et on peut dire que, par un effet magique, il serrait de la même étreinte et déchirait des mêmes coups les quelques chevaliers du comte de Foix et le cœur de l'insatiable Laurent. Tous ceux de la tour, pendus aux créneaux, suivaient ce combat avec une horrible anxiété, lorsqu'un cri parti de l'horizon domina le bruit des armes et fit lever la tête à ceux qui occupaient le sommet de la tour. C'était Gui de Lévis attirant le jeune comte de Foix dans le piège où allait périr son père. Laurent le vit, et encore dominé par ce sang de la Provence qui coulait dans ses veines, pris d'admiration pour la défense furieuse du vieux comte de Foix, perdant encore une fois, dans l'enivrement du bruit des armes, le souvenir du rôle qu'il s'était imposé, il s'écria d'une voix éclatante:

— Courage! voici Roger Bernard qui vient.

A ces mots, sur un signe de Foulques, les esclaves muets tirèrent leurs larges damas.

— Traître! cria l'évêque, je t'avais deviné.

Mais, d'un autre signe, Bérangère arrêta les esclaves, et Goldery, qui avait pâli au premier instant, reprit sa présence d'esprit, et de sa voix aigre et perçante, il s'écria en se penchant vers les combattans:

— Oui, courage, courage! finissez-en avec le père, car voici le fils qui vient.

Et avec ce fils venaient Gérard de Pepieux, l'OEil sanglant, Comminges, assez de bons chevaliers pour faire une victoire de ce qui devait être une fuite. Montfort redoubla d'acharnement contre le vieux comte, car il avait été forcé de déployer contre lui seul les forces qu'il avait cru pouvoir réserver pour accabler son fils. Vainement Raymond Roger essaya de percer la foule qui l'entourait pour aller prévenir Roger Bernard, tous ses efforts se brisèrent contre les lances qui le tenaient prisonnier ; car il ne s'agissait plus de l'abattre, les chevaliers qui eussent pu le faire, Montfort, Amauri et Bouchard, venaient de se porter à la rencontre du jeune comte de Foix.

Comme ils avaient fait pour son père, ils firent pour lui, ils le laissèrent s'engouffrer à la poursuite de Gui de Lévis, dans ce faubourg qu'il croyait occupé par les siens; mais comme il était le dernier à attirer dans le piège, à peine en eut-il dépassé la porte avec quelques-uns des siens que les croisés la fermèrent après lui, et ce ne fut à vrai dire qu'un lion de plus dans cette cage où il fallait mourir. Au dehors de la ville restèrent l'OEil sanglant, Comminges, Gérard de Pepieux et quelques cavaliers harassés qui les rejoignaient de momens en momens hors du faubourg.

Les deux comtes de Foix s'étaient entendus, tous deux s'étaient réunis, et à leur tour ils faisaient reculer Montfort et les siens vers l'une des parties du château où ils n'eussent pas craint de le suivre. Ainsi toutes les promesses de Laurent étaient accomplies, et cependant il semblait devoir périr par ce qu'il avait entrepris pour se sauver; car dans sa haine il avait mal calculé le courage des uns et des autres. La victoire semblait échapper à la trahison, et avec elle s'en allait la vengeance : chaque pas dont reculait Montfort approchait le couteau de la tête de Laurent. Le sourire insultant de Foulques faisait percer la joie de son triomphe sur la pâleur qui, en même temps, venait témoigner son épouvante. C'est le combattant qui, sous l'épée qui va le frapper, tient un poignard sur la gorge de son plus mortel ennemi. Les deux coups descendront en même temps, il y aura presque à la fois vengeance et mort, et la joie de l'une et la terreur de l'autre, mêlées sur le visage de Foulques, étaient épouvantables à voir. Alors le désespoir s'empara de Laurent, alors il mesura tout ce qu'il avait fait pour cette vengeance incertaine et inconnue, qui lui avait paru seule digne de lui; alors il regretta de ne pas l'avoir bornée à celle qui est du domaine de tous les hommes, à la mort de ses ennemis. Il se débattait en lui-même entre ce désespoir sauvage et un reste furieux de ses espérances insensées. Bérangère était près de lui avec Alix; il pouvait se précipiter sur ces femmes, et avant que les bourreaux qui devaient les prendre l'eussent arrêté, il pouvait leur briser la tête sur l'angle des créneaux ou jeter leurs corps au milieu du combat. Il y pensait en les regardant ; mais il trahissait sa pensée d'une année entière, et il restait immobile de corps et de résolution.

Au milieu de cette lutte avec lui-même, parmi ces cris de mort qui montaient jusqu'à lui, dans ce fracas des armes qui roulaient comme un orage, il était là, hagard, incertain, corps tendu comme s'il eût été tiré de tous côtés par des mains de fer; il ne voyait plus rien, ni en dehors, ni même en dedans de lui-même ; il était arrivé à ce paroxisme de rage où l'homme meurt ou devient fou, lorsqu'un cri, dont il reconnut la voix, l'éveilla de cette épouvantable agonie.

— A toi, Albert! à toi ! cria l'OEil sanglant.

Et ce cri monta du pied de la tour jusqu'à son sommet comme une flèche qui eût traversé l'air.

— Albert! s'écrièrent avec étonnement ceux qui entouraient Laurent au sommet de la tour; et Foulques recula à ces mots en faisant signe aux muets de s'emparer de Laurent.

— Oui, s'écria celui-ci dans le délire de sa rage, Albert de Saissac.

— Oui, répéta une voix plus frêle, Albert de Saissac.

Et Ripert, qui s'était placé devant le chevalier, lui jeta une largé épée et un poignard qu'il avait cachés dans l'angle de la tour, et en les lui jetant il s'écria :

— Albert, Albert, ce sont tes frères qui t'appellent!

Ce mot, ce geste, décidèrent presque l'incertitude de Laurent. Il mesura Bérangère d'un œil farouche et pensa à la tuer.

— Laurent de Turin, lui dit celle-ci en s'avançant audacieusement jusqu'à lui, notre marché est rompu.

A ces mots, il crut entrevoir la possibilité de sa vengeance secrète, et il s'arrêta.

Laurent était arrivé à l'un de ces sommets de la vie où il faut se précipiter d'un côté ou d'autre sans espoir de regravir le sentier qu'on aura choisi. A peine si sa vengeance, qui, comme un point lumineux, l'avait sûrement guidé jusque-là, lui apparaissait encore. Il était comme un homme qui a longtemps nagé dans la mer vers un fanal qui lui indique le port; arrivé aux ressacs des rochers qui bordent la côte, ballotté par le bouillonnement des flots, la force lui manque là où elle lui était le plus nécessaire : le cœur suffoqué de fatigue, les cheveux dégouttans de l'eau de la mer, sa direction lui échappe; il ne voit plus son fanal, ou si sa lueur lui apparaît encore, elle vacille incertaine et tremblante à travers l'écume des vagues et l'eau salée qui lui dévore les yeux ; elle danse à l'horizon, tantôt à droite, tantôt à gauche, tandis que le misérable nageur se déchire la poitrine aux pointes aiguës des rochers. Alors, s'il a un ami, s'il a un ennemi, si une vengeance ou si un dévoûment veille à ses côtés, il y a une main qui le tire à terre ou une autre qui le plonge dans la mer ; pour Albert de Saissac, ainsi battu de ses idées, de sa rage, de son désespoir, il se trouva près de lui deux voix, dont une lui répéta :

— Albert, ce sont tes frères qui t'appellent!

Tandis que l'autre lui disait :

— Laurent, Laurent, tu m'avais promis la tête du roi d'Aragon !

L'une le poussant au port, l'autre le replongeant dans l'abîme.

— Entends ! entends ! cria Ripert, ils ont gravi les remparts, et pendant que le combat s'acharne au loin, les voilà qui brisent la porte de la tour !

On les entendait en effet.

— Ma mère! s'écria Bérangère en s'élançant vers elle, ma mère, il faut mourir !

Alix tomba à genoux. Laurent regardait; et Bérangère, levant un poignard sur sa propre poitrine, dit aux esclaves, en leur montrant sa mère :

— Vous la frapperez à la tête quand je serai frappée au cœur.

Laurent regardait toujours, l'œil fixe, comme ceux dont la pensée est absente ou paralysée.

— Enfin ! enfin ! s'écria Ripert, la porte crie et gémit ; encore un moment, ils seront ici.

Bérangère fit un mouvement, les esclaves avancèrent d'un pas. La comtesse se releva, épouvantée, livide, éperdue.

— Quoi ! s'écria-t-elle, mourir !

— Comtesse de Montfort, lui dit sa fille, mourir ici, voilà l'ordre de mon père; mourir avant que ceux qui ont tant d'outrages à venger ne soient venus venger sur nous leurs mères et leurs sœurs !

— Oui! oui! s'écria la comtesse en baissant la tête, tu as raison.

Laurent regardait encore, mais sa pensée s'était enfin arrachée à sa torpeur. Son œil s'alluma d'un éclat terrible, et alors il sourit et s'écria :

— Oh ! vous ne mourrez pas ainsi!

— La porte est brisée ! s'écria Ripert ; voici la vengeance qui monte.

— Non ! non ! s'écria Laurent avec un accent de triomphe et en brandissant sa large épée, voici la vengeance qui descend !

Et appelant Goldery, qui depuis l'attaque de l'OEil sanglant avait tenu Foulques en respect, Laurent se précipita dans l'escalier de la tour, et entraînant à sa suite quelques chevaliers qui en gardaient le premier étage, il fit reculer, dans son terrible élan, l'OEil sanglant, Gérard, Comminges, tous ceux qui croyaient venir à sa délivrance.

En effet, de la campagne où il était resté, l'OEil sanglant avait reconnu Albert de Saissac au sommet de la tour. L'aspect des esclaves noirs qui l'entouraient et dont l'emploi était si bien connu, lui avait prouvé que le chevalier y était comme un gage promis à la mort en cas de défaite. S'éloignant alors de l'endroit du faubourg où rugissait le combat des comtes de Foix et de Montfort comme le choc des laves dans le cratère d'un volcan, il avait gagné une porte oubliée, et, ayant pénétré dans le faubourg, il avait marché droit à la tour qui dominait en maîtresse la ville tout entière.

Ce ne put être que par une de ces consternations soudaines qui prennent au dépourvu les meilleurs courages lorsqu'ils voient tourner contre eux l'espérance sur laquelle ils avaient le plus compté, ce ne dut être que par un de ces épouvantemens subits qui font douter de ce qu'on voit, que Laurent parvint sans doute à faire reculer devant lui l'intrépide soldat qui déjà touchait aux premières marches de la tour.

L'OEil sanglant recula ; ceux qui le suivaient s'enfuirent en le voyant reculer, chaque courage demeurant ainsi à sa respective hauteur, les plus braves fuyant quand l'OEil sanglant reculait ; aussi se trouvait-il presque en face d'Albert de Saissac, et celui-ci eut le temps de lui crier :

— Frère ! tu diras à tes comtes que je me suis souvenu de celui qu'ils ont oublié.

Et laissant l'OEil sanglant en face de la tour, dont la porte se referma bientôt, Albert se précipita au fort de la mêlée en criant :

— Laurent ! Laurent ! à la rescousse !

L'OEil sanglant le regarda courir au combat, et après être resté un moment immobile, il s'éloigna. Lorsqu'il fut à quelque distance de la tour, il dit à David Roaix, qui était resté près de lui :

— Maître David, vous vous êtes fait le messager d'un traité de lâcheté et d'abandon ; avez-vous reconnu celui que vous avez abandonné ?

— Oui, dit maître David, mais je tiens en ma maison le gage qui me répond de sa trahison. Les croisés ont laissé place dans le cœur du vieux de Saissac à la vengeance des Provençaux.

— Traître ! premier traître de tous, dit l'OEil sanglant à voix basse et les dents serrées, serviteur bien digne de l'infâme duplicité de ton maître, sur mon âme ! tu ne diras le secret d'Albert à personne.

Et à l'instant même il frappa David du revers de son épée. Celui-ci en tombant lui cria :

— Infâme ! que donneront les croisés pour ma mort ?

— Maître David, lui dit l'OEil sanglant, il ne me donneront ni le comté de Beziers ni celui de Carcassonne, que ton maître avait offert à Simon de Montfort. Ce n'est pas à lui que Buat a promis de les rendre.

— Toi ! s'écria David, toi !...

Et comme il allait prononcer ce nom, que l'OEil sanglant lui avait dit tout bas, un coup de poignard le cloua dans sa gorge, et le mystère de cette vie se cacha encore une fois dans la mort.

Pendant ce temps, l'attaque impétueuse de Laurent, de Goldery et de quelques chevaliers avait changé en défaite la lutte acharnée qui depuis une heure jonchait de morts le sol ensanglanté du faubourg. Comme une pierre lancée par une baliste, Laurent, poussé par la rave extravagante qui le tenait, laboura un large sillon dans les rangs des Provençaux. L'inattendu de ce secours sorti de cette citadelle qui semblait épuisée, porta parmi les Provençaux le doute qu'elle n'enfermât encore d'autres ennemis prêts à se ruer sur eux ; d'ailleurs dans cette lutte, qui durait depuis une heure, la réflexion avait succédé à ce premier besoin de la défense, qui n'avait calculé que les coups à porter. L'absence du comte de Toulouse, l'occupation du faubourg par les croisés, avaient révélé aux comtes de Foix une trahison si bien tramée qu'ils en redoutaient une plus grande encore et qu'ils pensèrent à sauver leur vie, seul espoir qui restât à la Provence. Ils reculèrent en bon ordre ; le seul secours que l'OEil sanglant put ou voulut leur porter fut de leur ouvrir une porte pour la fuite. Ils s'y précipitèrent, et après eux Laurent de Turin, et après lui Montfort, Amauri, Gui, Bouchard, tout le faible reste des chevaliers croisés. Encore cette fois, si nous n'avions le témoignage de l'histoire, unanime à raconter ce fait, nous n'oserions dire ce qui arriva.

Quelques-uns de ceux qui avaient brisé la porte, dépassés par l'irruption des Provençaux, qui fuyaient, se trouvèrent mêlés parmi les croisés, qui les poursuivaient.

Dans ce premier moment de tumulte et sous ces armes brisées qui ne disaient plus le parti de celui qui les portait, emportés par le désir de sauver leur vie et se sentant au milieu de leurs ennemis, ils essayèrent de les tromper en se mêlant plus complétement encore à eux. Ainsi ils se mirent à pousser le cri des croisés en disant :

— Montfort ! Montfort !

— Si vous êtes pour lui, frappez donc pour lui au lieu de crier, leur dit le sénéchal de Mirepoix.

Alors ces Provençaux, mêlés aux croisés vainqueurs, s'élancèrent à la poursuite des Provençaux dispersés et vaincus. Les uns profitèrent de cette feinte complicité pour changer leur attaque en une fuite moins dangereuse ; d'autres, étourdis de ce qu'ils faisaient ainsi sans réflexion, frappèrent réellement leurs frères. L'OEil sanglant n'en profita que pour s'approcher de Laurent et lui dire :

— Frère, il faut maintenant un autre abri à notre père ; je n'ai plus que les ruines du château de Saissac à lui offrir.

— Eh bien ! moi, dit Laurent, je lui ouvrirai le palais du comte de Montfort.

La poursuite devenait dangereuse : Comminges et Gérard de Pepieux avaient rallié quelques fuyards. Montfort arrêta ses chevaliers. Les comtes de Foix, emportés par leur course, arrivèrent jusqu'à Comminges, et là ils apprirent de lui ce que lui-même tenait de quelques soldats de l'armée du comte de Toulouse, la fuite et la désertion de celui-ci. Peut-être la rage d'avoir vu s'échapper leur proie au moment où ils croyaient la tenir vaincue par la faim les eût ramenés au combat avec les chevaliers que Comminges avait rassemblés ; mais la rage plus forte que leur inspira la défection du comte les poussa à l'abandonner, à abandonner la Provence entière, et tous deux, le père et le fils, sans vouloir prendre part à la délibération que Comminges voulait engager sur ce qu'il restait à faire, partirent sur-le-champ à la tête de quelques cavaliers pour rentrer dans leur comté de Foix et s'enfermer dans leur inexpugnable forteresse. Comminges et Gérard de Pepieux voulaient les y suivre, mais Roger Bernard leur répondit :

— A chacun son salut, messires ; il y a en Provence une épidémie de trahison que nous ne laisserons avec aucun de vous pénétrer dans notre château.

Ainsi se dispersa cette puissante armée, qui avait tenu le salut de la Provence dans sa main et qui le laissa échapper pour de longues années. Tout s'en alla, chevaliers, bourgeois, manans, trop heureux de ne pas porter écrit sur leur front qu'ils avaient tenté le salut de la patrie. Les champs et les sentiers qui entouraient Castelnaudary furent trouvés parsemés d'armes et de vêtemens abandonnés ; chacun rentra dans la demeure qu'il avait quittée et y attendit la punition de son courage lorsqu'il ne put l'éviter par la fuite. Ainsi les uns s'éloignaient de Castelnaudary vaincus, épouvantés, plus désespérés que jamais, et les autres y rentraient joyeux et vainqueurs, calculant déjà l'asservissement complet de la Provence.

A ce moment de joie, les sermens d'amitié, les effusions de reconnaissance ne manquaient pas à Laurent. Montfort l'appelait son fils, Amauri son frère ; Bouchard lui serrait la main, et Gui de Lévis lui-même lui demandait pardon de ses soupçons.

C'était un délire affreux que la vie de Laurent. Après ces combats, ces cris, ces hurlemens de mort qui avaient tourné autour de lui pendant deux heures et l'avaient frappé de vertige, ces joies qui l'entouraient, ces cris de triomphe, cette turbulence expansive de la victoire le mordaient au cœur plus cruellement encore. Il répondait à ceux qui l'interpellaient et le félicitaient ainsi avec une frénétique imitation de la joie qui l'entourait, délire funeste qui le faisait rire et crier. Goldery, qui comprenait que cette exaltation devait finir par quelque éclat de la pensée de Laurent, jeta dans ce bouillonnement de ses pensées une parole froide, autour de laquelle elles se condensèrent, comme la vapeur sur la lame glacée qu'on plonge dans l'atmosphère d'une chaudière.

— Heureux le père d'un pareil fils ! heureuse sa sœur ! lui dit Goldery.

Laurent à ces mots reprit toute son âme ; le but de sa vie se remontra lucide, étincelant à son horizon ; et sans s'occuper du chemin qu'il avait laissé derrière lui, ce courage infatigable ne mesura que le chemin qu'il avait à parcourir.

Cependant, sous le faix de sa lassitude, une heure de repos, une heure pour plonger dans une eau de glace sa tête et son corps qui brûlaient, un moment pour respirer, un moment pour essuyer ses yeux, un moment pour raffermir son pas, il eût payé cela bien cher. Mais il ne l'obtint pas de son implacable destinée ; il ne put pas s'asseoir sur la borne milliaire qu'il avait atteinte à travers tout ce carnage ; et lorsqu'il y touchait de la main, il lui fallut reprendre sa route, il lui fallut marcher encore. Montfort et ses chevaliers avaient atteint les portes de Castelnaudary, et là, Montfort, s'approchant de Laurent :

— Mon fils, lui dit-il, aujourd'hui tu as mis un pied sur la marche du trône où je veux monter ; aujourd'hui tu es devenu pour moi, non pas le premier des chevaliers, car tu l'étais depuis longtemps, mais le plus fidèle de mes amis, ce dont j'ai peut-être douté. Si je te voulais laisser à la place où tu es, ma certitude serait suffisante ; mais à la place où je veux te mettre, il faut aussi qu'elle soit la conviction de l'armée. Maintenant tu es une partie de moi-même ; il ne faut pas qu'on puisse m'attaquer par toi. Je t'ai promis de détrôner cette autorité de fanatisme restée aux mains des évêques : en la détrônant pour moi, je ne dois pas la laisser exister contre celui que je veux appeler mon fils ; imite-moi donc, et apprends que le premier courage d'un ambitieux n'est pas de vaincre ses ennemis, mais de vaincre le mépris qu'ils lui inspirent.

Laurent comprenait mal le but des paroles de Montfort ; mais lorsqu'il le vit dépouiller ses armes, déchausser ses pieds, dénuder sa tête, jeter son épée loin de lui ; et une croix dans la main, les pieds nus dans le sang, la tête nue sous le soleil, s'avancer avec humilité vers la principale église de Castelnaudary, il comprit comment Montfort entendait réunir dans sa main l'autorité de général et celle de vicaire du Seigneur.

Il considérait Montfort, qui, le voyant immobile, s'approcha encore de lui.

— Laurent, lui dit-il encore, ne laisse pas de porte ouverte à la calomnie de Foulques et n'oublie pas qu'il pourrait encore arriver jusqu'à rendre impuissante l'amitié que je porterais à celui que le peuple regarde comme un maudit de Dieu.

Laurent sourit dédaigneusement, mais Goldery s'approcha de lui et lui dit à voix basse :

— Maître, rien n'est fait quand tout n'est pas achevé.

Alors Laurent, se dépouillant aussi de ses armes, les pieds nus et la tête découverte, se plaça à côté de Montfort, et marcha avec lui vers l'église. Pendant ce temps, ni Ripert, ni la comtesse, ni Bérangère n'avaient quitté la tour du château ; ils avaient mieux compris que personne que c'était à Laurent que la victoire était due. A la longue anxiété qui les avait tenus durant le combat succédèrent des sentiments bien divers. Foulques, qui n'avait pas attendu le retour de Montfort et qui n'avait pas été témoin du spectacle d'humilité qu'il étalait aux yeux du peuple, était descendu de la tour pour s'avancer au devant de lui et troubler le triomphe de Laurent par le récit de ce qui s'était passé sur la tour. Bérangère, revenue de ses craintes, remonta sur son insupportable vanité ; elle s'attribua tout ce que Laurent avait montré d'incertitude et ensuite de résolution, et comme toute joie qui entrait au cœur de cette femme ne semblait pouvoir la satisfaire qu'autant qu'il en jaillirait une douleur pour un autre, elle dit à Ripert :

— Enfant, tu remercieras ton maître et tu lui diras que Bérangère lui garde le prix qu'elle lui a promis.

— Quel prix? dit Ripert en attachant sur Bérangère un regard qui semblait la dévorer.

— Celui, dit Bérangère, qu'il a demandé à la femme pour qui le courage est le premier titre à l'amour.

Elle s'éloigna, et Ripert, demeuré seul, la suivit des yeux et murmura sourdement :

— Elle l'aime donc !

— Je ne sais, dit Alix qui avait observé cette scène, je ne sais si elle l'aime, mais elle te hait.

— Et lui, s'écria Ripert en se rapprochant vivement de la comtesse, l'aime-t-il ?

— Maintenant, répondit celle-ci, maintenant que je l'ai vu, je ne le conçois pas.

La comtesse se retira à son tour, et Ripert, ou plutôt la malheureuse Manfride demeura seule au sommet de cette tour, qui ne dominait plus que la solitude et le silence.

VI.

RIPERT.

Lorsqu'un homme s'est dit : « J'arriverai à ce but ; » lorsque ce but, fût-il honorable, il veut l'atteindre à tout prix, cet homme calcule d'avance combien il lui faudra donner de jours de sa vie, combien d'heures de son repos, combien il devra sacrifier d'amitiés et surmonter de haines ; mais presque toujours cependant les exigences de la route dépassent ses prévisions. Si, avant de partir, il avait exactement compté tout ce qu'il sentira de douleurs et tout ce qu'il en sèmera autour de lui ; s'il avait supputé tous les crimes qu'il lui faudra commettre, tous les combats qu'il aura à supporter, nul doute qu'aucun ne s'engageât dans un voyage si aventureux. La vie elle-même, si à vingt ans elle pouvait nous être révélée dans tout son avenir, avec tout ce qu'elle nous amènera de déceptions, avec ce vide égoïste où, passé quarante ans, l'homme demeure avec lui-même, bien appris qu'aucune affection ne tient à lui que par des liens sordides, des désirs vaniteux ou des besoins de désennui ; trop heureux s'il lui reste alors, voyageur isolé, un enfant, un fils, sur la tête duquel appuyer sa main affaiblie, appui trompeur qui lui manque et s'échappe souvent dès qu'une passion l'appelle ; oui, certes, avec cette fatale prescience, la vie la plus ordinaire paraîtrait aux hommes un effroyable désert à parcourir, et la plupart reculeraient avant de s'y engager. Mais d'une part l'espérance traîne l'homme jour par jour jusqu'à sa tombe, et d'une autre part une sorte d'avarice de sa propre existence lui fait tenir aux jours dépensés comme aux jours qui lui restent ; alors ce singulier sentiment fait aussi que, pour ne pas perdre le temps employé à une mauvaise chose, il donne à cette mauvaise chose plus de temps encore qu'il ne lui en faudrait pour en accomplir une bonne. Maladroit gérant de sa fortune, pour sauver quelques milliers d'écus qu'il regrette, il donne les millions à dévorer à une ruineuse entreprise ; malade imbécile, pour ne pas laisser un doigt à la scie du chirurgien, il laisse gagner tout son corps par la gangrène.

C'est là qu'Albert en était après le combat de Castelnaudary. Joueur forcené, il avait mené sa partie à ce point que ce n'était qu'en jetant sur le tapis presque tout ce qui lui restait au monde qu'il pouvait espérer le gagner. Alors aussi il lui arriva cette chance ordinaire qui persécute les hommes ainsi posés, c'est que le sort lui arracha les choses mêmes qu'il avait cru mettre hors de chance ; c'est que, semblable à ces banquiers de pharaon dont l'œil semble deviner au fond de votre poche la pièce d'or que vous y avez cachée pour la faim du jour et celle du lendemain et dont le regard de serpent l'attire pour la livrer aux chances d'une carte, au jour du malheur, le sort vient vous demander, quand il a tout obtenu de vous, un sacrifice que vous aviez jugé impossible à exiger et impossible à faire, et que cependant il exige et que vous faites cependant. Ce n'est point parce qu'après le retour du combat Laurent s'en alla pieds nus à travers la ville pour aller remercier Dieu dans son temple de l'affreuse victoire qu'il venait de donner aux croisés ; ce n'est pas parce qu'à genoux sur la pierre il fut obligé de mêler sa voix aux chants de triomphe des persécuteurs de son pays; ce n'est point parce qu'il se sentit aussi torturé durant cette calme cérémonie que durant l'agitation du combat, qu'il subit cette suprême torture : il avait fait la part large au malheur. Depuis le jour où Montfort avait reçu devant lui le message d'Arregui et de David Roaix, il avait bien senti que le sacrifice tout entier de sa vie extérieure devait être publiquement donné à sa vengeance ; mais il avait cru que cela suffirait à son enjeu : il s'était trompé, et la pièce d'or, cette suprême ressource qu'il avait juré qu'il garderait intacte, il fallut la livrer.

Quelques heures s'étaient passées : pendant ce temps Montfort et les chevaliers avaient gagné l'église ; Foulques, placé devant la porte, toujours prêt à retenir l'intervention de Dieu à son profit, s'apprêtait à demander à Montfort et aux autres un acte de soumission et d'humilité. C'eût été beaucoup de pouvoir l'imposer : ce fut donc un cruel désappointement que de voir prévenus les ordres qu'il comptait donner. Laurent lui-même, grâce à la prévoyance de Montfort, ôta à l'évêque tout prétexte de censure, et Foulques, maladroitement poussé par son désir d'introduire partout l'autorité de l'Église, fut obligé de se résigner à l'éloge de l'humilité des chevaliers. Ils entrèrent dans la nef, et les soupçons de trahison qui enveloppaient Laurent depuis longtemps s'étant, pour ainsi dire, noyés dans le sang qu'il venait de verser, il parut à tous les yeux comme le plus dévoué et le plus saint chevalier de la croisade, lorsque son apparition dans l'église eut dissipé la foi crédule de la multitude à une sorte d'existence diabolique et surnaturelle.

A l'accueil que Laurent reçut des chevaliers et du peuple au sortir de la cérémonie, il crut enfin sa position gagnée, et quelques sacrifices qu'elle lui eût coûtés, il les regrettait peu, parce que, après tant d'efforts, il se croyait en main de quoi reprendre sur ses ennemis plus qu'il ne leur avait donné. Mais cette joie, toute pleine de remords qu'elle fût encore, ne devait pas durer longtemps, et Laurent, surpris par une exigence nouvelle au moment où il croyait avoir satisfait à toutes, fut sur le point de perdre le fruit de tous ses sacrifices en en refusant un qu'il eût peut-être compté pour bien peu, quelques mois avant, dans la masse de ceux qu'il avait faits. Répétons-le encore, c'était l'homme épuisé de richesses, réduit à sa dernière pièce d'or.

C'était le soir, c'était dans l'appartement de la comtesse de Montfort; il y régnait une de ces joies confiantes où chacun prend en bonne part ce qui arrive, où tout le monde semble être dans la confidence de chacun et prêter ses soins ou son inattention à son bonheur. Ainsi, dans un coin de cette salle, Amauri et Robert de Mauvoisin agitaient des dés et faisaient retentir la salle des exclamations bruyantes du jeu. Alix, retirée avec Bouchard dans la profonde cavité d'une croisée, lui causait d'amour et lui disait tout ce qu'elle avait eu à souffrir sur cette tour, d'où elle l'avait vu combattre, sentiment pieux et caché auquel personne n'avait pensé et que nous-mêmes avons oublié d'observer dans cette turbulente bacchanale de passions violentes. Terreurs et joies ne répondaient que d'un cœur à un cœur et qui n'occupaient les propos oisifs de la croisade que lorsqu'il lui manquait des récits de combats, de meurtres ou d'incendies. Montfort, entraîné lui-même par cette joie qui inondait tout ce qui l'entourait, Montfort raillait son fils sur sa maladresse où son malheur à ce jeu, pour lequel il avait tant de fois voulu le maudire, et malgré ce qu'il avait entendu rapporter des soins assidus de Bouchard pour la comtesse et de la reconnaissance de celle-ci, il souriait quelquefois en passant devant leur entretien et ne s'alarmait point de ne pas l'entendre. Et dans cette indulgence inouïe du bonheur, il trouvait peut-être que la comtesse était belle, assez belle pour être aimée par un si noble chevalier que Bouchard, et , par un ménagement instinctif de sa propre joie, sa pensée s'arrêtait là et n'ajoutait rien qui fût mêlé d'amertume à ce moment. De même, le cercle de chevaliers qui se pressait d'ordinaire autour de Bérangère s'était éloigné peu à peu pour la laisser complètement à l'amour de Laurent, pour qu'il pût dire et demander, et qu'elle pût répondre et donner. C'était enfin une de ces heures où c'est pour ainsi dire l'air qui est heureux et où le bonheur se respire avec lui.

Mais à celui dont la poitrine enferme quelques blessures profondes, il n'est point d'air qui ne se corrompe et qui ne vienne le brûler : ainsi pour Laurent toute cette joie tourna en désespoir. Il était assis près de Bérangère, et dans le regard de cette femme, qu'il flattait doucement, il lisait les premières promesses de cet amour vaniteux qu'il avait fait naître ; mais combien cette espérance qu'on lui offrait était légère et lui fut vendue cher !

— Beau sire Laurent, lui disait Bérangère, je vous dois le premier aveu et peut-être le plus grand que puisse faire une femme ; sire chevalier, je crois à votre amour.

Était-ce habileté, était-ce la tendresse qu'éprouvait enfin Bérangère pour l'homme qu'elle aimait ou qu'elle avait mises à son amour, qui inspira ce mot à cette femme? Nous l'ignorons ; mais de tous ceux que peut prononcer celle à qui on a voué sa vie, le plus doux, à mon sens, n'est pas : « Je vous aime; » c'est : « Je crois que vous m'aimez. » Le premier tient à la passion, le second à la foi. Le premier est plus ardent, l'autre semble plus saint.

— Oui, reprit Bérangère, je crois que vous m'aimez ; aujourd'hui vous m'en avez donné des témoignages trop éclatans pour que j'en puisse douter, et cependant telle est l'avidité d'un cœur de femme qu'il m'en faut un nouveau gage bien futile, bien léger, que vous et moi pouvons seuls comprendre.

— Oh! dit Laurent, parlez, madame; quels nouveaux dangers faut-il tenter? A peine sorti du combat, je puis y retourner pour vous.

— Non, dit Bérangère en l'interrompant, ce ne sont pas de tels sacrifices qu'il me faut.

— Qu'y a-t-il au monde, dit Laurent, qui puisse flatter votre envie et que des trésors puissent payer?

— Ce n'est point encore cela, ajouta Bérangère en souriant à Laurent, et, s'il faut vous le dire, d'un homme comme vous ce n'est pas là ce qu'une femme désire obtenir. Est-ce un sacrifice en effet de combattre pour moi, vous qui combattriez pour le plus misérable de vos droits s'il vous était contesté? Quel sacrifice y a-t-il à répandre à mes pieds des présens dont le faste coûte si peu à votre immense richesse? A vrai dire, ce n'est qu'à un homme timide ou pauvre qu'il faudrait tenir compte de pareils dévoûmens ; mais à l'homme qui donne beaucoup de ce dont il a beaucoup davantage, il y a à demander ce qui véritablement sera un sacrifice, car cela le privera du peu qui lui reste en cette chose.

Laurent, à la fois alarmé et surpris de ce langage où parlait un véritable amour, car en amour les exigences sont des engagemens, Laurent ne savait que répondre, et cependant, poussé où il était par sa destinée, il promit ce qu'on ne lui avait pas encore demandé. Il supposa quelque nouvelle action bien ennemie de la Provence, bien dévouée à la cause des croisés, et ce côté il avait pris son parti.

— Soit, dit Bérangère, je prends votre parole comme un gage que vous êtes tout à moi, mais non pas cependant pour vous forcer à la tenir absolument si ce que j'ai à vous demander vous semblait impossible.

Encore une fois Laurent protesta que rien n'est impossible à celui qui aime. A ce mot, Bérangère pénétra perfidement dans le sanctuaire où dormait la dernière espérance de Laurent, que celui-ci croyait non-seulement inabordable, mais, qui mieux est, inconnue.

— Quoi! reprit la jeune comtesse, rien n'est impossible à celui qui aime, pas même de se détacher d'une autre affection?

Laurent ne comprenait point encore.

— Oui, reprit Bérangère, se détacher d'une affection probablement bien longue, tous les jours présente, attentive, dévouée ; une affection en face de laquelle on peut sentir ses joies et ses chagrins dans toute leur nudité, se séparer de cette affection pour un vain caprice de femme, dont l'amour n'est encore qu'une espérance et peut, comme une espérance, être irréalisable et trompeur ; se séparer d'un cœur qui vous accompagne pour un cœur qu'on poursuit, est-ce possible, sire Laurent, est-ce possible à votre amour ?

Pendant qu'elle parlait ainsi, Bérangère sondait de son regard doucement cligné le regard sombre et fixe de Laurent ; celui-ci avait compris Bérangère. Cependant, dans la situation singulière où il se trouvait, il ne pouvait qu'il allât trop loin dans la supposition qu'il avait faite, et il se résolut à se faire presser pas à pas.

— Hélas ! lui répondit-il, madame, vous aviez raison en disant que vous me demanderiez de ce dont j'ai peu. Le sacrifice d'une affection me serait doux à vous faire si j'en savais une dans ma vie qui valût la peine d'être regrettée. Hélas ! dans cette province, qui n'est point ma patrie, malgré l'erreur qui me fait jeter sur la tête par mes amis et mes ennemis un nom qui n'est pas le mien, n'ayant ni famille ni amitié que je puisse trahir, quelle affection puis-je quitter qui me rattache à ce monde, si ce n'est la vôtre ?

— Aussi est-ce au sire Laurent que je demande ce sacrifice, à celui qui, comme vous me le dites, n'a ni famille ni amitié à abandonner ; et, bien que je veuille croire que nulle affection profonde hors la mienne ne vous attache à ce monde, je vous demanderai celle qui vous reste, si petite qu'elle soit, mais inappréciable, puisque c'est la seule qui vous reste.

Ce n'était pas l'habitude de Bérangère d'arriver par tant de détours à une chose qu'elle eût franchement désirée ; mais il était facile de voir que c'étaient les explications qui pouvaient résulter de sa demande qu'elle recherchait plus que l'objet de la demande lui-même.

— Eh bien ! dit Laurent, qui s'obstinait à ne pas vouloir comprendre, pour ne pas montrer l'importance de qu'on allait lui demander par l'alarme subite qu'il avait ressentie, eh bien ! madame, que vous faut-il ? Est-ce l'indulgente affection que m'ont témoignée quelques chevaliers, celle que me porte votre père et que votre mère partage avec lui, qu'il me faut sacrifier ? Je m'en détacherai si vous voulez et ne les compterai plus pour rien.

— Oh ! dit Bérangère, ce n'est pas dans votre vie présente que sont les liens qui peuvent vous être difficiles à briser ; il y a dans votre vie passée un frêle objet qui me tente, un être qui pour vous n'est peut-être qu'un souvenir, un gage d'une affection qui n'est plus, et c'est celui-là qu'il me faut.

— Parlez, madame, dit Laurent, j'ai peine à vous comprendre ; mais je puis vous assurer que mon dévoûment ira plus loin que mon intelligence.

Cette constante retenue de Laurent sembla alarmer Bérangère qui comprenait qu'elle avait attaché à ce qu'elle désirait, et ne voyant rien qui l'avertît de la peine que le chevalier avait à lui obéir, elle fut sur le point d'abandonner sa demande. Cependant elle essaya encore et reprit :

— Convenons que vous disiez vrai, qu'il ne vous reste rien à quoi vous teniez profondément, vous jugerez cependant que j'ai raison de vouloir m'en assurer. Tenez, supposez que vous eussiez mis à mes pieds, vous si riche, quelques magnifiques présens étincelans d'or et de diamans, et que je vous demandasse comme gage plus sincère de votre foi un misérable anneau oublié à votre doigt, — me le donneriez-vous ?

Laurent, sentant le coup s'approcher et enveloppé malgré lui dans les astucieuses précautions de Bérangère, ne put que répondre évasivement :

— Pourquoi souhaiter ce que je ne puis faire ? vous le voyez, ni mes armes, ni mes mains, ni mon cœur ne gardent un souvenir d'amour que je puisse dépouiller pour vous.

— Eh bien ! dit Bérangère, que ce que je vais vous demander soit une affection véritable et directe, ou tout autre chose, je l'attends de vous.

Elle s'arrêta et continua avec une sorte de résolution :

— Je ne vous le cache pas, j'aime votre amour, parce qu'il est une soumission, et que la soumission du cœur le plus élevé de toute la chevalerie me place plus haut que personne, en me mettant au-dessus de lui ; — mais, reprit-elle d'une voix qui s'émut visiblement, ce triomphe est pour la vanité publique, il me faut le mien, il me faut celui de mon cœur, celui de mon amour, celui de ma jalousie.

Bérangère était visiblement agitée en prononçant ces paroles ; sa main tremblante avait rencontré celle de Laurent, qui la serrait avec tendresse, et elle la lui abandonnait.

— Écoutez, continua-t-elle avec le même accent déterminé qu'elle avait déjà pris, ce jeune Ripert, cet esclave que vous aimez, il faut me le sacrifier.

— Comment ! répéta Laurent, sacrifier cet enfant, le frapper, le...

— Non, dit Bérangère avec impatience, ce n'est pas cela ; je veux cet esclave, il faut me le donner. Ce n'est pas, j'en suis assurée, une de ces misérables créatures qui se vendent dans les marchés de la Grèce ; c'est quelque protégé d'une femme aimée, quelque orphelin resté au pied du lit d'une maîtresse morte, quelque confident échangé avec une noble fille de Constantinople, et que vous avez gardé, après sa trahison ou la vôtre, comme le premier bouquet que vous lui avez surpris ou le dernier gage qu'elle vous aura envoyé. Un esclave qui n'a d'autre valeur que le prix dont on l'a payé, quelles que soient sa grâce et sa jeunesse, n'inspire ni n'éprouve l'attachement qui vous unit. Enfin, Laurent, que je me trompe ou non, que j'aie créé à plaisir une fin impossible ou que j'aie deviné juste, il me faut cet esclave, car, vous le savez bien, dans un cœur jaloux, ce qu'on croit est aussi puissant que ce qui est. — Laurent, il me faut cet esclave.

La franchise de l'aveu de Bérangère étonna Laurent au point de l'empêcher de voir plus loin que ses paroles ; il ne soupçonna pas qu'elle lui avait pu en dire tant n'osât dire tout ce qu'elle pensait, si elle pensait autre chose ; il ne lui vint pas à l'esprit que Bérangère eût deviné Manfride sous l'habit de Ripert.

— Eh quoi ! lui dit-il, est-ce à ce titre seulement que vous voulez posséder Ripert ? L'affection que je lui porte est vraie ; mais dans une vie comme la mienne, soumise à la captivité, à la délation, à la calomnie, on eût pu supposer que le dévoûment d'un enfant avait pu suffire à lui mériter mon affection plus que ne l'eussent fait des services d'amour, et, s'il faut tout vous dire, de tous les sentimens que je lui dois, la reconnaissance est sans doute le premier.

— Ainsi, dit Bérangère avec amertume, vous me refusez ; je savais bien que j'avais deviné juste ; oh ! vous pouvez garder maintenant vos hommages fastueux et vos projets de vengeance ; sais-je s'ils ne vous profitent pas plus qu'ils ne vous coûtent, et ne vois-je pas que je n'ai plus à espérer là où mes désirs ne seront pas d'accord avec les vôtres !

En disant ces mots, Bérangère se leva pour s'éloigner ; Laurent la retint et lui dit :

— Si je pouvais croire que ce sacrifice me valût, en retour, l'assurance de cet amour qui est mon unique espoir, certes, je ne le refuserais point, et véritablement je n'ai point refusé ; Bérangère, Ripert sera à vous, mais il faut enfin que quelque chose me paie de cet amour qui donne tout sans compter.

— Ah ! dit Bérangère, vous estimez donc ce sacrifice bien grand, que vous le mettez si haut prix ?

— Je l'estime, répondit Laurent, ce que vous l'estimez vous-même, c'est-à-dire la seule chose sur quoi je puisse vous prouver, vous-même ; vous-même avez réduit à si peu ce témoignage que j'avais puisé dans mon absolu dévoûment, que je me rattache au seul dont vous fassiez quelque cas ; et sais-je même si un jour cette tête du roi d'Aragon, que je vous ai promise, vous ne la refuserez pas comme une facile victoire que mes devoirs de soldat suffiraient à m'imposer ?

— Oh ! dit Bérangère, dont les traits reprirent leur dureté à cette dernière phrase, oh ! pour cela, je vous l'ai dit, je serai à vous, Laurent, je serai au meurtrier de Pierre d'Aragon, fût-ce le bourreau.

Puis elle reprit tristement :

— Mais ce que je vous demande aujourd'hui, vous le voyez bien, Laurent, ce n'est ni pour la vengeance ni pour l'orgueil, c'est pour l'amour alarmé ; puis, elle acheva d'une voix étouffée et en détournant les yeux, pour l'amour jaloux.

Ce fut pour Laurent un singulier étonnement que cet aveu.

Il avait désiré l'amour de Bérangère, l'amour de cette fille insolente qu'il comptait toujours dominer par la vanité ; mais, lorsque apparut tout-à-coup à lui une passion réelle, si réelle qu'elle s'humiliait jusqu'à avouer sa faiblesse, alors une douleur nouvelle et confuse vint s'ajouter aux douleurs réelles de Laurent. « Encore un amour vrai et peut-être pur à briser, se dit-il, encore une existence devenue sainte par cet amour à fouler aux pieds dans la fange et le sang. » Mais, mon Dieu, qu'avait donc rêvé Laurent de si épouvantable à accomplir, qu'il lui prit un éblouissement douloureux, et que les larmes lui vinrent aux yeux en entendant ces paroles de Bérangère ? Il la regardait, et, dans cette belle jeune fille émue et triste, qui se tenait à côté de lui, les yeux et le front baissés, il ne reconnut plus l'orgueilleuse héritière de Montfort, dont l'insolence avait été le premier éperon qui l'avait lancé dans la fatale carrière qu'il parcourait. Il ne savait que répondre ; il doutait de lui, de la justice de sa cause, lorsqu'un incident, de ceux qui poussent les hommes à leur destinée, de ceux qui semblent accuser le ciel de complicité dans nos crimes, lorsqu'un pareil incident vint déterminer sa volonté.

Goldery parut à l'entrée de la salle ; il était accompagné d'un chevalier vêtu de toutes ses armes et la visière baissée.

— Sire Laurent, dit-il, voici un étrange messager ; il porte en ses mains un écrit qui vous est adressé, et paraît ne vouloir le remettre qu'à vous, car il a refusé de me le confier.

Le chevalier s'avança jusque auprès de Laurent de Turin, et, sans prononcer une parole, il lui remit le parchemin roulé qu'il tenait dans sa main. Par un pressentiment singulier de terreur, Laurent ne s'avança point au devant du chevalier et le laissa s'approcher de l'endroit où il était assis seul avec Bérangère ; il prit l'écrit qui lui était présenté, après avoir considéré avec crainte ce corps de fer qui était posé droit et immobile devant lui ; il brisa le cachet du message, et n'y lut que ces mots :

« A Laurent de Turin, de la part d'Albert de Saissac. »

Une tache de sang, qui servait à imiter un œil, servait de signature à ce peu de mots. Laurent releva son regard vers le sombre messager, et, avec ce regard, tandis que Bérangère détournait la tête, par ce sentiment de discrétion poli qui évite de porter les yeux sur un message qu'on vient de recevoir, avec le regard de Laurent se leva sur la visière du casque du chevalier. Dans l'ombre de l'embrasure où étaient Laurent et Bérangère, rien ne parut, aux yeux de celui-ci, des traits de cet étranger, qu'une double rangée de dents blanches, longues et décharnées. Laurent se leva soudainement, approcha son visage à la hauteur de celui qui venait de se découvrir, et, avant que son regard rapide eût pu l'inspecter complètement, la visière se baissa devant lui. C'est que, sur ce visage, il n'y avait plus de traits à reconnaître ; c'est que c'est avec une autre vue que celle des yeux qu'il en fallait comprendre l'expression. On ne saurait dire si le cri que poussa Laurent de Turin et l'immobilité qui le tint à sa place, tandis que le chevalier s'éloignait lentement, furent un sentiment d'horreur ou un soudain réveil de la pitié où il allait s'endormir mais, lorsqu'il se rassit près de Bérangère, sa résolution était prise, il n'y avait plus d'incertitude dans son cœur ni dans ses traits ; car, après avoir dominé le trouble de son premier étonnement, il lui dit d'une voix flatteuse et où l'amour semblait seul parler :

— Bérangère, vous m'avez demandé Ripert ; eh bien ! que cet esclave soit vous ; qu'il vous appartienne sans condition : un mot de vous l'a payé plus cher qu'il n'a jamais pu me coûter ; vous m'aimez, n'est-ce pas ?

— Je ne sais, dit Bérangère avec un sourire enchanteur, mais je suis heureuse, car maintenant, et seulement maintenant, je crois que vous m'aimez.

Et comme il faut à l'amour un moment de repos toutes les fois qu'il a fait en avant quelques pas importans, Bérangère se leva, rayonnante de joie, pour se mêler à la conversation des chevaliers autour de son père, et elle y trouva sa mère qui rougissait aux éloges que Montfort donnait à la valeur de Bouchard ; et elle s'écria, avec une joie si franche qu'elle effaça le sens moqueur qu'en une autre occasion on eût supposé à ses paroles :

— Allons, allons, je vois que tout le monde est heureux ce soir.

Ce mot était arrivé à tout le monde, excepté à celui à qui les indifférens le crurent directement adressé, et la haine de Foulques ne s'y trompa pas.

— Oui, dit-il, tout le monde est heureux, excepté peut-être le sire Laurent de Turin, à moins qu'il ne cache son bonheur sous cet aspect farouche et préoccupé.

En effet, le chevalier, demeuré à sa place, les yeux fixés sur le papier qu'il tenait dans sa main, semblait pris de pensées qui lui tordaient le cœur.

Montfort en fut alarmé, et, avec un empressement amical, il s'approcha de Laurent et lui dit :

— Qu'avez-vous, messire ? Ce message est-il une fâcheuse nouvelle ?

Laurent, rappelé à lui par ces paroles, se remit soudain et répondit en souriant :

— Non, dit-il, c'est un ami qu'un frère recommande à un frère.

— Et, dit Foulques, c'est peut-être un devoir difficile à remplir.

— C'est un devoir, dit Laurent en regardant Bérangère, mais c'est un devoir heureux et que je vais exécuter.

Puis, prenant la main de la fille de Montfort, il lui dit doucement :

— Demain, Ripert vous portera la preuve que mon amour est le plus sûr de vos esclaves.

Puis il s'éloigna, et, soit volontairement, soit par mégarde, il laissa tomber aux pieds de Foulques le message qu'il avait reçu ; celui-ci s'en empara, et il allait le cacher dans son sein, quand Bérangère s'en aperçut.

— Sire évêque, lui dit-elle, n'est-ce point le message qu'on a porté tout-à-l'heure à sire Laurent de Turin ?

— Sans doute, dit l'évêque embarrassé, et c'était pour le lui remettre.

— Ou plutôt, dit Montfort avec hauteur, pour le lire en secret et y chercher matière à quelques nouvelles dénonciations.

— Eh bien ! oui, dit Foulques avec colère, c'est pour vous prouver que cet homme est votre ennemi et le nôtre ; ouvrez ce message, sire de Montfort.

— Oh ! s'écria celui-ci, honte à qui peut soupçonner un homme après de pareils services ! Je ne lirai point ce papier et je le brûlerai à la flamme de ce flambeau, dût-il renfermer mon arrêt de mort.

Puis, il regarda sa fille et ajouta :

— A moins qu'une autre personne que moi, et qui peut-être a encore des doutes à éclaircir, ne veuille y chercher la preuve du dévoûment qu'elle inspire.

— Moi, dit Bérangère en souriant et en prenant doucement le papier des mains de Foulques, je ne doute de rien.

Et approchant le message secret d'un flambeau, elle l'y brûla lentement. Mais, avant qu'il ne fût consumé, elle avait eu le temps d'y lire ces mots :

« A Laurent de Turin, de la part d'Albert de Saissac. »

Et sa vanité naturelle, jointe à la vanité de son amour, les commenta ainsi : certes, l'amour de Laurent de Turin est un noble et beau triomphe, mais celui d'Albert de Saissac est une de ces victoires inouïes qu'il a été donné à peu de femmes d'obtenir sur un cœur.

Puis, chacun se releva heureux du présent, plus heureux encore de l'avenir. Le seul Laurent sortit le cœur serré de cette joie commune.

Tel est souvent le résultat des choses que les hommes poursuivent le plus ardemment. Au but qu'ils se posent, ils rêvent le repos et n'y trouvent que le désespoir. Ainsi, le premier jour où Laurent de Turin parut au château de Castelnaudary, objet de haine ou de soupçon pour tous ceux qui l'habitaient, il troubla par sa présence et par l'audace de ses propos tous ceux dont il avait quelque chose à craindre, et la nuit qui suivit ce jour, il la passa paisiblement, tandis que pour les autres elle fut pleine d'angoisses.

Au jour que nous venons de raconter, Laurent était arrivé à ce qu'il avait si ardemment souhaité, à la confiance de

Montfort, à l'intimité de sa famille, à l'amour de Bérangère ; il tena't en main, si nous pouvons parler ainsi, les rênes de sa vengeance, et cependant la nuit qui suivit ce jour, fut pour ses ennemis une nuit de sécurité et de repos, et pour lui une nuit de luttes et de cruels déchiremens.

Quand il fut rentré dans son appartement, dans un coin de la salle où il prenait d'ordinaire ses repas, il vit assis le vieillard mutilé qui lui avait apporté le message de l'OEil sanglant ; il courut vers lui pour lui témoigner sa joie de le revoir, mais le regard du vieux Saissac, cette seule expression de l'âme qui restât à son visage, l'arrêta soudainement. Le père et le fils se prirent à se regarder, et celui-ci devina enfin qu'il y avait doute dans l'esprit du vieillard sur la sincérité des actions de Laurent. Dès l'abord, il en fut choqué, et bientôt, pensant en lui-même à la route extraordinaire qu'il avait suivie, il comprit qu'on pût se tromper sur ses intentions, et dit au vieux Saissac :

— Eh bien ! mon père ?

Mais le père ne répondit pas, et son regard demeura fixé sur le visage de Laurent. Celui-ci, que tant d'événemens avaient rendu impatient, tourmenté de ce regard implacable qui ne le quittait pas, oubliant tout son passé sous la préoccupation du présent, reprit vivement :

— Parlez donc !

Le geste du vieillard fut triste. Peut-être ne marquait-il qu'un doute profond, qu'un besoin d'être rassuré, mais cette pantomime réveilla tout-à-coup les souvenirs de Laurent, et il crut lire dans le geste de son père ces mots cruels :

— Tu as beaucoup oublié si tu as oublié que je ne puis pas répondre.

— Pardon, mon père, pardon, reprit Laurent, mais je ne puis rien vous dire.

Il se leva et se promena activement dans la chambre : une impatience convulsive l'agitait, il venait de mesurer tout-à-coup le nouvel obstacle que la présence de son père lui apportait, les soupçons qu'il ne pourrait ni dissiper ni mépriser ; ce censeur permanent de sa conduite, qui ne pouvait en comprendre le motif ou qui, peut-être, ne l'approuverait pas ; tout cela excitait l'irritabilité du chevalier sans cesse, sans discussion, sans paroles amères, sans contradiction, il s'exalta peu à peu.

— C'est impossible, disait-il, je ne puis rien dire, et vous ne pourriez me comprendre ; j'ai mis mon but au-delà de vos espérances ; je me soucie fort peu de l'opinion des lâches qui m'ont abandonné et vous aussi ; je ferai ce que je dois, ce que j'ai résolu, et malheur à qui se mettra en travers de ma route, car il faut que cela soit ! J'ai trop sacrifié, et je vais trop sacrifier encore, pour que cela reste dans les termes d'une vengeance vulgaire ; je ne puis rien dire ; mais cela est ainsi.

Pendant ce temps, le vieux Saissac suivait son fils du regard, et cette immobile inquisition, qui ne se détachait pas un moment du visage de Laurent, qui n'éclatait ni en reproches ni en explications, et ne donnait au chevalier ni l'occasion de répondre ni celle de se défendre, cette poursuite obstinée pénétrait le cœur de Laurent comme un aiguillon qu'on eût toujours poussé plus avant dans sa plaie. Alors, arrivé au comble de l'irritation, voyant qu'il ne pouvait être compris, et ne voulant peut-être pas se faire comprendre, il s'écria :

— Oh ! mon père ! qu'êtes-vous venu faire ici ?

Le vieillard se leva, et, baissant la visière de son casque, il s'apprêta à sortir du château ; mais Laurent, s'élançant après lui et le retenant vivement, lui dit d'une voix suppliante :

— Demeurez, mon père , je vous dirai tout, ou si je ne puis tout vous dire, retenez bien ceci et souvenez-vous-en toutes les fois que vous douterez de moi. Le jour où vous croirez véritablement que je suis un traître, ce jour-là, faites de moi sans pitié ce qu'on a fait de vous ; et maintenant demeurez et soyez patient, je le suis bien, moi.

Après ces mots, Laurent appela Goldery et lui confia son père, puis il demeura seul et s'assit pour prendre un moment de repos. La lassitude de son âme et de ses membres était arrivée à ce point qu'il ne pouvait soutenir ni son corps ni sa pensée, et l'on peut dire que, comme le serf que le fouet de son maître a changé en bête de somme et qui se couche à côté du faix qu'il doit transporter, aimant mieux mourir que de marcher, Laurent essaya de se coucher aussi à côté du fardeau de sa vie. Mais l'heure n'était pas venue. A travers ce lourd affaissement qui le tenait tout entier, un vague besoin d'action l'agitait encore, comme après une longue route il semble qu'on ait encore besoin du mouvement qui vous a emporté. Il lui restait aussi cette inquiétude d'une chose inachevée : il ne pouvait dire ce qui manquait au travail de cette journée, mais il sentait l'appel d'un engagement pris et auquel il ne pouvait répondre. A moitié insensé, luttant contre le sommeil de fatigue qui le dominait, il murmurait tout bas en regardant autour de lui :

— Quoi donc encore ? qu'y a-t-il encore ? il y a quelque chose encore.

Et le souvenir qu'il cherchait se réveilla soudainement par le soin même qu'il voulut prendre de l'écarter. Il appela Ripert pour penser à autre chose, et, comme par un enchantement particulier, il se prononça à lui-même le nom qui portait avec lui sa plus cruelle douleur. Laurent se leva soudain et, avec un sinistre éclat de voix il répéta :

— Ripert ! ah ! c'est Ripert !

Il s'arrêta et réfléchit un moment, et là, comme un homme qui consomme sa ruine et qui ne veut pas avoir à recommencer deux fois le paiement d'une dette qui le dépouille à nu, il se dit tout bas :

— Finissons-en aujourd'hui, aujourd'hui ou jamais.

Alors il appela Ripert, mais l'esclave ne répondit pas, et Goldery étant accouru aux cris de son maître, Laurent apprit que Ripert n'avait point paru depuis l'heure du combat. C'était un de ces jours marqués dans la vie des hommes comme un centre fatal où convergent tous les désespoirs pour les frapper atrocement ; à tant de douleurs passées se joignit l'épouvante de la disparition de Ripert, et cet enfant, cette Manfride, cachée sous un habit d'esclave, redevint soudainement tout ce qu'elle avait été pour Albert de Saissac.

Tout ce dévoûment passé, que dans le délire de sa nouvelle vie Laurent de Turin n'avait pas trouvé à se rappeler, tout ce dévoûment, abîmé dans le flot de mauvaises passions qui agitaient le chevalier, se remonta à lui et surnagea dans cet orage comme eût fait un cadavre oublié et que la mer reporte à sa surface. Alors il crut voir Manfride pâle, mourante, lui tendant les bras, prête à disparaître pour jamais, et le premier mouvement de Laurent fut de la sauver.

Il courut partout, il s'informa de tous côtés ; mais, dans ce tumulte de la journée, personne ne l'avait vue. Laurent parcourait incessamment les remparts, les cours, les fossés, et trouvait les soldats endormis du sommeil que lui-même leur avait procuré et qu'ils ne daignaient pas rompre pour répondre à ses questions. En marchant ainsi au hasard, il arriva près de la haute tour d'où il avait vu le commencement du combat, et, dans le silence de la nuit, il crut entendre une voix qui parlait au sommet ; mais quoique cette voix semblât s'adresser à quelqu'un, elle parlait seule et ne lui répondait. Cette voix était celle de Robert de Mauvoisin. Poussé par un sentiment dont il serait difficile de désigner la première cause, inquiet de l'absence de Manfride, irrité de ce qu'elle pût être en butte aux railleries de Mauvoisin, ou peut-être encore plus irrité de ce qu'elle pouvait l'écouter plus favorablement, Laurent gravit rapidement la tour, mais il la gravit avec précaution, en étouffant le bruit de ses pas ; arrivé à ce point d'être jaloux ou plutôt de craindre une trahison, de supposer que la vengeance pourrait inspirer à Manfride un crime dont il n'eût pas osé accuser son amour, attribuant ainsi au sentiment qui le dominait une égale puissance sur toutes les âmes.

Enfin il atteignit les dernières marches qui tenaient à la plate-forme sur laquelle parlait Mauvoisin ; son instinct avait bien averti Laurent, Manfride était là, et c'était à elle que s'adressaient les discours de Robert.

— Esclave, lui disait-il, est-ce que le maître qui t'a vendu à Laurent lui a de même vendu ton âme ? Qu'est-ce que l'esclavage du corps, qui peut se racheter par quelques pièces d'or, si tu as gardé la liberté de ton cœur? Engage-moi celle-là, et demain, au lieu d'être rangée parmi les valets de Laurent, tu seras une femme libre et tu auras des esclaves à ton tour qui t'imploreront et te demanderont grâce.

En entendant ces mots, Laurent se sentit pris d'une suffocation de rage qui lui serra la gorge. Quoi! cet homme, qui avait posé sur sa sœur la flétrissure mortelle de sa débauche, cet homme touchait par ses paroles à l'amour et saint de Laurent. En cette occasion, la vengeance manqua à celui-ci, tant elle lui parut au-dessous de l'outrage; c'était si peu de chose que de tuer cet homme que Laurent, s'arrêta pour écouter encore. Manfride n'avait point répondu, et Mauvoisin continua ainsi :

— Oh! pardonne-moi si, t'ayant aperçue seule et délaissée sur cette tour, je suis venu vers toi! c'est que j'ai compris combien tu devais souffrir et que je sais que tu auras plus à souffrir encore. Je le vois, pauvre fille, du fond de ta misère tu t'es élevée jusqu'à aimer celui qui s'appelle ton maître, et aujourd'hui qu'il en aime une autre, tu souffres comme si ton amour était égal au sien; eh bien! ce n'est là que la première douleur. C'est affreux d'être ainsi rejeté de l'asile où l'on avait caché sa vie; mais quelque chose de plus affreux te menace, Amauri t'a reconnue comme moi; mais tandis que je t'entourais des vœux de mon amour, il portait sur toi les désirs de sa débauche; il a résolu de te demander à Laurent, de t'acheter pour te posséder, esclave de lit destinée à passer de baisers en baisers. Moi aussi, je veux t'acheter mais pour que ta liberté te revienne, n'espérant et ne voulant de toi que ce que ta reconnaissance voudra me donner en retour.

Manfride ne répondit rien encore. Un moment Laurent désira ou qu'elle fût faible et acceptât l'affranchissement qu'on lui proposait, ou que dans sa fierté elle en appelât à l'appui de son maître de l'insulte qui lui était faite; mais Manfride se tut. Était-elle déjà arrivée à ce désespoir de ne plus prendre souci de son honneur ni de sa vie? Son âme était-elle déjà assez brisée par la douleur qu'on pût la frapper encore sans y réveiller une plainte? Il le crut ainsi. Un moment il avait pensé juste sur le désespoir de Manfride, c'est lorsque, rendu à la tendresse pour elle par l'inquiétude que lui causait son absence, il avait supposé qu'elle pouvait vouloir se venger. Ce ne fut qu'un éclair durant lequel il s'oublia lui-même. Mais la présence de Mauvoisin le ramena à la poursuite de ses seuls désirs, et, dans cette manie insensée de vengeance qui le préoccupait sans cesse, il compta qu'il fallait aussi une vengeance à cette douleur de Manfride, dont il accusait les autres parce qu'ils l'avaient forcé à la faire naître. Alors, dans son ambition de suffire à tout et de se porter fort, pour ainsi dire, des intérêts de tout ce qu'il aimait, il ajouta l'insulte de Mauvoisin à ses griefs, sans consulter celle qui en souffrait. Seulement, repris par sa pensée de toutes les heures, oubliant l'inquiétude qu'il avait éprouvée pour Manfride, oubliant qu'elle n'avait pas bu comme lui cette large coupe de douleurs qui l'avait enivré, il pensa que l'exagération de sa vengeance, que son épouvantable complication, excuseraient tout ce qu'il aurait sacrifié pour y parvenir; un raffinement hideux, effroyable, apparut à son esprit, et sans en calculer la possibilité, se fiant à sa force pour l'exécuter du moment qu'il l'avait conçu, il en éprouva une joie furieuse. Mauvoisin dit à Manfride :

— Esclave, penses-y, c'est demain qu'Amauri compte t'obtenir de Laurent, et Laurent te vendra, n'en doute pas, car l'amour qu'il a pour Bérangère lui persuadera de flatter son frère pour obtenir son appui près d'elle. Veux-tu être à moi plutôt qu'à lui?

— Ni à toi ni à lui! s'écria Laurent en montant tout-à-fait sur la tour; cette esclave est promise à Bérangère, elle lui appartiendra..

Puis, s'approchant de Mauvoisin, qui s'était reculé à l'aspect de Laurent, et, avec ce sourire familier de deux débauchés qui se comprennent, il lui dit tout bas :

— Ne désespère pas, Robert, elle sera à toi; mais tu sais ce qu'il faut céder au caprice des femmes; Bérangère a voulu cette esclave, Bérangère s'en fatiguera, et alors...

Il sourit encore et reprit :
— Laisse-moi avec elle.

Les deux chevaliers se serrèrent la main, et Mauvoisin descendit de la tour. Laurent s'approcha de Manfride; elle avait le dos appuyé aux créneaux de la tour; ses mains croisées pendaient devant elle, et l'on peut dire que le regard sans vie et sans expression de ses yeux pendait aussi, comme si elle n'eût pas eu la force de le porter plus loin que ses pieds.

— Manfride, lui dit doucement Laurent, c'est moi, j'ai à te parler; écoute-moi et n'oublie ni ce que je t'ai promis ni ce que tu m'as juré après l'incendie du camp de Toulouse.

Manfride leva les yeux sur Laurent comme si elle n'avait pas entendu, les baissa aussitôt, et si ce regard n'eût été doux et calme, il l'eût crue folle de la voir s'obstiner ainsi dans son silence. Mais son étonnement s'accrut encore lorsque Manfride, lui posant doucement la main sur le bras, lui dit d'une voix assurée :

— Albert, quel est ce jour? quel est le jour où nous sommes?

— Aujourd'hui, dit le chevalier, c'est le premier jour d'octobre.

— Bien, dit Manfride.

Puis elle compta sur ses doigts, et lorsqu'elle eut fini, elle secoua tristement la tête.

— Alors, dit-elle, j'aurai vingt ans, c'est l'âge prédit; c'est bien long, n'importe.

Puis elle ajouta en s'adressant à Laurent :
— Que voulez-vous de moi, maître?

— Manfride, lui dit celui-ci doucement, c'est à toi, Manfride, que je parle et à qui je viens demander secours et appui.

Oh! il fallait que son âme fût bien déchirée, puisqu'à ce mot de Laurent elle ne répondit pas par une effusion de larmes et de promesses.

— Maître, reprit-elle, Manfride n'est plus ici pour vous secourir; mais Ripert y est encore resté pour obéir à vos ordres.

Cette parole irrita Laurent, à qui il semblait que chacun devait comprendre ce qui se passait en lui et que chacun devait s'y associer avec la passion qu'il y mettait. Il lui répondit donc avec hauteur :

— Sache donc que demain tu seras l'esclave de Bérangère.

— Soit, dit Manfride sans témoigner ni étonnement ni déplaisir; soit, demain.

Tout manquait à Laurent, tout, jusqu'à la résistance de cette femme qu'il avait espérée et qui l'accabla de sa soumission, et lui-même, épouvanté de ce qu'il avait demandé et de ce qu'il avait obtenu, il s'écria douloureusement :

— Toi, Manfride! toi, l'esclave de Bérangère! toi, mon salut, ma vie, mon amour! oh! c'est impossible!

— Non, dit Manfride, toujours calme, toujours douce et résignée; non, rien n'est impossible à la vengeance.

— Oh! tu m'as donc compris? s'écria Laurent, à qui ce mot parut une explication suffisante de la conduite de Manfride.

Insensé, qui soupçonna bien qu'en parlant ainsi ce n'était peut-être déjà plus les efforts de Laurent qu'elle calculait, mais les siens propres; égoïste furieux, qui oubliait qu'il portait en lui un mal qui se gagne, véritable fou pris de rage, qui ne pensait autour de lui, sans penser que son venin pouvait empoisonner d'autres âmes! S'il n'avait pas été aussi aveugle qu'il l'était, c'est lui qui aurait compris la pensée de Manfride à la place de la sienne, car elle ne répondit à ces dernières paroles ni par un geste, ni par un mot, ni par un sourire.

Alors ils quittèrent ensemble la tour, ensemble comme ils ne l'avaient pas été depuis longtemps, Manfride appuyée sur le chevalier. Elle ne se défendait plus de ses soins, toute prête à se donner encore comme elle s'était donnée autrefois, laissant sa bouche aux baisers de Laurent, son beau corps à ses étreintes, ayant de son côté jeté la pudeur jalouse en sacrifice à ses projets, et Laurent, qui depuis six mois n'avait pu approcher de cette femme qui l'avait tant aimé, sans qu'un frisson la prit, sans que les larmes lui vinssent aux yeux, sans qu'elle le repoussât avec des sanglots et des reproches, Laurent ne comprit pas que pour lui abandonner ainsi son corps il fallait qu'elle en eût complètement séparé son âme.

Alors le jour montait à l'horizon, et l'on peut dire que cette aurore commença une nouvelle vie et une nouvelle fortune pour tous ceux qui habitaient le château de Castelnaudary. Pour Montfort, ce fut la reprise de ses espérances ambitieuses, qui la veille, pendaient sur l'abîme qui devait les engloutir; pour Bouchard et Alix, ce fut une sécurité de leur bonheur, jusque-là si alarmé; pour les deux débauchés, Amauri et Mauvoisin, ce fut la certitude de nouvelles débauches; pour Laurent, ce fut l'achèvement calme et sur un sol uni de projets que jusque-là il avait menés à travers les précipices et les sentiers les plus dangereux. Dieu seul savait ce qu'était cette nouvelle vie pour Manfride, et nous-mêmes nous n'oserions le dire. Nous, narrateur fidèle de cette funeste histoire, nous ne sonderons point le volcan avant l'heure; nous en dirons seulement les grondemens sourds, les commotions furieuses, jusqu'au moment où ce foyer profond, plein de laves, bouillant d'incendies cachés, éclata dans une nuit funeste, jetant autour de lui du feu, des flammes, du sang, des fers calcinés et des cendres qui recouvrirent un linceul mortuaire, ces funestes événemens que nous exhumons aujourd'hui de la tombe, où ils ont dormi pendant des siècles.

VII.

PATRIE ET VENGEANCE.

Si ce livre était destiné à être le récit d'histoires amoureuses, il nous faudrait suivre maintenant Bérangère et Laurent dans les nombreux entretiens où l'amour de l'une répondit pas à pas à la séduction de l'autre. Si, après les mouvemens violens qui ont agité jusqu'à présent les personnages que nous avons mis en scène, nous voulions peindre ces momens de calme qui, même dans la position la plus cruelle, s'emparent de l'homme après de dures fatigues, nous dirions par quels soins journaliers, par quelles flatteries incessantes Laurent parvint, sinon à dompter, du moins à enchaîner l'orgueilleuse Bérangère. A le comparer aux agitations qui l'avaient précédé, ce temps fut pour Laurent un temps de repos : ce repos était, à la vérité, comme celui des malheureux condamnés chinois qui, enfermés dans une cage qui n'est pas assez haute pour qu'ils puissent s'y tenir debout, ni assez large pour qu'ils puissent s'y coucher, finissent cependant par y trouver le sommeil.

C'est un des magnifiques priviléges de la nature que cette invincible puissance du sommeil après de rudes travaux. Le marin, qui a combattu pendant trois jours une mer furieuse et qui a vu son navire écharpé s'en aller par lambeaux, dort sur le radeau où la mort est encore plus menaçante; le soldat, qui trois jours durant a combattu debout en face de l'ennemi, dort sur l'affût du canon qui tonne à son oreille. Ce repos que la nature a départi au corps, elle l'a donné aussi à l'esprit, et soit qu'il faille le considérer comme un bienfait providentiel qui prend soin de réparer nos forces pour de nouvelles fatigues, soit qu'on doive le regarder comme le complément de la misère humaine, qui ménage le cœur de l'homme pour ne pas le tuer tout d'un coup et lui accorde ce répit comme le bourreau au torturé pour accomplir le sacrifice, toujours est-il que c'est la destinée commune.

Comme tous les hommes, Laurent en profitait ou le subissait : il avait trouvé après ce jour fatal du combat de Castelnaudary des jours sinon de repos, du moins d'anéantissement, et, si nous pouvons reprendre la comparaison que nous avons dite plus haut, de même que le condamné chinois applique toute l'ingéniosité de son esprit à trouver la position la meilleure dans la cage où il est enfermé, de même Laurent avait mis toute la souplesse de son esprit à se bien poser dans la nécessité où il était emprisonné. La morale humaine n'est pas chose si mathématique qu'elle ne prête l'appui d'excellentes raisons à toutes les causes, et Laurent en était venu vis-à-vis de lui-même au point de justifier, au nom des sentimens les plus sacrés, la vie coupable qu'il menait, et le chapitre nous fera voir à quels appuis il avait recours pour faire de sa position quelque chose de supportable.

Nous n'essaierons pas de montrer par quelle déviation il parvint à ce résultat, mais nous dirons comment il y vivait à l'aise, trois mois après le jour où il avait un moment trouvé impossible d'y vivre.

Depuis longtemps les croisés, ou plutôt ce qu'on pouvait appeler la cour des croisés, avaient quitté Castelnaudary; une garnison y avait été laissée, et la comtesse de Montfort, suivie de sa famille, était entrée à Carcassonne. Pendant ce temps, le comte avait couru la campagne, repris et rasé les châteaux qui avaient profité de l'insurrection de la Provence et s'étaient tournés contre lui. Si, à cette époque, il avait possédé une nombreuse armée, c'en était fait du comte de Toulouse et de sa suzeraineté; mais les troupes de Montfort, renouvelées de quarante jours en quarante jours par les populations croisées du nord et de l'est des Gaules, ne pouvaient parvenir à présenter un ensemble respectable : presque toujours elles perdaient en pèlerins dont le vœu était accompli autant qu'elles gagnaient en pèlerins qui voulaient accomplir un vœu pareil.

Déjà même cet arrivage de soldats vagabonds diminuait sensiblement. Dans les premiers momens, les prédications d'Arnaud et de Dominique avaient apporté dans cette guerre une passion qui pouvait rivaliser avec celle qui entraînait toute la noblesse à passer les mers; mais cette passion s'était éteinte avec le zèle des prédicateurs. Ceux-ci, en effet, comptant avoir trouvé ce que probablement ils demandaient à cette croisade, se reposaient dans leurs victoires. Dominique fondait des couvens, et Arnaud, élu archevêque de Narbonne, ne se souciait plus de risquer sa conquête contre les vaincus, et croyait mieux l'assurer en menant ses nouveaux sujets combattre les Maures sous les ordres de Pierre d'Aragon. En même temps que ce refroidissement religieux était arrivé le refroidissement de l'esprit de conquête. Les premiers venus avaient si largement moissonné sur cette terre de Provence, que ce qui restait à piller ne tentait que les plus ignorans ou les plus misérables. Il n'est pas inutile de remarquer cependant que si les hommes du peuple manquèrent à l'aliment de cette guerre, les hauts chevaliers n'y firent point faute.

Les premiers, en effet, n'avaient d'autre espérance que le pillage des villes et le sac des châteaux, et de ce côté tout avait été fait à fond; les seconds, au contraire, pouvaient y gagner des châtellenies, des vicomtés, des seigneuries de tout rang, et il restait à la Provence la terre, que les premiers croisés n'avaient pu emporter. De cela il résulta qu'à partir du combat de Castelnaudary, l'armée de Montfort ne fut plus une de ces innombrables troupes qu'il fallait compter par cent mille, désordonnée et sans art de la guerre; ce fut un corps peu nombreux de chevaliers accompagnés d'hommes d'armes expérimentés, avec lequel il put vivre sur ce pays ruiné et se porter rapidement partout où le danger se levait. Avec si peu de ressources et malgré sa victoire de Castelnaudary, il n'est point douteux cependant que, perdu presque seul au milieu de ces populations ennemies, il eût fini par être écrasé par leur pression seulement, si elles s'étaient encore levées contre lui. La force d'inertie de toute la Provence eût suffi même pour l'anéantir, et la défense faite par les seigneurs à leurs vassaux de porter des vivres aux croisés eût réduit ceux-ci à ne combattre que pour la nourriture de chaque jour; mais aucune union n'avait survécu à la défaite de Castelnaudary, ni celle des chefs pour combattre ensemble, ni celle du peuple pour obéir ensemble.

Chacun s'était fait le juge de ses moyens de salut. Les comtes de Foix étaient rentrés dans leur château, se fiant à la difficulté presque insurmontable des chemins qui y conduisaient; là, de leur inaccessible rocher, ils laissaient courir librement les troupes armées de Montfort, ne s'en inquiétant qu'autant qu'elles auraient pu les atteindre. Le comte de Toulouse, retiré dans sa ville, laissait de même envahir chacune de ses possessions, protégé non pas par l'inaccessibilité de Toulouse, mais par l'insuffisance des moyens de Montfort pour en faire le siége. Comminges, qui n'avait plus que lui-même à cacher, restait seul dans la campagne avec quelques hommes dévoués, harcelant çà et là les bourdonniers qui sortaient du rayon de la protection de Montfort, se retirant ensuite partout où il pouvait trouver un asile d'une nuit. Conserans avait imité les comtes de Foix, et Aimeri de Narbonne, en se soumettant à Arnaud, son nouvel archevêque, avait trouvé dans son abandon des intérêts de la Provence une meilleure protection que dans les armes.

Ainsi Montfort, tout faible qu'il était, agrandissait et asseyait plus solidement sa conquête qu'il n'avait pu le faire jusque-là. Faible contre le pays qu'il attaquait, mais fort contre chacune de ses parties, il conduisait tous ses hommes contre chaque château, il s'en emparait, et pour qu'il ne lui échappât plus et lui fît en même temps secours, il le donnait à quelque chevalier de son armée, se créant des vassaux avant que lui-même fût assis à la place de leur suzerain.

Cette marche avait cela de si excellent que si Montfort n'eût pas manqué par la mort à sa fortune et à celle de sa famille, peut-être subsisterait-il encore dans le Languedoc les traces de cette suzeraineté à son sommet le plus élevé, comme il en existait encore en 1789 dans les rangs inférieurs de la féodalité. Peut-être le nom de comte de Toulouse resterait-il joint à celui de Montfort, comme le titre de marquis de Mirepoix et les vastes domaines qui en dépendent étaient demeurés à la famille de Lévis; mais Montfort n'eut pas le temps de placer la clef de cet édifice et de l'assurer sur la base qu'il établit avec tant de succès.

Comme c'est à d'autres temps qu'appartiennent ces considérations, nous ne les pousserons pas plus loin et nous reviendrons au moment où Simon, vainqueur de toutes les petites résistances, fut encore une fois appelé à jouer toute sa fortune dans un combat où la Provence tenta encore une fois son indépendance.

Peut-être trouvera-t-on dans le récit que nous allons mettre sous les yeux de nos lecteurs une personnification des deux esprits qui, dans de pareilles circonstances, partagent souvent les populations envahies : celui qui sacrifie à la satisfaction personnelle de ses passions patrie, honneur, devoirs sacrés, et celui qui fait de la liberté du pays la couronne pour laquelle il subit la misère, le mépris et, ce qui est plus héroïque peut-être, l'obscurité.

Un combat venait d'avoir lieu à quelque distance de Saverdun. Il n'avait été que le choc de quelques centaines d'hommes les uns contre les autres. Peu y avaient péri, car, dans cet isolement des croisés et cette dépopulation de la Provence, les combattants se séparaient souvent sans attendre leur défaite ou sans profiter de leur victoire. Chacun, ménager de son sang, ne le risquait plus dans des luttes qui ne pouvaient amener que la mort d'hommes. Par une espèce d'accord commun, on semblait se réserver pour une action qui décidât de l'existence du pays.

Quelques chevaliers conduits par Baudouin, frère du comte de Toulouse et dont nous n'avons pas trouvé place à signaler la trahison parmi toutes celles qui concouraient à la ruine de la Provence, quelques chevaliers, disons-nous, s'étaient avancés sur les terres des comtes de Foix pour tâter ce pays, et, là, comme partout où manquait Montfort, les croisés avaient été battus. Les deux lions de Foix, sortis de leur repaire, s'étaient élancés sur eux, les avaient brisés; mais entre leurs mains sanglantes était resté le capitaine de cette troupe, Baudouin de Toulouse.

Le premier mouvement de Roger Bernard avait été, dès qu'il l'eut reconnu, de le poignarder sans miséricorde; une main s'interposa entre Roger Bernard et Baudouin. Cette main était celle de l'OEil sanglant, qui, arrivé la veille de Toulouse dans le château de Saverdun, avait pris part au combat. Il était près de Baudouin, le considérait depuis quelque temps comme un statuaire contemple le bloc de marbre d'où il veut tirer une œuvre achevée. L'OEil sanglant, en regardant Baudouin, semblait découvrir dans cet homme quelque chose de plus qu'un ennemi prisonnier qu'on pouvait égorger ou rendre à la liberté. Ce fut sur ces entrefaites que Roger s'approcha de l'arbre auquel Baudouin était attaché. A peine l'eût-il reconnu qu'il leva son poignard sur lui en criant :

— Ah! traître! traître! Dieu est juste.

A ce moment l'OEil sanglant s'élança entre le comte de Foix et Baudouin et dit à Bernard d'une voix solennelle :

— Au nom du comte de Toulouse, dont cet homme est né le sujet, je te défends de le frapper comme un chevalier ennemi pris dans un loyal combat.

— Fût-il le comte de Toulouse lui-même, répondit violemment Roger Bernard, je le frapperai et le punirai, et ce n'est pas toi qui devrais élever la voix en sa faveur.

— Aussi, reprit l'OEil sanglant, n'est-ce pas en sa faveur que je m'interpose, c'est au nom de la Provence.

— Que m'importe la Provence! reprit Roger Bernard, je n'ai plus de liens qui m'attachent à elle! et d'ailleurs que fait à la Provence la vie de cet homme?

— Que sa vie ne lui fasse rien, répondit l'OEil sanglant, c'est possible, mais sa mort lui importe.

— Eh bien! dit Roger Bernard en s'avançant vers Baudouin, qu'il meure donc!

— Pas ainsi, dit l'OEil sanglant. Ceci n'est point la mort d'un traître, c'est le meurtre d'un ennemi. Cet homme appartient à la justice du comte de Toulouse, et moi, mandataire du comte de Toulouse près de son vassal le comte de Foix, je ne permettrai pas qu'on le lui arrache comme tu penses le faire.

Roger Bernard, à cette déclaration faite avec autorité, devint sombre, et un éclair de défiance contre l'OEil sanglant se montra sur son visage. Cependant il s'efforça de rester calme et dit froidement à l'OEil sanglant :

— Écoute, voilà la seconde fois que tu viens, après une trahison du comte de Toulouse, tenter mon dévoûment à la cause de la Provence. Tu sais si à tout autre que toi j'eusse permis de me prononcer en face le nom de Raymond. Celui qui s'appelle l'OEil sanglant, celui qui s'est appelé Buat après s'être appelé Jehan de Verle; celui qui le premier et sous son premier nom a frappé de mort l'insolent Pierre de Castelnau, qui nous apportait les ordres d'Innocent III; celui qui ensuite, sous le nom de Buat, est seul resté fidèle au malheureux vicomte de Beziers et ne l'a abandonné ni dans le combat ni dans la prison; celui qui aujourd'hui s'est voué à sa vengeance et à son salut et au salut de son fils sans qu'un moment de sa vie ait démenti sa haine d'un côté et son dévoûment de l'autre, celui-là Jehan de Verle, celui-là Buat, celui-là OEil sanglant, peut tout me dire, et je peux tout croire de lui. Mais écoute aussi à ton tour : la duplicité du vieux Raymond m'épouvante plus que ta loyauté ne me rassure, et quoique je sache à quel titre tu aimes ce misérable que tu viens lui pardonnes, n'oublie pas que pour moi son nom est celui d'un traître et d'un lâche, et qu'en l'invoquant, ce n'est pas la tête de Baudouin que tu sauverais, c'est la tienne que tu mettrais en péril.

L'OEil sanglant sourit dédaigneusement à cette menace; mais Roger Bernard n'y prit pas garde et continua du même ton froid et résolu :

— Écoute encore : tu es venu me proposer une nouvelle alliance entre tous les comtes de ce pays. Il est inutile que tu rentres dans ma ville pour avoir ma réponse. Ma réponse, la voici : « Je ne veux pas. » Il n'y a plus de Provence pour moi ; je ne connais ni comte de Toulouse ni roi d'Aragon ; je ne connais plus que moi qui suis maître de mes volontés; je ne connais plus que ma terre à qui je doive mon sang en défense. Je tue cet homme parce que cet homme m'a attaqué : il n'a pas commis d'autre crime à mes yeux.

— Comte de Foix, reprit l'OEil sanglant, il m'en coûte d'être obligé de te parler un autre langage que celui de l'honneur. Je croyais qu'il y avait encore en toi quelque chose capable de se soulever au nom de Provence et au cri de liberté. Il n'en est plus ainsi, il me faut ajouter ce malheur à tant d'autres : soit donc. Mais je te parlerai un langage que tu dois encore comprendre, celui de ton intérêt et de ton salut. A cette heure la haine te domine plus que la raison, car tu es bien sincèrement persuadé que le comté de Foix sera toujours un vasselage du comté de Toulouse, et qu'une fois Montfort maître de notre grande cité, il aura bientôt établi sur tes villes son droit de suzeraineté ! Mais es-tu sûr qu'il veuille bien te compter parmi ses vassaux et qu'il ne fasse de la comté un don à l'un des chevaliers qui le suivent ? Or, si ce n'est pour Raymond, que ce soit pour toi que tu le défendes.

— Non, dit Roger Bernard, non ! Que je périsse et que le comte de Toulouse périsse, je te jure que cela me sera une grande joie. Que je survive, et que Montfort, devenu suzerain de Toulouse, me laisse mes terres, et je te jure encore que ce me sera un grand honneur que d'être le vassal d'un homme brave, digne de la couronne et de l'épée qu'il porte. Non, vois-tu, c'est un parti pris. Je me suis sondé le cœur pour y trouver de la pitié et de la colère en voyant Montfort promener partout son insolente conquête; eh bien ! ni colère ni pitié ne s'y sont éveillées. Que veux-tu ! je n'aime plus la Provence, non, je ne l'aime plus. Que me fait à moi ce pays qui s'abandonne, ce beau pays dont nous étions si fiers, cette Provence héritière de Rome ? Non, vrai, je ne l'aime plus. Qu'elle soit la proie des Français, qu'ils là pillent et la dévastent, la malheureuse ! sur mon âme ! je ne puis m'en soucier, et s'il en reste jamais un souvenir, qu'on dise que le comte de Foix l'a abandonnée aussi, peu m'importe.

Il s'arrêta et reprit avec un amer sourire.

— Qu'importe la gloire à qui n'aura plus de patrie pour en être fier ?

En parlant ainsi, le rude Roger Bernard s'était comme attendri, et sa voix avait quelque chose de cet accent d'un amant qui maudit, les larmes aux yeux, la femme qui l'a trahi.

— Ah ! s'écria l'OEil sanglant en s'emparant vivement de cette émotion, tu n'abandonneras pas notre pays, toi, le comte de Foix, toi, le seul soldat devant qui Simon craigne de combattre ; toi, vers qui tout un pays se tourne les mains jointes et les genoux à terre, tu n'auras certes pas moins de courage et de générosité que moi, pauvre soldat isolé, à qui la fatalité n'a pas même donné un nom en patrimoine. Je te le dis sur mon honneur, la faute du comte de Toulouse a été le résultat d'une trahison dont il est innocent ; cette trahison, je t'en rendrai compte. Et peut-être en suis-je plus coupable que lui, car c'est sur ma garantie qu'il se fiait aux messages qui tant de fois nous ont valu la victoire, et Dieu sait, s'il fallait être juste, si tu n'aurais pas toi-même à te reprocher d'avoir oublié tes frères morts autant que Raymond lui-même. J'étais absent,quand vous avez envoyé Arregui et David à Simon, et dis-moi, à qui avez-vous pensé alors ? A vous, et je pourrais vous accuser d'avoir abandonné les plus nobles victimes de notre guerre ; mais je ne m'armerai pas de mes griefs contre quelques-uns pour perdre mon pays. Un autre l'a fait : Dieu fasse qu'il se repente ! Quoi qu'il en arrive, la patrie reste encore à sauver. Raymond te redemande ton secours contre l'ennemi commun, et il t'offre en retour tous les gages que tu peux exiger en garantie de sa foi.

— Et le premier que tu m'apportes en son nom, répondit Roger Bernard, dont les résolutions s'ébranlaient visiblement, c'est d'arracher à ma justice la tête de son frère, la tête d'un traître !

— Non, dit l'OEil sanglant, il te demande de la rendre à la sienne, et la sienne peut s'exercer ici même par toi, que rien n'a encore dépouillé du titre de général de cette guerre, titre qui t'a été donné par l'assemblée des chevaliers, des bourgeois et des manans de la Provence.

— Eh bien ! dit le comte de Foix, qui se sentait vaincu, que ce soit ma justice ou la sienne qui s'exerce en ce lieu, c'est la mort de cet homme qu'il lui faut.

— Et tu as raison, dit l'OEil sanglant, c'est sa mort, sa mort ignominieuse !

Puis il s'approcha de Roger Bernard de façon à n'être entendu que de lui seul.

— Enchaînons, lui dit-il tout bas, enchaînons le comte de Toulouse par un acte qui montre à la Provence qu'il n'y a plus de traité possible entre lui et ses ennemis.

Pendant qu'il expliquait au comte de Foix ce qu'il devait faire en cette circonstance, Roger Bernard l'écoutait les yeux baissés. Enfin, il releva la tête et lui dit :

— Eh bien ! soit, je ferai ce que tu veux aujourd'hui, et enfin, à l'heure où tu me le diras, je serai prêt encore, je tirerai l'épée ; mais n'oublie pas que nous allons jouer la dernière partie de la Provence, n'oublie pas que son salut est notre premier devoir, et coupable serait celui qui, par faiblesse ou par orgueil, lui ôterait une seule chance. Va trouver Pierre d'Aragon ; qu'il vienne, qu'il soit notre chef; s'il le faut, je lui obéirai.

Puis, tendant la main à l'OEil sanglant, il lui dit avec une émotion profonde :

— Je te remercie. Va, nous la sauverons, cette belle patrie; elle sera libre, grande et fière, et quand du fond de mon château, devenu vieux pendant qu'elle redeviendra jeune et florissante, je la verrai riche et féconde, je sens que je me trouverai heureux et que j'éprouverai quelque orgueil parmi mes rochers nus à voir ainsi grandir cette belle province, que j'ai appelée ma mère et que peut-être alors je pourrai appeler ma fille.

Après ces paroles, il s'approcha du groupe qui retenait Baudouin captif, et dit à quelques soldats :

— Qu'on pende cet homme aux branches de ce chêne !

La destinée du vaincu était tellement écrite d'avance à cette époque, que personne ne songeait à y échapper. Aussi Baudouin ne cria-t-il ni grâce ni merci pour sa vie, mais il protesta avec énergie contre le genre de sa mort. Le droit de représailles eût pu servir d'excuse à l'exécution de Baudouin s'il n'eût été dans la pensée de l'OEil sanglant de faire un autre droit de cette exécution, et sur le lieu même l'acte singulier que voici fut rédigé et lu au coupable :

« Baudouin de Toulouse, frère et vassal du comte de Toulouse, ayant trahi sa foi envers son suzerain par son alliance avec les Français, a été dégradé comme chevalier et pendu comme traître. »

Cet acte de justice, dans une forme presque régulière, au milieu d'une lutte où tout n'était que meurtre, surprit plus qu'eût pu le faire l'embrasement d'une ville ou l'anéantissement d'une armée. Les soldats qui l'entendirent s'entre-regardèrent, étonnés de voir que l'on donnât une raison à la mort d'un homme. Il sembla que cette simple forme d'autorité légale annonçât une grande force d'exécution, et les soldats se demandèrent tout bas si Montfort était vaincu et Raymond paisible possesseur de sa comté.

Immédiatement après la lecture de l'arrêt, on pendit Baudouin, et le jugement, tel que nous venons de le rapporter, fut cloué sur le tronc de l'arbre où était le cadavre.

Après cette exécution, Roger Bernard reprit la route de Foix, et l'OEil sanglant dirigea la sienne vers Carcassonne. Ainsi, ce fut par cet amour du pays, par cet amour qui nous fait tenir à l'honneur d'un nom générique avec plus de force souvent qu'à celui de notre propre nom, que se renoua cette coalition de chevaliers de la Provence pour réhabiliter le titre de chevalier provençal.

Partout où l'OEil sanglant s'adressa, partout, soit par flatterie, soit par la menace du mépris, il éveilla aisément ce sentiment. Comminges, Conserans, Aimeri de Narbonne lui-même, Gérard de Pepieux et tous ces châtelains vassaux, qui n'eussent plus rien tenté pour leur salut personnel, se retrouvèrent du courage et des espérances pour tenter le salut de la patrie. Ce fut donc plein de confiance que l'OEil sanglant arriva à Carcassonne et pensa y trouver l'appui le plus certain de cette dernière tentative. Il y arriva quelques jours après la nouvelle de l'exécution de Baudouin.

Cette nouvelle avait produit l'effet qu'il en avait attendu ; la colère de Montfort, en l'apprenant, avait dépassé toutes les bornes. Ce n'était pas la mort d'un de ses chevaliers qui l'irritait, c'était la condamnation flétrissante écrite au front de l'homme qui trahissait ses devoirs. Il était avec Laurent de Turin lorsque cette nouvelle arriva, et quand le messager qui l'apportait lui eut remis le parchemin sur lequel était écrit le jugement de Baudouin, il ne put s'empêcher de remarquer la pâleur qui vint au front de Laurent lorsqu'il le regarda.

C'est que, dans le délire de cette guerre, où chacun marchait au hasard et sans loi et délié de tous sermens, personne n'avait compté jusque-là l'abandon de la patrie pour une infâme trahison. Jusque-là, rien n'avait crié à Laurent de Turin, comme à tant d'autres : « Tu es l'enfant de cette terre, le fils de cette mère, et, quels que soient tes desseins secrets, tes intérêts personnels, ton injure à venger, la première injure est celle de ta mère et de ton pays. » En voyant pâlir Laurent, que Montfort savait lui être attaché par des liens bien puissans, sans qu'il pût soupçonner qu'elle en était la cause, le comte devina combien de fidélités douteuses pourraient être ébranlées par ce jugement, lorsque celle de Laurent en semblait étonnée. Pour mesurer la portée du coup, il appuya sur la blessure qu'il avait faite, et dit railleusement à Laurent :

— Il est heureux pour moi que tu ne sois pas un de ceux de cette province qui ont pris parti dans mon armée, car je comprends qu'aujourd'hui ce serait une douleur atroce pour toi que de voir flétrir ton amitié pour moi du nom de trahison, et d'entendre traiter ton courage de crime, tes exploits d'assassinats...

Il s'arrêta.

— Mais tu n'es pas Provençal, n'est-ce pas Laurent? ajouta le comte en le pénétrant de ses regards. Ce jugement t'importe peu, et, dans cette guerre, ta position a cela d'heureux, qu'étranger à la France et à la Provence, tu ne peux être appelé traître par ton pays, de quelque côté que tu te ranges.

Le trouble de Laurent n'avait été que passager, et il répondit :

— Sire de Montfort, il y a une cause envers laquelle je ne serai jamais traître.

Puis il referma le calme de son âme sur cet instant de trouble, comme le flot redevient uni au-dessus de l'esquif qui l'a sillonné et qu'il a englouti dans son sein.

Ainsi fut-il tant qu'il demeura sous les regards qui l'observaient; mais, à l'heure où il se trouva seul, tout cela lui remonta à la pensée, et il retomba encore une fois dans un de ces découragemens qui peut-être l'eussent fait dévier de sa route, si quelque intervention n'était toujours venue à propos pour y le maintenir par la crainte qu'il avait de paraître céder à une autre volonté que la sienne.

Depuis une heure il était assis, la tête cachée dans ses mains, silencieux dans son appartement désert, lorsque Goldery vint lui annoncer qu'un inconnu désirait lui parler. Le premier mouvement de Laurent fut d'avoir peur de cette rencontre, Dans toutes les positions fausses de la vie, tout ce qui n'y est pas habituel épouvante facilement. Le second mouvement de Laurent fut d'espérer que ce nouveau venu l'arracherait à ces pensées. Il ordonna qu'on l'introduisît, et, lorsque celui-ci parut devant lui, Laurent, ayant reconnu l'OEil sanglant, s'écria, par un sentiment qu'il serait bien difficile d'expliquer :

— Goldery, va chercher mon père !

C'était, et ce ne pouvait être que comme une excuse de la conduite qu'il avait tenue qu'il faisait ainsi appeler ce vieillard. A ce moment, peut-être, il aurait voulu faire exhumer et poser entre lui et l'OEil sanglant le cadavre de sa sœur et les ruines de son château dévasté.

— Je te comprends, dit l'OEil sanglant, et je te l'eusse demandé moi-même si tu ne m'avais prévenu. Que le véritable juge de cette cause décide entre nous !

Comme il achevait ces paroles, le vieux Saissac entra dans l'appartement, et le pas hâtif avec lequel il s'avança vers l'OEil sanglant, fut le seul témoignage par où l'on put découvrir la joie qu'il éprouvait à le revoir. Ils se pressèrent les mains pour se donner et se rendre assurance de leur affection réciproque, et le jeune homme dit alors au vieillard :

— Écoutez-nous maintenant, mon père, et dites ce qu'il est convenable de faire à chacun de nous deux. Depuis trois longues années, il n'est pas un des habitans de cette province qui n'ait à venger quelque malheur qui lui a été infligé par les croisés; de tous ces malheurs, le vôtre est le plus grand sans doute, et sans doute il mérite une vengeance particulière; mais, à ce titre, chacun étant le juge dans sa propre cause, chacun peut croire qu'il a le droit de prendre soin de ses intérêts sans s'occuper de l'intérêt commun : ainsi a fait Laurent.

— Et c'est ainsi que je ferai encore! s'écria-t-il avec violence. Je devine vos projets, ne me les dites pas, je n'ai plus dans le cœur la volonté de les servir, et peut-être n'aurais-je pas la force de les cacher. Vous venez sans doute me parler du salut de la Provence : il s'agit encore, n'est-ce pas, de garder au comte de Toulouse, au comte de Foix et aux autres leurs suzerainetés intactes, pour qu'ils puissent plus aisément faire peser sur leurs vassaux leurs insatiables exactions ? Vous appelez cela amour de la patrie ! Que Raymond, que le comte de Foix le comprennent ainsi, cela doit être ; que toi-même, jeune homme que tu es, tu croies encore à ces devoirs créés pour la grandeur des uns et l'esclavage des autres, cela ne m'étonne pas; mais moi, j'en juge autrement.

L'OEil sanglant voulut interrompre Laurent; mais celui-ci, qui se sentait le besoin de parler pour ne pas entendre ce qu'on voulait lui dire, continua vivement :

— Ne m'interromps pas : je te dis que je n'ai plus rien à demander à ce que tu appelles mon pays. Ce ne sera point mon père qu'il peut me rendre ; jamais je ne porterai si haut la fortune du comte de Toulouse et de ses alliés, pour qu'ils redonnent à ce vieillard ce que ses ennemis lui ont arraché. Regarde-le : la main de Dieu y serait impuissante ; ils ne me rendront non plus ni ma sœur morte ni le vieux château de mon père démoli ; et moi, je ne veux pas leur prêter ce qu'ils ne peuvent me rendre. Va dire à tes princes que, lorsqu'on aura rasé leurs châteaux, mutilé leur père et outragé leur sœur jusqu'à la mort, va leur dire qu'alors nous pourrons nous comprendre.

L'OEil sanglant voulut encore parler, mais Laurent, l'arrêtant de nouveau, dit violemment :

— Les lâches ! ils ont offert à Montfort de traiter quand il était en leur puissance et que je l'avais mis à leur merci, au point qu'ils pouvaient rendre à lui et aux siens mort, torture, outrage, mutilations, tout ce qu'ils nous ont fait subir ; mais ils ont tout oublié, les infâmes ! Dans ce traité qu'ils préparaient, qu'ont-ils demandé? Ils ont demandé le maintien de leurs droits et l'humiliation de Montfort. Mais cet enfant que tu as juré de défendre; mais Guillaume de Minerve égorgé ; mais Pierre de Cabaret pendu aux créneaux de sa tour; mais cette faible population de Beziers tuée jusqu'au plus faible vieillard à son plus petit enfant ; mais Guiraude écrasée sous les pierres ; mais mon père, qui est aussi le tien ; mais toutes ces voix, les unes mortes dans la tombe, les autres éteintes dans les mutilations, ils les ont oubliées, les infâmes ! Va leur reporter le nom de traître qu'ils m'envoient sans doute par ta bouche. Enfant déshérité de leurs souvenirs, la vengeance est le seul patrimoine que je puisse conquérir pour y reposer mes vieux jours ; eh bien ! j'en ai besoin, et, lorsqu'ils seront dans leurs tours et dans leurs châteaux à compter les champs qu'ils auront conservés, les têtes d'homme et de bétail qui leur resteront encore, moi, je compterai les malheurs que j'aurai faits, et je serai plus joyeux qu'ils ne le seront.

Lorsqu'il eut fini, le vieux Saissac s'avança vers lui, mais les mille pensées qui l'agitaient ne pouvaient trouver de langage pour se faire entendre. Cependant, au milieu de ses mouvemens désordonnés, où le raisonnement ne pouvait se montrer aussi lucidement qu'eût pu le faire le récit d'une action, il trouva encore quelques gestes pour parler à son fils ; il se désigna d'abord lui-même, montra les unes après les autres les mutilations qu'il avait subies, et, s'étant ainsi mis en scène, il mesura par terre l'espace d'une tombe, il la montra du geste en y jetant son manteau, comme il l'avait jeté sur le cadavre de sa fille, et puis, se désignant encore du doigt, désignant du doigt cette place, cette place et lui-même, l'un après l'autre, elle d'abord, lui ensuite, puis tous deux ensemble, il secoua lentement la tête.

Laurent regarda cette pantomime d'un air sombre ; sans doute il en devina le sens, et sans doute aussi il voulut échapper à ce qu'on lui ordonnait, car il dit sèchement en s'éloignant :

— Je ne vous comprends pas.

— Mais moi, je le comprends, dit l'OEil sanglant ; je le comprends : il veut te dire que sa propre mutilation, que sa fille morte, que son château dévasté, que l'abandon même des comtes de Provence, il oubliera tout pour le salut de la patrie.

Et le vieux Saissac approuva, de ce mouvement de tête qui était devenu sa plus puissante parole, les paroles de l'OEil sanglant.

Mais il était trop tard, et s'il faut dire la vérité, ce n'était plus son père que vengeait Laurent, ce n'était plus la justice de sa cause qui le guidait, c'était sa propre passion à laquelle il obéissait, c'était la vengeance qu'il voulait ; c'est cette soif insatiable et qui déprave tous les sentiments, qu'il fallait satisfaire. Il gardait encore comme raison de sa conduite le malheur d'où il était parti ; mais, à l'endroit où il était arrivé, ce n'était déjà plus ce malheur qui le poussait. Pour rendre cette observation plus facile à comprendre, il en était comme d'un homme qui cherche dans le vin l'oubli de quelque douleur, et qui, lorsque la douleur est déjà loin, ne peut plus sortir ni de l'ivresse ni de la débauche où toute sa nature s'est corrompue.

Par une sorte de fatalité, l'OEil sanglant employa contre Laurent l'argument qui, avec un caractère comme le sien, devait, plus que toute autre raison, le faire persévérer dans le dessein qu'il avait formé.

— Et ne crains-tu pas, lui dit-il, que ceux qui t'aiment le plus, que ceux qui croient t'avoir deviné ne finissent par douter de toi et ne soient portés à croire que ce n'est point la vengeance qui te conseille, mais bien plutôt un amour insensé ?

— Oh ! s'écria Laurent avec une joie sauvage, le croyez-vous ? Le crois-tu, toi ? Béni soit le sort s'il en est ainsi ! je n'espérais pas un si grand succès.

— Je ne le crois pas, dit vivement l'OEil sanglant ; ni moi ni ton père ne le croyons !... mais d'autres.

— D'autres ! reprit Laurent ; tu ne m'as donc pas compris ? Je te dis qu'il n'est personne au monde pour qui je voulusse sacrifier le moindre de mes résolutions. Je te le dis encore, je ne suis ni Provençal ni Français ; j'ai dépouillé jusqu'au nom de mon père pour n'être rien. Je suis un homme seul en face de ses ennemis ; je suis une bête fauve parmi les hommes et qui est de sa nature altérée de leur sang ; voilà ce qu'ils ont fait de moi. Oh ! je vous comprends, vous autres : vous avez été amenés à vos misères de ce jour pas à pas ; vous ne comptiez chaque perte que d'après ce qui vous restait de la perte dernière, et non point d'après ce que vous possédiez d'abord. Vous êtes comme un homme qui avait douze enfans et douze châteaux, à qui on assassine un enfant et à qui on brûle un château, et qui se dit : « Ce n'est qu'un enfant et un château de perdus, il m'en reste onze ; » et il s'arrange pour vivre avec onze ; puis, quand il perd encore un de l'un et de l'autre, ce n'est encore qu'un enfant et un château, et il se contente de dix ; puis il vient ainsi à neuf, puis à rien, s'abrutissant et s'endurcissant à la souffrance par l'habitude de souffrir. Votre ruine vous est venue ainsi ; mais moi, je ne suis pas descendu lentement dans l'abîme, j'y suis tombé à pieds joints ; et à ce moment, je te le dis, frère, c'est comme si tout mon être s'était brisé, car quand je me suis relevé, je ne me suis plus senti dans l'âme aucun des sentiments qui vous restent ; je n'ai eu qu'un cri : « Vengeance !.. vengeance ! » Et ce cri, il a été pour ainsi dire retentir dans l'écho qui est au bout de ma route ; il s'y répète avec acharnement, et tous les matins il me semble qu'une voix, que je ne puis atteindre, me crie : « Vengeance ! vengeance ! » J'y marche depuis longtemps, et j'y marcherai jusqu'à ce que cette bouche se taise, jusqu'à ce que je lui donne sa proie à dévorer et qu'elle s'endorme repue de sang et de crimes ; alors je dormirai aussi, car, mon Dieu ! je suis déjà bien las ; déjà je sens que ma tâche est plus forte que l'intelligence des autres hommes qui me maudissent, plus forte que moi-même, si je n'avais appelé à mon aide le mépris et la haine de tout ce qui n'est pas moi.

— Voilà donc, dit l'OEil sanglant, ce que tu es devenu !

— Et ce que je veux rester.

— Adieu donc, reprit l'OEil sanglant... Adieu, frère, — adieu ; nous sommes ennemis.

Laurent se recula à ce mot : il avait beau dire, il avait beau exposer avec fureur ses maximes coupables, se les répéter à l'oreille pour s'en étourdir chaque fois que la nécessité le forçait à accomplir une de leurs terribles conséquences, il éprouvait que ces liens, qu'il croyait ou qu'il disait brisés, lui tenaient sensiblement au cœur. Il voulut appeler son orgueil au secours de sa résolution, mais il ne put pas ; l'OEil sanglant n'était pas un puissant de la terre, un homme dont l'abandon eût l'air d'un retrait de protection ; ce n'était pas un sentiment qui le dominait, c'était une affection obéissante qui se retirait de lui ; ce n'était pas une de ces amitiés dont on ne vous a pas plutôt mis le marché à la main qu'on répond sèchement : « Comme il vous plaira. » D'ailleurs, cet abandon ne s'était exprimé ni avec colère ni avec humeur ; la voix de l'OEil sanglant était profondément triste en lui disant : « Nous sommes ennemis, » et Laurent ne put s'empêcher de s'écrier :

— Toi aussi !

Puis il descendit à lui reprocher son abandon, tant sans doute il lui était douloureux.

— Toi !... Buat... lui dit-il en l'appelant d'un nom qu'il croyait puissant. Toi !... et cependant ce vieillard est aussi ton père... cette fille morte, c'était ta famille aussi, et tu oublies tout cela.

— Je me rappelle la patrie avant eux, dit l'OEil sanglant.

Laurent se mordit les lèvres, quitta le ton d'affection qu'il avait pris et répondit avec colère :

— Soit donc, nous sommes ennemis.

Il sortit. Le vieillard le regarda s'éloigner, puis il considéra Buat. On vit un moment qu'il hésitait entre ces deux hommes. Buat était resté ; mais il ne voulut mettre dans la balance aucune parole en sa faveur, il se tut. L'anxiété du vieillard continuait ; enfin son regard s'arrêta si longtemps sur Buat que celui-ci crut qu'il allait venir à lui ; mais le vieux Saissac détourna sa tête tout d'un coup, et sans qu'on pût lire sur sa physionomie mutilée quel sentiment le dominait, il alla vers la porte par où Laurent était sorti.

— Suivez-le, car c'est pour vous qu'il est coupable, dit l'OEil sanglant.

Le vieillard haussa les épaules.

— Qui sait ? voulait-il dire.

Tout-à-coup il appuya la main sur son front comme pour y reconnaître un souvenir qui venait de s'y présenter : L'OEil sanglant crut deviner qu'il avait trouvé un moyen de s'assurer de la bonne foi de son fils. Oh ! entre les malheurs de la mutilation faite à ce vieillard, le plus affreux fut d'avoir une pensée qu'il ne pût exprimer par des paroles, et qui ne vint pas s'inscrire sur le sourire fatal de sa bouche, car si l'OEil sanglant eût pu deviner ce qui venait de se présenter à lui, il ne se fût pas éloigné tranquille et triste seulement de la funeste résolution de son frère.

VIII.

NOUVELLE ÉPREUVE.

Ou nous nous sommes trompé dans le sens moral que nous avons voulu donner à ce récit, ou le lecteur a dû y voir un nouveau développement d'une pensée déjà produite dans le premier livre que nous avons publié ; c'est que la vengeance est un terme toujours coupable à donner à la solution de la vie ; c'est qu'il n'est sentiments d'aucune sorte qui ne périssent sous l'épouvantable exigence de cette passion, lorsqu'on la laisse pénétrer dans le cœur, et qu'au lieu de la combattre à sa première morsure on lui permet d'introduire dans le sang son virus mortel : alors elle devient une rage incurable contre laquelle la mort seule est un remède infaillible.

Ainsi Laurent venait de se détacher encore d'une des espérances de sa vie, car, au bout de sa vengeance, il n'est pas vrai qu'il eût mis, comme il le disait, le désespoir et la solitude. Il comptait bien, une fois sa faim apaisée, retourner aux affections qu'il avait toujours mises en réserve pour ses jours de repos. Après cette nouvelle rupture avec un homme qu'il avait trouvé si intelligent de son âme tant qu'elle avait gardé une juste mesure dans ses projets de vengeance, il retrouva plus d'affection en lui pour les liens qui lui restaient en ce monde. Mais, par une ordinaire disposition du cœur, avec un plus vif désir de les conserver, il se trouva plus de facilité à les rejeter, s'il en était besoin, pour arriver à son but, soit qu'à mesure qu'il en approchait, il en fût plus ébloui, soit qu'il pensât qu'il ne pouvait absoudre tout ce qu'il avait fait qu'en faisant encore plus, à condition de réussir, soit que le cœur prenne, comme tous les organes de de l'homme, l'habitude de répéter facilement un acte accompli déjà plusieurs fois.

C'est une des conditions de notre sujet d'être obligé de passer incessamment des sacrifices politiques ou plutôt publics de Laurent à ses sacrifices intimes.

Laissons donc l'Œil sanglant aller de contrées en contrées renouer l'alliance des seigneurs de la Provence, et revenons dans ce château de Carcassonne, où Laurent vivait le plus souvent près de Bérangère, évitant de suivre le comte de Montfort dans ses excursions, bien moins pour s'épargner de verser le sang de ses compatriotes que pour ne pas perdre un moment favorable à la cause qu'il s'était proposée.

Dans un des chapitres précédens, nous avons dit comment Laurent avait sacrifié Ripert à Bérangère, comment il avait donné cet esclave à la fille de Montfort.

La facilité du triomphe de Bérangère diminua pour elle l'importance qu'elle y mettait et lui fit croire qu'elle avait trop craint la rivalité de cet esclave. Bérangère était bien à peu près assurée que c'était une femme; mais la hauteur ambitieuse du cœur de la jeune comtesse lui donnait à cet égard des sentiments qui, chez un cœur plus faible, eussent pu s'expliquer par la ténuité exquise d'un sentiment passionné. Bérangère pardonnait cette femme à Laurent parce qu'elle était esclave, comme une femme d'un amour profond pardonne quelquefois à celui qu'elle aime une maîtresse parce qu'elle est courtisane; seulement celle-ci souffre de sa concession et répugne à s'en rendre compte; elle ne se dit pas formellement ce que Bérangère n'eût pas craint d'émettre à haute voix si elle avait eu à s'expliquer sur cette facilité; elle n'ose formuler en phrases claires les raisons de son indulgence; enfin elle n'eût pas tenu ce langage :

Il y a dans l'amour d'un homme deux désirs auxquels une femme peut satisfaire, celui de son cœur, qui s'adresse au cœur, celui de la possession, qui s'adresse à la beauté. Dans l'amour où l'amour est tout, il y a indivisibilité dans l'abandon de la femme, indivisibilité dans le vœu de l'homme. Mais du moment qu'un calcul ou intéressé ou philosophique s'y mêle en quelque chose, la distinction que nous avons faite devient possible; possible, comme nous l'avons dit, pour ce qu'on peut appeler la femme métaphysiquement amoureuse, qui donne à l'âme le privilége de mériter seule d'être acceptée et rendue; possible à la femme hautaine et ambitieuse qui, ne voulant de son amant que sa volonté pour esclave, se soucie peu de ce qu'il fait des passions corporelles de sa jeunesse; possible à celle qui possède une passion assez froidement pour considérer une maîtresse possédée, mais non aimée. Cela lui sauve la perpétuelle sollicitation des désirs de son amant peu satisfaits; cela prévient de son côté une faiblesse, après laquelle elle sent que son rôle de souveraine se changerait en celui d'esclave.

Telle avait été la pensée de Bérangère après avoir obtenu Ripert de Laurent. Elle ne se fût pas même étonnée de lui voir choisir une autre esclave ou une autre maîtresse, et plusieurs fois elle fut sur le point de lui rendre celle qu'elle pensait ne lui être de rien dans le cœur, calculant qu'une autre pourrait se trouver peut-être qui, par une habile séduction, détournerait quelque chose de l'amour de Laurent. Cependant mille petits mouvemens de jalousie s'y étaient opposés, et l'idée d'obtenir de Laurent jusqu'à sa chasteté vint la

décider à garder Ripert près d'elle. C'était une nouvelle domination à essayer, et du moment que Bérangère considéra la chose sous cet aspect, elle y attacha une grande importance. De tout cela il arriva cependant un état de choses qui protégea, par une dernière fatalité, la situation de chacun de manière à la rendre assez tolérable pour qu'elle n'éclatât pas en explications qui eussent tout compromis. Bérangère ne maltraita point Ripert, ou plutôt elle le laissa en un coin de sa maison sans trop torturer son cœur par sa présence, ses railleries ou sa pitié feinte. Ce sentiment fit aussi qu'elle ne s'expliqua jamais sur ce qu'elle supposait de Manfride, car alors une explication nette de ce qu'elle était fût devenue nécessaire. Bérangère en évitait le résultat. Ripert était donc à peu près reconnu comme une femme déguisée, mais on le traitait comme un homme. Quelquefois Bérangère avait laissé percer ce secret par la présence de Ripert dans son appartement à des heures et durant des soins qui n'admettent que des femmes. Il en était de Manfride comme de Laurent : on savait à peu près leur vrai nom, mais on attendait qu'un événement le révélât tout haut.

En même temps que cette conduite de Bérangère laissait à Ripert ou plutôt à Manfride quelque repos de son âme, elle livrait la pauvre enfant à des tourmens d'une nature plus grossière, sinon aussi douloureuse : c'était l'incessante poursuite d'Amauri et de Mauvoisin. Laurent l'ignora longtemps; trop heureux de voir l'oubli où on laissait Ripert, jamais il ne prononçait son nom de peur d'amener l'attention sur lui. Mais il fut soudainement éveillé de ce repos par un événement où le sort implacable lui fit sa part de douleurs plus large qu'à celle même qu'il croyait sacrifier. Ainsi s'amassaient les ressentimens de Laurent, ainsi grossissait la dette qu'il voulait faire payer à ses ennemis, ainsi devenait-il plus acharné à en exiger le paiement et à la poursuivre de toutes ses forces et à travers tous les obstacles.

Un jour qu'il était dans l'appartement de Montfort, il discutait avec lui sur les moyens d'achever cette conquête qui échappait à l'ambition du comte jusque dans l'absence même de défense, et Montfort s'alarmait au bruit sourd qui se répandait déjà de toutes parts que les relations des seigneurs se renouaient. Il venait d'apprendre que Pierre d'Aragon était enfin de retour de guerre contre les Maures, et il en éprouvait un dépit d'autant plus violent que Pierre apportait avec lui non-seulement la force numérique et matérielle de son armée, mais encore la force morale d'un chef jusque-là invaincu et qui revenait vainqueur d'une guerre dont on disait que les faits d'armes avaient été prodigieux. En face de Pierre, Montfort n'avait plus cette supériorité du vainqueur qui lui rendait si facile d'abattre la révolte des seigneurs habitués à être vaincus : c'était une lice où un égal entrait en lice en face de lui. Les Provençaux n'avaient pas vis-à-vis de lui cet avantage inouï du mépris de son ennemi qui d'un côté est un si puissant auxiliaire à l'audace, et de l'autre à la défaite. Laurent reconnaissait comme Montfort ce danger, mais, en même temps, il lui faisait observer que c'était le dernier obstacle à surmonter, et que Pierre d'Aragon vaincu, toute espérance désertait à jamais la Provence, et que cette dernière ressource, qui alimentait encore la défense des seigneurs, quelque faible qu'elle fût, une fois épuisée, il n'aurait plus rien à combattre devant lui, tant le découragement abattrait alors ses ennemis les plus acharnés.

— Quant à cette puissance morale de Pierre, ajoutait-il, il y a un moyen de lui détruire l'ascendant et de le détruire avant la bataille où vos armées se rencontreront. Ce moyen, à la réussite duquel je puis encore me dévouer, le voici.

Comme il allait continuer, des cris aigus se firent entendre dans la salle voisine de celle où se trouvaient les deux chevaliers, et bientôt on y entendit les voix en tumulte de quatre ou cinq personnes. Laurent et Montfort y coururent et aperçurent dans un coin Ripert tremblant, mais l'œil enflammé de colère, pâle, mais résolu, quelque chose de la peur qui inspire le courage d'une action désespérée; au milieu, Amauri et Mauvoisin : le premier haletant comme un homme qui a fait une longue course; le second, le front sombre, comme un dogue qui gronde et bout de l'envie de se jeter à la gorge de son ennemi ; debout et entre eux Bérangère et Alix, dont la présence semblait avoir arrêté les deux jeunes gens.

A l'apparition de Laurent, Ripert avait fait un mouvement pour se précipiter vers lui. Un regard de celui-ci l'avait cloué à sa place. Au premier aspect de cette scène, le comte devina à peu près de quoi il s'agissait.

Simon savait mieux qu'aucun autre qu'il y a des explications où il ne faut commettre ni la dignité de son âge ni son autorité de père. Il n'ignorait pas ce qu'était Ripert ni pourquoi cet esclave était passé entre les mains de Bérangère, il n'ignorait pas non plus les poursuites de Mauvoisin et d'Amauri, mais il cachait soigneusement qu'il en fût instruit. Du moment qu'on eût soupçonné qu'il avait tout découvert, il lui eût fallu prendre un parti sévère comme chef et comme père de famille ; il ne le voulait pas, il lui convenait de laisser à Bérangère toute sa tyrannie sur Laurent. D'ailleurs, disposer de quelque chose qui appartenait à Bérangère, c'eût été peut-être l'engager à faire autrement qu'elle ne faisait. Il se contenta donc de dire avec humeur :

— N'y a-t-il pas, messires, d'autres endroits plus convenables pour vos joyeux amusemens ? Faites en sorte de ne pas nous troubler davantage dans nos discussions. Sire Laurent, ajouta-t-il, je vais visiter les nouveaux pèlerins qui nous sont arrivés, nous reprendrons plus tard notre entretien.

Laurent s'inclina sans répondre, et Montfort sortit sans que le silence qui s'était établi à son entrée fût interrompu par personne. Mais à peine fut-il à quelques pas de l'appartement, que Bérangère dit avec hauteur à Mauvoisin et à Amauri :

— Eh bien ! messires, qu'y a t-il ? quelle insolence ou quel outrage avez-vous fait à cet esclave qu'il vienne ainsi près de nous en poussant des cris et en réclamant notre protection ? Certes, sire de Mauvoisin, c'est bien osé à vous et à vous aussi, mon frère ! Croyez-vous qu'on puisse impunément m'insulter dans ceux qui m'appartiennent, et pensez-vous que je ne sache à qui m'adresser pour avoir satisfaction de vos injures ?

— Oh ! s'écria Laurent avec un emportement et une joie où se montra peut-être trop la sincérité de son offre, oh ! madame, rien de ce qui vous appartient ne sera impunément outragé, si c'est moi que vous voulez charger de punir vos offenses !

Bérangère s'était vivement retournée du côté de Laurent. Les mauvaises pensées lui venaient d'instinct. Elle promena ses regards de Laurent à Ripert, et répondit au chevalier avec une amertume visible :

— Sont-ce bien mes offenses, sire Laurent, qui vous trouvent si prompt en cette circonstance ?

Les deux chevaliers, pour ainsi dire défiés par les paroles de Laurent, avaient d'abord paru les prendre pour leur compte et se charger d'y répondre ; mais lorsqu'ils virent la tournure que Bérangère leur donnait, ils préférèrent laisser Laurent se défendre contre une attaque qui avait plus de chance de succès que la leur. D'ailleurs, une issue favorable pour eux pouvait sortir de cette explication, et ils la guettèrent avec soin. Cependant Laurent avait répondu à la jeune comtesse :

— C'était parce que vous aviez appelé vôtres les injures faites à cet esclave que j'en avais fait les miennes ; du moment que vous les pardonnez à ces deux braves chevaliers, je n'ai plus à leur en vouloir et je cours rejoindre votre père ; tout cela ne vaut pas la peine de s'en occuper.

Ces paroles avaient été dites avec un sourire de prière qui eût apaisé les soupçons de toute autre que de Bérangère ; mais elle venait de former un projet sur ces soupçons, et elle se résolut à le mettre sur-le-champ à exécution. Rien ne lui avait échappé, ni les regards de Laurent à Ripert ni la colère qui avait un moment dominé le chevalier ; alors sa jalousie, assoupie, mais non éteinte, et ses doutes, oubliés, mais non perdus, se réveillèrent et se retrouvèrent soudainement en elle. Elle arrêta Laurent comme il allait sortir, et lui dit :

— En vérité, vous avez raison, cet esclave ne vaut pas la peine de troubler vos occupations non plus que les miennes ; il ne vaut pas la peine de désunir plus longtemps deux chevaliers amis ; j'en veux finir et lui donner un maître qui le protège non-seulement contre les outrages, mais même contre la pensée de l'outrager.

Laurent put croire un moment que ces paroles de Bérangère concluraient à lui rendre Ripert, et il crut y deviner un piège contre lequel il se mit en garde, et répondit donc froidement :

— Je pense alors que vous ferez mieux de le garder, car je ne sache personne plus capable de le protéger.

Laurent s'était trompé sur la pensée de Bérangère, et par cette erreur il lui donna lieu de répondre :

— Vous croyez, sire Laurent ? Craindriez-vous par hasard que si j'en faisais don à mon frère ou au sire de Mauvoisin, ces deux chevaliers ne pussent le mettre à l'abri de toute tentative ?

Il fallait que Laurent eût accoutumé bien cruellement son visage à taire les mouvements de son âme, car il demeura impassible à ces mots, qui cependant lui frappèrent le cœur comme autant de pointes acérées et brûlantes. Il ne regarda pas Ripert, il eut peur de l'expression qu'il supposait trouver sur son visage. Ce fut encore un malheur, car s'il eût pu y lire la froide et horrible insensibilité qui y demeura empreinte, il eût jugé qu'il y avait au fond de cette impassibilité quelque résolution aussi forte, aussi fatale que la sienne, puisqu'elle avait la même puissance de se dérober aux regards ! Laurent cependant tenta un effort pour le salut de Ripert et l'adoucissement de sa propre torture. Horrible situation ! ce fut dans un doux et moqueur reproche d'amour qu'il fut obligé de chercher un moyen d'y parvenir.

— Est-ce là, dit-il à Bérangère, l'estime que vous faites de mes présens, que vous les donniez au premier qui les désire ?

— Oh ! s'écria Mauvoisin, qui en cela vint habilement au secours de la jeune comtesse, ce n'est point un don que nous sollicitons de la noble Bérangère ; mais si parmi les riches étoffes que j'ai rapportées de mes pèlerinages et de mon séjour à Constantinople, si parmi mes belles haquenées quelques-unes lui paraissaient dignes de lui payer cet esclave, je les offre à son choix.

— Ma sœur ne vendra point cet esclave pour quelques misérables étoffes ou quelques haquenées éreintées ! s'écria vivement Amauri. Elle y mettra un prix plus élevé, un prix que seul je puis lui offrir : c'est un don de la comtesse de Leicester, mon honorée aïeule, c'est un collier de perles d'Orient qui vaut à lui tout seul une fortune, et que je lui offre en paiement de cet esclave.

— Un collier de perles ! s'écria Mauvoisin, un collier de perles qui vaut une fortune, et tu le possèdes encore ! par Dieu ! c'est jouer de malheur !

— Oh ! c'est que mon frère oublie de vous dire que ce collier est dans les joyaux de ma mère, et qu'il n'a pas osé le lui redemander pour en enrichir le trésor de quelque juif.

— Eh bien ! je parie mon âme qu'il est engagé pour le jour où il pourra le reprendre.

— L'enjeu de votre pari n'est pas plus acceptable que le paiement de mon frère, dit Bérangère.

— Et vous oubliez peut-être, dit Alix, qui s'était rapprochée de Ripert, vous oubliez que je suis là et que peut-être je me refuserai à rendre à mon fils ce collier pour un tel usage.

Ces paroles d'Alix engagèrent presque Bérangère à accepter pour contrarier sa mère ; mais un mot de Laurent la ramena à son dessein.

— Et puis, dit-il en continuant sur le ton d'un doux reproche, ce n'est pas pour le vendre que la fille du comte de Montfort refuse de donner cet esclave.

— Vous avez encore raison, sire Laurent, répondit-elle en clignant les yeux, je ne veux ni le donner ni le vendre ; mais il me prend une fantaisie de montrer jusqu'à quel point est puissante la passion qui tient si fort au cœur certains chevaliers. Je parle du jeu. Voyons, messires, que voulez-vous jouer avec moi contre mon beau Ripert ?

—Tout ce que vous voudrez, répondirent-ils.
— Je joue mon droit d'aînesse, s'écria Amauri en riant.
— Et moi, mon héritage paternel, ajouta de même Mauvoisin.
— Je n'y mets pas un si haut prix, dit Bérangère en observant sans cesse Laurent d'un regard à moitié fermé. Sire Mauvoisin, mettez au jeu votre haquenée andalouse, et vous, mon frère, vos deux faucons d'Écosse, et je joue, moi, inhabile, contre vous, maîtres passés, mon esclave Ripert.

Laurent regarda Ripert, il espéra qu'il ferait une objection à cet arrangement ; mais l'esclave ne bougeait de sa place ; seulement un sourire dédaigneux répondit au regard de Laurent.

— Voilà où tu m'as mise, disait ce sourire. J'ai promis d'obéir, j'obéis.

— C'est convenu ! s'écrièrent les deux chevaliers.

— Allez donc chercher des dés.

— Ce serait un grand malheur si nous étions sortis tous deux sans dés dans notre escarcelle, dit Mauvoisin ; je pense que nous irions plutôt au combat sans casque.

Et tous deux tirèrent des dés en même temps.

Celui qui eût pu à ce moment désunir les lèvres de Laurent aurait vu ses dents serrées les unes sur les autres à briser du fer ; celui qui lui eût mis la main sur le cœur l'aurait senti battre sec et inégal comme celui d'un homme que la fièvre de la mort brise de ses atteintes redoutables. Cependant il demeurait immobile et silencieux, ne semblant prendre aucun intérêt à ce qui se passait en ce moment. La comtesse prit pitié de lui ou de Ripert et s'avança.

— Fi ! mon fils, n'avez-vous pas honte d'étaler si odieusement vos habitudes vicieuses ? et vous, ma fille, ne rougissez-vous pas d'engager une partie qui ferait horreur aux plus indignes débauchés de cette armée ?

Toute l'insolence de Bérangère se réveilla à cette leçon, et elle répondit à sa mère :

— Eh ! madame, que vous importe ? le sire Bouchard n'est pas de la partie.

La comtesse devint pâle d'indignation ; mais elle en était réduite à ce point que comprendre l'insulte, c'était presque la justifier. Cependant elle répondit sèchement :

— Le sire Bouchard n'a que faire ici ; mais moi, j'y exerce peut-être encore quelque autorité, et je vous défends...

— Vous me défendez !... s'écria Bérangère en interrompant sa mère avec une arrogance furieuse.

— Non, pas à vous, reprit amèrement la comtesse, je défends à Amauri de tenir cette indigne partie.

— Merci ! merci ! s'écria Mauvoisin, je serai le seul tenant ; soit, je mets deux faucons d'Irlande de plus à mon enjeu ; ils valent bien ceux d'Écosse, je vous juré.

— Eh bien ! dit Bérangère, dont la pensée dominante était en ce moment d'éprouver Laurent plutôt que de braver sa mère, eh bien ! soit. A nous deux, sire de Mauvoisin, à moins, reprit-elle en s'adressant à Laurent, que le sire de Turin ne veuille courir la chance de regagner un esclave qu'il aimait beaucoup, je crois.

— Jouez pour moi, dit tout bas Amauri.

Laurent n'avait encore trouvé en lui nul moyen de sauver Ripert, et celui-ci, toujours taciturne, toujours immobile, ne lui donnait aucune occasion de s'interposer ; la victime ne voulait pas secourir le bourreau ; mais le bourreau ne voulait pas non plus sauver la victime au prix de sa propre espérance. Il se tut.

— Eh bien ! lui répéta Bérangère, ne voulez-vous pas être de cette partie ?

Ce que Laurent cherchait depuis longtemps, le moyen qui devait faire sauver Ripert, il le possédait, peut-être l'avait-il en ses mains ; mais il ne pouvait assez maîtriser son âme pour arriver à une réflexion salutaire ; il ne voyait en ce moment que Manfride devenue l'esclave de Mauvoisin, appartenant de droit à sa débauche et réduite à demander un asile à la mort contre sa souillure. Tout son sang refluait vers son cœur ; toute sa force suffisait à le tenir debout sans chanceler. Une seule idée lui était venue, c'était d'assassiner Mauvoisin s'il gagnait. Bérangère, étonnée du silence de Laurent et soupçonnant quel en était le sujet, répéta sa question et ajouta :

— Trouvez-vous qu'on fasse injure à un esclave qui vous a appartenu de le jouer contre une haquenée et deux faucons ? et vous, qui savez mieux que nous toute sa valeur, estimez-vous qu'on ne peut perdre pour lui ce que l'on disait valoir tous les trésors de ce monde ?

Le ton aigre et ému dont cette observation fut faite rappela à Laurent le but de Bérangère ; la fin de sa phrase était trop directe pour que le sens lui en échappât, et, implacable dans sa résolution, il jeta Manfride aux chances du sort. Que ce mouvement fût complet et sans retour en son âme, ce n'est point assuré ; mais il le parut dans la réponse de Laurent.

— Je trouve au contraire, dit-il en gardant pour lui la pensée de sa parole, je trouve que l'enjeu du sire de Mauvoisin est plus grand qu'il ne pense. Quant à être de la partie pour mon compte, je ne me soucie pas de risquer quoi que ce soit pour ravoir un esclave dont je ne veux plus.

Peut-être avait-il forcé l'expression de son abandon pour faire comprendre à Manfride qu'il n'était que joué. Il lui croyait encore dans l'âme assez d'amour ou d'estime pour lui pour qu'elle ne crût pas qu'il fût à ce point barbare et lâche. Il voulut voir s'il était compris et rencontra sur le visage de l'esclave la même froide impassibilité qui y régnait depuis le commencement de cette scène. Il en fut épouvanté. A ce moment, il eût préféré y voir une rage désespérée et méprisante, il eût su ce qui se passait en elle ; mais Manfride aussi avait fermé son visage sur son cœur, et il restait impénétrable, même à Laurent. Cette découverte rendit à celui-ci son horrible torture ; il se reprit à penser qu'il assassinerait Mauvoisin si Mauvoisin gagnait.

La partie commença.

— Ma sœur, voici mes dés ; ils sont heureux, dit Amauri.

— Merci, et tant mieux pour vous, dit Bérangère.

— Pourquoi, ma sœur ?

— Vous le saurez. Sire Mauvoisin, comment jouons-nous ?

— Au plus haut point, dit Mauvoisin.

— Non, dit Bérangère, ce n'est point assez long, on n'a point le temps de se reconnaître.

Puis elle ajouta en posant ses regards sur Laurent comme un anatomiste pose sa loupe sur les fibres dénudées d'un animal écorché vif pour en compter les vibrations :

— Je n'aurais pas le temps de m'amuser.

Elle s'amusait. Laurent vivait dans une pensée où tout ce qui se fait d'ordinaire à la surface physique de l'homme s'opérait mystérieusement. La voix interne de cette vie secrète répéta :

— Elle s'amuse ! Je m'en souviendrai.

— Alors, dit Mauvoisin, jouons à celui qui, en trois coups de torton, amènera le plus près de vingt-quatre.

— Soit, dit Bérangère. J'aime mieux le torton ; il y a quelque chose de plus attachant au moment où il tombe et roule ses derniers tours.

Mauvoisin était muni d'un torton à huit faces, avec les points noirs gravés depuis un jusqu'à huit sur chacune de ses faces.

— Je commence, dit Bérangère, et je vais le lancer de façon qu'il tourne assez longtemps pour qu'Amauri adresse une bonne prière au ciel afin que je gagne, car en ce cas il y aura quelque chose pour lui.

Le torton tourna.

— Qu'est-ce donc ? dit Amauri.

— Devinez.

— La haquenée ?

Le torton tournait.

— Peut-être.

— Ce seront les faucons ?

— Peut-être mieux.

— Ah ! voilà l'instant fatal.

Le torton tournait encore ; mais en chancelant et en s'appuyant sur ses coins, il se roula encore deux ou trois tours et s'abattit sur le côté en se balançant.

— Huit ! cria Amauri avec triomphe en voyant la facette la plus noire s'arrêter presque sous son œil.

Le torton, comme mû par un dernier tressaillement de force, roula sur lui-même et gagna une facette.

— Un ! cria Mauvoisin.

Laurent le regarda à la gorge et au cœur : deux bonnes places pour un poignard.

— A vous, messire, dit Bérangère.

Le torton roula encore.

— Mon frère, tant pis pour vous ! vous n'avez point prié, vous n'aurez rien.

— Du diable si je priais qui que ce soit, répondit Amauri pour la jument andalouse ou les faucons de Mauvoisin.

— Qui vous a dit que ce fût cela que je voulusse vous donner ?

— Qu'est-ce donc ? dit Amauri l'œil en feu.

Le torton tomba.

— Sept ! dit Mauvoisin. Sept à un.

— A moi, répliqua Bérangère en reprenant le torton.

Mais, au moment de le faire tourner entre ses doigts, elle se pencha vers Laurent, et, le regardant amoureusement, elle lui dit :

— Tirez pour moi, sire Laurent.

— Cela n'est pas permis, dit Mauvoisin. D'ailleurs, le sire Laurent est d'un bonheur cruel quand il le veut.

— Ce seul coup, dit Bérangère.

Mauvoisin devint sombre ; il n'était pas sûr que Laurent ne fût pas un démon déguisé en homme. Cette pensée lui vint à l'esprit, et il répondit rapidement :

— Je ne joue pas contre... contre le sire Laurent.

Laurent lui répondit en lui-même :

— Tu joues contre Albert de Saissac, misérable !

On peut dire qu'à ce moment Mauvoisin était mort.

— Eh bien ! je vais tirer, dit Amauri.

— Volontiers, dit Bérangère ; le voulez-vous, sire de Mauvoisin ?

— Soit, dit celui-ci.

Amauri prit le torton.

— Ah çà ! que me donnerez-vous ? dit-il.

— Vous verrez.

— Est-ce un des objets engagés ?

— Vous verrez.

Et à chacune de ces réponses elle regardait Laurent, qui souriait de la curiosité d'Amauri. C'était une force surhumaine.

Le torton roula encore.

— Ma sœur ! ma sœur ! dites-moi ce que vous voulez me donner.

— Tout à l'heure. Sire Laurent, mettez quelque chose sur mon jeu, ajouta-t-elle.

Il lui prit envie de lui arracher les yeux et de les jeter sur la table ; mais il se tut.

— Huit ! s'écria Amauri avec une joie bruyante.

— Huit et un font neuf, dit Mauvoisin ; j'en ai sept et deux coups de torton contre un ; je parie que j'amène plus de quatre au premier coup.

— Deux marcs d'or contre un, dit Amauri.

— Soit, reprit Mauvoisin.

Ils mirent les marcs d'or sur la table : le torton tourna.

— Oh ! les joueurs ! dit Bérangère. Approche-toi donc, Ripert, reprit-elle. N'es-tu pas curieux de savoir qui sera ton nouveau maître de ces deux chevaliers.

Ripert vint se planter derrière Mauvoisin, en face de Laurent. Celui-ci ne détacha pas les yeux de la table.

— Que voulez-vous dire ? cria Amauri ; que parlez-vous d'un nouveau maître pour Ripert ?

— Sans doute, dit Bérangère, toujours attentive au visage de Laurent ; si Mauvoisin l'emporte, Ripert lui appartiendra ; si je gagne, je vous le donne.

Laurent ne remua pas ; mais il se prit à penser comment il tuerait Amauri si Bérangère gagnait, car avec Mauvoisin l'affaire était facile : une insulte, un duel, et tout était dit. Mais tuer le fils de l'homme dont il lui fallait être l'ami, le frère de celle qu'il adorait ; toutes ses fibres internes remuaient si violemment que malgré lui ses lèvres remuèrent ; sa pensée y arriva jusqu'à y produire le frémissement de quelques mots auxquels la voix manqua cependant.

— Goldery l'empoisonnera, dit silencieusement ce mouvement de sa bouche.

Le torton tomba.

— Deux ! cria Amauri.

Et il prit d'abord l'or gagné. Magnifique privilége du joueur ! ce ne fut qu'après qu'il s'écria :

— Oh ! ma sœur, vous aurez le collier de perles. Neuf à neuf ; je gagnerai, voici le coup décisif.

— Ma revanche des marcs d'or, dit Mauvoisin.

— Volontiers, dit Amauri.

— Huit marcs d'or que tu n'amèneras pas cinq ?

— Les voilà.

Laurent s'éloigna.

— Vous n'êtes pas curieux de savoir qui gagnera ? dit Bérangère.

— Oh ! dit Laurent, je m'intéressais à la partie par rapport à vous.

Et il alla causer avec la comtesse. Bérangère demeura stupéfaite. Il eût paru moins tranquille s'il eût joué quelques écus d'or. Elle se leva aussi et quitta la partie.

Le torton tourna ; il amena cinq.

— J'ai gagné ! cria Amauri.

Et il prit l'or.

— Vous avez gagné Ripert ? dit Bérangère de loin.

— Non, dit Amauri, huit marcs d'or. Voici le coup qui va décider de Ripert.

— Entendez-vous, sire Laurent ? dit Bérangère.

Il riait avec la comtesse, à laquelle il racontait sans doute quelque joyeuse histoire : Bérangère fut tout-à-fait rassurée.

Mauvoisin fit de nouveau tourner le torton. Laurent n'y prenait plus d'attention ; il avait décidé ce qui lui restait à faire. Le torton amena cinq, les points étaient égaux.

— Partie remise ! s'écrièrent les deux chevaliers.

— Partie perdue, messires, dit Bérangère, car je ne recommencerai pas. Je garde Ripert.

Elle avait bien voulu éprouver et torturer Laurent, mais elle ne tenait pas à servir la grossière passion des deux chevaliers.

Ils réclamèrent vainement ; elle refusa avec l'obstination d'une femme désagréable dont le refus est devenu fâcheux à quelqu'un et qui s'y obstine. Les deux chevaliers insistèrent ; mais Mauvoisin ayant parlé de rattraper les marcs d'or qu'il venait de perdre, ils reprirent leur jeu, et quelques momens après, l'œil tendu sur les dés et l'or qui roulaient sur la table, ils avaient complétement oublié Ripert.

« Oh ! pensa Laurent en les regardant, n'ai-je donc pas au cœur une passion aussi puissante et aussi absolue que celle du jeu ? car la mienne me laisse des remords et des souvenirs, et la leur les dévore complétement. A cette heure, si Manfride appartenait à l'un d'eux, il la joueraient contre un sac d'écus, et moi, j'ai hésité à la jouer contre ma vengeance ; je n'ai pas leur courage. »

Bientôt Montfort rentra, et Bérangère quitta la salle où ils étaient. Cependant lorsque Ripert sortit, Laurent s'approcha et lui dit :

— Si l'un de ces deux chevaliers t'avait gagnée, qu'aurais-tu fait ?

— Je me serais donnée à lui, sire Laurent ; je suis l'esclave fidèle de mon maître, quel qu'il soit, vous devez le savoir.

Ce fut le premier mot qui avertit Laurent que Manfride rêvait une vengeance. Laurent se promit d'y réfléchir. Le temps lui manqua, voici comment.

IX

BATAILLE DE MURET.

La nouvelle d'une générale réunion de tous les comtes de la Provence venait d'être portée à Simon ; encore une fois il était réduit à remettre au sort d'une bataille tout ce qu'il avait conquis depuis quatre ans de guerre. Pierre d'Aragon était à la tête de cette nouvelle coalition, et sur la foi de ce vainqueur des Maures, tous les restes épars de la puissance provençale, tous ces lambeaux de peuples séparés par les sillons de meurtre et de dépopulation que Simon avait creusés partout où il était passé, se réunirent et se serrèrent ensemble. Par une sorte d'intelligence commune, chacun des ennemis qui allaient se trouver en présence laissa à l'autre le soin de ramasser tout ce qu'il pouvait avoir de forces. Tous les corps des croisés, dispersés sur une surface immense de pays, regagnaient le point central où Montfort leur avait donné rendez-vous, sans que les troupes de Provençaux, qui de même se dirigeaient vers le camp du roi d'Aragon, les inquiétassent dans leur marche. Cela ressemblait absolument à un duel où les adversaires vont sur le terrain désigné dans la même voiture, en se faisant politesse pour y monter et en descendre, tant il s'agissait d'une fête.

L'activité de Simon, celle de ses chevaliers, celle de Laurent surtout, furent employées pendant un long temps à ramener tout ce qu'on pouvait distraire des garnisons des châteaux. Durant deux mois entiers, ce fut à peine si quelques escarmouches eurent lieu entre des troupes qui souvent se croisaient dans leur route et quelquefois aussi se suivaient presque côte à côte sans se chercher. Une seule action, plus remarquable par ses suites que par le fait lui-même, prouva à Montfort, et plus particulièrement à Laurent, que ce dernier effort de la Provence avait été calculé de manière à ne laisser à personne aucun esprit de retour. Le comte Raymond, en se dirigeant vers les Pyrénées, rencontra sur son chemin le château de Pujol, que d'abord il voulut éviter. Mais quelques troupes en étant sorties pour l'inquiéter, il tenta de l'emporter, et en deux jours réduisit les assiégeans à se rendre à discrétion. Encore cette fois, son caractère de loi ne jamais tout risquer de sa fortune l'engagea à traiter avec les assiégeans. Roger Bernard y crut voir une arrière-pensée de trahison, et le conseil où se discuta cette question eût probablement amené une dissolution de cette grande ligue, si l'OEil sanglant n'avait appuyé vivement l'opinion du comte de Toulouse. L'activité, la constance, le courage de cet homme, la confiance qu'on avait dans les ressources de son esprit et les vues ultérieures qu'on lui supposait constamment, et qui presque toujours faisaient d'un événement en apparence fâcheux un événement qui servait les intérêts de la Provence, toutes les raisons entraînèrent l'opinion des autres chevaliers, et il fut décidé que les assiégés de Pujol seraient reçus à capitulation et qu'on leur accorderait la vie sauve. Soixante chevaliers se rendirent donc à discrétion et furent dirigés vers Toulouse ; mais à peine furent-ils arrivés sous la conduite de l'OEil sanglant, qu'ils furent tous attachés à la queue de leurs chevaux, promenés par toute la ville et ensuite pendus aux créneaux des murs. L'OEil sanglant, en faisant faire cette cruelle représaille, publia partout qu'il obéissait aux ordres exprès du comte de Toulouse.

La nouvelle de cette exécution arriva en même temps au camp du roi d'Aragon et à celui de Simon, qui, à ce moment se trouvait à Castelnaudary. Dans le camp de Simon, elle produisit à la fois une consternation et une irritation extrêmes. Les conquérans virent qu'ont leur rendait une guerre sans merci, telle que celle qu'ils avaient faite ; et oubliant que c'était de cette façon qu'ils avaient agi en pareille circonstance, ils jetèrent des cris d'exécration sur le comte de Toulouse. Il est remarquable que dans cette guerre, les croisés, protégés pour ainsi dire par la mission divine qu'ils semblaient remplir, avaient été presque partout ménagés par ceux qui les combattaient, tandis qu'eux-mêmes ne mettaient aucun frein à leurs meurtres et à leurs brigandages ; il en arriva qu'ils s'accoutumèrent à ces ménagemens de l'ennemi comme à un droit acquis : comme il entre dans les habitudes d'un homme qui emprunte toujours sans jamais rendre, d'oublier ses dettes et de s'étonner comme d'une injustice de la première réclamation qu'on lui adresse.

Dans le camp des Provençaux, la nouvelle fit un merveilleux effet, et Raymond fut vivement félicité. Les comtes de Foix se doutèrent de la raison secrète de cette exécution : elle rentrait dans la série de moyens qu'avait mis en œuvre l'OEil sanglant pour compromettre le comte de Toulouse sans retour et qui avait commencé par le supplice de Baudouin. Il fallut que Raymond acceptât les éloges de bonne foi de la plupart des seigneurs et les ironiques louanges des comtes de Foix. Quand l'OEil sanglant arriva au camp, il y eut entre lui et le comte une explication dans laquelle celui-ci fut obligé d'entendre les reproches mérités que sa conduite lui avait attirés ; de cette explication nous ne rapporterons que ce qui est nécessaire à l'intelligence de cette histoire. Le comte, dans un moment d'impatience, s'écria avec colère :

— N'est-ce pas à toi que nous devons la défaite de Castelnaudary, à toi qui m'avais dit de me fier aux messages de ce Laurent qui suit la fortune de Montfort ?

— Eh ! lui répondit l'OEil sanglant, ces messages ne vous ont-ils pas valu la victoire tant que vous avez marché dans la voie que je vous avais tracée ? Ne vous ont-ils pas valu l'incendie du camp de Montfort, la destruction des Allemands venant au secours de Castelnaudary ? Mais trois jours seulement, j'ai été forcé de vous quitter, et tout aussitôt vous avez voulu traiter avec vos ennemis : alors l'homme qui vous eût rétabli sur votre trône de comte a abandonné qui l'abandonnait. Ne vous avais-je pas dit à quelles conditions Albert s'était voué à nous ? Qui le premier y a manqué ?

Le comte ne répondit pas à cette question ; mais il répliqua après un moment de silence :

— Eh bien ! j'avertirai Simon de la présence de ce traître dans son armée, et il le punira pour moi et pour lui.

— Ah ! dit l'OEil sanglant, Albert n'est plus traître à Simon ; et, d'ailleurs, vous ne ferez pas cela, car il y aurait un traître en tout ceci, celui qui vous aurait confié le secret de Laurent, et ce traître aurait déjà arrêté toute indiscrétion par un coup de poignard ; si vous voulez, je vous dirai qui a tué David Roaix.

— C'est toi ? s'écria le comte de Toulouse.

— Pensez-y, comte Raymond, je sors d'avec votre fils : ah ! quel noble comte nous aurions si vous lui laissiez enfin l'héritage qu'il ne recevra peut-être que trop tard !

— Malheureux ! tu me menaces.

— Entre vous et moi, dit l'OEil sanglant, il y a l'ombre de ma mère qui m'arrête ; mais pour Dieu ! n'y placez pas celle de mon frère Albert qui m'appelle ; c'est assez du noble vicomte tué par votre trahison : je ne vous pardonnerais pas celui-ci.

Et l'OEil sanglant quitta le comte sans que celui-ci osât répondre à cet homme, qui était à lui seul plus puissant que les plus nobles de la Provence ; car il n'avait rien à compromettre que sa vie, et comme il la jouait tous les jours, c'était le seul enjeu qu'il acceptât de ceux qui avaient à traiter avec lui. Il eût poignardé Raymond à l'instant, si Raymond ne lui eût été utile par l'amour singulier qu'avaient pour lui les Toulousains, amour qui les faisait se lever à sa voix dès qu'il réclamait leur assistance.

Bientôt cependant toutes les forces des deux armées se trouvèrent réunies, celles de Montfort à Fanjaux, celles de Pierre d'Aragon à Saverdun. Il s'agissait de savoir où aurait lieu la rencontre. Pierre, à la tête d'une armée de mille chevaliers et de quarante mille fantassins, désigna le lieu du combat en s'avançant jusqu'à Muret et en mettant le siège devant ce château. L'esprit contraire à celui qui avait perdu les Provençaux dans la précédente tentative les perdit dans celle-ci. Une crainte superstitieuse de Simon les avait presque toujours paralysés dans leurs plus terribles efforts; une confiance extrême de Pierre en sa fortune arriva au même résultat.

Dès les premiers jours du siége, il était facile à Pierre d'enlever Muret et de détruire les trente chevaliers qui l'occupaient, ainsi que quelques centaines d'hommes d'armes qui obéissaient; mais il fit sonner la retraite dès qu'il vit le premier faubourg enlevé et répondit hautainement à ceux qui lui reprochèrent cette faute :

— Messires, c'est ma manière de sonner la trompette pour faire appel à mes ennemis. J'ai eu cette courtoisie pour le roi infidèle Miramolin, d'attendre qu'il eût rassemblé toute son armée pour l'écraser en un coup; je ne ferai pas autrement vis-à-vis d'un chevalier chrétien. Que penseriez-vous si dans un duel un homme attaquait son ennemi au moment où celui-ci attache son casque? Ce serait trahison. Je viens de frapper sur le bouclier du comte de Montfort; je lui laisse trois jours pour répondre à l'appel.

Ces sentimens étaient dans la nature chevaleresque du roi d'Aragon : ils étaient aussi dans l'ivresse de ses précédens succès. Il était ambitieux de cette gloire personnelle qui fait d'un homme le principe du salut public. Il eût peut-être donné à Simon l'avantage de le combattre d'homme à homme, si tous les Provençaux ne l'avaient détourné de cette idée en le flattant du nom de grand capitaine, pour lui faire dédaigner celui de vaillant chevalier. Mais ce grand capitaine, — qui, s'il avait été victorieux de Simon, eût peut-être abandonné à d'autres tout le fruit de sa victoire, — parce qu'il n'y aurait pour lui nulle gloire à vaincre un adversaire mal préparé, donna à Simon le temps de rassembler tous les soldats qu'il pouvait. Au besoin, Pierre eût distrait de son armée la différence qui existait en sa faveur pour faire un véritable champ clos de cette rencontre.

Simon ne se fit point attendre.

Nous suivrons ici exactement les renseignemens de l'histoire : nulle invention ne pourrait ajouter à leur singularité, et nul récit, si ce n'est celui des comtemporains, ne serait probable si on le supposait inventé.

Simon s'avança vers Muret; en passant à l'abbaye de Bolbonne, il rencontra l'abbé de Pamiers, qui, l'arrêtant dans sa marche, lui fit une terrible description de l'armée de Pierre et l'engagea à se retirer; mais Simon, tirant alors de sa poche une lettre qui lui avait été remise par un de ses agens, la fit lire à l'abbé; dans cette lettre, Pierre d'Aragon écrivait à une dame de Toulouse que, pour l'amour de ses beaux yeux, il voulait chasser Montfort de la Provence et lui amener esclave et servante la fière Bérangère, dont elle avait eu la folie d'être jalouse. Après que l'abbé eut lu cette lettre, Simon lui dit avec l'accent inspiré qu'il affectait depuis la prise de Castelnaudary :

— Croyez-vous que celui qui combat pour une si vaine cause puisse anéantir l'œuvre de Dieu? Ceci est la condamnation de Pierre d'Aragon.

Il adressa ces derniers mots à Laurent et lui remit la lettre. Laurent fit un signe d'assentiment; on eût dit que le comte connaissait les engagemens de Laurent envers Bérangère, et certes il les connaissait. Peut-être aussi savait-il par quels liens tenaient à lui quelques autres chevaliers, et peut-être particulièrement Bouchard de Montmorency; mais ce que Laurent jetait de sacrifices à la poursuite de sa vengeance, peut-être Simon le jetait-il au succès de son ambition. Qui peut savoir les secrets d'une passion aussi forcenée?

Le jour même, Simon continua sa route et parut devant Muret. Sur l'heure il voulut attaquer l'armée de Pierre d'Aragon; mais les meilleurs chevaliers et Laurent surtout le sollicitèrent de donner du repos à ses troupes, et les deux armées dormirent en face l'une de l'autre, sans presque se surveiller, chacune se préparant au combat du lendemain. Dès que l'aurore parut, Simon fit ranger ses troupes autour d'un autel élevé au centre de son camp et y déposa son épée; puis, lorsque la messe fut dite, il la reprit en s'écriant :

— Mon Dieu! c'est pour vous que je l'ai tirée; je la reprends, plein de votre force et sûr de la victoire qui m'attend.

Puis, la secouant fièrement, il reprit avec un accent de triomphe :

— Soldats! cette épée est celle de l'archange Michel; elle brûle et frappe : Bouchard, envoyez un messager à la comtesse de Montfort pour lui apprendre que la bataille est gagnée.

Des cris de joie et d'enthousiasme répondirent à cette parole de Simon, et, tout aussitôt, il ordonna qu'on se préparât à l'attaque. Il s'approcha de son cheval pour le monter; mais le superbe animal se cabra et le renversa. Les Provençaux, qui s'étaient rangés en bataille sur le penchant d'une colline, poussèrent de grands éclats de rire, et les croisés témoignèrent par quelques mots qu'ils considéraient cela comme un mauvais présage. L'histoire a conservé le mot de César tombant au moment où il abordait la terre d'Afrique, et rendant la confiance aux Romains intimidés en leur criant : « Je prends possession de cette terre! »

La même faculté de présence d'esprit semble être donnée par le ciel à tous les caractères ardens qui poursuivent une grande ambition. Simon répara l'effet de sa chute, et, s'approchant de son cheval, il lui dit en plaisantant :

— Ah! je ne t'avais pas dit pourtant qu'il faudrait poursuivre les fuyards jusqu'aux murs de Toulouse.

De nouvelles acclamations accueillirent cet à-propos, et les troupes prirent leur ordre de bataille. En face du corps que commandait Simon en personne étaient déployées les bannières d'Aragon. Le corps des chevaliers aragonais et catalans formait l'avant-garde, et deux corps de troupes placés sur les flancs, mais en arrière de ce corps d'élite, étaient confiés aux ordres de Raymond d'un côté, et des comtes de Foix de l'autre.

Il semble qu'une singulière fatalité, qui se traduisait presque toujours à cette époque par l'intervention de Dieu, marquât d'un cachet d'imprudence et de folie toutes les résolutions des Provençaux. Par un caprice singulier, Pierre d'Aragon avait quitté les armes resplendissantes sous lesquelles il combattait d'ordinaire, pour en revêtir d'obscures, tandis qu'il avait fait endosser les siennes à l'un de ses chevaliers, brave, croyait-il, mais non pas de cette bravoure qui a un nom de roi à porter, une couronne sur le cimier de son casque. Les écrivains du parti des croisés dirent que ce fut crainte d'être reconnu et poursuivi par Simon de Montfort; ce fut seulement une manie de faire mieux qu'un autre n'avait fait. Il avait appris, en revenant en Provence, quelque chose de la singulière histoire d'Albert de Saissac; il trouva grande et étrange la vie de cet homme qui avait suffi à la gloire de deux noms, et lui aussi, croyant avoir assez fait pour le nom de Pierre d'Aragon, voulut créer une gloire à part au *chevalier vert*; et il se vêtit d'armes vertes pour se faire donner ce nom, pour que, après la bataille, on sollicitât le roi d'Aragon de récompenser cet inconnu qui avait contribué puissamment à la victoire.

L'OEil sanglant était seul dans la confidence de ce déguisement, et ne l'avait point combattu; il savait qu'en outre des efforts de Simon, Pierre d'Aragon serait le but des efforts d'un homme dont il connaissait la valeur obstinée, la force suprême, et les engagemens de sang pris sur un tenson de poésie que lui-même lui avait livré.

Donc le combat commença.

D'un côté, tous les chevaliers de Montfort étaient réunis en un corps qui, lancé par lui comme une masse, devait aller frapper de son choc redoutable le centre de cette armée, la diviser et se promener ensuite comme un taureau pour heurter ensemble chaque corps séparé. Montfort avait tellement placé son espoir dans cette tactique, qu'il avait laissé dans Muret ceux de ses chevaliers sur la ténacité desquels il ne comptait pas assez. Quant à ceux dont il supposait que l'ardeur les entraînerait peut-être à disjoindre cette masse compacte, il les avait mis à quelque distance pour s'élancer là où ils voudraient. Le premier choc fut si terrible, raconte un chroniqueur, qu'on crut entendre dix mille bûcherons attaquant ensemble une forêt des coups redoublés de leur hache.

Tout l'effort des croisés se porta sur l'endroit où l'on

voyait les bannières du roi d'Aragon et où l'on croyait voir le roi d'Aragon lui-même. Le premier choc fut vaillamment soutenu ; mais les deux Montfort et Gui de Lévis, pointant à l'endroit où ils voyaient scintiller les armes de Pierre, s'élancèrent en même temps contre le chevalier qui les portait. Cet inconnu eût suffi à l'attaque commune de quelques hommes contre un homme ; mais, en voyant l'acharnement qui se dirigeait contre lui, il fit reculer son cheval dans les rangs des chevaliers aragonais, qui se refermèrent sur lui, se présentant bravement à l'épée des croisés, mais déjà surpris et mécontens de cette retraite de leur chef. Au moment où ces deux corps serrés l'un contre l'autre se déchiraient à grands coups d'épée, comme deux tigres qui, avant de se prendre corps à corps, s'entamaient la peau de leurs griffes de fer, un homme s'élança sur le flanc des Provençaux en y faisant une large trouée, tandis qu'un Aragonais, se jetant avec la même fureur dans les rangs des croisés, perçait également ce mur d'hommes jusque-là si impénétrable.

Simon cria, en voyant le premier qui passa devant lui comme la foudre :

— C'est Laurent. Ah ! le roi d'Aragon est là.

Et comme il faisait un dernier effort pour le suivre, il se sentit frappé d'un coup si violent qu'il chancela sur son cheval, et que l'étrier sur lequel il s'appuya en fut brisé. Il faillit tomber ; et si le second coup du chevalier vert, car c'était lui, eût pu l'atteindre, c'en était fait de Simon ; mais un mouvement violent de tous les chevaliers arrêta celui-ci, et le cri de :

« Le roi d'Aragon fuit ! »

lui fit détourner la tête. Vingt coups le frappèrent à la fois. Ils semblèrent tomber sur un roc, car un moment il resta immobile sans opposer que son dédain et sa force aux coups de hache et d'épée qui martelèrent son bouclier et sa cuirasse.

— Le roi d'Aragon fuit ! à la rescousse ! répétèrent les chevaliers.

Une voix, partie du milieu des Aragonais, répondit :

— Ce n'est pas lui, il est meilleur chevalier que ce lâche. Nous sommes trompés.

C'était la voix de Laurent.

— Merci ! sire chevalier, répondit une autre voix du milieu des croisés ; merci ! tu connais Pierre d'Aragon, le voici.

C'était la voix du chevalier vert, qui se fit reconnaître à ce noble mouvement par le roi d'Aragon lui-même, et à l'instant même il s'élança contre Laurent.

Mais le chevalier de Turin était un plus terrible ennemi que Montfort. Il se fit un passage devant lui le roi, et Laurent attendit au milieu des Aragonais mêmes leur plus intrépide chevalier. Le roi frappa, et Laurent reçut sans fléchir le choc de sa terrible épée ; s'armant alors d'une massue énorme, il le frappa à la tête et le sépara de son cheval comme on fait voler d'un coup de baguette la tête d'une fleur qu'on détache de sa tige. Le roi tombé, Laurent descendit avant que Pierre eût le temps de se relever, et lui posant le pied sur la poitrine, il défendit sa victime contre les attaques acharnées des chevaliers qui le voulaient arracher à la mort, car Pierre respirait encore et faisait de vains efforts pour se soustraire au poids qui l'écrasait. Les chevaliers aragonais et catalans, occupés à cette attaque pour ainsi dire intestine, veillèrent moins bien à la conservation de ce rempart que les croisés ne pouvaient entamer, et Simon, remis sur son cheval, se ruant de nouveau contre eux, les ébranla et les fit reculer. Cependant, c'en était fait des croisés malgré ce premier avantage, car le corps du comte de Toulouse, se déployant sur les flancs, commençait à les envelopper. Laurent seul, au milieu des combattans, le pied sur la tête du roi, semblait encore hésiter à achever sa victoire, lorsqu'il aperçut les deux comtes de Foix d'une part, Comminges et l'OEil sanglant de l'autre. Il baissa les yeux sur la victime, et un rapide mouvement de pitié le prit au cœur ; mais le cri de guerre des comtes de Foix retentit, et Laurent releva la tête. Il tourna un moment sa large massue autour de lui, et ayant fait un espace vide, il tira sa longue épée et la planta au cœur du roi d'Aragon en l'y laissant ; puis s'y appuyant de la main gau-

che, tandis qu'il brandissait sa massue, il se prit à crier d'une voix retentissante :

— Fuyez, Toulousains, le roi d'Aragon est mort.

A ce cri, la rage des croisés s'accrut ; le courage des chevaliers aragonais, déjà troublé par la fuite de leur faux roi, épouvanté par la mort de Pierre, chancela tout-à-fait, et une nouvelle et furieuse attaque de Montfort décida leur débandade. Peut-être si ce malheur fût arrivé sans que les troupes des comtes Raymond et de Foix eussent remué, elles eussent attendu de pied ferme l'attaque des croisés contre elles, mais cette déroute les surprit au moment où ces troupes étaient déjà moins serrées par le mouvement de marche qu'elles avaient fait pour secourir les Aragonais. Les plus braves hésitèrent au cri de Laurent, et les plus lâches ayant commencé la fuite, tout le corps du comte de Toulouse, composé de bourgeois, mal accoutumés à garder un ordre de bataille, tourna le dos au même instant et s'enfuit en poussant de grands cris.

Les comtes de Foix et leurs intrépides montagnards s'arrêtèrent. « Trahison ! trahison ! » cria Laurent. Ce cri fut aussi funeste que l'avait été l'annonce de la mort du roi, car il arrêta l'effort des comtes de Foix, et cette méfiance continuelle qui était le fond de leur caractère les empêcha de réparer un malheur qui n'était pas irréparable. Les comtes de Foix restèrent immobiles et reculèrent en bon ordre, tandis que la fuite emportait au loin toutes les troupes toulousaines et que la poursuite emportait les croisés sur leurs traces. Ceux-ci passèrent tous comme un torrent autour de Laurent, qui, toujours immobile comme une statue de fer sur son piédestal, dédaigna de se mêler à cette poursuite, ayant accompli ce qu'il avait promis et ne voulant pas faire davantage. Un homme perça comme lui ces flots de croisés, mais en se précipitant à son encontre, et arriva jusqu'aux comtes de Foix, qui demeuraient seuls avec leurs hommes sur le champ de bataille, tandis que le combat et le massacre des Toulousains fuyaient au loin. Cet homme aborda les comtes de Foix, et, à son geste animé, il fut facile de voir qu'il exhortait les comtes à se précipiter à leur tour à la poursuite des croisés. Mais on put voir aussi qu'ils refusaient de le suivre, et bientôt, tournant tranquillement la bride de leurs chevaux, ils reprirent au petit pas le chemin de leurs montagnes.

Une heure n'était pas écoulée depuis le commencement de cette affaire qu'à l'endroit où elle avait commencé et qui un moment avant fourmillait de troupes, il ne restait plus que des morts et deux hommes debout. Laurent avec son roi d'Aragon sous les pieds, l'OEil sanglant, qui avait laissé partir les comtes de Foix et qui, à quelque distance, semblait mesurer la hauteur du chevalier qui était immobile devant lui. Tous deux se considérèrent ainsi quelque temps. Puis enfin l'OEil sanglant s'approcha : il tenait son épée et Laurent sa massue. Mais ils ne levèrent leurs armes ni l'un ni l'autre. L'OEil sanglant regarda Laurent longtemps en silence. Celui-ci tourna ses yeux autour de lui comme pour lui montrer ce champ de carnage et de défaite. Puis ils se regardèrent encore face à face.

— Est-ce fini ? dit l'OEil sanglant.

— Pas encore, répliqua Laurent.

Ils reprirent leur silence et se regardèrent encore.

— Frère, dit l'OEil sanglant, où nous sommes-nous vus la première fois ?

— Sur le cadavre de notre sœur outragée et devant notre père mutilé.

— Frère, où nous reverrons-nous ?

— Dans le château de Saverdun, à la première nuit de Noël, sur le cadavre d'une fille outragée et devant un père mutilé !

— J'y serai, frère, dit l'OEil sanglant.

— Je t'y attendrai, répondit Laurent.

Puis l'OEil sanglant s'éloigna, et Laurent, terrible gardien de son roi mort, resta debout sur le champ de bataille jusqu'à ce que le soir ramenât Montfort de la poursuite des Toulousains.

X.

UN TRIOMPHE.

Deux mois s'étaient écoulés, et les croisés s'étaient emparés ou plutôt étaient entrés dans la ville de Montpellier, car la bataille de Muret avait abattu sans retour toute idée de résistance dans la Provence. Les cloches de la ville sonnaient comme pour une joyeuse fête, et la population était en un mouvement inaccoutumé. La place de l'Hôtel-de-Ville fourmillait d'hommes, de femmes et d'enfans, et l'on voyait qu'il se préparait un grand événement ou plutôt quelque pompeuse cérémonie, car l'Hôtel-de-Ville avait ouvert et pavoisé toutes ses fenêtres, où se montraient des têtes gracieuses de femmes et de cavaliers comme de magnifiques tableaux dans des cadres de pierre noire. A la principale était Alix et quelques dames avec Bouchard, mal remis d'une blessure reçue au combat de Muret. A une fenêtre plus étroite et voilée par une large tenture de soie, deux têtes se montraient seules de temps en temps. La fenêtre haute et étroite était encadrée de colonnettes qui la surmontaient en ogive, et au dessus de cette ogive un large trèfle donnait du jour à quelque misérable chambre ou à quelque coin oublié de ce vaste hôtel. Cependant une tête s'était glissée dans cet étroit espace, tant la curiosité était, à ce qu'il semble, excitée par ce qui allait se passer. Mille murmures s'élevaient de la place, et mille propos joyeux, partis des fenêtres de l'hôtel, flottaient à leur surface et les coupaient quelquefois de longs éclats de rire.

Tout-à-coup, par une des rues qui débouchaient de l'angle de l'hôtel, une nouvelle foule se précipita sur la place et refoula celle qui s'y trouvait déjà ; une rumeur bruyante s'éleva de toutes parts ; les personnes qui étaient aux fenêtres de l'hôtel se penchèrent en avant, et un cri général dit : « Les voici ! »

A l'instant, la fenêtre voilée dont nous avons parlé se découvrit ; Bérangère et Laurent y parurent seuls, l'un à côté de l'autre, et au-dessus d'eux, comme une tête de chérubin au-dessus d'un groupe de Raphaël, s'avança, par l'ouverture du trèfle, le visage de Ripert. Presque aussitôt les premiers rangs d'un immense cortège envahirent le long les murs de l'Hôtel-de-Ville, et Bérangère, s'appuyant sur la balustrade de la fenêtre, dit à Laurent, en souriant :

— Allons, mon beau chevalier, venez contempler votre ouvrage.

— Le vôtre, dit Laurent en s'approchant, le vôtre, et maudissez Dieu de n'avoir pas fait la Provence plus grande, car le cortège serait plus long et j'aurais le temps de vous mieux dire ce que je n'ai pas encore osé.

— Eh bien ! commencez vite, répondit Bérangère ; quels sont ces hommes qui passent avec leurs robes d'hermine et leurs capuces noirs ?

— Ce sont les consuls d'Albi qui viennent jurer obéissance au comte de Montfort ; celui qui marche à la tête est le sire de Puivert, dont le fils a péri en combattant avec le vicomte de Beziers.

— Digne père ! dit Bérangère en riant ; et ceux qui les suivent avec une dalmatique à trois rangs de galons d'or ?

— Ce sont, reprit Laurent, le sénéchal et les juges-mages de Carcassonne qui apportent au sire de Montfort l'hommage de cette cité.

— Connaissez-vous celui qui nous considère d'un air étonné ?

— C'est l'ancien argentier du vicomte Roger.

— Fidèle serviteur ! répéta Bérangère sur le même ton de raillerie qu'elle avait employé d'abord.

Le cortège passait, et ceux qui le composaient marchait silencieusement vers l'église de Maguelonne, où le comte de Montfort, assis sur un trône splendide les attendait pour revoir l'hommage de presque toutes les villes de la Provence remises à son pouvoir. Ainsi passèrent les envoyés de Montauban, de Pamiers, de Hauterive, de Narbonne, de Castres, et à chaque groupe, Bérangère lançait quelque joyeuse épigramme. Bientôt il s'en approcha qui portaient de longues robes vertes avec une sorte de mitre.

— Et ceux-ci ? dit Bérangère.
— Les magistrats de Fanjaux.
— Bien, reprit la fille de Montfort, il n'est resté que dix hommes vivans dans cette ville, et je pense qu'en voilà dix qui se viennent soumettre à la suzeraineté du comte. Mon père ne pensait pas alors qu'il fit tuer des vassaux si soumis.

D'autres passèrent encore, puis il se trouva un espace vide, et Bérangère demanda pourquoi. La figure de Laurent, jusque-là paisible et presque joyeuse, s'assombrit, et il répondit :

— Cette place devait être celle où se seraient placés les sénéchaux des terres de Saïssac.

— Et, dit Bérangère en se retournant, ils sont absens ?
— Non, dit Laurent, c'est qu'il n'est pas resté un homme vivant pour faire la lâcheté de venir baiser la main de l'exterminateur de ses frères.

— Vraiment ! dit Bérangère en clignant ses yeux et en les jetant sur Laurent.

Celui-ci se tut. Bérangère lui tendit la main et lui dit en souriant :

— Baisez la mienne à genoux, sire Laurent.

Et pendant que cet espace vide passait, Laurent se mit à genoux et baisa la main de la fille de Montfort. Laurent, qui avait penché sa tête sur la main de Bérangère, la releva tout-à-coup vivement. Quelque chose était tombé sur son cou et l'avait presque brûlé. Il y porta la main : c'était comme une goutte d'eau. Par un mouvement singulier, il porta sa main mouillée à sa bouche : cette eau était amère comme une larme. Il regarda en haut, mais il ne vit rien.

Le cortège passait toujours.

— Quels sont ceux-ci, mon chevalier ? demanda Bérangère d'une voix qui hésita un moment, soit qu'elle craignit la réponse, soit que le baiser de Laurent l'eût étonnée d'une émotion à laquelle elle n'était pas accoutumée.

Le chevalier se pencha pour les voir, car ils venaient de loin, et dans cette position son corps appuyait doucement sur celui de Bérangère ; son bras semblait l'enlacer, elle ne s'écarta point.

— Ceux-ci, dit Laurent, sont les prévôts de Castelnaudary.
— Où vous avez si vaillamment combattu ?
— Où pour la première fois, reprit Laurent sans changer de position, j'ai juré à la fille de Montfort que pour l'amour d'elle je ferais si bien qu'elle ne pourrait former un désir qui ne fût accompli. Ceux-ci qui passent, Bérangère, sont les envoyés d'une ville où la mort vous tenait embrassés dans une armée d'ennemis implacables.

— Et vous nous avez sauvés !
— Je t'ai sauvée, Bérangère, voilà tout ; sauvée, parce que je sais ce que c'est que l'ivresse de la victoire et de la vengeance ; parce que dans ma vie de soldat j'ai vu les épouvantables joies du pillage et de l'ivresse. Ne me remercie pas, car si je n'avais pu précipiter dans la défaite ces ennemis qui nous menaçaient, je t'aurais peut-être tuée, tuée sur l'heure.

— Je te crois, Laurent, dit Bérangère en se soumettant presque avec complaisance à la pression du corps de Laurent ; moi aussi, je me serais tuée.

— Par un vain honneur, Bérangère, je l'ai entendu, et non pas peut-être comme ta mère se serait tuée pour Bouchard.

— Vous n'êtes pas mon amant, sire Laurent, dit Bérangère en se relevant.

— Je le serai quand je voudrai, répondit Laurent en souriant.

Bérangère le regarda avec colère.

— Oui, répéta Laurent, quand je voudrai rappeler à Bérangère ses engagemens, quand je lui dirai : « J'ai tenu ce que j'ai promis ; c'est votre tour. »

— Ainsi, répliqua Bérangère, est-ce ainsi que vous l'entendez ?

— Oh ! non, reprit Laurent avec feu. Regarde ces hommes

qui passent, ce sont les capitouls de Toulouse qui apportent à ton père les clefs de leur ville, et qui viennent le reconnaître pour seigneur! Vois plus loin cette magnifique compagnie d'évêques mitrés qui viennent, au nom de la Provence, l'introniser comte de Toulouse, marquis de Provence, duc de Narbonne, comte et seigneur de cent villes seigneuriales! Toutes ces grandeurs qu'il va poser sur sa tête, peut-être les lui ai-je données plus qu'il ne croit, et pourtant je ne veux de lui aucune récompense. Ce matin j'ai refusé l'investissement de quatre fiefs dont il avait voulu me faire suzerain; c'est que je n'ai rien fait pour lui. Pour toi seule cette guerre a été une victoire dont il se couronne! Regarde là-bas, plus loin, vois ce chariot traîné par quatorze chevaux: c'est là que repose le corps de celui qui t'avait outragée, et dont ton père se fait un trophée d'autant plus éclatant qu'il l'entoure d'honneurs funèbres où sa vanité triomphe. Que ton père se hausse sur le cercueil de Pierre d'Aragon! moi, je suis monté le premier sur son cadavre; mais tu ne sais pas pourquoi.

Bérangère regarda Laurent d'un air étonné.

— Non, Bérangère, ce n'est pas pour t'obtenir de ta fidélité à remplir tes engagemens, comme si je réclamais le prix d'une partie gagnée. Crois-tu que je sois de ces amans qui désirent une femme qui se donne à une volonté d'homme parce qu'elle a fait une récompense de sa possession? Non, et s'il doit en être ainsi, adieu mon bonheur et mes rêves, adieu ma belle ambition! Oh! non, ce n'est pas là ce que j'ai rêvé!

Sur la fin des paroles de Laurent, Bérangère était tremblante et émue; l'oppression de sa poitrine la laissait respirer péniblement; ses dents claquaient d'un tremblement fébrile; son regard, humide et perdu, disait qu'à ce moment autre chose que la vanité s'éveillait dans cette grande et forte jeune fille; cependant elle ne répondit pas.

— Bérangère, reprit Laurent, tu ne me comprends pas; songe à quoi que ce cercueil me soit passé sous nos regards il faut que nos âmes soient jointes dans un même avenir. Tu ne sais pas tout encore, et je ne puis pas encore tout te dire.

Bérangère le regarda avec plus d'assurance.

— Ne me regarde pas ainsi, dit Laurent, ou tu sauras toute mon âme. Véritablement, Bérangère, c'est un alliance monstrueuse de désirs que ceux qui me dévorent. Oh! pourquoi es-tu si belle? pourquoi si haut placée?

— Que voulez-vous dire? reprit Bérangère, véritablement surprise.

— Tiens, vois, dit Laurent, dont l'accent se troublait sensiblement. Je voudrais te devoir tout et en même temps que tu pusses tout me devoir de même. Je voudrais que tu te donnasses à moi, chevalier sans renom, et je voudrais aussi t'asseoir à côté de moi sur un trône.

— C'est difficile, dit Bérangère d'un air de raillerie triste; car l'état de Laurent avait quelque chose d'effrayant, autant par l'incohérence de ses discours que par le hagard de sa physionomie.

— C'est possible! dit Laurent d'une voix creuse et ardente.

— Possible, répliqua Bérangère, que je me donne à un chevalier sans renom, et que ce chevalier me fasse asseoir sur un trône?

Laurent ferma les yeux comme pour assembler, ou plutôt, diviser ses idées, qui, à la fois tendues sur deux objets, les voyaient ensemble sans pouvoir les exprimer à la fois. En ce moment, le cercueil entra sur la place, et les nombreux habitans de Montpellier se mirent à genoux: on entendit une sourde prière bourdonner sur la place; la comtesse de Montfort elle-même s'agenouilla à la fenêtre où elle était, et en fit autant à toutes celles qui regardaient passer le cercueil de Pierre d'Aragon. A une seule, un homme et une femme demeurèrent debout, et par-dessus toutes ces voix, dont la prière n'avait pas son articulé, de mots saisissables, une voix nette et froide, celle de Laurent, dit à la fille de Montfort:

— Vois-tu, Bérangère, ce cercueil qui marche vers la tombe? c'est le cercueil du plus brave chevalier de la chrétienté, c'est le cercueil d'un roi! Ce chevalier, ce roi, je l'ai tué pour satisfaire ta vengeance; je l'ai tué, et sa mort n'est que la clef de voûte de l'édifice de cadavres et de sang que j'ai élevé pour

t'obéir. Si, dans ce funèbre édifice, je te comptais par leurs noms de seigneurs et de princes tous ceux dont je l'ai bâti, tu frémirais!

— Je le crois, Laurent, dit Bérangère; nulle femme n'a obtenu d'un homme ce que j'ai obtenu de toi.

— Pour cela, tu m'as promis d'être à moi.

— Oui, dit Bérangère, effrayée de la solennité de ces paroles, je l'ai promis.

Laurent la regarda en face et lui dit froidement:

— Regrettes-tu ta promesse, Bérangère?

— Je la regrette.

— Eh bien! dit Laurent, je te la rends.

— Merci! oh! merci! s'écria Bérangère, joyeuse et exaltée, merci, Laurent! Je suis libre à présent, n'est-ce pas?

Et elle se recula de la fenêtre et en rejeta le rideau devant elle.

— Libre, répondit Laurent.

— Je ne te dois plus rien?

— Plus rien.

— Je ne serai ni déloyale ni ingrate si je te chasse?

— Ni déloyale ni ingrate.

— C'est bien, dit-elle.

Alors elle regarda Laurent longtemps et comme pour lui plonger ses paroles dans le cœur; ses yeux, illuminés d'une joie éblouissante, dévoraient le visage du chevalier; une sorte de rire presque insensé fit frémir ses lèvres et montrer l'éclat de ses dents.

— Maintenant, dit-elle, je t'aime!

— Oh! s'écria Laurent avec transport, tu m'as compris!

Et il la prit dans ses bras. Elle y demeura!

— Je t'aime, reprit-elle, et je suis à toi, à toi quand tu voudras, car maintenant je puis me donner.

Oh! l'orgueilleuse fille avait été prise à la vanité par une astuce plus profonde que la sienne: c'est que Laurent avait appris, depuis qu'il la connaissait, que si un jour où il réclamerait ses droits comme une loi ils lui seraient refusés. Un baiser scella cette union. Un cri parti du sommet de la fenêtre y répondit, et un chant de mort, entonné par les prêtres qui accompagnaient le cercueil de Pierre d'Aragon, éclata sur la place. Laurent parut l'écouter.

— Voici le cercueil, dit-il.

— Que nous importe? dit Bérangère.

— Viens, reprit le chevalier, tu vas le savoir.

Ils reparurent à la fenêtre.

— Bérangère, lui dit-il, sur ce cercueil qui passe, ne vois-tu rien qui te fasse envie?

— Non, Laurent. Autrefois, peut-être, j'aurais désiré d'y monter en triomphe pour dire: « Voici mon ouvrage! » Maintenant, je n'ai plus d'autre ambition que la tienne.

— Et tu n'y vois rien pour mon ambition?

— Je n'y vois, dit Bérangère, qu'un sceptre et une couronne.

— Est-ce que la dépouille du vaincu n'appartient pas au vainqueur?

— A toi, Laurent?

— A nous, Bérangère.

Elle le regarda.

— Comment? lui dit-elle.

— Souviens-toi du combat de Castelnaudary et de la bataille de Muret; alors j'ai pu ce que j'ai voulu.

— Et tu veux maintenant?...

— Bérangère est un beau nom de reine. Le cortège est passé; viens à l'église de Maguelonne, voir comment ton père reçoit l'hommage que lui apportent les vassaux que je lui ai donnés. Nous apprendrons ensemble.

Ils sortirent.

Le soir venu, Laurent disait à Goldery, au moment où celui-ci semblait prêt à monter à cheval pour un long message:

— C'est au château de Saverdun qu'aura lieu cette fête. Va le visiter. Assure-toi de la disposition des appartemens; que nul cri ne puisse être entendu hors de cette chambre; que les mains de fer de ce lit de tortures puissent enchaîner la force d'un lion; que le poison soit prêt; que l'Œil sanglant soit

averti; que ton rôle soit appris; que mon père s'y trouve; c'est pour la nuit de Noël.
Goldery monta à cheval.
— A propos, où était Manfride durant le cortége?
— Dans la chambre retirée où vous m'aviez dit de la retenir.
— C'est bien; elle y sera aussi.
Laurent s'éloigna, et Goldery, le suivant des yeux, répéta :
— Oui, messire, elle y sera.

XI.

LE CHATEAU DE SAVERDUN.

Enfin le comte de Montfort était le vainqueur de la Provence; enfin il demeurait seul, debout et armé, au milieu de ces populations à genoux et vaincues. La tempête qui avait failli emporter sa fortune s'était brisée contre lui-même, comme l'orage qui ne peut ébranler le chêne vigoureux qui domine la campagne. Mais de même que cet arbre roi, lorsqu'il a résisté aux vents déchaînés et à la foudre en fureur, peut périr quelquefois sous la morsure persévérante et inaperçue du ver qui s'attaque à sa racine, de même Simon, contre qui s'étaient ruées vainement toutes les armées de la Provence, pouvait tomber sous l'effort lent et désespéré de l'ennemi qui s'était attaché à lui.

Pour Laurent, si le rôle qu'il jouait n'était pas une trahison de sa propre cause, le temps était venu où Montfort lui appartenait tout entier; il n'avait plus à partager avec d'autres la gloire de sa chute; il avait enfin devant lui son ennemi comme il l'avait désiré. Peut-être aussi les circonstances étaient-elles devenues ce qu'il les fallait à son insatiable rêve de vengeance. Nulle espérance n'avait survécu aux désastres de la bataille de Muret : le roi d'Aragon mort, le comte de Toulouse disparu, les comtes de Foix soumis, et la capitale de la Provence abattant elle-même ses murailles pour laisser entrer son vainqueur à l'aise. Jamais l'ambition de Simon n'avait pu rêver autant qu'il avait acquis; enfin il était puissant, heureux, assis sur ce trône de comte de Toulouse, moins élevé peut-être que celui du roi de France, mais plus largement posé sur sa base. Ce fut alors que Laurent, lorsque Montfort sortit du concile qui lui remit la suzeraineté de la Provence, lorsqu'une députation de bourgeois de Toulouse fut venue lui porter, à genoux, les clefs de la ville savante, et, lorsque toutes les cités vassales de cette grande cité eurent suivi leur souveraine dans son esclavage, ce fut alors que Laurent s'écria :
— C'est à moi maintenant qu'il appartient!

Cependant, toujours aveuglé par cet orgueil de suffire seul à ses propres projets, il dédaigna le peu de cœurs infatigables qui sous les pieds du vainqueur cherchent encore la place où ils peuvent le frapper : Laurent fit dépendre d'un mot le succès d'une entreprise qui intéressait tant de millions d'hommes. Ce fut une faute peut-ête, et peut-être aussi était-ce le seul moyen d'arriver à son but. Le vrai tort de Laurent ne consista point à mal calculer les événemens : il se réduisit à ne pas tenir compte des passions qui vivaient autour de lui. Il en est de cela comme d'un grand problème de mécanique qui paraît résolu dans toutes ses parties et auquel on applique une grande force d'action et qui, au moment de la mise en œuvre, périt par la résistance d'un petit rouage dont on a dédaigné d'apprécier la force. En effet, Laurent avait tout prévu, tout calculé : les moindres détails étaient admirablement arrangés; un seul fut oublié, un seul, et toute la puissance de cette grande machination se brisa à ce petit obstacle.

Le lendemain de la tenue du concile de Montpellier, on proclama à son de trompe par toute la ville, et, pendant les jours suivans, dans toutes celles qui étaient dans un rayon de vingt lieues, que, par Laurent de Turin, il serait tenu au château de Saverdun une cour plénière avec lices et carrousel, une cour d'amour en langue française et en langue provençale, et que, pendant les trois jours que durerait cette fête, tous chevaliers et dames qui s'y présenteraient seraient magnifiquement logés, et nourris au château de Saverdun par ledit chevalier Laurent de Turin.

Nous n'avons pas à expliquer ni à rejeter sur la barbarie des temps le prodigieux accueil qui fut fait à cette nouvelle après tant de malheurs subis. Les exemples récens nous ont appris comment on s'enivre dans le foyer dévasté de ses pères, comment on chante près de leur tombe, comment on danse les pieds dans le sang! Les bals furieux et les orgies dévergondées qui ont suivi la terreur sont au moins un exemple, s'ils ne sont pas une explication.

Il arriva donc que de tous les côtés de la Provence on se dirigea vers le château de Saverdun, où le plaisir allait se relever après s'être si longtemps caché sous les ruines. Français et Provençaux s'y rendirent également, et les uns et les autres surent trouver dans leur fortune épuisée, dans leurs populations à moitié éteintes, telle ressource pour le luxe d'une fête qu'ils n'avaient pu en arracher pour la nécessité d'une guerre. Aussi, dans des temps de paix et de prospérité, jamais réunion ne fut plus brillante, jamais concours plus nombreux, jamais hospitalité plus magnifique. Le château de Saverdun était ouvert à tout venant, et, par une prévoyance infatigable, il ne manquait à personne ni logement convenable ni splendides festins. Le but de cette fête hautement annoncé était un hommage à la fortune de Montfort, et Laurent, le plus dévoué de ses chevaliers, voulait être le premier de tous à célébrer son suzerain de la manière la plus éclatante.

Dire des fêtes pour ne parler que de leurs détails et de leur extérieur doré, c'est une matière si magnifiquement exploitée que nous ne nous hasarderons pas à les décrire après tant de belles descriptions. Quoique les jeux du château de Kenilworth soient de trois siècles postérieurs à l'époque qui nous occupe, nous retomberions dans une sorte d'imitation où l'original nous écraserait trop, malgré les traits particuliers que nous pourrions y glisser, pour que nous osions tenter cette lutte. Ce ne seraient pas les mêmes noms ni le même genre de personnages; mais le tumulte d'une foule innombrable recevant l'hospitalité dans un vaste et gothique château ne saurait être mieux représenté. Figurez-vous des bateleurs et des jongleurs à la place des comédiens; des châtelains indépendans dans leur vassalité au lieu des courtisans d'Élisabeth. A la place de cette domesticité titrée qui suivait les grands du seizième siècle, représentez-vous pour les uns les écuyers, les hommes d'armes et leurs chefs, pour d'autres les esclaves venus de la croisade, et ce sera, aux vêtemens près, avec quelques différences de noms, le même aspect tumultueux et bourdonnant dans cette immense enceinte de bâtimens et de vastes cours : à l'extérieur, la même curiosité de la classe pauvre, toujours avide de voir les plaisirs dont elle paie les frais, et toujours repoussée avec une égale brutalité : ce seront les mêmes injures aux portes, le même fracas dans les arrivées, où chacun cherche à paraître le plus splendide; ce seront encore les serviteurs qui se croisent, les écuyers qui se vantent de leurs maîtres, la même prodigalité de vins et de festins, les troupeaux immolés tout entiers pour cette vaste consommation, les provisions de toute une contrée, de tout un pays et de tout un mois, enlevées pour parer une table et gorger quelques convives pendant quelques jours.

Une autre crainte bien sincère nous interdira aussi de représenter le carrousel et la passe d'armes qui eut lieu dans le préau du château. Que faire après le poème d'*Ivanhoe* qui ne soit un reflet éteint de cette belle représentation où luttent Richard Cœur-de-Lion, Ivanhoe et le templier Guilbert de Bois-Briant? D'ailleurs, ce que le lecteur accepte volontiers au commencement d'un livre, ces développemens de costumes, de décorations, d'habitudes étranges, lui paraîtrait peut-être fastidieux à l'instant où nous sommes de ce récit. Nous négligerons donc ce qui ne tient pas, pour ainsi dire, aux entrailles de la passion que nous avons voulu peindre et nous arriverons vite aux deux derniers jours, qui furent à la fois la conclusion de la fête et celle de cette histoire.

Lorsque les luttes de la force et de l'adresse physiques furent terminées, le jour se leva pour les combats d'esprit et de savoir. De même que toutes les couronnes du carrousel et du tournoi avaient été déposées aux pieds de Bérangère pour être remises par elle aux vainqueurs, de même elle fut proclamée reine de la cour d'amour. Si Bérangère eût été une femme d'un esprit facile à s'enivrer, on eût pu expliquer, par le charme des applaudissemens qui l'entouraient, cette sorte d'aisance assurée, hautaine et bienveillante à la fois, avec laquelle elle acceptait le nom de reine. Elle jouait pour ainsi dire son rôle avec une bonne foi et presque un sérieux qui eût été une grâce charmante dans un cœur où l'on eût pu supposer l'ivresse d'une joie d'enfant. Mais, en la voyant telle qu'elle se montrait depuis quelques jours, ordonnant comme maîtresse aux lieux où elle habitait et disposant de tout, des heures des banquets et des réunions, du rang que chacun y devait tenir, du choix des habitations, de l'ordonnance des journées, avec cette liberté d'esprit et de commandement qui ne semble appartenir qu'au vrai droit de commander, la plupart attribuaient à sa vanité ridicule la facilité avec laquelle elle semblait tenir en souveraine une place où, à vrai dire, elle n'était que par la galanterie du sire Laurent.

Si ceux qui expliquaient ainsi cette manière d'être de Bérangère avaient mieux connu cette femme, ce n'est point cette solution qu'ils eussent donnée à ce qu'elle faisait. Elle convenait assurément à une vanité médiocre ; mais à l'orgueil de Bérangère, il fallait de plus fortes raisons que l'événement d'une fête ou le plaisir de jouer un rôle pour s'y montrer si souverainement à l'aise ; il fallait qu'elle s'y crût des droits sincères et avoués, sinon par tous, du moins par elle-même. Ainsi c'était avec conscience qu'elle disposait de la richesse de Laurent, de son hospitalité, comme si elles lui eussent appartenu, et ce titre de reine ne lui semblait facile que parce qu'elle avait la foi que bientôt il lui serait sérieusement et solennellement donné.

Alix ne se montrait point jalouse de toutes ces préférences ; elle ne comprenait pas la vie comme sa fille. Plus belle jadis, plus aimée encore que Bérangère, douleur ou joie, elle avait porté tous ses sentimens le front baissé. Ses triomphes ne lui auraient plu que pour plaire à un autre, et celui-là avait une âme comme la sienne, une âme qui cherchait le mystère et qui pensait que le ciel ne jette point à l'homme assez de bonheur pour qu'il ne le serre pas avec soin dans le plus secret de son existence. Montfort recevait en roi ces fêtes, qu'il croyait si bien pour lui qu'il les laissait accepter par sa fille. Il y avait en lui quelque chose de cet orgueil d'un maître à qui on n'ose offrir un présent, qui souffre qu'on le fasse à son enfant pour ne pas désobliger son serviteur.

On était à la veille de Noël ; un froid sec et clair avait jusqu'à ce moment favorisé les jeux qui devaient se passer en plein air. Le soir, on s'était quitté dans la vaste salle d'armes, qui tenait tout le rez-de-chaussée des bâtimens qui servaient de lien aux deux principales tours. Le lendemain, et sans que le travail des ouvriers eût troublé le sommeil de ceux qui occupaient le château, cette salle se trouva disposée en un vaste amphithéâtre qui tenait trois côtés de la salle, en laissant tout autour un espace pour circuler ; le fond en était occupé par des gradins au plus haut desquels se trouvait un trône pour Bérangère et siéges pour les dames qui devaient juger le mérite des concurrens sous son autorité. Des tentures d'une richesse inaccoutumée couvraient les murs et les gradins ; un immense brasier, allumé au milieu de l'espace libre où devaient se présenter les jongleurs, donnait une chaleur suffisante et chargeait l'air de la vapeur des parfums que les esclaves y jetaient sans cesse. Les maux de nerfs n'étaient point encore inventés à cette époque, et des femmes qui la plupart du temps voyageaient à cheval, à travers les misérables chemins qui coupaient alors la Provence, étaient habituées à d'assez rudes fatigues pour ne pas s'évanouir pour un peu d'air lourd qu'il leur fallait respirer : l'immensité des salles rendait aussi à cette époque cet inconvénient peu sensible. C'est d'ailleurs encore une habitude de ces climats, où la chaleur protége pendant si longtemps ses habitans, de ne pas mettre de cheminée dans les pièces où on se réunit le plus souvent, et, quoique je sois ce qu'on appelle un jeune homme, je me rappelle encore le temps où, à la table de ma mère, où s'asseyait une nombreuse famille, nous dînions avec un vaste brasier au-dessous de cette table pour réchauffer les convives, et je n'ai pas souvenir que personne en fût incommodé.

Lorsque le jour fut à peu près arrivé à sa moitié, toute la population de l'immense château descendit des appartemens qu'elle occupait et vint se ranger sur les gradins de l'amphithéâtre. Les épaisses fourrures brillaient de toutes parts sur les draps brocartés d'or et d'argent. Comme aujourd'hui, les moins distingués arrivèrent les premiers et un peu en tumulte pour obtenir la meilleure place parmi les gradins les plus élevés. Ceux qui devaient occuper les gradins d'en bas, et dont les places étaient marquées, entrèrent plus tard et avec assez de lenteur pour se faire regarder pendant qu'ils gagnaient les places. Celle qui devait présider à la fête se fit attendre, comme il arrive toujours. On a beau se débattre pour trouver à des époques éloignées des manières différentes de celles à nos époques contemporaines, il y a certaines choses qui, dans tous les temps, se passent de même, et non-seulement dans les passions profondes qui dominent l'homme sous quelque régime qu'il vive, mais dans certaines habitudes de la vie usuelle. Après tout, l'homme est un animal dont l'organisation primitive lui impose certaines règles de sociabilité dont les premiers linéamens se retrouvent à tous les âges de sa civilisation. Si vous enleviez de l'*Ars amatoria* d'Ovide les noms propres des habitudes, c'est-à-dire au serviteur le nom d'esclave, au spectacle celui de cirque, et quelques autres, vous croiriez que c'est un livre fait d'hier pour l'instruction des séducteurs de la finance et du Pont-aux-Choux.

Cependant Bérangère, accompagnée de sa mère, de la dame de Penaultier, des comtesses de Narbonne et de Conserans, de quelques autres de moindre rang, arriva au milieu de la salle et prit place sur son trône. Déjà les jongleurs et les trouvères qui voulaient prendre part au concours étaient dans la lice qui était au pied de cet amphithéâtre. Ils étaient nombreux et appartenaient la plupart à la Provence. Parmi ceux-là se faisait remarquer Pierre Raymond *le Preux* (le Vaillant), qui avait écrit un livre contre les hérétiques : c'était un brave soldat aussi, qui avait porté en Syrie la guerre contre les infidèles. Il faisait honneur à ses tensons à Jausserande del Puech, noble et belle dame de Toulouse, qui de la place où elle était assise l'encourageait du regard. A côté de lui était appuyé sur un page d'une figure hideuse, espèce de nain qui portait un livre recouvert d'huis de cèdre, Hugues Brunencs, riche alors des bienfaits du roi d'Aragon, et qui plus tard se fit religieux par désespoir de n'avoir pu obtenir les faveurs de *Madomna* Gallienne, fière bourgeoise d'Aurillac, qui se vantait de descendre de l'illustre médecin Claudius Galianus, autrement dit Galien. Près de celui-ci, Pierre d'Auvergne, déjà vieux, et Guiraud de Bornell, qui lui enleva le titre de *plus docte troubadour* de la langue d'oc, qu'il avait porté jusque-là. Accoudé sur sa large épée, le front et l'air sûr de lui-même dans toutes les passes où peut se trouver un homme, se tenait Pons de Capduoil, *bon chevalier d'armes, galant, beau parleur*, et sachant également bien *trouver, violonner, chanter* et, comme il le disait lui-même, encore mieux *prouver*. C'était une sorte d'Hercule qui chantait vaniteusement *ses dames*. Un jour qu'on le blâmait de cet orgueil, il répondit naïvement : « Faut à mon épée deux ennemis, à mon estomac deux dîners, à mon amour deux belles. » Celles qui se partageaient alors ses hommages étaient Adélaïde de Mercœur et Marie de Ventadour. Nous citerons encore Guillaume de Saint-Dizier, fort amoureux et fort aimé de la vicomtesse de Polignac, à laquelle il adressait ses chansons en s'y appelant *bon homme* de Bertrand. D'autres, de moindre renom, Béranger de Palazol, Guillaume de Rainols, Pierre de Bargeac et beaucoup qu'il serait inutile de nommer, composaient cette brillante réunion.

Bientôt chacun prit la place qui lui appartenait de droit ou qu'il avait pu conquérir ; au-dessous de Bérangère était assis Laurent dans un splendide vêtement de soie, objet de curiosité pour tous les invités ; derrière elle Ripert, qui s'apprêtait à exécuter ses moindres ordres. Dans un banc peu élevé et dans un coin retiré de la salle, Bouchard de Montmorency, et sur un siége à part, qu'il occupait autant en qualité d'évêque que de jongleur honoraire, Foulques, qui paraissait semblable à ce vieux lutteur que l'âge a fait asseoir à la place de juge et qui serre ses poings et roidit ses membres à chaque coup bien adressé qu'il voit porter sous ses yeux. Les prix étaient posés sur des coussins devant Bérangère : le premier et le plus beau était une couronne d'or garnie de pierreries ; le second, un poignard magnifiquement travaillé ; le dernier, une lyre d'argent. Enfin le tumulte de l'entrée, les remarques, des admirations, des médisances, s'étant un peu calmé, Bérangère se leva, et annonçant que la lice était ouverte, elle dit que la question à traiter était celle-ci :

Quel est le vrai amour?

Cette question parut merveilleusement choisie, et tout aussitôt chacun prit un air réfléchi pour se faire des idées et se préparer au combat.

Cependant une autre cérémonie devait précéder la lutte : il fallait que l'intervention d'un prêtre appelât la bénédiction céleste sur les combattans, pour soutenir ceux dont la foi était sincère contre le talent de ceux qui ne réussiraient que parce qu'ils avaient plus d'esprit que les autres. Ce n'était pas une invocation sans quelque sainteté que celle qui, même dans ces jeux d'esprit et de galanterie, implorait le ciel pour le vrai amour, qui dans ce cas était ce qu'en une autre lutte on eût appelé la bonne cause. Foulques était l'homme qui était appelé ce jour-là à donner cette bénédiction. Comme nous l'avons dit, tout le cœur du jongleur battait sous la croix de l'évêque. Il se leva, et, après une courte prière, il appela la bénédiction du ciel sur les âmes sincères ; puis, s'adressant au troupeau poétique qui s'était incliné devant lui, il ajouta d'un ton où l'on voyait rire l'esprit à travers la componction de la tenue et de la voix :

Aï prou prégat lé Sant-Esprit
De bous baïla carga d'esprit ;
Maï aïssiez bertat fé aï cor,
S'abant lé *veni, Créator,*
L'esprit né bous es pas bengut.
Gaïtats lé prix comme perdut *.

Cette allocution dite d'un ton presque railleur, les mains jointes et les yeux baissés, fut applaudie avec enthousiasme ; le petit ridicule qu'un évêque jetait sur le Saint-Esprit parut tout-à-fait de bon goût et fit briller un éclair de poésie sur le front mitré de Foulques ; il se rassit au milieu des sourires des plus belles dames, des applaudissemens des chevaliers et des cris d'admiration des poètes, qui trouvèrent occasion de louer quelqu'un sans danger, et qui l'exploitèrent au profit de leur réputation d'impartialité. Toujours autrefois comme aujourd'hui !

Ce petit incident passé, les noms des concurrens furent livrés au sort, et la lutte commença. Longtemps, et, comme il arrive le plus souvent, tout ce qui fut dit sur la question proposée ne fut qu'une apologie à côté de l'amour que chacun ressentait pour sa dame ; les premières furent écoutées avec quelque faveur ; mais Bérangère, dont le nom n'arrivait à la conclusion d'aucun de ces tensons ou syrventes, commença à froncer le sourcil et à causer à voix basse avec les personnes qui l'entouraient ; bientôt les vers de tous les concurrens continuant sur ce ton, le dépit se montra visiblement dans la tenue de Bérangère, dans l'impatience qu'elle montrait en écoutant, dans le remercîment sec et bref dont elle répondait à chaque concurrent qui avait fini, dans l'appel lent et à moitié bâillé qu'elle faisait au nouveau ; enfin, poussée à bout par la majuscule impertinence de Pont de Capduëil, elle s'écria lorsqu'il eut achevé :

— Ah ! messires trouvères de la langue provençale, vous êtes plus braves en poésie qu'en bataille, et vous ne désertez point votre patrie.

Puis elle continua, après avoir jeté autour d'elle un regard dédaigneux :

— Et votre victoire sera facile, assurément, car nul des chevaliers de la langue française, qui ont soumis la Provence par leur épée, ne tente de la vaincre par la parole et les rimes.

— Si la reine de cette cour, dit Bouchard en s'avançant, veut m'admettre à l'honneur de soutenir la gloire de notre patrie, je le tenterai seul contre de si puissans adversaires.

Bérangère salua gracieusement Bouchard, mais comme elle prévit que sans doute ce ne serait pas encore de ce chevalier qu'elle obtiendrait ce qu'elle attendait, elle ne put s'empêcher de saupoudrer d'une cruelle ironie la réponse qu'elle lui fit :

— Soyez le bien-venu, lui dit-elle, sire Bouchard, soyez le bien-venu à combattre seul contre tous ces illustres trouvères ; nous sommes habitués, de votre part, à des actions que vous seul êtes capable de faire.

Et, en parlant ainsi, son œil relevé sous sa paupière baissée lança à travers les cils qui la bordaient un regard qui alla s'attacher au front d'Alix ; la comtesse s'en troubla presque, et l'attention déjà fatiguée de l'assemblée s'éveilla tout aussitôt. On ne savait prévoir comment Bouchard oserait chanter celle que tout le monde lui donnait pour maîtresse en présence de son époux. Les hommes s'intéressèrent à lui en supposant que peut-être il faudrait que l'épée soutînt les chants qu'il allait commencer ; les femmes, que la vanité de Bérangère blessait à tout propos, s'intéressèrent au chevalier qui, sans doute, allait venger celle que cette orgueilleuse insultait plus particulièrement ; quant à Montfort, il jeta un regard si hautain sur l'assemblée qu'il prévint les regards qui eussent tenté de chercher son embarras sur son front.

Bouchard s'avança, prit une harpe qui avait été déposée devant Bérangère, et chanta les vers suivans en suspendant chaque strophe par des accords.

Non, l'amour vrai n'est pas l'amour bavard qui chante
    Son bonheur et ses fers,
Met au front dévoilé de celle qui l'enchante
    Sa couronne de vers ;

Celui qui dit : Voyez, elle est belle et je l'aime ;
    Aucune dans ces lieux
N'a sa voix enivrante et sa grâce suprême,
    Aucune ses beaux yeux ;

Nulle n'a son esprit qui sait remplir les heures
    De ses doux entretiens ;
Aucune n'est plus riche en royales demeures ;
    Nulle n'a plus de biens ;

Nulle n'a son grand nom auquel un roi de France
    Eût voulu s'allier ;
Et moi, jongleur chétif et d'obscure naissance,
    Je suis son chevalier.

Cet amour n'est qu'orgueil, dont la vaine fanfare
    Prend le monde à témoin ;
C'est un feu sur le cœur allumé comme un phare,
    Pour être vu de loin.

C'est un miroir brillant où l'on se voit soi-même ;
    Un vin pour s'enivrer ;
Un trône où l'on se hausse, un jardin où l'on sème
    Des fleurs pour s'en parer.

L'amour vrai, c'est celui qui brûle et qui fond l'âme
    D'un feu silencieux,
Comme l'or au creuset fond et brûle sans flamme
    Qui resplendisse aux yeux.

---

* J'ai assez prié le Saint-Esprit
De vous donner beaucoup d'esprit ;
Mais eussiez-vous une fois sincère dans le cœur,
Si avant le *veni, Creator,*
L'esprit ne vous est pas venu,
Considérez le prix comme perdu.

L'amour vrai, c'est la fleur qui se ferme et se voile
　　Sous un ciel lumineux,
Et qui s'ouvre quand vient la clarté d'une étoile,
　　Qui ne suffit qu'à deux.

L'amour vrai, c'est celui dont la joie ou les peines
　　Se taisent à la fois;
Ou qui parle si bas qu'on brûle à son haleine
　　Sans entendre sa voix.

C'est celui que l'on croit, celui qui se fait croire
　　Sans serment enflammé ;
Qui n'a qu'un avenir et ne veut d'autre gloire
　　Qu'aimer et qu'être aimé.

Et quant à ce prix d'or, oh ! moi, je l'abandonne
　　A ceux qui le voudront,
Car son regard ce soir me promet pour couronne
　　Un baiser sur mon front.

Dès le début de son chant, un murmure doux et flatteur avait accueilli les premières strophes de Bouchard. Ce n'avait été, pour ainsi dire, que comme opinion littéraire qu'on l'avait d'abord accueilli ; en effet, lui seul s'adressait à la question généralisée ; puis, lorsqu'il développa cette pensée : que la vanité seule inspirait les chants qui se couronnaient d'un nom, toutes les femmes qui n'avaient pas été nommées et qui étaient dix pour une de celles dont on avait célébré la beauté; les femmes, profitant de l'instant où les accords seuls de la harpe ouvraient issue à leurs éloges, déclarèrent entre elles que rien n'était plus vrai, qu'il ne fallait pas être bien fière d'un amour si éclatant, et qu'il était imprudent d'y prendre foi. Tout cela ôtait à leurs rivales un peu de l'éclat où elles se pavanaient. Mais lorsque Bouchard définit l'amour vrai comme il l'entendait, ce fut un unanime concert d'hommes et de femmes ; un concert des hommes qui n'avaient rien dit, des femmes dont on n'avait point parlé. Les premiers se disant, par leur admiration pour Bouchard :
— Voilà comme j'aime!
Les femmes disant de leur côté :
— Voilà comme je suis aimée.
A la dernière strophe, que Bouchard prononça d'une voix émue et en baissant les yeux, les applaudissemens éclatèrent de toutes parts, et les cris de l'auditoire demandèrent le prix pour Bouchard de Montmorency. Mais ce triomphe n'eut pas d'écho sur les gradins où siégeaient les juges. Bérangère devint pâle de colère, et voulant d'un coup arrêter cet élan et en exciter un autre, elle dit à voix haute et avec son impertinence ordinaire :
— Sire Bouchard, il n'y a qu'un prix pour chacun des trouvères qui seront le plus remarqués en cette circonstance ; et comme il paraît que vous êtes assuré du seul que vous ambitionnez, nous distribuerons les autres... si nul ne se présente pour obtenir une couronne, qu'il est au moins imprudent de promettre, quand on ne tente pas même de la gagner.
Ces derniers mots furent si directement adressés à Laurent, qu'ils troublèrent celui-ci dans la sincérité des éloges qu'il adressait à Bouchard. Il regarda Bérangère, et à la sombre expression de son front, il vit ce qu'elle voulait, ce qu'elle exigeait. Malgré l'aveu qu'il tenait de cette femme, et qui semblait la lui avoir soumise, il savait qu'avec un caractère pareil un seul un dépit de vanité pouvait la lui arracher. Il se leva, et, prenant la harpe, il demanda le silence du geste, car, depuis les paroles de Bérangère, un murmure sourd et mécontent tenait toute l'assemblée. Mais, au moment où il allait parler, Ripert passa vivement de la place où il était derrière le fauteuil de Bérangère, et lui dit avec une résolution où perçait cependant une émotion ne pouvait être celle de la crainte, tant elle était accentuée :
— Un moment, sire Laurent, je veux rendre votre triomphe plus beau ; et certes, il sera magnifique, ajouta-t-il avec exaltation, si l'amour que vous voulez chanter est plus beau, plus pur, plus vrai que celui que je vais vous conter.
Laurent demeura interdit; mais Bérangère, qui crut voir dans l'exaltation de Ripert et dans le trouble de Laurent une chance d'éclaircir le soupçon qui lui rongeait le cœur, lui dit avec vivacité :
— Chante, chante, mon jeune et bel esclave ; chante, car c'est vraiment, ou du moins je le crois ainsi, c'est vraiment dans les cœurs jeunes et faibles qu'est l'amour vrai.
Laurent reprit sa place ; un soucieux nuage obscurcit son front jusque-là radieux et superbe ; puis il regarda fixement le pauvre Ripert comme si ses regards lui lançaient une flèche qui dût clouer les paroles à sa gorge ; mais Ripert supporta ce regard avec une intrépidité singulière ; et presque sans attendre le silence que les poètes laissent arriver d'ordinaire avec une rare complaisance, il tira quelques accords fermes et rapides de la harpe et commença avec impétuosité.

Maîtres jongleurs qui parlez en ce lieu,
A vous ouïr tout amour n'est qu'un jeu :
C'est que chantez l'amour qu'avez en l'âme,
Et l'amour vrai, c'est l'amour d'une femme.

Pour le prouver ici sans discourir,
J'en veux narrer un que j'ai vu souffrir.
Un seul suffit, je n'en ai besoin d'autres,
Un seul suffit pour effacer les vôtres.

C'était bien loin ; c'était un chevalier,
Dans un château retenu prisonnier.
Sur son vaisseau tout chargé d'espérance,
Riche et joyeux, il regagnait la France.

L'orage vient, et, comme un faible oiseau
Sous un vautour, se débat le vaisseau
Qu'un vent mordant déplume voile à voile
Et jette au bord sous un ciel sans étoile.

C'était un roi qui régnait sur ce bord ;
Après l'orage, il accueille d'abord
Le chevalier, que sa traîtrise attire ;
Puis il le prend avec son beau navire.

Ainsi souvent ce roi par trahison
Emplit son coffre et non point sa prison;
Vingt sont entrés, et pourtant à la grille
D'aucun captif l'œil désolé ne brille.

C'était aussi la fille de ce roi
Qui, dès le soir, le cœur battant d'effroi,
Vit le captif aller vers cette perte
Dévorant tout sans que jamais rien sorte.

Souvent Hélène avait pleuré le sort
Des malheureux envoyés à la mort.
Mais de son père elle avait craint la rage ;
Pour le dernier seul à pitié prit courage.

C'est qu'en passant, tout chargé de liens,
Il arrêta ses regards sur les siens,
Et qu'elle crut y voir poindre une flamme
Comme une aurore à l'horizon de l'âme.

Il fait si beau voir lever le soleil !
Qu'au doux rayon de ce matin vermeil,
A toute joie elle se crut ravie
S'il s'éteignait sans éclairer sa vie.

En quatre pas il fut près de la tour.
Voir, plaindre, aimer et vouer son amour ;
En quatre pas elle était son esclave ;
Puis à son père elle court fière et brave.

Il était seul ramassant son trésor,
Ivre d'argent, joyeux et riant d'or.
Elle l'aborde, et, lui mentant sans honte,
Au roi son père Hélène fait un conte.

Elle lui dit : — Vous n'avez qu'un denier
Du gros trésor de votre prisonnier,
Car il a dit qu'un rocher du rivage
En tient caché mille fois davantage.

— Te l'a-t-il dit? lui repartit le roi.
— Il le disait en passant près de moi.
— Ma fille, il faut l'interroger sur l'heure.
— Faut tout avoir, mon père, avant qu'il meure.

Le roi court donc et dit : « Sire... » A quoi sert
Le nom de sire?... appelons-le Gobert.
Dieu ! malgré moi ce nom me vient à l'âme;
Dieu ! sauvez-moi, c'est le nom d'un infâme !...

Manfride essuya quelques pleurs et continua après un profond soupir :

— Sire Gobert, dit le roi, si tu veux
Sauver tes jours, à l'instant tu le peux.
Dis-moi l'endroit où ta prudente adresse
A sous le sable enfoui ta richesse.

— Soit, dit Gobert, j'ai ce conseil encor
A te donner : c'est que le seul trésor
A confier au sable de ton hàvre,
Pour ton salut, traître, c'est mon cadavre.

Il disait vrai, car son trésor caché
Était un cœur qu'amour avait touché ;
Et cœur qui ment dès son abord peut sans doute
Dans l'avenir tout briser sur sa route.

Le roi voulut le livrer aux bourreaux.
Hélène dit : — Il faut, sous ces barreaux,
Laisser au temps à briser son audace ;
En moins d'un mois son âme en sera lasse.

Le lendemain, Gobert était vivant,
Le jour d'après, encor le jour suivant;
Et, chaque jour, habile à le défendre,
Hélène dit : — Mon père, il faut attendre.

Ainsi deux ans, peut-on le concevoir ?
De jour en jour et d'espoir en espoir,
Elle enchaîna son père à ce mensonge
Qui l'attirait, puis fuyait comme un songe.

Mais vint enfin un péril plus pressant.
Sur son navire un chevalier puissant
Vint demander Hélène en mariage;
Elle était belle et l'on la croyait sage.

Gobert est mort, dit-elle, si je pars.
Lors elle va gager de toutes parts
Des gens vendus à tout projet coupable.
De quel projet l'amour n'est-il capable?

Puis à son père elle dit : — L'étranger
Qui me demande aime à vous outrager,
Et sous son faste il cache ses alarmes,
Car il ne vient que suivi d'hommes d'armes.

Si vous voulez, à certain rendez-vous,
Ce soir je veux attirer cet époux.
Près de la tour je feindrai d'être lasse,
Et de Gobert je lui donne la place.

Pour celui-ci, je veux l'interroger
Seule ce soir, et, sans plus ménager,
S'il ne dit rien, je ferai qu'il périsse.
Que ne fait-on pas croire à l'avarice !

Le roi baisa sa fille et la bénit,
Lui livra tout; puis le soir réunit
Les deux amans, qui préparent leur fuite.
Les malheureux s'entendent tout de suite.

Le lendemain, Gobert, passé pour mort,
Vint se cacher en armes sur le bord
Avec les gens gagés par la princesse,
Prêts à tout faire, à tout heure et sans cesse.

Le lendemain, le riche fiancé
Près d'elle allait, et d'un air empressé,
Il lui disait mille mots d'amour tendre,
Qu'avec bonheur elle semblait entendre.

Puis, se troublant, elle lui répondit :
— Vos gens sont là trop près de ce qu'on dit
J'ai, sous leurs yeux, le rouge à la figure ;
Venez ici, dans cette tour obscure.

Ils entrent donc. Sitôt le roi survient
Avec ses gens, le chevalier retient,
Qui vainement s'étonne et qui dispute.
Hélène alors s'échappe dans la lutte.

Vers son Gobert elle arriva bientôt;
Sur une barque ils montent aussitôt
Avec leurs gens qui, penchés sur la rame,
De leurs poignards cachent encor la lame.

Du fiancé le navire qui dort
Était tranquille à deux milles du port.
Gobert bientôt l'aborde plein de rage,
Verse le sang et sème le carnage.

Tout fut vaincu. La voile ouverte au vent
Se gonfle alors, et Gobert triomphant
Dit à genoux : — Je serais un infâme
Si devant Dieu ne te prenais pour femme.

Il le disait, mais Dieu seul sait qui ment.
Mais n'est-ce pas amour, ce dévoûment,
Ce long combat, cette éternelle ruse
Contre un vieux père et qui deux ans l'abuse?

Oui, c'est amour, ce courage si long,
Amour aussi ce courage si prompt
Qui dans la mort jette une autre victime.
Oh ! n'est-ce pas, c'est amour que ce crime?

Mais ce n'est rien, non, rien que se donner
Comme elle fit, rien que d'abandonner
Père, patrie, honneur, gloire, innocence.
Oh ! l'amour vrai donne plus de puissance !

Il sait souffrir d'autres maux, croyez-moi,
Qu'exil lointain, déshonneur, honte, effroi,
Des maux si grands qu'on ne saurait les croire.
Or, écoutez la fin de cette histoire.

Lorsque Gobert aborda son pays,
Il retrouva tous ses biens envahis,
Château détruit, malheur de toute sorte,
Père en lambeaux, sœur outragée et morte.

Écoutez bien. Alors il vit aussi
Femme qu'aucun ne toucha jusqu'ici.
Qui choisit-il?... son père ou cette femme?...
Dieu seul connaît le secret de son âme.

Mais ce qu'il fit, écoutez, le voici :
— Or, ton amour t'a mise à ma merci,
Dit-il, Hélène, obéis à cette heure.
— Soit, mon Gobert, pourvu qu'il me demeure

Ton nom à moi promis devant témoins.
— Mon nom n'est plus. — Soit ; ton amour, au moins.
— N'ai plus d'amour. — Soit ; au moins ta présence.
— Hélène, il faut supporter mon absence.

— C'est me tuer ! Mon Gobert, dis pourquoi.
— Je ne veux pas de femme près de moi.
— Comme un ami je suis prête à te suivre.
— N'ai plus d'ami pour qui je veuille vivre.

— Dis : C'est mon page avec moi revenu.
— Un page est noble et porte un nom connu.
— Fais-moi soldat. — La femme n'est point brave.
— Ton serviteur. — N'en veux pas. — Ton esclave...

Il accepta. Jamais depuis ce jour,
Il n'a tendu la main à son amour.
Toujours son front, qu'il soit joyeux ou sombre,
Froid devant elle, a passé comme un ombre.

Ce n'était rien : alors il était seul
En sa pensée ainsi qu'en un linceul.

Elle se tut. Lors le cruel étale
Sa vie heureuse aux pieds d'une rivale.

Ce n'était rien : Hélène, dans un coin,
Se mourait seule et pleurait sans témoin.
Elle se tut. Sûr de son esclavage,
A sa rivale il la donne pour gage.

Ce n'était rien : elle espérait toujours
Et dans son cœur doutait de leurs amours.
Elle se tut. A son oreille même
Enfin tous deux ont dit : « A toi... Je t'aime .. »

Oh ! c'est affreux ! Se taira-t-elle encor ?
Ce qu'un autre eût dit pour un peu d'or,
Qui le tuerait sans retour et sur l'heure,
Le dira-t-elle avant qu'elle ne meure ?

Moi, je vous dis : Hélène se taira ;
Et puis enfin quand Hélène mourra,
On écrira sur sa couche dernière :
« C'est amour vrai qui dort sous cette pierre. »

Cette ballade, commencée avec force et éclat, et quelque temps soutenue par une sorte de délire qui pouvait passer aux yeux de quelques-uns pour de l'exaltation poétique, devint plus calme au récit touchant des soins d'Hélène pour sauver son prisonnier. Il semblait que la pauvre esclave se complût à les rappeler, soit pour remuer des souvenirs au cœur d'un autre, soit pour baigner son âme brisée dans ces douces mémoires du passé. Enfin, lorsqu'elle arriva à la peinture de la résignation et des sacrifices de cet amour, sa voix, devenue ferme et brève, se soutint quelque temps avec vigueur ; mais, à un mot, au mot *je t'aime!* elle fléchit tout d'un coup comme une plante brisée, et ce fut à travers les larmes et les sanglots que s'achevèrent les dernières strophes de cette histoire.

Tant que dura ce chant douloureux, ce ne furent ni applaudissemens ni cris d'admiration qui l'accompagnèrent : ce fut une attention avide, haletante, inquiète ; toute l'assemblée comprenait que c'était un récit vrai, une douleur éprouvée, qui parlait ainsi. L'histoire de celle qui chantait était partout, non-seulement dans les paroles de son récit, mais encore dans l'accent de sa voix.

Mais ce sentiment général, quelque puissant qu'il fût dans cette assemblée, avait ses cœurs à part, ses âmes propres qui en étaient torturées. Le long mystère de la vie de Laurent venait de se dérouler tout-à-coup aux yeux de ceux qui avaient intérêt à la connaître. Montfort interrogeait sa femme du regard ; Foulques, Amauri, Bouchard, s'étaient rapprochés et considéraient la mortelle pâleur de Laurent. Bérangère, les yeux fixés sur lui, semblait attendre un regard où elle pût lire son sort. Cette esclave dont elle n'avait fait en son esprit qu'un jouet des désirs de Laurent, un peu plus que son chien Lilo, un peu moins que son bouffon Goldery, cette femme était fille de roi, princesse courageuse, dévouée, ardente, belle ; elle avait sur le cœur de Laurent tous les droits que Bérangère croyait avoir seule, c'était une rivale à redouter. Il lui en fallait le sacrifice, ou tout était un jeu de la part de Laurent. Elle le sentit et elle le voulut. Quant au sire de Turin, c'était une statue immobile, froide. Il eût pu être mort, car on n'entendait même pas le bruit de sa respiration. Un silence glacé tenait la salle. Bérangère regardait Laurent, Laurent ne regardait rien. Elle sentit qu'une fois encore cet homme discutait en lui sa propre vie, à laquelle il avait enchaîné la vie de Bérangère ; car elle l'aimait, elle l'aimait de vanité, d'ambition, de tout ce qui était puissant en elle. Il était à ses pieds, il pouvait entendre seul ce qu'elle lui disait. Il fallait qu'il eût en son cœur un vif besoin de cet amour, puisqu'elle se décida à lui adresser, sinon une prière, du moins une question. Elle se baissa vers lui et dit à voix basse en l'avertissant en même temps par la pression de son genou, qui s'appuya à lui :

— Qui choisit-il ? son père ou cette femme ?

Ce vers de la ballade de Ripert, répété par Bérangère, retentit à l'oreille de Laurent comme un cri de réveil ; il tressaillit, regarda autour de lui... mais il n'alla pas plus loin, il n'en eut pas la force.

La fille de Montfort, à quelque degré que son âme fût atteinte de douleur ou d'amour, ne pouvait assez se dépouiller de sa nature hautaine pour rester plus longtemps dans son incertitude ; elle se leva, et ce mouvement appela les yeux de Laurent. Elle prit la couronne et la souleva du coussin où elle était placée ; elle fit signe à Ripert de s'approcher. Bérangère avait mis toute sa force dans son mouvement, elle n'en eut pas pour parler. A ce moment, Laurent posa sa main sur celle de Bérangère, et d'une voix creuse et sourde, il dit :

— Pas encore.

Il avait compris sa situation comme Bérangère ; c'était encore un sacrifice à faire, il ne le refusa pas. Puis il descendit les degrés, prit une harpe, et l'œil fixe, le teint livide, la voix haletante, debout, roide, impassible comme l'ange qui prédit le mal et lance les malédictions, il arracha à la corde quelques sons terribles et sombres, lents et réguliers comme un glas de mort, et débita d'une voix sans intonation et qui s'échappait par courtes expirations les vers qui suivent :

Celui qui dit aimer et qui donne sa vie
Pour la conserver pure et la faire admirer ;
Celle qui dit aimer, et sur sa foi ravie,
 Peut nous faire pleurer.

Ils n'aiment point d'amour, car l'amour vrai dévoré
Tous les vains sentimens auxquels l'homme est lié ;
Leur amour n'est pas tout, car il leur reste encore
 La gloire et la pitié.

Celui qui sait aimer, c'est le soldat qui brise
Le serment prononcé sur son compagnon mort,
Qui sert son meurtrier, et qui, sous sa traîtrise,
 Ne sent aucun remord.

Celui qui, lorsqu'il voit son frère qu'on entraîne,
Les deux pieds attachés sans pouvoir faire un pas,
Vient à l'instant fatal qu'il va briser sa chaîne,
 Pour lui lier les bras.

Qui, lorsque son pays, seul, à terre et sans glaive,
Lui crie : A moi ! secours! sous le pied du vainqueur,
Vient, tire son poignard, se baisse et puis l'achève
 D'un seul coup dans le cœur.

Celui qui dit : Oubli sur la tombe fermée !
Je ne dois pleurs ni sang à ceux qui ne sont plus ;
Je ne les connais pas ; larmes, vengeance armée,
 Sont des soins superflus.

Celui qui dit : Malheur à qui me fait obstacle !
Frères, amis, pays, honte et malheur sur vous !
Celui qui, sans rougir, met sa honte en spectacle
 Aux yeux railleurs de tous.

Celui qui dit : Mépris à la main qui me sauve !
Honte et malheur sur elle ! Enfin celui qui dit,
Les deux bras étendus sur ma tête chauve,
 Mon père, sois maudit !

Celui qui fait cela pour l'amour d'une femme,
Dont la vie en lui seul peut toute s'enfermer ;
Celui-là porte seul l'amour vrai dans son âme,
 Celui-là sait aimer.

A ce dernier vers, Bérangère sentit que Laurent était à bout de voix et de force. Jamais son orgueil n'avait espéré un si magnifique triomphe que cet aveu terrible et public de ce qu'était ce Laurent, si brave, si superbe, si envié ; un murmure indicible régnait dans la salle. Bérangère se leva radieuse, et, prenant la couronne d'or qui était devant elle, elle s'écria :

— Oui, c'est l'amour vrai, et il n'est prix qui ne soit dû à qui l'exprime si bien, — et qui le sent de même, ajouta-t-elle tout bas en souriant.

Tout le monde se leva pour voir, il en résulta un bruyant tumulte. Laurent s'approcha et mit un genou à terre.

— Voici la couronne d'or, sire Laurent, la couronne de poésie, dit Bérangère, dont la voix, dont le regard, dont la contenance resplendissaient de joie.

Laurent se baissa pour recevoir cette couronne et dit à la fille de Montfort pendant qu'elle se penchait sur lui :

— Ce soir, veux-tu l'échanger contre une couronne royale dans la salle des Trois-Lions?

— Ce soir, oui, dit Bérangère, qu'une ivresse de bonheur et de triomphe emportait; oui, répéta-t-elle en regardant Laurent avec un amour qui semblait assez fort pour braver l'univers. Oui, à toi ce soir... A toi!...

Ces mots furent échangés vite et bas. En relevant les yeux, Bérangère vit Ripert qui la considérait attentivement et qui s'était approché d'elle. Elle se recula vivement, et dit d'un air de joyeuse humeur :

— Il nous reste encore d'autres prix à donner. Je suppose que l'on me trouvera juste si j'accorde le deuxième à ce jeune et bel esclave qui raconte si bien l'amour d'une fille sans pudeur, et le troisième, à notre cousin Bouchard, qui a si bien l'art de parler en se taisant.

— Je ne veux point d'un deuxième prix, dit Ripert avec colère.

— Esclave, dit Bérangère, vois ce que tu refuses.

— Un poignard! s'écria Ripert. Oh! un poignard! donnez, donnez!

Il s'en saisit aussitôt. Tous les regards de l'assemblée s'arrêtèrent sur l'esclave.

Laurent pensa à l'histoire du serf Gobert, dont Manfride lui avait donné le nom. Mais le regard de Manfride calculait; il se sentit du temps devant lui et marcha en avant.

Il n'est pas sûr qu'il n'y eut pas un moment d'attente où l'on espéra que Ripert se servirait de ce poignard contre lui-même ou contre quelqu'un. Cela eût bien conclu le drame de cette lutte de poésie. Il ne faut pas que notre siècle ait la prétention d'être seul à aimer le drame : aussi l'aimait-on dès lors, mais vrai, actif, plutôt que raconté. Ripert resta immobile à considérer ce poignard. Cela dura trop longtemps, et la moitié de l'intérêt qu'il avait inspiré s'en alla ; on trouva même que son histoire avait été un peu longue, et comme un splendide festin attendait dans une vaste salle, on aperçut qu'il était déjà tard, et quelques voix, parmi lesquelles on entendit celle de Mauvoisin, crièrent : — A table!

Laurent vit et entendit tout cela sans qu'il parût y prendre aucun intérêt; il présenta la main à Bérangère et sortit. Toute la foule s'écoula à leur suite, et bientôt il ne resta dans la salle que Ripert et un guerrier tout couvert de fer, qui, le dos appuyé à la muraille, semblait une de ces armures attachées à des mannequins de bois qui servaient de décoration aux salles des châteaux de cette époque. C'était le vieux Saissac. Longtemps Ripert et le châtelain demeurèrent seuls sans prendre garde l'un à l'autre. Enfin un mouvement de l'un d'eux ayant éveillé leur mutuelle attention, ils se regardèrent.

Souvent le vieillard avait vu ce jeune esclave venir chez Laurent et l'avait remarqué sans pouvoir s'expliquer pourquoi il lui semblait tout autre chose que ce qu'il paraissait. Souvent Ripert avait considéré avec effroi ce muet fantôme de fer, qui depuis le combat de Castelnaudary semblait veiller sur Laurent. A ce moment, ils sentirent qu'il y avait quelque chose de commun dans le sentiment qui les avait fait demeurer seuls dans cette salle tout à l'heure si pleine et si animée. Ripert s'approcha du vieux chevalier et le regarda comme pour arriver jusqu'à son secret sous cette enveloppe de fer. Le chevalier demeura longtemps immobile, puis, tendant la main au jeune esclave, il l'attira avec force jusqu'à lui ; de l'autre main, il releva lentement la visière de son casque. Le hideux aspect du mutilé n'épouvanta point Ripert. Ils s'étaient reconnus et compris; Ripert regarda autour de lui et dit au vieillard :

— Venez, il faut que je vous parle.

Ils sortirent ensemble de la salle et entendirent en passant les cris de joie et le parlage bruyant de deux cents convives qui vantaient la magnificence et le rare mérite du sire Laurent de Turin.

XII

LES DEUX MAUDITS.

Lorsque Manfride et le vieux Saissac eurent quitté la salle où s'était tenue la cour d'amour, ils eurent ensemble une longue entrevue, puis ils allèrent droit à l'appartement de Laurent. Un bruit de voix les arrêta à la porte ; c'étaient celles de Laurent et de Goldery.

— Ainsi, disait le chevalier, tout est prêt?

— Oui, tout.

— Ton rôle appris, ton costume exact?

— Vous avez pu en juger à Montpellier.

— Tu as les écrits signés par Mauvoisin et Amauri?

— Je les ai.

— N'oublie pas que d'ici à l'heure fatale je n'aurai pas le loisir de te revoir.

— Vous me l'avez déjà dit quatre fois.

— Maintenant, dit Laurent en sortant, que Dieu me soit en aide!

Il sortit; Manfride et le vieux Saissac entrèrent ; ils trouvèrent Goldery les pieds appuyés sur le bord d'un brasier, où de temps à autre il jetait quelques grains de parfums dont il suivait ensuite la blanche et soyeuse fumée. Une joie particulière brillait dans ses yeux ; à ce moment, il caressait assurément la venue prochaine de la réalisation d'une espérance longtemps cachée et sans doute souvent déçue ; il fredonnait doucement et faisait joyeusement claquer ses lèvres, comme s'il se fût enivré d'un vin délicieux. Saissac et Manfride étaient entrés sans bruit dans la chambre; ils en fermèrent les portes; puis le vieux Saissac, tirant un large poignard, s'approcha doucement de Goldery, et le lui présentant à la gorge, il jeta le bouffon à terre et lui mit les deux genoux sur la poitrine. La facilité avec laquelle Goldery se laissa renverser, le coup d'œil jeté en arrière qui l'avait averti de leur entrée et le sourire de joie qu'il laissa échapper, semblaient dire qu'il n'était surpris qu'à bon escient et qu'il ne redoutait pas grand malheur de cette surprise. Goldery considérait Manfride sans s'occuper des menaces du vieillard. Quoique renversé sous ses pieds, il semblait plus occupé de la présence de cette femme faible que de la menaçante et hideuse figure du vieux chevalier.

— Goldery, lui dit Manfride, quelle est la chose que tu désires le plus au monde?

— Pour le moment, dit-il, c'est d'être debout et libre.

— Ne plaisante pas, bouffon, dit Manfride, et réponds.

— Comment voulez-vous que je réponde avec cette masse de fer sur l'estomac? Dites à cet honorable seigneur de me serrer un peu moins la gorge, et je répondrai.

Manfride fit un signe à Saissac, qui donna un peu de liberté à Goldery.

— Ouf! fit celui-ci , je l'aurais mangé tout cru qu'il ne m'aurait pas pesé davantage.

— Bouffon, dit Manfride, je n'ai qu'un instant pour savoir ce que je veux savoir; cet instant passé, il m'importera que tu meures et je ne sais rien. Tu me connais depuis l'île de Chypre; tu sais si j'hésite à tout oser pour réussir.

— Je le sais, madame, le sire Laurent de Turin me l'a raconté.

— Puisque tu me comprends, parle donc et sois sincère; parle.

— Sur quelle matière, madame? Je puis parler sur beaucoup, et particulièrement sur la cuisine.

— Goldery, tu me comprends, réponds, l'heure passe, dit Manfride en frappant du pied avec colère.

Goldery parut embarrassé; cependant, sous le couteau qui le menaçait, il reprit son insolence accoutumée et répliqua :

— Vous voulez sans doute que je vous dise pourquoi on farcit les bartavelles et pourquoi on larde le chevreuil?

Le couteau effleura la gorge, et Goldery, se secouant fortement, se dégagea presque de Saissac. Celui-ci se rejeta sur lui avec fureur, et, le tenant plus serré que jamais, lui tint le poignard si près, que le visage de Goldery se rembrunit et devint bientôt livide. Alors il dit d'un ton amer :

— Madame, il n'est bon service que je ne vous aie rendu. Dernièrement encore, je vous ai procuré le plaisir de voir le cortège de Montpellier, lorsque mon maître m'avait ordonné de vous en tenir éloignée ; je ne vous parle pas des sentiments secrets du sire Laurent, que je vous ai dits à mesure qu'il me les confiait : c'est peu, parce qu'il les étalait aux yeux de tous ; mais, pour vous obéir, j'ai laissé pénétrer à son insu, dans ce château, des hommes qui se sont cachés dans l'appartement du sire de Saissac sous prétexte d'assister aux fêtes où ils n'ont point paru. Je crains maintenant que ce ne soit dans quelque fâcheux dessein. Et c'est pour me récompenser de cela que vous voulez m'assassiner ?

— Tu as raison, Goldery, dit Manfride ; mais ce que tu as fait, je te l'ai payé, et ce que tu feras encore, je te le paierai.

— Je l'entends bien ainsi, murmura Goldery avec rage.

— Tu menaces, misérable ! dit Manfride ; allons, réponds : Que se passera-t-il ici cette nuit ?

— Où ? dit Goldery d'un air soupçonneux.

— Dans la chambre des Trois-Lions.

Goldery ferma les yeux pour prendre une détermination et répondit :

— Mourir pour mourir, j'aime autant périr ici que de la main de mon maître ; je ne trahirai pas son secret.

— Si ce n'est que cela qui t'arrête, je réponds de ta vie.

— C'est quelque chose ; mais qui me rendra ma réputation de fidélité ?

Manfride lui jeta une poignée d'or. Goldery, malgré Saissac, dégagea un bras pour la ramasser.

— Maintenant dis-moi tout, reprit-elle.

— Madame, dit Goldery d'un air de pitié, dispensez-moi de rien vous dire, je ne suis qu'un serviteur dévoué qui obéit à son maître ; je vous plains, je ne puis rien de plus.

Manfride devint pâle.

— C'est donc un malheur pour moi ?

— Madame, répondit Goldery d'un air attendri, que Dieu vous protège, c'est tout ce que je souhaite.

— Finiras-tu ? dit Manfride tremblante. Que se passera-t-il dans la chambre des Trois-Lions ? Laurent y a donné un rendez-vous à Bérangère.

— Et vous me demandez, madame, ce qui se passera entre une jeune fille et un chevalier qui s'aiment ?

Manfride serra ses mains avec rage, et Goldery l'observa avec une satisfaction cruelle. De la terre où il était couché, il lui avait fait plus de mal qu'il n'en pouvait recevoir. Manfride se remit, et d'une voix sourde elle dit à Goldery :

— Après ?

— Après, quoi ? dit celui-ci d'un air railleur.

— Tuez-le ! s'écria Manfride avec colère, nous ne saurons rien.

Saissac leva le couteau. Goldery se roula par terre, échappa au vieillard et fut debout avant que celui-ci eût le temps de le ressaisir.

— Exécration sur vous ! dit-il en les regardant d'un air de tigre, c'est ainsi que vous agissez avec moi ! Ah ! père et fils, que l'enfer vous garde !

Il s'élança sur le vieux Saissac ; mais, avant qu'il l'eût atteint, un coup de poignard l'arrêta ; ce ne fut ni la violence du coup ni sa gravité, ce fut l'étonnement qui rendit Goldery immobile, car c'était Manfride qui l'avait ainsi frappé. Il la mesura de l'œil et le vieux Saissac de même ; il regarda ensuite sous sang couler de son bras, où le poignard avait pénétré ; il regarda encore Manfride. Elle devina qu'il prenait une résolution ; elle courut à la porte qui communiquait aux appartemens intérieurs : quatre hommes armés, précédés d'Arregui, entrèrent au signal qu'elle fit. Il passa vingt pensées différentes sur le visage de Goldery. Un moment il parut prêt à s'élancer sur ces nouveaux assaillans et à vendre chèrement sa vie. Ce n'était pas une vaine espérance ; Goldery était brave et fort, et le bruit de ce combat pouvait attirer quelqu'un à son secours ; cependant il parut que Goldery ne prit pas grande confiance dans cette ressource, car il se jeta à genoux en disant d'une voix lamentable :

— Ne me tuez pas, je vous dirai tout.

Encore ici, chacun, occupé de ce qu'il voulait, ne remarqua pas l'imperceptible sourire de mépris et de triomphe qui rida les lèvres du bouffon.

— Parle donc, dit Manfride.

— Eh bien ! répondit Goldery, cette nuit, le sire Laurent, accompagné de Bérangère, doit quitter ce château.

Manfride roula son poignard dans ses mains.

— Où vont-ils ? dit-elle.

— Hélas ! madame, dit Goldery, l'amour n'est pas la première passion du sire Laurent.

Un éclair d'attente espérante brilla aux yeux de Manfride. Goldery reprit :

— Tous deux doivent gagner la frontière d'Espagne, accompagnés de deux cents chevaliers attirés ici sous prétexte d'une fête et vendus aux largesses du sire Laurent ; en peu de jours ils seront en Aragon, et là, grâce aux intelligences que le sire Laurent a su s'y ménager, il compte que la conquête de cette province ne lui sera pas plus impossible que celle de la Provence au comte de Montfort.

Goldery se tut ; le geste de Saissac sembla demander :

— Est-ce possible ? A-t-il eu cette pensée ?

— Ce que cet homme dit, répliqua Manfride, explique ce que j'ai entendu ; Laurent a parlé d'une couronne royale.

Le vieux Saissac frappa la terre avec fureur.

— Et, reprit Arregui, il s'assure, par l'enlèvement de Bérangère, l'appui de Montfort dans cette entreprise. Ainsi cet amour n'est qu'ambition ?

— Le croyez-vous ? s'écria Manfride, dont la voix avait quelque chose d'imp orant ; ce n'est qu'ambition, n'est-ce pas ?

— La trahison est d'autant plus infâme, dit Arregui.

— Quelle trahison ? s'écria Manfride ; oh ! si c'est ainsi, je lui pardonne.

Le vieux Saissac s'avança et fit un geste si terrible que s'il eût prononcé les mots : « Mais moi je ne lui pardonne pas ! » ils eussent bien faiblement exprimé sa pensée.

— Tout n'est pas perdu ! s'écria Manfride.

Elle reprit :

— Goldery, c'est à minuit qu'ils doivent se trouver dans salle des Trois-Lions.

— A minuit.

— Par quel moyen Bérangère doit-elle s'y rendre ?

— Une des portes de cette salle conduit à son appartement.

— En a-t-elle la clef ?

— Je dois la lui remettre.

— Donne-la-moi.

— Pour quoi faire ?

— Que t'importe ?

Goldery fixa ses regards sur Manfride et répondit par sa première question :

— Pour quoi faire, madame ?

— Donne cette clef, ou je saurai l'avoir comme le secret de Laurent.

— Je vous la donnerai, répondit Goldery, si vous me dites l'usage que vous en voulez faire ; sinon, ajouta-t-il en s'armant d'une hache, vous ne l'aurez pas.

— C'est ce que nous allons voir, dit Arregui.

Il s'avança l'épée haute.

— Ne versez pas le sang de cet homme, dit Manfride, j'aurai cette clef.

Les yeux de Goldery s'épanouissaient d'une funeste joie. Personne encore ne le remarqua, car à ce mot de Manfride, le vieux Saissac avait secoué la tête.

— Oh ! s'écria la noble fille, vous le permettrez. Une fois encore laissez-moi lui parler ; il n'aime pas, il n'aime pas Bérangère ; c'est l'ambition qui l'a égaré. Eh bien ! je suis la fille d'un roi, d'un roi plus puissant que Montfort ; si c'est un trône qu'il lui faut, j'ai un trône à lui donner. J'irai, j'irai, vous dis-je, ou de ce pas je cours lui dénoncer vos projets.

Le bras du vieux Saissac arrêta Manfride et la rejeta rudement en arrière comme elle allait pour sortir. Goldery se mit à ricaner; Arrégui le menaça, Goldery reprit froidement:

— En me tuant, vous n'aurez pas cette clef ni celle qui ouvre sur la campagne par où ils doivent s'échapper: car elles sont cachées là où nul de vous ne pourrait les trouver; mais si vous voulez permettre à cette femme d'accomplir son projet et de ramener mon maître à de meilleurs sentimens pour elle, je vais les lui donner.

— Eh bien, dit Manfride à Saissac, une pour vous et l'autre pour moi. J'entrerai la première dans cette chambre; et si, une heure après, je ne vous ai pas ramené Laurent, alors...

Elle s'arrêta; puis elle ajouta avec une farouche résolution:

— Alors vous monterez.

— Soit, dit Arrégui.

Le vieux Saissac consentit, et Goldery remit les clefs.

— Maintenant, dit Arrégui, il ne faut pas que cet homme nous trahisse.

— Qu'on l'enchaîne dans cette chambre et qu'on le bâillonne pour qu'il ne puisse crier, dit Manfride.

Goldery se laissa faire. Il pensa avoir fait assez de résistance pour qu'on crût qu'il ne cédait qu'à la force.

Tous ces gens marchaient chacun dans sa pensée. Mais comment connaître celle de Goldery? Lui seul n'avait pas de confident, et souvent il avait dit à son maître:

— Moi, si j'avais une vengeance à poursuivre, je n'en dirais pas le but, au milieu de la mer, seul dans une barque, hors de la vue de toute terre habitée, si bas que le bruit de ma voix n'arrivât pas même à mon oreille.

Puis il ajoutait, en faisant une singulière application du mot:

— *Verba volant!* l'hirondelle ne court pas plus vite d'un monde à l'autre.

XIII.

LA NUIT DE NOEL.

A mesure que nous approchons de la catastrophe de cette histoire, nous éprouvons une sorte de crainte à la raconter. Ce n'est pas que nous reculions devant la peinture du dénoûment que lui donnèrent les passions qui brûlaient au cœur des personnages de ce drame, c'est parce que c'est un cruel métier, quand on a le cœur tout plein d'un récit qui lui pèse et qu'on voudrait verser brûlant sur le papier, d'être obligé d'en préparer froidement la décoration pour qu'il puisse être compris. C'est, en vérité, comme un de ces longs entr'actes pendant lesquels l'auteur d'un drame voit dresser lentement l'édifice où va passer la dernière partie de sa pièce et pendant lequel le public siffle et cause en tumulte, perdant ainsi le peu d'émotion qui lui a donnée l'acte précédent.

En ce sens, c'était un grand art que les pièces complétement représentées dans un même salon, et qui, ne laissant pas au spectateur le temps de calmer ou de raisonner l'émotion qu'il venait d'éprouver, permettaient à l'acteur de le reprendre juste à l'endroit d'intérêt où il l'avait amené. De même, c'est une grande puissance pour le roman que cette absence de description scénique qui fait que l'auteur n'abandonne pas le cours de son sujet pour le loger, l'habiller et le faire marcher à la mode de l'époque qu'il décrit.

Si l'on nous demande pourquoi ces réflexions lorsque nous nous disons si pressé, le voici: c'est pour excuser les quelques lignes qui vont suivre.

C'était au premier étage du château de Saverdun, une grande salle où était préparé un banquet magnifique; au bout de cette salle, un long corridor aboutissant à une des tours angulaires du château; dans cette tour, une vaste chambre qu'on nommait la salle des Trois-Lions. Dans cette salle on entrait aussi par un escalier tournant qui ouvrait sur les appartemens de Bérangère et descendait jusque dans la campagne.

La messe de la nuit de Noël venait d'être célébrée dans la chapelle du château. Selon l'usage, Montfort avait reçu et goûté le pain et le vin de Noël, puis on s'était rendu à la salle du festin. La nuit devait se terminer par le branle aux flambeaux, danse de cette nuit de réjouissance, et qui devait être exécutée par des milliers de serfs, d'esclaves et de serviteurs qui, chacun armé d'une torche, couraient sur les pas de celui qui les précédait, pour pouvoir passer ailleurs aux endroits où l'autre avait passé. Chacun s'acharnant ainsi à suivre son devancier, il en résultait une file de torches qui, vue de loin et de haut, ressemblait à une longue ligne de feu. Tout l'effet de cette danse consistait dans l'habitude de celui qui la menait. Grâce à lui, elle se repliait en mille détours, s'étendait sur une ligne droite, serpentait à travers les arbres et semblait quelquefois les tresser d'une bande de feu. Ce spectacle était inconnu aux Français, et ils en étaient fort curieux, mais leur curiosité était encore plus excitée par la promesse que Laurent avait faite de leur procurer le plaisir d'un amusement également inconnu à la France et à la Provence. Cet amusement devait avoir lieu après le banquet de la nuit, perpétué jusqu'à nous sous le nom de réveillon.

L'immense table, préparée dans la grande salle dont nous avons parlé, ne retentit longtemps que du murmure retenu des conversations particulières, puis ce fut un brouhaha universel où chacun monta le ton à l'unisson, puis enfin une véritable tempête sillonnée d'éclats de voix aiguës et qui partaient des joyeux buveurs qui, de même que des chevaux excités dans une course, commençaient à s'emporter et à briser les mors.

— Par le ciel! criait l'un, voilà du vin d'Espagne qui vaut un larme d'or par goutte. Le sire Laurent est un digne seigneur.

— Ce Normand est un rustre accoutumé à boire de l'eau de pommes pour du vin, dit Laurent à Mauvoisin, qui était près de lui; en voici que je vous recommande.

Et il versa au chevalier une large coupe d'une liqueur suave et glacée.

— Noé n'était qu'un vigneron de manans, reprit Mauvoisin; voilà du vin! Encore!

— Volontiers! dit Laurent. En voulez-vous, Amauri?

— Deux fois, répliqua celui-ci.

— Ma foi! dit Laurent en souriant à ses voisins, je l'ai mis de notre côté; il n'y a pas de trésor qui pussent payer de pareil vin s'il fallait en fournir à tous ces gosiers incultes qui s'enrouent là-bas.

— D'ailleurs, répondit Mauvoisin, ce serait bien perdu.

— A nous, et encore.

— Encore! dit Amauri.

Ils burent, tandis qu'une autre voix criait du bout de la salle:

— J'en boirai huit pintes de plus que l'évêque Foulques, et s'il le faut, je parie vingt marcs d'or.

C'était un vieux Allemand, rouge-violet et blanc-sale comme une betterave mal cuite.

— Ne te joue pas à un évêque, reprit un de ses voisins, et surtout à maître Foulques.

— J'offre de boire le double de ce barbare, dit Foulques avec colère, et cela sans fixer ce qu'il boira.

— En ce cas, je retiens votre corps pour remplacer une tonne qui s'est défoncée dans mon cellier, dit Commiges.

— Mauvais marché! l'évêque prend tout et ne rend rien.

— Il rend le mal pour le bien cependant, dit un autre.

— Et les insolences à coup d'épée! s'écria Foulques.

— Oh! l'évêque, vive l'évêque de Toulouse! dit-on de tous côtés avec de grands éclats de rire.

Ailleurs, et plus bas, on se disait à la dérobée:

— Merci du ciel! Laurent a volé la couronne de diamans du sophi pour faire de telles dépenses: Raymond de Saint-Gilles, le bon comte, était un mendiant à côté de lui.

— Il faut qu'il ait des terres qui produisent des sous d'or au lieu de navets.

— Messires, j'ai ouï dire qu'il y en a de cette sorte par un pélerin qui a vu d'étranges pays.

— Eh! le juif Ben Esaü n'a-t-il pas laissé un écrit où il raconte qu'il a vu une contrée où les arbres dégouttent une liqueur qui se change en topazes?

— C'est un juif, je n'y ai point foi.
— Toujours est-il que je ne voudrais pas être le créancier de ce Laurent : il sera ruiné avant huit jours. — Hé ! esclave ! nous n'avons point de vin. Je parierais qu'il finira par se vendre comme une lance pour vivre : — du meilleur ! — et qu'il mourra sur la paille. — Donnez-moi ce faisan.

— Enfer et ciel ! disait Mauvoisin en se balançant sur sa chaise, ce vin épanouit l'âme comme le soleil ouvre une fleur. C'est dommage de le boire en si nombreuse compagnie. Vrai sang ! une nuit à quatre, avec deux ribaudes et ce vin-là ! oh ! la belle nuit ! Je paierais une ribaude cent pièces d'or.

Laurent sourit à ce propos.

— Bon ! dit Mauvoisin, vous riez. Qu'en dis-tu, Amauri ?
— Par la vierge Marie ! je ne vois que filles divines qui semblent danser sur nos têtes. Merci de moi ! je donnerais mon père pour en attrapper une.

Et il se leva comme s'il voulait prendre quelque chose en l'air, et retomba sur la table en riant comme un insensé.

— Mauvoisin, dit Laurent tout bas, on a ce qu'on veut, quand on le veut.
— Bon pour vous, qui êtes lié avec Satan ; mais moi.
— Toi, dit Laurent, toi, je ne t'ai vu qu'un désir, et je sais que, si je l'avais eu, il y a longtemps qu'il serait satisfait.
— Quel désir ?
— N'as-tu pas envie de cette esclave que j'ai donnée à Bérangère ?
— Oui, vraiment.
— Et tu ne l'as pas obtenue !..., Maladroit...

Et il haussa les épaules.

— A cette heure même, reprit-il, si j'étais à ta place...
— Que dis-tu ?
— Hola ! du vin... du vin... ces chevaliers ne boivent pas. N'a-t-on rien à leur servir ?... Sire de Beaupréau, cette coupe ciselée vous paraît belle, elle est du fameux sculpteur Gianneti... Acceptez-la.
— Que disiez-vous à Mauvoisin ? reprit Amauri en accaparant à son tour l'attention de Laurent, il a l'air tout inquiet.
— Je lui disais, reprit Laurent, qu'à sa place je saurais à l'heure qu'il est où est la femme qu'il désire et qui, parmi ces fêtes d'où elle est exilée, se cache dans un coin pour pleurer. Ah ! messires Français, les vantés de la courtoisie, il n'y a pas un de vous capable de délivrer un ami des criailleries d'une femme qui l'ennuie.
— Mais qui l'aime, reprit Amauri, voilà le difficile.
— Sottises ! reprit Laurent.
— Laurent, dit Mauvoisin ivre et furieux, dis-moi où elle est ?
— Bah ! au premier cri de la belle tu t'enfuirais.
— Que Satan m'engloutisse si je suis capable de distinguer un cri d'une prière !
— Eh bien ! alors, à la première prière tu te mettrais à genoux.
— Dieu d'enfer ! j'ai vu crier et pleurer, dit Mauvoisin, et cela m'importe peu.
— Une fille de roi...
— C'est d'autant plus magnifique ! fit Mauvoisin l'œil en rage.
— Non, Amauri m'en voudrait. — Holà ! hé ! qu'on renouvelle les coupes, qu'on en donne de plus grandes. Nous allons boire à la santé des bons chevaliers de la croisade. Au diable cette coque d'œuf.

Il fit voler la coupe par-dessus sa tête ; tous l'imitèrent, et chacun cria un nom grotesque à sa coupe en la jetant au loin et en essayant d'y mettre de l'esprit, chose difficile.

— C'est un dé à coudre.
— C'est une cale de noix.
— C'est un calice d'ermite.
— Une mesure d'avare.
— Un gobelet de juif.
— Un éteignoir à pied.
— Un...

Puis tous ensemble :

— Des coupes ! des coupes !! des coupes !!!

L'orgie prenait.

— Hâtons ! hâtons ! reprit Laurent, l'heure de notre grand amusement va commencer.
— A boire !

Cinquante voix enrouées de vin et de chaleur crièrent :
— A boire !!!

Le tumulte recommença, et parmi le tumulte les propos suivans :
— Quel est cet amusement ?
— Une sottise assurément ; ce qui est si magnifiquement annoncé est presque toujours une tromperie.
— Iras-tu ?
— Je ne bougerais pas d'ici pour voir le Christ danser avec Satan.
— Il y a de bonnes raisons pour cela.
— Laurent est un noble chevalier, voilà encore un service entier de fruits et de pâtisseries.
— Ton ventre est un gouffre ; je n'ai plus soif.
— Ton gosier est pavé de fer ; ce vin m'a dévoré le palais, je voudrais de l'eau.
— Qui a parlé d'eau ?
— Moi.
— Je t'exorcise : *Vade retrò, aqua*!
— Hé !
— Ah !
— L'exorcisme opère.
— Vraiment ?
— Oui, mais le démon sort en vin.
— Pouah !! le sale animal !
— Quelle odeur !!
— Où est-il ?
— Sous la table.
— Mets tes pieds dessus, tu seras à sec.
— A boire ! s'écria Laurent.
— Laurent, dit Mauvoisin, un mot.
— Laisse-moi. A la puissance et à la gloire éternelle du comte de Montfort !
— Au comte de Montfort !

Ce fut un cri unanime ; et sous ce cri une voix sèche et qui grattait la gorge :
— Laurent, où est-elle ?

Laurent regarda Mauvoisin ; celui-ci avait l'air d'un tigre aviné. Laurent sourit.

— Encore un coup de ce vin.
— Duquel ?
— De celui-ci.
— C'est du charbon rouge fondu.
— Tu parles de femmes, et tu recules devant une coupe de vin ?
— Donne.

Il but.

— Messires, encore une santé.

Tout le monde se leva.

— Laurent, où est-elle ?
— Tu m'ennuies.
— Elle est chez Bérangère, n'est-ce pas ? J'y vais.
— Prends garde d'insulter la fille de Montfort.
— Je la poignarderais si elle tentait de m'arrêter.
— Tu es un fou. — A la santé de la belle Bérangère !

Ils burent tous. Le bruit et les cris reprirent avec fureur, et la conversation de Mauvoisin et de Laurent continua à l'abri du tumulte.

— Où est-elle ?
— Qui ?
— L'esclave.
— Qui peut le savoir ?
— Tu le sais.
— A quoi sert ? elle te hait.
— Oh ! oh ! oh ! rugit Mauvoisin.
— Qu'a donc Mauvoisin ? dit Amauri.
— C'est un niais.
— Que te dit Amauri ?
— Il veut savoir où est l'esclave.

— Exécration ! dit Mauvoisin en lançant à Amauri un regard furieux, que le trouble de l'ivresse empêcha d'avoir cette fixité insolente qui finit par irriter les plus calmes, regard qui eût cependant suffi pour déplaire à Amauri, si lui-même eût eu la vue nette et claire.

— Pas de bruit, Robert, je t'en prie, dit Laurent à voix basse.

— Je l'écraserai sous mes pieds s'il bouge d'ici.

— Va-t'en, va-t'en.

— Lui ! cet ivrogne ! Amauri ! grommelait Mauvoisin par sourdes exclamations.

— Je crois qu'elle l'aimerait mieux que toi, dit Laurent tout en laissant tomber ses paroles parmi des sourires flatteurs et des invitations à ses convives.

— Écoute, Laurent, encore un mot et je le tue.

— Tu n'as plus de raison, va-t'en, va-t'en.

— Pourquoi ?

— Parce que je ne veux pas de sang répandu à ma table.

— S'il bouge, je le tue... je le tue... je le tue !...

Ces mots revenaient sans cesse dans l'ivresse de Mauvoisin, comme d'ordinaire il arrive aux ivrognes de s'acharner à répéter une même pensée, incapables qu'ils sont d'en avoir deux.

Laurent reprit d'un air de bonhomie suppliante :

— Que veux-tu, Robert, sa sœur lui a promis cette esclave.

— Non, ce n'est pas possible.

— Elle le lui a si bien promis que l'esclave attend Amauri dans la salle des Trois-Lions.

Puis, soudainement et comme par inspiration, Laurent se prit à rire aux éclats, en tenant de sa main de fer Mauvoisin, qui cherchait à s'élancer du côté d'Amauri.

— Laurent, dit Mauvoisin les dents serrées, prends garde, Laurent !

— Ce serait un bon tour, laissa échapper celui-ci parmi ses rires.

Et il parla bas à l'oreille de Mauvoisin.

La figure de Mauvoisin s'illumina d'une joie sauvage, comme le ciel s'éclaire du reflet d'un incendie.

— Oui... oui... oui... oui... répétait-il en écoutant, comme si à chaque mot il comprenait mieux et voyait se dérouler devant lui quelque chose de merveilleux.

Puis il se leva.

— Non, c'est une plaisanterie, dit Laurent en riant de plus en plus.

— Une heureuse plaisanterie, dit Mauvoisin avec un rire de plus en plus hideux.

Il s'échappa de la main de Laurent, qui le retenait à peine, et il disparut de la salle par la porte qui menait à la salle des Trois-Lions.

— A boire ! cria Laurent avec une fureur joyeuse, et comme pour distraire tout le monde de la sortie de Mauvoisin ; encore une santé. Chevaliers, à la noble Bérangère !

— Tu l'as déjà proposée.

— C'est vrai, reprit-il avec une espèce de sourire de pitié sur lui-même, je crois que je fais comme mes convives ; je m'oublie. Eh bien ! à la noble comtesse de Montfort !

On but, et presque toute la troupe avinée retomba sur ses sièges plutôt qu'elle ne se rassit. Les uns battirent la table de leur front, en s'écorchant au bord des coupes et des pintes ; d'autres se renversèrent en arrière ; les uns rirent des tombés, les autres les repoussèrent rudement : il commença à y avoir du sang parmi le vin.

— C'est un infernal tapage, dit Amauri ; on ne s'entend pas.

— Tant mieux, on peut causer, dit Laurent.

— Tu ne t'en fais faute depuis une demi-heure avec Mauvoisin. Que te disait-il ?

— Une histoire stupide. Il faut enterrer Mauvoisin dans un prieuré : il ne sait plus boire, il suinte le vin à la troisième pinte.

— Il est allé se coucher ?

— Il aurait mieux fait d'y aller.

Laurent prêta l'oreille ; peut-être entendit-il quelque chose d'extraordinaire au bruit confus de la salle du festin, car il poussa un profond soupir. Son œil vibrait d'un éclat farouche, comme s'épanouissent à l'horizon les éclairs blanchâtres de juillet.

— Où est-il donc allé ? dit Amauri.

— Que font-ils là-bas ? reprit Laurent.

— C'est le comte de Blois qui chante.

— J'ai cru que c'était une crécelle en branle. Que chante-t-il ?

— Qu'est-ce que cela te fait ? Où donc est Mauvoisin ?

Un chœur d'une douzaine de voix râla au bout de la table un refrain de chanson inégalement commencé, comme une course mal réglée et achevée de même ; quelques-uns des chanteurs s'arrêtaient au second vers ; d'autres, arrivés à la fin, s'abattaient dans un rire stupide, comme s'ils avaient épuisé tout ce qui leur restait de vigueur. Le comte de Blois était debout, droit comme un vaillant ivrogne, c'est-à-dire plus fier d'être seulement sur ses pieds que d'être sur le sommet d'un rempart encombré de morts. Ces voix étaient, au milieu du tapage uniforme de l'assemblée, comme une mer qui gronde le roulement sourd de l'ouragan qui vient du bout du ciel.

— Que diable chante ce grand châtré ? dit Laurent ; on dirait que les chevaliers provençaux l'écoutent d'un mauvais œil.

— Laisse-les s'arranger entre eux, et dis-moi où est Mauvoisin.

— Est-ce que je le sais ? il m'a assourdi une demi-heure de son bonheur.

— Quel bonheur ? dit Amauri, dont la voix devint à l'instant sèche et enrouée de colère et de soupçon.

— Bah ! c'est un fanfaron, je ne le crois pas.

— Quoi donc ? quoi ?

— Ne prétend-il pas qu'il a vaincu la longue résistance de l'esclave de sa sœur.

— Lui ! dit Amauri avec un grincement de dents... il a menti.

— Je le sais comme toi... Le butor est assez vaniteux pour être allé cuver son vin dans un coin et dire après, d'un ton suffisant, qu'il était à quelque galant rendez-vous.

— Un rendez-vous ! reprit Amauri.

— Bois donc.

— Non... Un rendez-vous, dis-tu ! avec qui ?

— Eh bien ! avec l'esclave aux belles mains... Bois donc.

— Non... Un rendez-vous... où ?

— Celui-ci est parfait.

— Non, te dis-je... Où est-il ?

— Je vais porter ta santé.

— Non... Laurent, où est-il ?

— D'abord, fais raison à la compagnie.

Et il lui versa une large coupe de vin.

— A la santé du noble Amauri de Montfort !

Amauri but d'un trait sans saluer ni répondre aux coupes qui cherchaient la sienne. Le moment d'incertain silence que l'appel de Laurent rétablit laissa percer le grondement sourd de la chanson du comte de Blois, et on entendit distinctement :

Les Maures sont des païens,
Les Provençaux sont des chiens.

Un tumulte effroyable s'éleva de toutes parts, et des cris de haine et de mort retentirent partout ; les épées brillèrent, les poignards tirés se clouèrent sur la table par la pression des buveurs qui s'y appuyaient ; des interpellations furieuses s'échangèrent ; les plus sales injures volèrent d'abord comme les traits des armées qui s'attaquent.

— Ce misérable va nous faire égorger, dit Laurent en se levant.

— Où est Mauvoisin maintenant ? dit Amauri, que rien ne pouvait distraire.

— Laisse-moi.

— Non.

— Eh ! mon Dieu ! tu es ivre. Il est sorti par cette porte, tu as pu le voir comme moi.

Amauri s'élança par la même porte et disparut.

Laurent s'écria d'une voix éclatante :
— Personne ici n'est insulté que moi ; Français ou Provençal je prends son injure. Comte de Blois, vous me rendrez raison.
— Quand vous voudrez.
— Il suffit.
— Je te remercie, Laurent, dit le comte de Montfort, j'arrangerai cela demain ; mais il faut finir cette orgie où il y aura du sang versé.
— Nous approchons de la fin, sire comte, dit Laurent en le dévorant des yeux.

Puis il continua avec force :
— Maintenant, messires, l'heure de notre amusement est sonnée.

Il y avait dans la voix et dans le geste de Laurent une contraction singulière ; c'était comme le dernier effort d'un homme qui retient un cri qu'il s'est décidé à pousser et qui le laisse encore vibrer dans sa gorge, pour qu'il éclate avec toute sa force. Laurent continua :
— Mais pour comprendre cet amusement dont aucun de vous n'a eu d'exemple, il faut que je vous l'explique.

On se tut en ricanant ; on était déjà assez ivre pour se moquer de celui dont on avait bu le vin.
— C'est, messires, un jeu à la manière des Romains d'autrefois.
— C'est un combat de lions, murmura un jongleur savant, ou un combat d'esclaves.
— C'est une représentation sur un théâtre, c'est une comédie, reprit Laurent.

Un cri de surprise et de joie accueillit cette nouvelle parmi les Provençaux, gens qui connaissaient le mot théâtre et comédie ; les Français se demandèrent ce que cela voulait dire.
— Vous allez voir imiter par divers personnages une action telle qu'elle s'est passée, dit Laurent, au lieu de l'entendre raconter simplement par un jongleur.

Les Français parurent ébahis ; les Provençaux mêlés avec eux se donnèrent la joie de leur expliquer comment cela se passait.
— Il faut voir, il faut voir, répondait-on de toutes parts.
— C'est une belle histoire, dit Laurent, l'histoire d'une vengeance !

Il regarda Montfort, qui l'observait.
— C'est un chevalier déshonoré, insulté, dont on a massacré les vassaux, mutilé le père, et qui rend l'outrage, l'insulte, la mutilation à celui qui a permis qu'elle lui fût faite.
— Très bien ! hurla la troupe.
— C'est un digne chevalier.
— Voilà comment il faut agir.

Mille cris, mille applaudissemens répondirent à Laurent.
— Cela vous paraît-il bien ?
— Oui !... oui !... Vive le chevalier vengé !
— Venez donc voir, reprit Laurent. Comte de Montfort, passez le premier, c'est par ici.

Laurent avait un visage splendide de férocité repue.

On se leva en tumulte ; Montfort recula d'abord sous le visage de Laurent ; puis il regarda autour de lui ; il ne vit ni Mauvoisin, ni Amauri, ni Bouchard.

Il les demanda.
— Ce sont les personnages de cette comédie, dit Laurent.

Montfort se vit seul au milieu d'une troupe hurlante, avinée, où il y avait autant de Provençaux que de Français. Son cœur se serra, il pâlit ; il ne comprit et ne devina rien, il n'eut aucune pensée, mais il eut peur.
— Par où, par où ?... criait-on de tous côtés.
— Par ici, dit Laurent. Comte de Montfort, venez donc. La voix de Laurent riait dans son gosier.

Simon resta immobile, Laurent le regardait si effroyablement ! Montfort doutait qu'il fût éveillé. Il avait un froid de glace dans le cœur et une sorte de tournoiement funeste dans le cerveau ; mille fantômes de malheur passaient devant lui sans qu'il pût en saisir un seul ; il ne comprenait pas son propre effroi ; assourdi de cris, de mouvement, de rire, il se sentait bruire les oreilles comme un homme qui rêve qu'il roule dans un gouffre au bas duquel rugit un torrent. Il n'avançait pas.

Enfin la foule qui se pressait derrière lui le poussa. Laurent, qui tenait une torche, le prit par la main et l'entraîna. Montfort alla comme l'homme qui rêve.
— Quand je serai en bas, se dit-il, je m'éveillerai.

Toute cette foule clamante s'allongea dans un long et étroit corridor qui la soutenait dans sa marche avinée. On arriva à une porte qui s'ouvrit sous la main de Laurent, et on entra dans une salle sombre d'abord, puis éclairée par la torche de Laurent et par celles que d'autres chevaliers avaient emportées à son exemple.

Arrivé à la porte, Laurent, par un mouvement violent, entraîna Montfort et s'élança vers le fond de la salle. D'un geste rapide il détacha une corde qui tenait à la muraille, et une lourde grille de fer à claire voie s'abattit entre lui et les chevaliers qui le suivaient. Tous se précipitèrent aux barreaux de cette grille pour voir.

C'était un spectacle inouï, un spectacle incompréhensible, rien qui ressemblât à ce qu'on attendait.

De l'autre côté de la grille, deux hommes étendus à terre, vautrés dans le vin de leur ivresse et dans le sang qui coulait de leurs blessures ; au fond, un cadavre de femme renversé sur un lit, les membres épars, déchirée, meurtrie, tordue, tressaillant d'un reste de vie, un spectacle hideux ! Laurent tenait sa torche d'une main et traînait Montfort de l'autre. Dans cette cage de fer, cet homme riant et hurlant de joie, et l'autre le suivant stupidement : c'était au-dessus de toute comparaison. Le tigre qui promène sa proie au bout de ses dents, le bourreau qui rue sa victime au billot, n'ont rien de cet épouvantable aspect. Laurent criait, riait avec une sorte de rage folle et suffocante.

Oh ! sa joie, son rêve, son fantôme, qu'il avait poursuivi à travers tant de crimes, de larmes et de sang ! il le tenait enfin ! enfin ! enfin !
— Voyez-vous tous ? vois-tu ? criait-il ; Montfort, vois-tu ce chevalier ?

Et il le poussa du pied, et il riait.
— Ce chevalier, c'est ton soldat, ton ami.

Mauvoisin grommela en se roulant.
— Je lui ai donné les plaisirs qu'il aime et que tu approuves dans tes nobles capitaines, reprit Laurent, bavant de joie. Je lui ai donné une fille noble à outrager et à marquer d'infamie et de débauche.

Montfort recula et se débattit ; mais nulle force humaine n'eût retardé d'un pas la marche de Laurent : il eût emporté avec lui l'effort d'une armée.
— Viens donc ! s'écria-t-il en hurlant son rire farouche. Regarde. Cet autre, c'est ton fils, qui est trop l'ami de Mauvoisin pour ne pas avoir partagé ses plaisirs. Le viol et l'ivresse dans le sang !
— Oui, elle est à moi... à moi... à moi !.. dit Amauri en se relevant l'œil hébété.

Mauvoisin se remua dans sa bauge d'ordures et gronda :
— A moi d'abord, à moi, Amauri.
— Entends-tu ?... tous deux, l'un après l'autre, tous deux, ton ami, et ton fils ! prostitution et inceste ! Maintenant regarde cette femme, c'est ta...

A ce moment, elle se dressa comme un spectre et cria en levant les bras au ciel un cri aigu, râleux, sauvage. Elle voulut marcher vers Laurent, mais elle était retenue par des liens de fer. Alors elle trembla un moment, droite sur la pointe des pieds, comme une baguette de peuplier fouettée par le vent, et fit tressaillir rauquement les chaînes qui la liaient ; puis elle se brisa et tomba en répétant son cri râleux et sauvage.

Cette femme n'était pas Bérangère.

Désespoir !

Cette femme était Manfride.

Horreur !

Laurent laissa s'échapper sa torche et la main de Simon. Un silence épouvantable tenait tous les spectateurs.

Laurent, cloué à sa place, sans geste, sans voix, sans mouvement. Laurent vivait sans doute, car il ne tombait pas; mais rien ne manifestait qu'il vécût.

Montfort comprit, sinon ce qu'il voyait, du moins ce qui l'avait menacé.

C'était Bérangère qui eût dû être à la place de Manfride. Pourquoi celle-ci s'y trouvait-elle et l'autre point? Qu'importe? il avait le temps d'y penser.

Ce premier coup passé, on commença à murmurer du côté des chevaliers.

Montfort, sauvé, Montfort, un moment stupéfié par la crainte d'un danger qu'il ne pouvait mesurer, reprit tout ce qu'il avait d'énergie, de présence d'esprit, de résolution.

— Cet homme est devenu fou! s'écria-t-il. Sortez, chevaliers, sortez.

L'ivresse s'était glacée au cœur de tout le monde. Tout le monde s'écoula. Montfort resta seul enfermé avec Laurent. Il tira son poignard et s'approcha du chevalier. Celui-ci ne vit rien et n'entendit rien. Montfort leva son poignard, qui étincela aux yeux de Laurent. Laurent ne bougea pas. Montfort douta s'il fallait tuer ce cadavre, qui n'eût pas compris s'il mourait. Il allait s'y résoudre cependant, lorsqu'un coup frappé à une des portes de cette chambre l'arrêta. Il écouta la voix qui appelait : c'était celle de Bérangère. Montfort ouvrit, et Bérangère entra, pâle mais résolue, s'avança vers son père et lui dit :

— Mon père, j'ai tout entendu, il me faut la vie de cet homme.

— Malheureuse !

— Il me faut sa vie, mon père...

— Pourquoi?

— Ah! s'écria-t-elle avec une rage indicible, parce qu'il faut que je me venge!

Ce mot éveilla Laurent; il tourna la tête comme une boule sur un pivot et dit d'un ton lent et niais :

— C'est beau de se venger, voyez-vous.

Puis il se reprit à regarder le cadavre de Manfride.

Montfort le regarda aux yeux, il n'y avait plus d'âme. Il réfléchit un moment et dit à Bérangère :

— Nous verrons.

Alors d'un signe il lui ordonna de l'aider, et tous deux emportèrent par la porte des appartemens de Bérangère Amauri et Mauvoisin, qui se débattaient en grommelant :

— Elle est à moi! il me l'a donnée!

Puis Montfort, s'étant assuré que nul force d'homme ne pourrait relever la grille et que toutes les portes étaient exactement fermées, sortit avec Bérangère et laissa ce cadavre vivant face à face de ce cadavre mort, Laurent regardant Manfride.

Quelques momens après, les soldats de Laurent, répandus autour du château et guidés par Goldery, qu'on avait trouvé enchaîné et bâillonné dans l'appartement de son maître et que cette circonstance excusa, aperçurent au pied de la tour où était située la salle des Trois-Lions quelques hommes qui voulaient ouvrir la porte qui était sur la campagne et les exterminèrent sans pitié. L'un d'eux se défendit avec un courage furieux jusqu'au moment où Goldery le frappa par derrière d'un coup terrible en lui criant :

— C'est de la part de ton fils !

Quand, au jour venu, on voulut reconnaître ces hommes, il se trouva que l'un d'eux était Arregui le Borgne ; les autres, trois bourgeois de Toulouse ; quant au vieillard qui s'était si bravement défendu, personne ne put dire qui il avait été, car il ne restait pas un trait humain sur son visage mutilé.

XIV.

POST-DÉNOUMENT.

Ce fut un jour de magnifique fête que le jour de l'entrée de Simon dans la ville de Toulouse. Il y arriva à la tête de ses nombreux chevaliers, et ce fut par les murailles abattues qu'il s'empara solennellement de cette cité pour témoigner qu'elle avait été vaincue, quoiqu'elle n'eût pas été prise, et s'il y a une cause au titre de ce livre, nous dirons qu'elle se trouve dans ce résultat. L'histoire de la guerre des Albigeois s'est divisée dès l'abord dans notre pensée dans celle des trois suzerains qui l'a soutinrent et y succombèrent l'un après l'autre : le vicomte de Beziers, dont nous avons dit l'histoire; le comte de Toulouse, dont la chute fut l'événement patent et immédiat de celle que nous venons de raconter; et le comte de Foix, qu'il nous reste à représenter à nos lecteurs. Continuons. Ce fut donc un grand jour ; mais ce qui en augmenta la magnificence aux yeux de tous et qui en fit supporter le malheur aux Toulousains, ce fut le rétablissement de Dieu dans la cité longtemps maudite. De toutes les cérémonies qui eurent lieu pour la restitution des églises au culte du Seigneur, nous n'en raconterons qu'une qui eut lieu dans l'église de Saint-Étienne.

Au milieu de l'armée triomphante qui envahissait Toulouse marchait le clergé, couvert de soie et d'or, portant ses saints et ses reliques dans leurs châsses précieuses. Au centre de ce clergé, Foulques, la mitre en tête, la crosse pastorale à la main, superbe, radieux ; à côté de lui, Montfort à pied, et derrière, porté sur un brancard, au milieu des chants des prêtres, de l'encens et des aspersions bénites, un cadavre revêtu d'armes magnifiques.

Ce cortège aborda l'église Saint-Étienne, demeurée ouverte depuis deux ans avec son cercueil vide au milieu de sa nef. Foulques y rentra le premier, et, s'agenouillant sur la première pierre de l'enceinte, il invoqua le Seigneur de rentrer dans sa demeure. Tout le cortège, à genoux, s'arrêta et répondit par des prières à cette invocation ; puis, aux chants éclatans d'un joyeux alléluia, l'église fut envahie et bientôt remplie jusqu'en ses angles les plus reculés, jusqu'à toutes les hauteurs où put s'appuyer un pied ou s'attacher une main. Le corps, qui était porté par huit clercs, fut déposé devant le cercueil vide, et Foulques, montant sur la chaire d'où il avait tonné l'excommunication de Toulouse, parla en ces termes :

— Habitans de Toulouse, il vous souvient du jour où je sortis de cette cité alors maudite, aujourd'hui purifiée par le fer et le feu. Ce jour de malheur vit s'opérer en cette église un prodige que Dieu a fait tourner à la honte de ses ennemis et à la gloire de ses défenseurs. Il vous souvient du récit du comte de Foix et de la bénédiction qu'il me demanda pour ce cadavre.

Tous les yeux se portèrent sur le corps qui était étendu devant le cercueil ; mais un seul sans doute le reconnut, car une seule voix cria :

— C'est Albert de Saissac !

— C'est Albert de Saissac en effet, dit Foulques, celui dont le corps, abandonné à la puissance du démon, attend la bénédiction d'un prêtre pour être délivré de cette infernale possession. Il vous souvient comment il disparut à vos yeux, et vous avez sans doute appris comment il a reparu sur la terre sous le nom de Laurent de Turin.

Un long murmure circula dans l'assemblée, et beaucoup s'armèrent d'un signe de croix.

— N'ayez nulle crainte, reprit Foulques ; Dieu n'abandonne pas aux entreprises du démon ceux qui se sont voués à lui d'un cœur sincère. Le démon, en effet, habitait le corps de cet homme ; mais Dieu, pour qui cet homme avait combattu pendant sa vie, n'a pas voulu qu'il servît à faire réussir les ennemis de sa foi. Ainsi, chaque trahison tramée par le mauvais esprit tournait au profit de notre sainte croisade ; ainsi Satan a été le premier agent du triomphe du Seigneur.

Foulques s'arrêta, et ce qu'on savait de l'histoire de Laurent de Turin circula dans l'assemblée; puis l'évêque continua :

— Aujourd'hui l'épreuve est terminée, et ce corps va être rendu à la terre, où il devrait dormir depuis longtemps. Chrétiens, priez pour lui !

Il s'agenouilla dans sa chaire ; les porteurs mirent le cadavre dans le cercueil, et Foulques entonna le *Libera* avec un éclat extraordinaire ; mille voix y répondirent, et l'encens se répandit en nuages qui montèrent jusqu'à la voûte en se roulant dans l'air.

Lorsque ce chant fut terminé, l'évêque descendit, et, prenant une branche de buis dans un large bénitier, il s'approcha du cercueil et dit à voix haute :

— Béni sois, vaillant soldat de la cause du Christ !

Puis vint Montfort, qui dit :

— Béni sois, noble chevalier ! adieu.

Puis Amauri, qui dit :

— Béni sois, fidèle ami ! adieu.

Puis Mauvoisin, qui dit :

— Béni sois, noble vengeur ! adieu.

Puis Bérangère, qui dit :

— Béni sois, cœur loyal ! adieu.

Puis Alix, qui jeta l'eau en détournant la tête.

Puis Bouchard, qui passa silencieux.

Puis Goldery, qui dit :

— Béni sois, excellent maître ! au revoir.

Puis beaucoup d'autres.

Et enfin un homme qui dit à voix basse :

— Béni sois, noble fils, noble frère ! espère.

Et un voile ayant été jeté sur le cadavre, l'église se vida lentement, et Montfort alla prendre possession du château Narbonnais.

Le soir venu, un homme enveloppé d'un manteau où brillait la croix des Français et portant une lanterne, pénétra dans l'église de Saint-Etienne. Il en fit lentement le tour, et après avoir reconnu que personne n'y était, il s'approcha du cercueil, en arracha le voile et dit à voix basse :

— C'est moi, maître.

Rien ne remua cependant, et Goldery, car c'était lui, ayant appuyé sa main sur la poitrine du cadavre, reprit doucement :

— Tu n'es pas mort cependant, Albert de Saissac, sire Laurent de Turin : on ne meurt pas de faim dans un cercueil plus vite que dans une prison, et je me rappelle être resté trois jours sans manger.

Il s'arrêta et sourit.

— Comme le cœur te bat vite, maître : tu espères, c'est bien. L'espérance, c'est la vie. Je viens te délivrer, tu as raison. Comme ils t'ont lié et bâillonné ! tu ne peux crier ni bouger ; les misérables t'ont cousu les paupières. C'est Bérangère qui a inventé cela. C'est beau, n'est-ce pas ? Est-ce toi qui lui as donné des leçons de vengeance ? Tu as fait une digne élève.

Il s'arrêta encore, toujours la main sur le cœur de Laurent.

— Oh ! que tu me maudis de mon éternel bavardage, maître ! Combien me promets-tu pour cela de coups de branche de houx ? combien pour punir un bouffon qui rit sur un cercueil ? Deux cents peut-être ; le temps de chanter une messe des morts, n'est-ce pas ? Compte-les bien, le nombre en sera bien grand quand tu seras libre.

Il s'arrêta encore.

— Ah ! méchant, reprit-il en ricanant, tu me frappes du cœur ; il t'en emporterait ma main au passage s'il pouvait briser ta poitrine ; mais ta poitrine est de fer si ton cœur est de diamant : tu vivras encore pour m'entendre.

Tout-à-coup Goldery se recula ; il crut entendre un léger bruit. Tout était silencieux, et l'église était muette comme la tombe. La lanterne brillait rouge dans l'ombre, et sa lueur ne dépassait pas un cercle de quelques pieds. Le bouffon se rapprocha du cercueil et dit :

— Non, les liens sont bons, les chaînes impossibles à briser ; ce sont celles qui ont enchaîné Manfride sur le lit destiné à Bérangère et que j'avais si habilement fabriquées qu'elles se fermèrent d'elles-mêmes et saisirent la victime à la ceinture au moment où elle passa la porte, et qu'elles la traînèrent et l'attachèrent au lit nuptial de Laurent. Une belle invention, n'est-ce pas ? nous avons passé quinze nuits à l'imaginer et quinze nuits à la disposer. J'en ai fait un bel usage. Pauvre Manfride ! eh ! eh ! eh ! pauvre folle ! qui me faisait menacer du poignard pour aller où je voulais l'envoyer !.... Elle voulait te ramener dans la bonne voie... Eh ! eh ! eh ! ta sœur et ta maîtresse .. Tu n'avais pas de fille ! c'est fâcheux,

Ah ! rage, exécration, désespoir !... vite... plus vite encore... ton cœur saute et bat avec frénésie... brise donc ton bâillon... Attends... attends... tu mourrais ainsi ; c'est trop tôt, repose-toi.

Il releva sa main et s'assit à côté du cercueil ; puis il marmotta :

— C'est une belle histoire. Il y avait un chevalier qui avait un bon serviteur qui était un homme, et ce bon chevalier battait cet homme comme s'il eût été une bête de charge. Oh ! le bon chevalier, le vaillant chevalier !

Il lui remit la main sur le cœur.

— A la bonne heure, maître, tu as le cœur calme comme un jour de joie et de festin. A la bonne heure, écoute bien. Le serviteur se dit : « Je me vengerai ; » mais le serviteur ne le dit qu'à lui ; il n'avait ni frère, ni père, ni ami, et s'il eût eu un père, un frère, un ami, il ne leur aurait pas dit. Alors le serviteur attendit qu'une mauvaise passion s'éveillât au cœur du maître. Ce fut la vengeance qui sonna la première. La vengeance, maître, une belle chose, n'est-ce pas ? Alors le serviteur flatta la passion de son maître. D'abord, il lui conseilla de prendre le nom d'un homme dont le chevalier avait volé la fiancée et le vaisseau. Après cela, c'était peu que de lui prendre son nom. Il s'appelait Laurent de Turin celui qui sans doute est resté à Chypre dans la prison de Lusignan, du père de Manfride. J'irai lui conter son histoire depuis deux ans. Il ne se doute pas de tout ce qu'il a fait, le pauvre homme !

Goldery s'arrêta et se pencha sur la bouche de Laurent.

— Tu respires encore, maître, mais ton cœur bat à peine. Tu t'endors, eh bien ! je vais te bercer comme une bonne nourrice en te faisant un beau récit. Ce fut d'abord une joyeuse comédie jouée ici même avec un masque de cire qui fondit au fond de ce cercueil. Te souviens-tu, maître, comme nous avons ri de la sottise de Foulques et des autres ? Oh ! la plaisante histoire !... eh ! eh ! eh ! ris donc ! Et le sorcier Guédon ? il était sage, le sorcier, t'en souviens-tu ? il te disait que la vengeance est aveugle et folle. Eh !... eh !... eh !... eh !... c'était un savant homme. Tu ne le crus pas, maître, et le serviteur s'en réjouit, car lorsqu'il eut fait goûter à son maître une goutte du vin de vengeance, le maître en fut si altéré qu'il sacrifia tout pour désaltérer sa soif. Ainsi le serviteur conseilla à son maître de trahir son pays, et le maître le fit. Il lui conseilla de trahir sa maîtresse, et le chevalier le fit. Ah ! tu te réveilles : « Il ne le fit pas ! » veut dire ce cœur qui s'indigne ; il ne le fit pas au fond de son âme, mais on le crut... mais sa maîtresse le crut jusqu'à l'heure de sa mort ; sa belle et jeune maîtresse, qui s'était dévouée pour lui et qui est morte d'outrages et d'infamies ! Oh ! que tu souffres !

Il lui posa la main sur les yeux.

— Ils sont gonflés de larmes, reprit-il ; mais elles ne coulent pas, les paupières sont bien cousues. Tes yeux étouffent... Ah ! ah ! le bon maître qui bat son fidèle serviteur !

Il lui reposa la main sur le cœur.

— Ta main frappait moins vite à Castelnaudary et à Muret ; tu me trahissais pas, il est vrai ; mais ton père te croyait, et il l'a cru jusqu'au moment où je l'ai poignardé en lui disant : « De la part de ton fils ! »

Il écouta et sourit ; on entendait quelque chose : le cœur à travers la poitrine.

— Ferme, ferme !... plus vite... Il râle, ton cœur... il se meurtrit, il se déchire... Pas encore. Il te reste une espérance ; il reste quelque part un écrit de deux chevaliers qui pourrait aller troubler tes ennemis dans leur joie : celui où un fils demande la mort de son père ! celui où un brave avoue qu'il est un lâche... Les vois-tu ?... Tu ne peux les voir, tu vas les sentir.

Et à la lumière de sa lanterne, Goldery les alluma et les posa sur le visage de Laurent où ils brûlèrent en pétillant.

— C'est une belle flamme, maître, reprit-il ; la voilà qui

grandit; elle éclaire cette église; maintenant elle pâlit; maintenant elle s'éteint.

Il remit sa main sur le cœur, et la main se souleva.

— Oh! quel tonnerre dans ce cœur! que de coups pressés!... Un, deux, trois... je ne les compterais jamais assez vite... Et maintenant veux-tu savoir ce qu'il faut conclure de ceci?... C'est que, lorsqu'on veut se venger de quelqu'un, il ne faut le dire à personne.

— Pas même à la tombe! dit une voix derrière Goldery.

Et avant qu'il se fût retourné, une large épée l'avait étendu à terre.

— C'est moi, dit la voix; c'est moi, frère; c'est l'OEil sanglant... Je t'ai vu vivre dans ton cercueil à un tressaillement de ton visage. C'est moi... c'est moi...

Et en parlant ainsi il le déliait.

Mais, quand il eut fini, le cœur ne battait plus.

L'OEil sanglant s'arrêta, et répétant le cri de huat quand il toucha le cadavre du noble vicomte de Beziers, il dit :

— A Montfort maintenant! à Monfort toujours! La vengeance ne dort pas toute ici !

Et il s'éloigna.

FIN DU COMTE DE TOULOUSE.

TABLE DES CHAPITRES.

PREMIÈRE PARTIE.

1. Retour de la Terre-Sainte................. 1
2. L'OEil sanglant...................... 6
3. Chevalier faidit..................... 8
4. Toulouse......................... 13
5. Les Cordeliers..................... 14
6. Miracle.......................... 20
7. Le Sorcier........................ 23
8. Le Camp......................... 27
9. Mystère.......................... 31
10. Épisode......................... 32

DEUXIÈME PARTIE.

1. Castelnaudary.................... 36

2. Amour possible................... 39
3. Laurent de Turin.................. 41
4. Extrême résolution................ 45
5. Combat de Castelnaudary........... 51
6. Ripert........................... 58
7. Patrie et Vengeance................ 64
8. Nouvelle épreuve.................. 68
9. Bataille de Muret.................. 73
10. Un Triomphe..................... 76
11. Le Château de Saverdun........... 78
12. Les Deux maudits................. 84
13. La Nuit de Noël.................. 86
14. Post-Dénoûment.................. 90

FIN DE LA TABLE DU COMTE DE TOULOUSE.

Paris. — Typographie de Mme Vve Dondey-Dupré, rue Saint-Louis, 46, au Marais.

www.ingramcontent.com/pod-product-compliance
Lightning Source LLC
LaVergne TN
LVHW052106090426
835512LV00035B/1034